心理與
教育統計學

Statistics in Psychology & Education

余民寧 著　修訂二版

搭配SPSS新版軟體PASW實作
有效率地掌握統計學的應用

三民書局

國家圖書館出版品預行編目資料

心理與教育統計學／余民寧著.——修訂三版七刷.——臺北市：三民，2021
　　面；　公分

　ISBN 978–957–14–5684–3　（平裝）
　1. 心理統計學 2. 教育統計

171.8　　　　　　　　　　　101010545

心理與教育統計學

作　　者	余民寧
發 行 人	劉振強
出 版 者	三民書局股份有限公司
地　　址	臺北市復興北路 386 號 (復北門市) 臺北市重慶南路一段 61 號 (重南門市)
電　　話	(02)25006600
網　　址	三民網路書店 https://www.sanmin.com.tw
出版日期	初版一刷 1995 年 3 月 修訂二版六刷 2010 年 1 月 修訂三版一刷 2012 年 8 月 修訂三版七刷 2021 年 8 月
書籍編號	S520660
I S B N	978-957-14-5684-3

三民書局

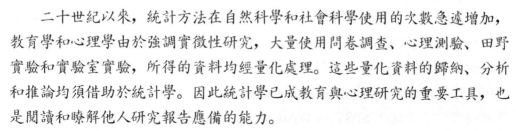

推薦序

二十世紀以來，統計方法在自然科學和社會科學使用的次數急遽增加，教育學和心理學由於強調實徵性研究，大量使用問卷調查、心理測驗、田野實驗和實驗室實驗，所得的資料均經量化處理。這些量化資料的歸納、分析和推論均須借助於統計學。因此統計學已成教育與心理研究的重要工具，也是閱讀和瞭解他人研究報告應備的能力。

統計學目前是國內心理學和教育學相關科系的必修學分，也是許多學生最畏懼的學科。這些學生之所以畏懼統計學，原因有二，首先是他們過去的數學基礎不佳，其次是目前的統計教科書公式和符號太多，數字運算過於龐雜。余教授所出版的這本書條理清晰，沒有複雜的統計符號、公式證明和龐雜的數字運算。每章前均有學習重點提示，後有摘要，很適合數學基礎不佳的學生。

本書內容涵蓋集中量數、變異量數、標準分數、常態分配、相關與迴歸、卡方考驗、變異數分析、共變數分析等常用的統計方法，是一本很好的統計入門書籍，由於其言簡意賅，也是學過統計者在做實徵研究或準備考試時，複習統計的好教本。

目前一般統計書大部份只談統計方法，沒有教導學生如何使用現成的電腦統計套裝軟體，使得這些學生即使熟悉統計方法，也無法借助電腦的協助完成研究，這缺點將使研究過程變為過度的冗長，甚至無法完成。余教授這本書每章介紹完統計方法後，均有電腦習作，教導如何藉由社會科學電腦統計套裝軟體程式 (SPSS) 處理研究資料，是一本很好的研究用統計參考書。

由於本書上述的優點，本人非常樂於寫序推薦！

林邦傑 謹識
於國立政治大學

修訂三版序

　　自從本書《心理與教育統計學》（修訂二版）出版後，時光呼嘯而過，至今又過了七年。回顧過去七年來，屬於初等統計學範疇的部份並沒有明顯改變，但受到電腦及網路資訊科技突飛猛進的影響，本書中所舉出的電腦習作範例，已從過去 DOS 作業系統下的 SPSS/PC 版（從初版發展到第七版），改變成視窗作業系統下 SPSS for Windows 版（從第八版發展到第十七版），再演變成目前的 PASW Statistics V18（英文）版（SPSS 於 2009 年被 IBM 公司購併而更名為 PASW Statistics）。因此，本書藉此機會，一併修訂 SPSS 新版 PASW Statistics 的範例操作說明，以作為本書電腦習作範例的補充。

　　本書的修訂，除了在上述 PASW Statistics 的範例操作說明外，同時亦校正過去版本的錯誤之處，期能以最完善的風貌再版問世。筆者要特別感謝國立政治大學教育研究所博士陳柏霖先生，除撥冗協助範例的操作示範說明外，並費心協助校稿。而在本書修訂的整個編輯、排版與校對過程中，筆者更要感謝在劉振強先生領導下的三民書局編輯部所有工作同仁，沒有他們不辭辛勞的幕後協助，本書真的無法以最完善的風貌再版問世。最後，筆者要感激二十年來陪伴我研究、閱讀、撰稿，和校稿的內子沈恂如，她的鼓勵、支持與細心照顧，才是筆者不斷努力、接受挑戰，以及嘗試創新的最大動力來源。

　　筆者才疏學淺，本書立論若有疏忽之處，尚懇請學界先進不吝指正。

余民寧 謹識

中華民國 101 年 7 月於政大教育系

初版序

　　量化與電腦化可謂是當今心理與教育研究的兩大趨勢；即收集大樣本資料進行量化分析與資料分析時均需仰賴電腦輔助計算，而身為量化研究法工具之一的統計學，遂有逐漸成為各大學及研究所共同必修課程的潮流。本書即著眼於此，嘗試將量化分析的觀念與電腦輔助計算的學習法，導入「初等心理與教育統計學」裡，期望師範院校學生與關心教育的社會大眾等，都能具備基礎統計學概念，以增強吸收高深知識的能力，作為日後研習或閱讀學術報告和專業書籍的準備。

　　本書的完成，筆者要感激曾與筆者共事的國立政治大學附設實驗學校全體教職員工，沒有他們的敬業精神與合作無間，筆者實在無法專心從事課餘時的著述。在整個邀稿、編輯和校對過程中，筆者要感謝三民書局劉振強先生的遠見與魄力，及三民書局幕後工作同仁的辛勞。更要感謝政大林教務長邦傑承允撥冗為拙著撰寫序文，使本書增色不少。也要感謝政大教育研究所張芳全與鄭明長兩位先生的仔細校閱「自我測驗及練習作業」的解答部份，益增本書的可讀性。最後，更要感激內子沈恂如在筆者撰寫期間的鼓勵、支持與細心校對。

　　筆者才疏學淺，著述立論經驗欠豐，雖經校對再三，疏漏之處，尚懇請各方先進不吝指正。

余民寧 謹識

民國 83 年 12 月於政大教育系

心理與教育 統計學

目 次

推薦序

修訂三版序

初版序

第一章 導 論

本章學習重點

1. 統計學可以分成哪幾類?每一類的內涵各是什麼?
2. 研究心理與教育統計學的動機和目的是什麼?
3. 變項可以分成哪幾種?各有什麼特性?
4. 在統計學中常用的基本代數運算公式為何?
5. 常用的統計套裝軟體程式有哪些?如何接近並使用這些程式?

第一節 統計學的重要性和分類

　　統計學 (statistics) 是一門應用**數量的方法** (quantitative method) 來收集、整理、分析和解釋研究資料,並由研究**樣本** (sample) 的性質來推論未知的**母群體** (population) 性質,期能在不確定的情況下作成決策的科學方法。統計學所處理的資料是**數字資料**,因此與數學關係密切,是數學的一種主要分支。同時,統計學沒有固定的研究對象與領域,幾乎所有學科領域和對象皆能適用,由於其理論基礎極為嚴謹與科學化,所以,根據此理論基礎所作成的決策或推論也極為嚴謹和科學,綜合上述,統計學可以算是一種科學方法或決策工具。

　　統計學包含三大內涵:**統計資料、統計理論與統計方法**,亦即包含統計資料的整理、分析與推論,以便由樣本所顯示的特徵推論到母群體特徵的所有理論與方法。在統計方法與理論出現之前,已有統計資料的存在,統計學在經過近三個世紀的發展,目前已由數學領域中分化出來,逐漸成為一門獨立的科學。由當今的大學或研究所課程的安排可知,統計學在各種學科領域中

的應用已逐漸受到重視，並且有被列為共同必修科目，作為方法學基礎訓練的趨勢。統計學的重要性，由此可見一斑。

統計學的分類有許多種，有的根據其內容抽象程度或實用程度來分，計可分成：**數理統計學** (mathematical statistics) 與**應用統計學** (applied statistics) 兩者。前者是在探討各種統計方法的數學原理與各種統計公式的來源，是一門極為抽象、理論化，且大量使用數學符號與概念的統計學，不容易被一般人所瞭解；而後者則著重在如何將各種統計方法應用到實際的學科領域的問題解決上，是一門較為實用取向，且使用數學符號與概念較少的統計學，比較容易被一般人所瞭解和學習。**心理與教育統計學** (Statistics for Psychology and Education) 是在探討如何應用有關的統計方法，來研究並解決各種心理與教育問題和現象的一種統計學，因為比較強調實用性，所以是屬於應用統計學的一種。

有的則依據內容性質來分，計可分成：**描述統計學** (descriptive statistics)、**推論統計學** (inferential statistics) 和**實驗設計** (experimental design) 三者。根據統計學發展的時間先後而言，前二者發展較早，後者則為近代的產物。由於心理與教育統計學所探討的範圍包含這三者，因此，本節擬扼要介紹其內容如下：

一、描述統計學

統計學的最初發展雛形，是與政府部門整理它的資料 (如：戶口普查、清點財產等) 有關。政府原先所收集到的只是一堆雜亂無章的資料，因為需要從中整理出有意義的訊息，以有助於瞭解現況和策劃將來，因此才有描述統計學的誕生。描述統計學便是使用**計算、測量、描述、劃記和排序**等方法，將一堆原本雜亂無章的資料加以**整理、摘要、陳述、分析和解釋**，使人容易瞭解該資料所含的意義及其所傳遞的訊息，但僅就所收集到的資料本身作討論和分析，並不將其所發現的意義推廣到更大的範圍者。在實際的教育與心理學情境中，使用到描述統計學的機會很多。例如：「教育部要明瞭國家當前的高等教育人力，以便規劃未來高等教育的政策」、「某教師想知道他所任教班級學生的平均成績是多少」、「某輔導教師想瞭解該校行為不良學生的人格特質，以便安排適當的輔導策略」等，都是需要使用描述統計學。

二、推論統計學

推論統計學的誕生，起源於研究者企圖瞭解整個研究母群體的特性，但由於母群體的人數過於龐大，無法一一收集到全部的資料，因此只能抽取局部樣本數作為研究對象，再根據樣本研究所得的結果來推論整個母群體的特性，並且要附帶陳述這種推論為**正確的可能性** (likelihood) 和**可能犯錯的機率** (probability) 有多大。以這種研究目的為主的統計學，便是推論統計學；換句話說，凡是以**隨機的** (random) 方式，自母群體中抽取適當的樣本（這種過程即稱作**抽樣** (sampling) 進行研究，再根據樣本研究所得的結果來**推論母群體的特性**，並且附帶陳述可能發生的**誤差**有多大的統計方法，便是推論統計學。例如：假設「某研究者想瞭解全國大學生的平均智力有多高，或想瞭解全臺北市學童罹患齲齒的百分比有多高」，因為研究經費、時間、人力、物力及樣本的流失等因素的限制，他絕對無法一一收集全國大學生或全臺北市學童的資料。因此，他只能抽取少部份具有**代表性的** (representative) 樣本來進行研究，再根據樣本研究所得的結果來推論全國大學生的平均智力或全臺北市學童罹患齲齒的百分比。由於這種推論結果，並非是根據母群體中的全體人數來進行的，因此，一定會有推論誤差存在，所以研究者必須附帶陳述這種推論所可能犯的錯誤機率有多大，以便讓其他讀者明瞭此一研究結果的正確性有多高。這種推論活動的過程，便是推論統計學的特性。由此可見，在推論統計學裡，研究者所真正關心的對象是**母群體的特性**，而不是在描述樣本的性質。

推論統計學又因母群體中的條件不同，計可分成：**參數統計學** (parametric statistics) 與**非參數統計學** (nonparametric statistics) 兩種。前者是指所有的母群體分配為**常態分配** (normal distribution) 的推論方法，而後者是指其他母群體分配不是常態的推論方法。茲將參數統計學與非參數統計學間的異同點，扼要陳述於表 1.1 裡。

由於許多教育與心理學研究領域中的測量都是間接進行的，所擬探討的母群體特性也大多數是未知的，因此，推論統計學對教育與心理學者而言，更加重要。但是推論統計學的內涵，仍是以描述統計學為其基礎，再加上一些假設考驗與推論的方法而成，因此，描述統計學的學習仍然是最基本的，不可以忽略它的重要性。

表 1.1　參數統計學與非參數統計學之比較

參數統計學	非參數統計學
①母群體分配為常態分配	①母群體分配不為常態分配
②發展較早	②發展較晚
③主要以參數為推論對象	③以母群體或參數為推論對象
④量的母群體推論方法	④量的或質的母群體推論方法
⑤常使用統計附表	⑤不常使用統計附表

三、實驗設計

　　實驗設計算是統計學中較為晚近發展出來的一門學科。它的主要目的是在**透過實驗操弄自變項，然後觀察依變項產生什麼樣的變化**，以瞭解這二者間的**因果關係**，並考驗所提的**實驗假設** (experimental hypothesis) 是否為真。在實驗進行前，研究者必須針對整個實驗的進行步驟有個周詳的計畫，這些計畫內容可能包括：計畫操弄什麼樣的**自變項**、觀察什麼樣的**依變項**、控制什麼樣的**干擾變項**或測量誤差、考驗什麼樣的**研究假設**、抽取多大的**樣本數**、使用什麼樣的**統計方法**來進行分析、及考慮什麼樣的**設計方式**最為經濟有效等，這些內涵及步驟都必須詳述在實驗計畫裡。由於實驗設計的方式不同，所選用的統計分析方法便不相同，因此所得的研究結果亦可能不一樣。所以，研究者在設計實驗計畫時，不得不慎重考慮各種相關因素及控制各種可能影響實驗效度的來源，期使實驗研究的結果能夠經濟有效地達到實驗目的。

　　舉例來說，假設「某研究者想比較某二種新的教學方法的優劣，以作為決定是否在國民小學中推行的依據」。他可能計畫採用兩個同質性較高的班級（如：智力、動機、成就等都大致相當）學生作為樣本，分別單獨接受其中一種新的教學法，然後再比較這兩個班級的學習成績之好壞；他也可以計畫只採用同一個班級學生為樣本，先後各接受一種新的教學法，然後再比較這前後兩次學習成績之好壞。由此可見，實驗進行的方法有許多種，每種方法都有其優缺點，但必須全賴事前妥善的規劃和設計，才能經濟有效地達成實驗的目的。如果我們採用的實驗方法不同，設計所需考慮的因素和使用統計考驗的方法就會不同，所得結果也會不一樣。一般說來，實驗是透過操弄或控制自變項的手段，來觀察依變項是否照預期的方向產生改變，因此，依變項的

改變結果可以歸因於是受操弄自變項的結果，也就是說，實驗研究的結果往往具有因果關係的解釋效力。然而，在一般觀察性或相關性研究（如：意見調查、態度測量等）中，我們亦有可能獲得如同實驗研究結果一樣的結果，但這種研究結果並不具有因果關係的解釋效力，因為其間並未有實驗操弄的介入或理論文獻的依據，所以在下結論時就應該特別小心，避免遽下具有因果關係的結論。有關上述這些過程的說明，都是屬於實驗設計的範圍，但是後兩種結論的差異，讀者宜仔細加以分辨和特別注意。

第二節　為什麼要研究心理與教育統計學

統計學的發展有愈來愈受重視，甚至列為大學或研究所的共同必修課程之趨勢。這項趨勢的涵意對修讀教育學與心理學的學生來說亦然，研究心理與教育統計學也是主要的必修課程之一。而明瞭為什麼要學習心理與教育統計學的原因和目的，將有助於提升學生的學習動機。國內的心理與教育統計學家（朱經明，民79；林清山，民81）就一致認為下列幾點是修讀教育學與心理學的學生為什麼要研究心理與教育統計學的理由：

一、為了從事專業工作的需要

許多從事教育或心理專業工作的人，如：學校的輔導老師、學校心理學家、專業諮商與輔導人員、社會工作者、觀護人等，常會遇到受輔者 (client) 一些心理層面或教育層面的問題。例如：某位學生有學習障礙問題或心理困擾問題，這時的輔導老師或心理學家常常需要借助各種標準化成就測驗或心理測驗的施測，來找出學生的學習障礙或心理困擾的主要原因，然後才能對症下藥，採取有效的解決方法或輔導措施。此時，輔導老師或心理學家就必須要具備一些統計學方面的知識，才能正確地實施測驗和解釋測驗結果，再根據診斷與分析結果，提出一些解決問題的建言與策略。假若輔導老師或心理學家並不具備一些統計學方面的知識，則他們很可能會濫用或誤用這些心理測驗，而導致誤診或錯失治療的時機，甚至加重學生的問題。

二、為了從事研究工作的需要

許多教育問題的改革或教育政策的訂定，都必須先經過實驗後才能確定。例如：教育部嘗試「甄試入學」的大學入學改革方案、臺北市教育局嘗試「國

中生自願就學方案」等，這些都是透過實驗設計的過程和步驟來進行的，企圖在實驗之後有實驗證據的支持，再付諸全面的改革和實施。像這些實驗設計的擬定、實驗計畫的執行、資料的分析，以及實驗結果的解釋等，都必須要有統計學方面的知識才能勝任這份工作。因此，具備統計學方面的知識，才能使研究者**明瞭教育研究或實驗結果的績效與缺失**，間接提高研究工作的水準，解決實際的教育問題。

三、為了從事學術溝通的需要

從事心理與教育研究的人，常需要閱讀他人的研究報告或論文，以擷取新知，並且也需要將自己的研究心得撰寫成研究報告，與他人分享或交流。然而，在一般的研究報告或論文的撰寫格式上，除了其專業領域的規定外，對於約定俗成的統計學術語或用辭，也都有其一定的使用限定與規範。因此，從事心理與教育研究的人，若不具備統計學方面的知識，不但無法閱讀和瞭解他人的研究報告，並且也無法將自己的研究發現傳達給他人知曉，這無異乎是「半文盲」的人。所以，要與他人**進行學術溝通和交流**，研究心理與教育問題的人就必需具備統計學方面的知識。

四、為了使用套裝程式的需要

從事心理與教育問題等行為科學研究的人，往往得收集並處理龐大的資料，這些資料的分析，通常都需要借助**大電腦** (mainframe) 或功能較強的**個人電腦** (personal computer) 設備，以及現成的統計套裝軟體程式（如：Statistical Package for the Social Sciences，簡寫成 SPSS；Statistical Analysis System，簡寫成 SAS；Biomedical Programs，簡寫成 BMDP）的輔助計算，方能有效地處理。目前，各種研究報告中的資料處理與分析工作，多半是經由這號稱為「三大」(big three)（林邦傑，民 75）統計套裝軟體程式的運算而得，這些電腦程式會將統計分析的結果列印在電腦報表上，如果研究者不具備基礎的統計學知識，或統計學觀念缺乏、不夠清楚、不夠正確的話，則將會在閱讀和解釋這些電腦報表上的統計結果時產生困難和偏差，間接地誤用或濫用這些統計數據。由此可以明白，為什麼從事心理與教育問題研究的人需要學習統計學了。

五、為了方法學上訓練的需要

統計方法的訓練，其實也是一種科學方法的訓練。統計學中所使用的分析步驟、推理方式與思考方法，對從事心理與教育問題研究的人而言，其實就是一種問題解決的科學方法訓練。不論是描述統計學、推論統計學或實驗設計等統計學的內涵，都是在訓練研究者養成**審慎思考、推理、分析與判斷的決策能力**，進而解決問題，完成研究報告。在經過這些科學方法的訓練後，研究者就能具備正確使用統計方法與分辨統計數據真偽的能力，避免重蹈「**誤用與濫用**」(misuse and abuse) 統計學的覆轍。統計分析方法也算是一種**計量分析方法**，然而許多誤用與濫用計量分析方法的例子，常使人誤解統計方法的用途，並譏笑統計分析其實就是「**垃圾進、垃圾出**」("garbage in, garbage out"，簡寫成 GIGO) 的方法。凡從事心理與教育問題研究的人要如何才能避免這種譏笑，也惟有加強學習統計學，才是比較正確的解決之道（余民寧，民 81）。

第三節　有關變項的一些基本概念

統計學是由數學發展演變而來，嚴格說來，算是數學的一支。因此，學習統計學往往也需要一點數學的基礎，數學中常見的名詞也會在統計學中出現。除了數學名詞之外，統計學也有其專屬的用詞和術語，心理與教育統計學也不例外。在心理與教育統計學中，對「**變項**」一詞的基本概念的瞭解和辨識，是最基本的學習重點。讀者如能儘快熟稔這些基本概念，本書作者相信對後續章節的統計學方法與概念的學習，將有正面的幫助。

一、變項、常數、自變項、依變項與共變項

在某個變項能被進行統計處理前，它必須要能被觀察得到才行，也就是說，該變項要能**被歸類** (classified)、**測量得到** (measured)，或**量化** (quantified)。當你認識一位陌生人時，你就已經在許多變項上作觀察（或評量）了，例如：他的吸引力、說話的速度、自信心、膚色、種族、性別，甚至是宗教信仰，或政黨屬性等，當這些觀察都被量化或被歸類後，我們才可以統計學的方法來進行處理。因此，**測量** (measurement) 便是指**可被量化或被歸類的觀察值**，當這些測量所用的單位不同時，觀察值便可以用來代表某個變項。

簡單的說,測量是指根據某些原則來分配數字 (assign numbers) 給測量物的觀察值;而變項 (variable) 便是指根據測量物 (如: 人、事、時、地、物等) 的某種屬性,可以產生數值改變或變化的觀察值。例如: 人的身高即是一種變項,有的人是 176 公分高,有的則是 120 公分高,由於團體中每個人「身高」的數值,隨著其測量屬性的不同而變化,因此它是一種變項;人的體重也是一種變項,因為每個人的體重也是因人而異;其他如: 性別、年齡、智力、學業成績、宗教信仰、人格特質、國民所得、受教育程度、青少年犯罪率,或溫度等,不勝枚舉,也都是變項。換句話說,某種可以產生數值變化的觀察值,都可以算是變項。

與變項概念相對應的名詞,就是「常數」(constant)。常數是指不能依據測量物的某種屬性變化而產生數值改變或變化的一種恆定狀態,它通常被視為是變項的一種特殊型態,並且以一種固定數值來表示。舉例來說,圓周率 π 即是一種常數,它的數值並不會隨著圓面積的增大或縮小 (即測量屬性) 而產生變化,它的值永遠是 3.14159 … (即固定不變的數值)。

在實驗設計中,研究者或實驗者所操縱的變項,就叫作「自變項」(independent variable),而隨著自變項的變化而產生改變的變項,便叫作「依變項」(dependent variable)。舉例來說,假設「某研究者或某教師想瞭解不同的教學方法對學生的學業成績是否有所影響」。在這個問題前提下,該研究者或教師所要去操縱的教學方法便是自變項。又假設該自變項包含三種不同的教學方法: 演講式教學法、啟發式教學法、和電腦輔助教學法;則該研究者或教師便要設計實驗過程,以有系統的方式來操縱這三種教學法,然後再觀察在這三種不同的教學法下,學生的學業成績 (如: 可以某學科或整個學期平均成績來代表) 是否有顯著的進步。在此,受試者所接受的這三種不同教學法,都屬於是自變項中的某一個「水準」(level) 或「類別」(category),這些水準或類別都是研究者或教師所操縱的,因此,自變項又稱為「實驗處理」(treatments)。而在本例子中,學業成績是依變項,因為它會隨著研究者或教師操縱不同教學法的成效而改變,所以它是「依」據自變項的變化 (即操縱實驗處理的水準) 而改變的「變項」;換句話說,本實驗研究的目的是想要證實是否因教學法 (即自變項) 的不同,學生的學業成績 (即依變項) 也會有所

不同。

共變項 (covariate variable) 是指某研究中，為了減少實驗誤差或抽樣誤差，所擬進行控制的一種干擾變項，這種變項通常會影響自變項與依變項之間的因果關係，因此需要以「實驗控制」(experimental control) 或「統計控制」(statistical control) 等設計方法去排除它的干擾，才能彰顯實驗的成效。舉例來說，假設「某研究者或某教師既想瞭解不同的教學方法對學生的學業成績是否有所影響，但又擔心實驗結果可能因為受學生智力因素的干擾，而影響到實驗結果的正確性」。在這種情況下，研究者除了可以使用實驗設計的方法進行研究外，他還必須設法排除智力因素所可能產生的干擾。因此，該研究者會將智力因素視為共變項，再以實驗控制或統計控制(如：採用共變數分析)方法將它排除，以增進實驗研究結果的正確性。

二、 連續變項與間斷變項

在心理與教育研究領域裡，有許多心理或物理特質的屬性是可以用一種連續不斷的數值來表示，並且任何兩個數值間的段落可以無限的分割成更小的數值，具有這種測量特質的資料變項，便稱作連續變項 (continuous variable)。例如：身高、體重、時間、速度、溫度、智力、學業成績等，都是屬於連續變項。舉例來說，人類的身高可以是 160 公分，也可以是 95 公分，在這 95 到 160 公分之間的數值，是以距離（或段落）來表示，而不是一個點；並且這段距離可以進行無限的分割，因此可以有 95.5 公分、100 公分，甚至 159.9999 公分等不同數值出現，只要有精確的測量工具可以測量出就行。同理，160 公分高，並不就是精確表示 160 公分不變，其實它只是表示由 159.5 公分到 160.5 公分間的一段距離，它是一個大約的數值而已。由此可見，身高是一種連續變項，它是以一種距離數值而不是以一個點來表示，並且只是一種近似值 (approximate number) 的表示法而已。

間斷變項 (discrete variable) 又稱類別變項 (categorical variable) 或非連續變項 (discontinuous variable)，是一種與連續變項相對應的變項概念。凡測量資料的屬性只能以一種特定數值來表示，而無法進行無限分割者，便是間斷變項。例如：學校別、宗教類別、性別、職業類別、每個家庭的子女數等，都是屬於間斷變項。舉例來說，性別只分成「男與女」兩類，其間無法再予

以分割成無限等分；宗教別可以分成「基督教、天主教、佛教、回教、……」等有限的類別，而其類別間無法再進行分割者。所以說，間斷變項是以一個點的數值來表示，而不是以一段距離來表示。但是，報章雜誌上常見「我國平均每個家庭的子女數為 1.78 人」等統計數值，也只是理論上的概念表示法而已，事實上並無此一單位人數存在。所以，間斷變項上所顯示的數值，應該是一種**精確值** (exact number)。例如：某實驗小學有 40 部電腦設備，40 即為精確數值，因為電腦沒有以半部為計算單位的。

三、名義變項、次序變項、等距變項與比率變項

根據 S. S. Stevens (1946, 1951) 的看法，按照**測量量尺** (scale of measurement) 的精密程度或**測量水準** (level of measurement) 來分，變項資料的屬性類別可以分成下列四種：

㈠名義變項 (nominal variable) 或名義量尺 (nominal scale)

凡變項**資料本身的用途只具有作為辨識事物或表示類別用的特性者**，便是名義變項。例如：球衣的背號、學生的學號、性別、血型、宗教別、職業別、國籍、郵遞區號，或身份證字號等，都是名義變項的例子。名義變項資料只是用來辨識事物或表示類別而已，並不能用來表示或比較事物與事物間或類別與類別間的大小、優劣、次序，或差異，因此，這類變項不能進行算術中的四則運算（即加、減、乘、除）；凡電腦報表所計算顯示的這類變項的數據，也只代表其在理論上的概念而已，並非真正有此數值存在。舉例來說，球衣背號 40 號者並不代表比球衣背號 20 號者為大或優，它只是用來區別選手的編號不同而已，並無法比較其數值間的大小或差異（如：背號 40 號與背號 20 號間的差異，等於背號 30 號與背號 10 號間的差異）。又例如：在電腦進行**編碼** (coding) 時，男生可以編碼為 1，而女生編碼為 0，若有十位自願的受試者（假設男女各半）供研究，則性別一欄的平均數為 0.5（即將所有十名受試者的編碼總和除以總人數之值），該數值只具有理論上的意義，可用來協助瞭解平均數的意義或方便電腦的計算和顯示資料而已，並無實質上的意義存在，因為人數沒有以「半個」為計算單位的。其次，又如教育界常談到的一句話：「建立正確的價值觀」，其實，這是一句語病很重的話，因為價值觀也算是名義變項的一種，它僅能區別或辨識每個人的價值觀不同而已，並不能拿來互

相比較大小或優劣，因此，不該有「正確或不正確」之分。

㈡次序變項 (ordinal variable) 或次序量尺 (ordinal scale)

　　凡變項資料**具有上述名義變項的特質，並且可用數值來表示事物或類別間之大小、多寡、優劣、高低、次序，或等第**的變項，便是次序變項。舉例來說，在計算畢業總成績時，某甲以第一名成績畢業，某乙以第二名成績畢業，這種不僅以第一或第二的數值來區別這兩名學生學業成績的不同，同時亦表示出其間的優劣次序，便是一個典型的例子。次序變項資料除了可以用來辨識事物或表示類別之外，還可以用數值來表示或比較事物或類別間的大小方向及次序，並且可將事物或類別的數值依大小來排序。此外，次序變項只用來描述事物與事物或類別與類別在某一特質上的次序，但並不能用來顯示其間**差異量的大小** (magnitude)；因此，次序變項只能以「＞」（大於）或「＜」（小於）等符號來保留或比較兩事物或類別間的次序關係，但不能表示前者比後者大多少或前者比後者小多少。例如：次序變項可以使用「$a > b$，且$b > c$，故$a > c$」的規則來表示或比較其間的大小，並保留或推理出其間的次序關係，但是卻無法顯示出「a 大於 b 的量」是否等於（大於或小於）「b 大於 c 的量」的幾倍或幾分之幾。

㈢等距變項 (interval variable) 或等距量尺 (interval scale)

　　凡變項資料**具有上述名義變項和次序變項的特性，並且還可以數值計算和表示出兩事物或類別間的差異量大小**者，便是等距變項。例如：溫度、明暗度、音量等，都算是等距變項。舉例來說，昨天氣溫 28℃，今天氣溫 29℃，明天氣溫預報是 30℃，則我們不但可以說今天氣溫高於昨天，明天氣溫也將高於今天，並且也可以說今天與昨天的氣溫之差，將等於明天與今天的氣溫之差。等距變項資料除了具有辨識事物或表示類別之功能外，還可以比較事物或類別間的大小次序，並且具有「**相等單位**」(equal unit) 的特性，即各段落之基本單位的間隔是完全相等的；因此，等距變項可以進行四則運算中的加法和減法的運算。例如：上述的 30℃ − 29℃ ＝ 29℃ − 28℃，表示氣溫這一等距變項具有相等單位的特性。此外，「**智力**」(intelligence) 分數雖然可以數值表示成 130 − 120 ＝ 60 − 50，但是前者的差異所顯示出的聰明程度，要比後者的差異所顯示出的聰明程度還大，這是由於智力的意義不具有相等單位的緣

故，因此，嚴格說來，智力應該算是次序變項。然而在實際的心理與教育研究領域裡，學者們為了方便使用起見，還是將智力視為一種等距變項；一般的測驗分數也如同智力一樣，被視為是一種等距變項。其餘許多心理學上的變項，也和智力一樣具有相同的特性，除非它能滿足「相等單位」的條件，否則還是應將其視為次序變項，以適用於次序變項的統計方法來進行資料處理。

㈣比率變項 (ratio variable) 或比率量尺 (ratio scale)

凡變項資料具有上述名義變項、次序變項、和等距變項的特性，並且還可以數值計算和表示出兩事物或類別間的差異量大小和相對比率者，便是比率變項。比率變項有個最大的特點，那就是它有「絕對零點」(absolute zero)，因此，任何一個比率變項數值均是代表從自然原點 (natural origin) 算起的一段距離，這種數值本身除了可以進行四則運算中的加法和減法的運算外，還可以進行乘法和除法的運算。例如：長度即是一種比率變項，某人身高 180 公分，這個數值 180 便是表示從 0 開始起算到 180 的一段距離；除此表示法之外，我們還可以把身高 180 公分的人，看成是身高 90 公分的人的兩倍高，因為他們的身高都是以共同的自然原點為起算點；若說某物品的高度為 0 公分或兩件物品間的間隔為 0 公分，此即表示該物品的高度是處於絕對零點的位置，或該兩件物品間的距離也是處於絕對零點的位置；換句話說，該物品的高度是不存在的，或該兩件物品間的間隔沒有距離存在（即緊連在一起）。除了長度之外，重量也是一種比率變項，因為完全沒有重量存在時，是絕對的零點。但是溫度本身便不是一種比率變項，因為除了高於零度的溫度外（如：30℃），還存在有零下的溫度（如：−30℃）及冰點的零度溫度（如：0℃），因此，溫度沒有絕對零點，它不可以算是比率變項。實際上，在心理學領域裡，真正屬於比率變項者不多，但為了實驗研究的需要，學者們往往會將許多刺激變項的起點視為是零點，例如：在還沒有進行噪音對人的學習干擾研究之前，將完全沒有聲音的情境看成是音量為 0；在新的學習法實驗裡，將沒有引發任何刺激反應的狀態視為是 0；在測量態度的評定量表 (rating scale) 使用上，研究者常將該評定量表的中央位置視為絕對零點，並且各位置間的間隔都是相等的，因此，我們可以依序將評定量表上的「非常喜歡」、「喜歡」、「沒意見」（即中央位置，絕對零點）、「不喜歡」、「非常不喜歡」等五類選項，

分別給予 5、4、3、2、1 分的得分，以代表各種不同的反應強度，同時可以把得 4 分者看成是得 2 分者的反應強度的兩倍。這些著重在概念及理論上意義的作法，已引發不少爭議，故在使用時，要特別小心謹慎，尤其是對研究結果的解釋。

在心理與教育統計學的歸類中，一般都將名義變項和次序變項歸類為非參數統計學所適用的變項資料，同時也是屬於間斷變項屬性者；而將等距變項和比率變項歸類為參數統計學所適用的變項資料，同時也是屬於連續變項屬性者。由於在實際的使用中，學者們多半不去區分等距變項或比率變項，並且這兩者所適用的統計方法也並無不同，因此，這兩者可以合而為一。如此一來，上述根據測量量尺的精密程度來分的四種變項，便可以合併成三種變項：⑴名義變項，⑵次序變項，⑶等距變項與比率變項。這三種變項各有其適用的統計方法，其中，以有關等距變項與比率變項之統計方法（或稱為參數統計學）最多、也最重要。本書的重點即放在參數統計學的介紹上。

綜合上述四類變項資料的屬性與特點，可以歸納如表 1.2 所示。其中，同質性 (identity) 是指被分類到同一個類別中的資料屬性都是同質的；不等性 (inequality) 是指各類別間的資料屬性具有不相等的差異特性，除了可以分類外，彼此間還可以比較大小或優劣；可加性 (additivity) 是指各類別間的資料屬性具有可以相互加減的特性，除了可以分類及比較大小或優劣外，還可以表示差異量的大小；可乘性 (multiplicativity) 是指各類別間的資料屬性具有可以相互乘除的特性，除了可以分類、比較大小或優劣、表示差異量的大小外，還具有絕對零點。在心理與教育研究領域中所使用的資料，均屬於這四類變項之一。

表 1.2　四類變項資料的屬性與特點

變項 種類	變項屬性				變項舉例
	同質性	不等性	可加性	可乘性	
名義變項	*				性別、學號
次序變項	*	*			名次、等第
等距變項	*	*	*		溫度、智力
比率變項	*	*	*	*	長度、重量

＊代表具有這種屬性

四、量的變項與質的變項

有些統計學家將變項的種類分成兩種：**量的變項** (quantitative variable) 與**質的變項** (qualitative variable)。量的變項包括：身高、體重、智力、學業成績、教育經費支出佔國民生產毛額的百分比等，比較是屬於等距變項和比率變項者；質的變項包括：學生的美術作品的優劣、歌唱舞蹈的好壞及寫作內容品質的高低等，比較是屬於名義變項和次序變項者。有時候，統計學家又有其他分法，例如：將量的變項分成連續變項與間斷變項，而質的變項分成次序變項與非次序變項。不論各種分類是否一致，顧名思義，量的變項多半是能夠以數值來表示資料大小量的變項，而質的變項多半是不能夠以數值來表示其大小量的變項。

第四節　運算符號的基本概念和使用統計套裝軟體程式須知

過去，心理與教育統計學的學習者，多半是借助於**掌中型計算機** (calculator) 或**算盤**的輔助計算，甚至是手算，才能順利完成練習作業和滿足實際的研究需要。然而，近年來的研究趨勢已有走向收集大樣本資料的傾向，每次研究動輒收集成千上萬筆資料，對於這種日益龐大的資料處理問題，已不是過去的輔助計算工具所能勝任；取而代之的是功能強、運算快、容量大、精確性高的個人電腦或大電腦設備，以及專屬的統計套裝軟體程式的應用。因此，晚近學習心理與教育統計學的人，必需與電腦及統計套裝軟體程式一起學習，方能符合時代的需求。本節先介紹各種本書中常用的運算符號之基本概念，隨後再介紹使用統計套裝軟體程式的須知。

一、本書常用的運算符號及其運算定理

在正式進入討論統計學的原理原則之前，我們有必要先明瞭一些本書中常用的運算符號的基本概念。它們的內涵分別表示如下：

1.在本書的描述統計學部份，我們多半以英文字母的**前幾個**字母，如：A、B、C、… 或 a、b、c、… 等，作為是代表「**常數**」的符號；而以**後幾個**英文字母，如：…、X、Y、Z 或 …、x、y、z 等，作為是代表「**變項**」的符號。

2.在本書的推論統計學部份，我們多半以**英文字母**代表「**樣本**」的**統計數** (statistic)，例如：以 $\bar{x}$ 代表樣本的平均數，以 s 代表樣本的標準差；而以**希臘字母**代表「**母群體**」的**參數** (parameter)，例如：以 μ 代表母群體的平均數，以 σ 代表母群體的標準差。

3.我們常以 X 或 Y 表示變項，若該變項有多個測量數值時，則分別以**足標** (subscript) 表示，以示區別每個數值的不同，例如：

$$X_1、X_2、X_3、\cdots X_N，\text{或 } Y_1、Y_2、Y_3、\cdots Y_N$$

其中，N 即表示該變項的測量總數，通常指的是以人為單位，即該團體中的總人數為 N。習慣上，我們以下列表示法表示所有觀察值的測量結果：

$$X_i, i = 1, 2, 3, \cdots, N$$

此即表示：我們總共有 N 個 X 變項的測量值，每個數值分別以 X_i 符號來表示，其中，i 所指的即是從 1 到 N 不等的個數。

4.習慣上，統計學家常以希臘字母 Σ（讀作 [sigma]）表示「所有個數的總和」的意思。例如，假設我們有五個測量值，分別是：$X_1 = 10$、$X_2 = 20$、$X_3 = 30$、$X_4 = 40$、$X_5 = 50$ 不等，則：

$$\sum_{i=1}^{N} X_i = X_1 + X_2 + X_3 + X_4 + X_5$$

亦即是這五個 X 變項數值的總和，亦即是：

$$\sum_{i=1}^{N} X_i = 10 + 20 + 30 + 40 + 50 = 150$$

因此，讀者必須熟記下列**總和運算公式**的一般化表示法：

$$\sum_{i=1}^{N} X_i = X_1 + X_2 + \cdots + X_N \qquad \langle\text{公式 1–1}\rangle$$

或　　$$\sum X = X_1 + X_2 + \cdots + X_N$$

當總和運算的起迄點數值很清楚時，例如：都是從 1 到 N 的個數時，則我們可以把 Σ 符號上下的記號和 X_i 的足標 i 省略不寫，僅以 ΣX 的符號表示就行。然而，有特殊起迄點數值的總和運算時，我們還是得把 Σ 符號的上下記號標示出來，以免在運算時產生混淆。

　　5.有關 Σ 符號的運算，下列幾個定理很重要，讀者有必要熟記它們。關於其計算過程的證明，讀者可以參見附錄一。

$$\Sigma cX = c\Sigma X \qquad\qquad 〈公式 1–2〉$$

〈公式 1–2〉所表示的意義是：每個變項數值乘上一個常數 c 後，則所得的總和等於原始變項數值的總和再乘上該常數 c。

$$\Sigma c = Nc \qquad\qquad 〈公式 1–3〉$$

〈公式 1–3〉所表示的意義是：常數 c 連加 N 次後，則所得的總和等於 N 倍個 c。

$$\Sigma(X + Y + Z) = \Sigma X + \Sigma Y + \Sigma Z \qquad\qquad 〈公式 1–4〉$$

〈公式 1–4〉所表示的意義是：Σ 符號具有分配性，亦即可將括號外的 Σ 符號分別乘到括號內各個變項上。同理，根據上述公式的意義，我們可以推理得知下列的運算公式也成立。

$$\Sigma(X \pm c) = \Sigma X \pm Nc \qquad\qquad 〈公式 1–5〉$$

上述公式即表示：每一個變項數值加上一個常數 c 後的總和，等於原始變項數值的總和，再加上 N 倍個 c；減法時亦然，每一個變項數值減去一個常數 c 後的總和，等於原始變項數值的總和，再減去 N 倍個 c。

$$\Sigma(X \pm c)^2 = \Sigma X^2 \pm 2c\Sigma X + Nc^2 \qquad\qquad 〈公式 1–6〉$$

上述公式即表示：每一個變項數值加上一個常數 c 後的平方總和，等於原始變項數值的平方總和，加上兩倍的 c 乘上原始變項數值的總和，再加上 N 倍個

c 平方; 減法時亦然, 每一個變項數值減去一個常數 c 後的平方總和, 等於原始變項數值的平方總和, 減去兩倍的 c 乘上原始變項數值的總和, 再加上 N 倍個 c 平方。

$$\sum(X \pm Y)^2 = \sum X^2 \pm 2\sum XY + \sum Y^2$$

〈公式 1–7〉

上述公式即表示: 兩個變項數值相加的平方總和, 等於兩個原始變項數值的平方總和的相加, 再加上兩倍的兩個原始變項數值的交乘積總和; 減法時亦然, 兩個變項數值相減的平方總和, 等於兩個原始變項數值的平方總和的相加, 再減去兩倍的兩個原始變項數值的交乘積總和。

　　針對上述這些運算符號的學習和瞭解, 有助於對後續各章節所要討論的各種統計數的學習和瞭解, 讀者宜即早熟練這些運算過程。此外, 下列兩種運算符號很容易混淆, 讀者宜仔細明辨其間的差異, 將更有助於對上述這些運算符號的學習和瞭解。

　　(1) $\sum X \sum Y \neq \sum XY$

　　(2) $(\sum X)^2 \neq \sum X^2$

在第一種情況裡, 左邊所示者為 X 變項總和與 Y 變項總和的乘積, 而右邊所示者為 X 變項與 Y 變項的交叉乘積的總和, 所以左右兩者不相同; 在第二種情況裡, 左邊所示者為 X 變項總和的平方, 而右邊所示者為 X 變項平方的總和, 所以左右兩者也是不相同。

二、使用統計套裝軟體程式須知

　　目前號稱為「三大」的電腦統計套裝軟體程式, 分別是:

　　1. 社會科學統計軟體程式 (Statistical Package for the Social Sciences, 簡稱 SPSS)。

　　2. 統計分析系統 (Statistical Analysis System, 簡稱 SAS)。

　　3. 生物醫學電腦程式 (Biomedical Programs, 簡稱 BMDP)。

它們各自有大電腦版本及個人電腦版本的軟體出版, 國內的各大學院校的電子計算機中心, 多數都有採購這些不同版本的軟體, 供校內學生及教師從事

教學或研究時使用。

　　這三大套裝軟體程式的功能，可以說是大同小異，都能執行目前大多數統計學上的計算問題。然而就本書作者個人的使用經驗及淺見而言，SPSS 似乎比較適合初學統計學及學習社會科學者的使用，SAS 則比較適合已具有統計學或電腦基礎的各領域學者的使用，而 BMDP 則比較適合對電腦語言有基礎的醫學學者的使用。因此，本書在介紹統計套裝軟體程式的使用例子時，還是以 SPSS 程式的介紹與說明為主。

　　在使用套裝軟體程式之前，讀者必須注意下列事項：

　　1.明瞭貴校電子計算機中心是否有採購所適合使用的套裝程式。如果沒有的話，可能要向貴校電子計算機中心提出採購申請，或自行購買個人電腦版本的套裝軟體程式。

　　2.參加校內有關這三大套裝軟體程式使用的短期講習會，或自行摸索使用手冊內的說明，或找個已會使用該套裝軟體程式的熱心人士教你。

　　3.申請**使用者帳號** (user's account)，並且熟悉貴校電子計算機中心電腦的**作業系統** (operating system) 及**編寫檔案資料的軟體程式** （如：DOS 中的 EDIT 程式，或一般的文書處理軟體程式）。

　　4.準備資料登錄表記載每筆資料的所在欄位，並將適當的欄位資料登錄成資料檔，並且養成將「**資料檔**」(data file) 與「**程式檔**」(program file) 分開撰寫的習慣，以方便將來運用同一筆資料進行無限次的不同分析。

　　5.在執行程式後，明瞭如何將你的電腦報表印出，以及何處可以拿到你的電腦報表。

　　表 1.3 資料所示為某班國小六年級 39 名學童的五育成績分數。類似這種 $N \times P$ **的長方形矩陣資料**（其中，N 是指受試者人數，P 是指變項個數；亦即，N 個受試者在 P 個變項上的測量資料），是使用任何一種統計套裝軟體程式所必備的資料輸入格式，以表 1.3 來說，它是 39×6 的矩陣格式。為了將表 1.3 資料輸入電腦裡，首先，我們必須將它的輸入所在位置做好規劃的工作。表 1.4 所示即為表 1.3 資料的資料登錄表，該表記載每一輸入變項資料的變項名稱、英文代號、資料長度、起迄欄位等訊息，例如：體育變項的資料，以 PHYSICAL 的英文代名來表示，資料所在欄位為第 10 欄到第 11 欄的位置；

表 1.3　某班國小六年級 39 名學童的五育成績分數

編　號	德　育	智　育	體　育	群　育	美　育
1	88	90	86	90	83
2	85	89	87	91	85
3	84	90	83	86	80
4	83	81	83	93	81
5	84	85	85	89	88
6	88	93	86	91	87
7	87	87	86	92	83
8	88	92	88	88	88
9	88	85	87	90	84
10	74	73	80	81	69
11	83	79	83	84	77
12	81	81	88	91	82
13	92	93	88	92	87
14	88	91	87	88	83
15	91	93	88	93	84
16	93	95	90	89	88
17	90	91	87	91	88
18	92	94	88	87	89
19	92	92	89	92	87
20	94	92	90	91	92
21	92	89	89	94	90
22	93	91	89	90	89
23	90	92	87	90	87
24	94	95	91	94	90
25	89	82	87	88	87
26	95	96	90	93	89
27	93	94	90	93	92
28	88	85	86	88	84
29	94	95	89	93	89
30	94	97	90	95	91
31	90	87	87	92	89
32	84	72	85	90	86
33	92	93	90	93	87
34	97	96	93	95	92
35	92	96	89	91	91
36	92	91	88	93	91
37	93	94	90	93	89
38	96	98	91	94	95
39	94	95	90	94	90

表 1.4　資料登錄表

變項名稱	英文代號	資料長度	始於何欄	終於何欄
座　號	SEAT	2	1	2
德　育	MORAL	2	4	5
智　育	WISE	2	7	8
體　育	PHYSICAL	2	10	11
群　育	SOCIAL	2	13	14
美　育	ARTS	2	16	17

而美育變項的資料，則以 ARTS 的英文代名來表示，資料所在欄位為第 16 欄到第 17 欄的位置；其餘類推。經過輸入後，資料檔格式如圖 1.1 所示，其中，每筆資料間均空一欄位，這是為了方便閱讀、修改、及檢查是否有登錄錯誤起見而設計的。本書作者建議讀者最好能夠養成這種好習慣，以方便將來**資料篩檢** (data screening) 及**資料偵錯** (data debugging) 作業的進行。

等待這些準備工作都就緒後，使用者便可以開始撰寫程式（請參閱每章末「電腦習作」一節的程式範例），並且執行程式，再印出分析結果的報表，

	座號	德育	智育	體育	群育	美育
	↓	↓	↓	↓	↓	↓
第一位受試者→	1	88	90	86	90	83
第二位受試者→	2	85	89	87	91	85
第三位受試者→	3	84	90	83	86	80
第四位受試者→	4	83	81	83	93	81
第五位受試者→	5	84	85	85	89	88
⋮	⋮	⋮	⋮	⋮	⋮	⋮
第三十七位受試者→	37	93	94	90	93	89
第三十八位受試者→	38	96	98	91	94	95
第三十九位受試者→	39	94	95	90	94	90

（39×6 的長方形矩陣）

圖 1.1　資料輸入後的檔案內容格式

同時參閱本書相關章末的「電腦習作」所附的報表解讀專欄，以增進對心理
與教育統計學的瞭解。由於學習統計套裝軟體程式的目的是在協助統計方法
的計算，以解決所面臨的統計問題，增進對統計學的瞭解，因此，本書的目
的不是在專門介紹統計套裝軟體程式的使用。對於想要精通統計套裝軟體程
式如何使用的讀者而言，本書作者的建議：「還是得參閱有關的**使用手冊**
(users' guide) 或**專門的參考書**才行，不可以僅閱讀本書相關章末『電腦習作』
一節的程式範例而已」。不過，先學會心理與教育統計學的基本知識，還是非
常有助於精通統計套裝軟體程式的使用。

三、SPSS for Windows 操作範例說明

本小節利用前一小節的資料，說明如何在 SPSS 新版軟體程式中操作及
示範。本書依據操作示範的最新版本為 PASW Statistics V18（英文）版，中
文版的軟體只是將英文介面譯成中文介面而已，功能均與英文版相同。

新版的 PASW Statistics V18（英文）版，均大致仿照 SPSS for Windows
17 版以前的架構和功能，除新增許多統計運算功能外，其操作介面也都集中
在資料檔上，並且操作方式也簡便許多。大致上，仍遵守下列的規則與順序：
建立資料檔（即 xxxx.sav 檔）、選擇執行語法（即 xxxx.sps 檔）並執行、輸出
結果檔（即 xxxx.spo 檔）【註：前述中的 xxxx，表示須由使用者自行輸入的
檔案名稱】。茲進一步舉例說明如下。

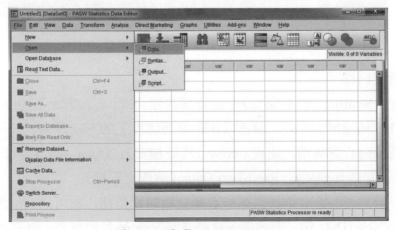

圖 1.2　點選 File/Open/Data

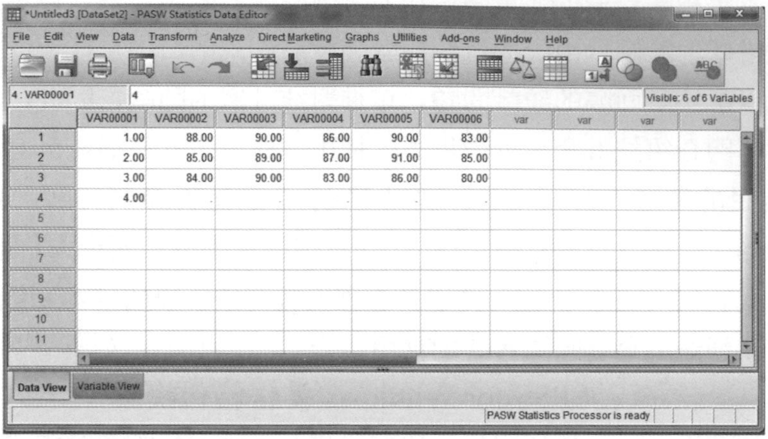

圖 1.3　依序輸入每一筆資料

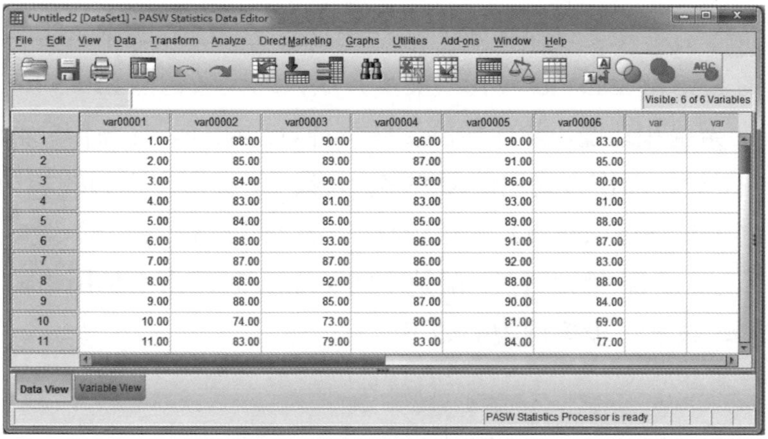

圖 1.4　輸入完畢後的資料視窗

㈠建立新資料檔

PASW Statistics V18（英文）版的資料建檔方式，大致與之前的版本相同，它提供許多種建檔的方式。讀者只要點選功能表上的 File 選項，即可開啟下拉式的四種建立資料檔功能表：New（開新檔案）、Open（開啟舊檔）、Open Database（開啟資料庫）、Read Text Data（讀取文字檔）。

對一般讀者而言，如果是**第一次建立新的資料檔**，則可以直接選擇功能表上 File/New/Data 後，開始輸入資料（假設有 N 名受試者，每名各有 P 個變項資料），每個變項資料都需要單獨輸入在一個細格中，該細格即稱作「儲

存格」(cell) 或「**欄位**」(field)，資料輸入的形式與微軟公司出版的 Office 軟體中的 Excel 格式一模一樣，外表看起來就像是在建立一個 N（列）× P（行）的矩陣格式資料。建檔的程序，如圖 1.2 至圖 1.4 的操作步驟所示。

㈡讀取既有文字檔

如果讀者已有舊版的文字資料檔（如表 1.3 資料檔所示的 ASCII 碼 .txt 檔），則可以在選擇功能表上 File/Read Text Data 後，開始讀入既有的資料檔即可。讀取既有文字檔的程序，如圖 1.5 至圖 1.11 的操作步驟所示。

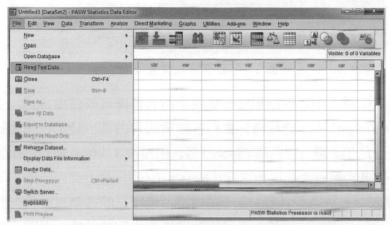

圖 1.5　點選 File/Read Text Data

開啟後，如圖 1.6 所示，會出現「Text Import Wizard」（文字輸入精靈）視窗，包括六大步驟，但讀者不用過度擔心，程序並不複雜，如同安裝其他軟體一般，若無特殊安裝需求，多半只是選擇「Next >」（下一步）而已。其中，步驟 2 與步驟 4 有某些較重要的概念，另提出加以說明。

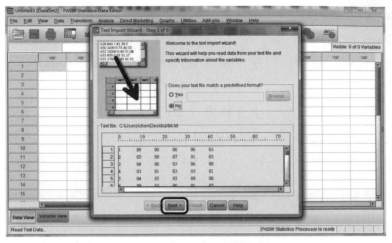

圖 1.6　文字輸入精靈視窗

　　圖 1.7 步驟 2 中，對話視窗上會要求讀者選擇資料建檔方式，主要分二種：(1) Delimited：表示**建檔時，資料各變項間乃由某一特定符號間隔**，如逗號 (Comma)、Tab 鍵、**空白鍵** (Space) 等。由於表 1.3 的資料檔，原皆以空白鍵間隔，因此，讀者在此只需選擇「Next >」（下一步）即可，此亦為 PASW 的預設選項；(2) Fixed width：表示**建檔時，變項之間並無以任何符號間隔**，但資料是採固定欄寬方式輸入而呈現緊連接著排列的狀態，此時，則需以手動方式逐一進行分割動作。

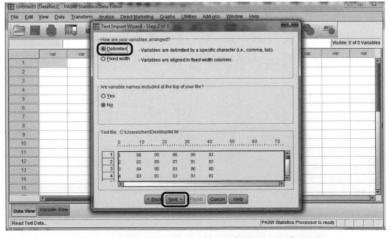

圖 1.7　步驟 2 視窗中變項建檔方式的選擇

　　點選 Delimited 後，於步驟 4 則需選擇所用以間隔的符號，如圖 1.8 所示，包含有 Tab 鍵、逗號、空白鍵、分號 (Semicolon) 或其他，PASW 預設值為 Tab 鍵，所以，讀者於此亦只需按「Next >」（下一步），直至最後一個步驟，再選擇「Finish」（完成）即可。

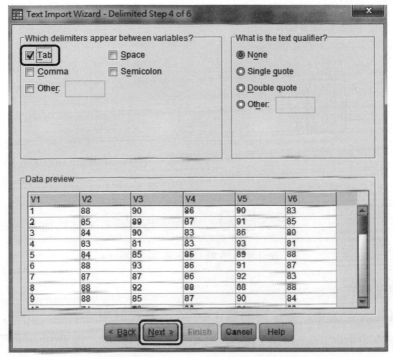

圖 1.8　步驟 4 視窗中變項間隔符號的選擇

　　在圖 1.7 步驟 2 中，若讀者選取(2) Fixed width，此時，會出現如圖 1.9 所示，讀者需要在任兩個變項（如：座號與德育變項）之間進行區隔（如：於第 2 與第 3 欄位間，以箭頭符號加以區隔）。操作方式分三種，在**插入 (INSERT)** 區隔線時，只須於選定位置上按一下滑鼠左鍵，則會自動產生一箭頭符號的區隔線；在進行**移動 (MOVE)** 時，只須按住滑鼠左鍵將箭頭符號牽引至所設定位置即可；而在**刪除 (DELETE)** 時，只須將箭頭符號牽引至視窗外區域即可。設定完畢，同樣點選「Next >」，直至最後一個步驟，再選擇「Finish」即可。

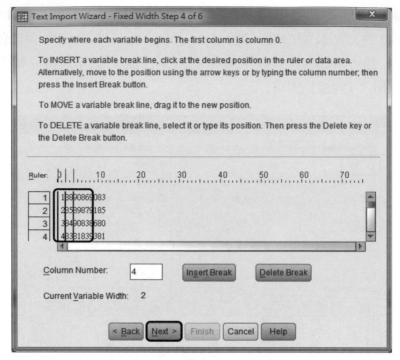

圖 1.9　手動進行變項區隔

(三)定義變項格式

　　資料輸入完成後，會呈現如圖 1.10 所示的資料視窗狀態。此時，讀者將會發現各變項命名方式乃是 PASW 的預設格式，因此，需要進一步進行變項屬性的變更。其操作方式如下所述。

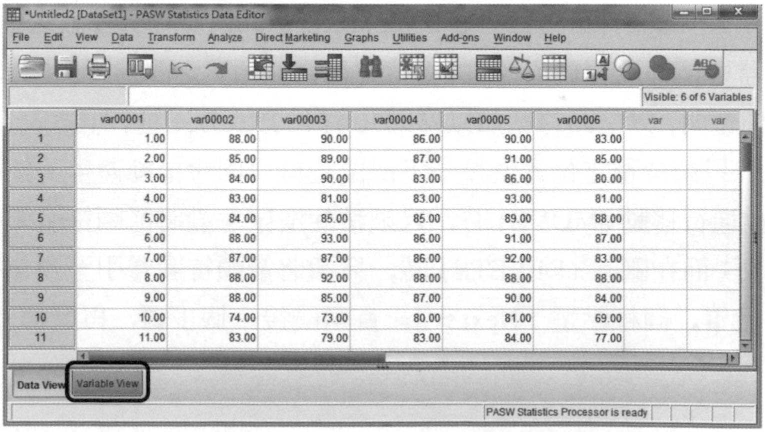

圖 1.10　選擇 Variable View 進行變項屬性變更

　　讀者可在圖 1.10 所示的視窗下，點選左下方之「Variable View」(變項檢視)，如圖 1.11 所示，PASW 將會轉換資料檢視視窗至變項檢視視窗，即可針對變項屬性及相關特徵進行界定和修改。以下就圖 1.11 所示的幾項重要欄位部份加以說明：

　　1. Name：修改**變項名稱**。變項名稱的命名長度以 8 個英文字母 (或 4 個中文字) 為限。

　　2. Type：調整**變項資料的類型**。其中以數字型 (Numeric)、文字型 (String) 最常用。就「性別」變項而言，若建檔時以 M 代表男生、F 代表女生的話，此則屬於文字型的資料；若以 1 代表男生、2 代表女生的話，此則屬於數字型的資料。筆者建議以使用「**數字型**」的方式來界定類別變項的內容類型，在往後的 PASW 分析中，會比較便利。

　　3. Width：調整**變項資料的整數欄位寬度**。若輸入「1」，即表示該變項資料的整數部份的長度是個 (一) 位數，若輸入「2」，即表示十 (二) 位數，若輸入「3」，即表示百 (三) 位數，依此類推，數字愈大表示所保留的整數欄位愈多。

　　4. Decimals：調整**變項資料的小數欄位寬度**。若輸入「1」，即表示該變項

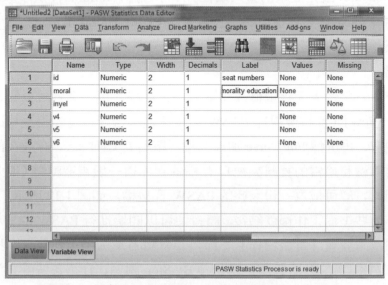

圖 1.11　變項檢視視窗中各變項資料格式的界定

資料的小數部份的長度是一位數，若輸入「2」，即表示小數以下是二位數，若輸入「3」，即表示小數以下是三位數，依此類推，數字愈大表示所保留的小數欄位愈多。PASW 的預設欄位為「2」，即預留小數以下二位數。

　　5. Label：**註解或描述整個變項所代表的內容涵義**。在圖 1.11 中所顯示 id 變項，其所代表的涵義即為 seat numbers。為了便於記憶，讀者亦可改成輸入**中文字說明**來替代。

　　6. Values：以**數值或代號**界定變項內各類別的涵義。如在「性別」變項中，設定 Value 值為 1、Value Label 值為男生或 Male，即表示「以 1 代表男生或 Male」類別的意思；而設定 Value 值為 2、Value Label 值為女生或 Female，即表示「以 2 代表女生或 Female」類別的意思。為了方便往後 PASW 的分析，筆者建議在界定 Values 時，最好是將前述資料的 "Type" 以「**數字型**」方式來輸入較好。

　　7. Missing：界定變項中的**缺失值**資料。在建檔時，若將受試者未作答、作答不完全、或根本無此資料，一律輸入為 9 以表示該數值是「缺失」時，則需在此欄位中將 9 設定為缺失值，PASW 在計算時，系統不會將此數值納入計算。

　　8. Measure：設定變項的**量尺屬性**。共有**名義** (Nominal)、**次序** (Ordinal)、**等距與比率** (Scale) 三種量尺類別。讀者需視該變項的測量屬性類別，予以適當的勾選。

㈣**存　檔**

　　最後，資料輸入完畢或修改完畢後，記得要存檔。讀者可以點選左下方之「Data View」（資料檢視），PASW 即可將變項檢視視窗轉換至修改後之資料檢視視窗，再選擇 File／Save 加以存檔（取名為 CH1.sav，存放在讀者自己選定的磁碟機和適當的資料夾裡），存檔的程序與一般視窗軟體（如 WORD）的步驟相同，即可成為一份完整的 PASW 資料檔，如圖 1.12 所示。

　　等待這些準備工作都就緒後，讀者便可以開始進行 PASW 的資料分析。本書相關章末皆有「電腦習作」一節，乃針對各章節中重要概念，採 PASW Statistics V18（英文）版軟體，以 Step By Step 圖例，介紹各統計方法的操作方式，並同時呈現報表解讀專欄，以增進對心理與教育統計學的瞭解。

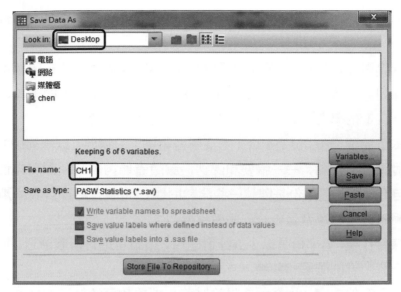

圖 1.12　取名為 CH1.sav 並存檔在桌面

第五節　本書的結構和使用建議

　　本書是專為師範院校學生或設有教育（或心理）所、系之學程的大學學生（非數學或統計學主修之學生），在修習心理學、教育學，或其他相關的行為科學與社會科學時，所需具備之統計學知識而著作。本書適用於一個學期三個學分或一學年四個學分的「心理與教育統計學」、「教育統計學」、「統計學導論」，或「行為統計學」等相關課程使用。除了可以當成教科書使用外，本書亦適合作為研究者自行研究時的參考手冊或自修讀物。

　　本書共分成十三章，除了第一章是在介紹統計學的分類、學習心理與教育統計學的目的、變項分類的基本概念、基本的符號運算定理與使用電腦統計套裝軟體程式的須知，第七章推論統計的概念介紹與第十三章的結論外(不含「電腦習作」的部份)，其餘十章的內容，均遵循下列的文章結構來撰寫：

　　1.**本章學習重點:**這部份將每章所要學習的重點和目標，以問句的方式陳述，也是每章的學習綱要。讀者在學習每章之前，應該先將這部份仔細瀏覽一遍，以便提綱挈領地抓住每章的學習重點。

　　2.**正文:** 這部份將每種統計方法與概念，分節、分類、分段地介紹每章所

擬學習的重點，並舉例說明計算過程和解釋分析的結果，是每章學習內容的核心。

3.**電腦習作:** 依據每章的學習重點，設計 SPSS 程式來分析所舉例子的資料，並陳列分析後電腦報表中的結果，然後解釋報表中數據的意義，讓讀者能夠配合每章的學習，更進一步明瞭套裝軟體程式的功用。

4.**本章摘要:** 這部份是配合「本章學習重點」的綱要，以條列的方式，將每章所討論過的重點，一一摘要和歸納，讓讀者能夠順利回顧和方便複習。

5.**自我測驗:** 這部份是陳述一些測驗問題，讓讀者進行自我診斷式的評量，以明瞭每章的學習是否達到精熟程度。

6.**練習作業:** 這部份是以少許練習題目，讓讀者進行自我練習，加速讀者對本章學習內容的瞭解和熟練。

第十三章的內容，則在扼要討論目前心理與教育統計學的發展概況及未來的展望，並評述未來的學習方向，以作為本書的結論。

在本書末，同時附上本書所使用和建議的參考書目，供有興趣的讀者進一步探究時參考。

其後，本書亦提供三種附錄，其內容分別如下:

附錄一:是各種計算公式的證明過程,提供讀者明瞭各種計算公式由來的訊息，因此，本書不在各章節裡推演這些公式的由來或證明過程，凡對公式證明不感興趣的讀者，本附錄可以略過。

附錄二: 是每章末「自我測驗」和「練習作業」的全部解答，提供讀者自我學習診斷的評分依據，以明瞭自己的學習程度。

附錄三:是本書中所使用的各種統計機率分配表,提供讀者查閱各種統計假設考驗所需的臨界值。

最後，本書作者的建議:「**學習統計學不需要什麼太高深的技巧**（當然，具備高中生程度的數學基礎是必要的），只要讀者依照本書每章的結構順序，仔細閱讀每章的內容，並且要親自動手練習計算方法、按例執行套裝程式、解讀電腦報表的結果、進行自我測驗與勤加練習作業，相信對每種統計方法及概念的學習成效，將會有顯著的幫助和進步」。

本章摘要

1. 統計學是一種科學方法或決策工具。

2. 根據內容的抽象程度或實用程度來分,統計學可以分成:數理統計學與應用統計學。

3. 依據統計學的一般內容來分,統計學可以分成:描述統計學、推論統計學和實驗設計。

4. 根據所使用的變項精密程度來分,推論統計學可以分成:參數統計學與非參數統計學。

5. 學習心理與教育統計學的目的:為了從事專業工作、從事實驗研究、從事學術溝通、使用套裝程式、和方法學上訓練的需要。

6. 變項是指依據測量物的某種屬性,可以產生數值改變或變化的觀察值。與其相反的概念為「常數」,是指不能依據測量物的某種屬性變化而產生數值改變或變化的一種恆定狀態,通常以一種固定數值來表示。

7. 變項的性質不同,所適用的統計方法也就不同。

8. 變項的分法有許多種:
   (1)自變項、依變項與共變項。
   (2)連續變項與間斷變項。
   (3)名義變項、次序變項、等距變項與比率變項。
   (4)量的變項與質的變項。

9. 三大套裝軟體程式是指:**社會科學統計軟體程式** (SPSS)、**統計分析系統** (SAS)、**生物醫學電腦程式** (BMDP)。

10. 使用套裝軟體程式前的注意事項:查詢電算中心的設備、參加講習、申請帳號、準備資料檔、執行程式與何處拿取報表。

11. SPSS for Windows 套裝軟體程式的學習與示範操作。

下列 1～10 題中，請填入適當的代號。若該題所描述的變項資料屬性是屬於名義變項者，請填入 N；若是次序變項者，請填入 O；若是等距變項者，請填入 I；若是比率變項者，請填入 R。

1. 性別代碼：1 表示男生，0 表示女生。

2. 噪音：室內 10 分貝，馬路 60 分貝，機場 95 分貝。

3. 溫度：冷氣房 20℃，室外 32℃，冷藏庫 4℃。

4. 每頁閱讀速度：甲需 1 分鐘，乙需 30 秒，丙需 90 秒。

5. 名次：甲為第 2 名，乙為第 1 名，丙為第 3 名。

6. 溫度：冷藏庫比冷氣房還冷，冷氣房比室外還冷。

7. 職業類別：軍、公、教、商、農、醫、工、漁、牧。

8. 智力：甲的 IQ 為 130，乙為 90，丙為 120。

9. 教育指標：師生比、學生單位成本、大學就學率。

10. 價值觀：喜歡穿白色衣服的人，多半是比較純潔。

下列 11～13 題中，請填入適當的代號。若該題所描述的事項是屬於描述統計學者，請填入 D；若是推論統計學者，請填入 I；若是實驗設計者，請填入 E。

11. 某校一年級忠班學生的近視患者約佔全班人數的二十分之一。

12. 該校推估一年級學生的近視患者約佔全校人數的二十分之一。

13. 該校校長想考驗該校的近視患者比率，是否與其他學校的近視患者比率有所不同？若是，則造成近視患者比率增加的原因，是否就是源於照明不足所致？

下列 14～20 題中的敘述，正確者請填入「是」，不正確者請填入「非」。

14. 若 $\sum XY = 0$，則 $\sum(X+Y)^2 = \sum X^2 + \sum Y^2$

15. 若 $\sum XY = 0$，則 $\sum(X-Y)^2 = \sum X^2 - \sum Y^2$

16. 若 a 為常數，則 $\sum a(X-Y) = a(\sum X - \sum Y)$

17. 若 b 為常數，則 $\sum(X-b) = \sum X - Nb$

18.若 c 為 X 變項的平均數，則 $\sum(X-c)=0$

19.若 c 為 X 變項的平均數，則 $\sum(X-c)^2=0$

20. $(\sum XY)^2=(\sum X)^2(\sum Y)^2$

練習作業

已知: $X_1=2, X_2=5, X_3=3, X_4=4$

一、試求: $\sum X = ?$

二、試求: $\sum X^2 = ?$

三、試求: $\sum(X-3) = ?$

四、試求: $\sum(X-3)^2 = ?$

五、試求: $\sum 6 = ?$

六、試求: $\sum 2X = ?$

七、試求: $\sum 2X^2 = ?$

八、試求: $\sum(2X-3) = ?$

第二章　次數分配表與統計圖

本章學習重點

1. 常用的統計資料處理方式有哪些?
2. 次數分配表的用途有哪些? 它是如何製作的?
3. 常用的統計圖有哪些? 它是如何製作的?
4. 統計圖的正確圖示法是什麼?
5. 次數分配有哪些形狀和特性?
6. 如何撰寫一個 SPSS 程式? 並閱讀輸出或印出的報表?

　　在心理與教育研究領域中，研究者常會依據理論和工具，向一群受試者收集研究所需的**資料**或**數據** (data)，這批資料是未經過研究者分析、篩選、分類、或整理過的資料，通常就稱作「**原始資料**」(raw data)。原始資料通常是以 $N \times P$ 階的長方形矩陣方式陳列，N 代表受試者人數，P 代表所欲研究的變項數目，而該矩陣中的任一元素就稱作「**原始分數**」(raw score)，代表每位受試者在每個變項上的觀察值；原始分數可以是任何型態的測量資料，如：名義變項、次序變項、等距變項，或比率變項。在進行研究與資料分析之前，研究者所收集到的原始資料通常是一堆雜亂無章、沒有規則條理、或甚至沒有任何意義的數據，它多半無法直接提供研究者任何有意義的訊息，因此，為了發揮統計學的目的：「**以簡馭繁**」，研究者必須先針對這筆資料進行研究前的處理，這也就是本章所要討論的重點。

第一節　次數分配表的製作

　　研究者處理資料的第一個目的,就是想瞭解或描述這堆原始資料的形狀、

特性，或涵意。研究者最常使用的第一個方法，便是所謂的「**次數分配**」(frequency distribution) 和「**圖示法**」(graphic representation)。次數分配的方法是將原始資料先行加以初步分類，然後進行**劃記** (tally)，以獲得一個次數分配表。根據這個次數分配表，研究者大致可以看出這堆原始資料在經過整理後，可能在某個研究特性或變項上所形成的大概趨勢，或明瞭它的分佈形狀與可能具有的涵意。研究者甚至可以利用圖示法，將此一次數分配資料表示成圖或表，讓其他研究者或一般讀者能夠一目了然。這些處理資料的方法，便是描述統計學的基本工作。

在個人電腦或專供大量資料處理用的大電腦還沒有普及前，製作一個次數分配表的過程是相當繁瑣和累人的，但在電腦普及使用後，製作一個次數分配表則是輕而易舉的事。近代統計學有個學習新趨勢，那就是趨向大量使用電腦作為輔助的計算工具；雖然，本書不強調傳統統計學「**筆算式**」(calculation by pen) 的學習法，不過，對初學統計學的人而言，明瞭次數分配表的製作過程，還是能夠增進對統計學的全盤學習。

對於次數分配表的製作過程，讀者可以參閱從表 2.1 的原始資料到表 2.4 的各種屬性資料的次數分配表，便可以得知。我們將依據資料的測量屬性，分成兩種情況來討論。

表 2.1　60 名學生的第一次段考國文成績

80	75	76	68	82	84	79	90	91	75	68	73	86	57	88
* 96	92	79	80	40	84	75	83	66	48	49	82	81	79	80
* 36	82	60	83	76	71	59	60	71	59	86	91	50	80	88
67	68	72	71	70	82	83	45	76	78	60	72	61	62	58

一、連續變項資料的次數分配表

表 2.1 中的資料是某班級學生在第一次段考的國文成績，是屬於連續性變項資料，我們可以將它看成是等距變項資料來處理。以下所敘述的步驟，便是使用表 2.1 資料說明連續變項資料的次數分配表製作方法。

1.**決定全距** (range)。所謂全距，即是指所有觀察值中最大值與最小值之間的差。其計算公式可以表示如下：

$$\boxed{\text{全距} = \text{最大值} - \text{最小值}}$$ 〈公式 2–1〉

$$= 96 - 36 = 60$$

有關全距的特性和用法，請詳見本書第四章說明。由於表 2.1 中最大值 96 和最小值 36，均以星號標示出，因此，只要代入〈公式 2–1〉，便可以求得本資料的全距值為 60。

2.**決定組距 (class interval) 和組數 (numbers of classes)**。所謂組距，即是指每組的大小距離；而組數，即是指全距可以分成組距相等之可能數目。至於一筆資料該分成多少組，並沒有一個固定的決定標準，比較適當的**組數為 10 到 20 組之間**，比較適當的**組距為 1 到 20 之間**，不過也要看實際資料的組距大小和組內次數的多寡而定。若全距值較小，則可以縮小組距；若全距值較大，則可以放大組距，以期能夠獲得適當的組數。組距和組數可以說是同時決定的；通常，在同一個次數分配中，宜取相等的組距，如此才能方便計算、分析和比較。以本例來說，若以 5 為組距，則全部資料共可分成 12 組（即 $60 \div 5 = 12$），是個恰當的組數；若以 10 為組距，則可得 6 組，似乎太少了些。因此，還是以 5 為組距，全部資料分成 12 組為宜。我們將以 h 代表組距；在此，$h = 5$。

3.**決定組限 (class limit)**。所謂組限，即是指各組的界限或範圍值，每一組的最小值稱作下限 (lower limit)，最大值稱作上限 (upper limit)。但為了方便歸類起見，**每組的下限值最好是選定組距的倍數值**。例如：雖然本例的最小值為 36，但我們不以 36 為下限值，而改以 35 為下限值，因為 35 是 5 的倍數，在統計歸類上會較方便。於是，我們決定以 35 為下限值，然後依序往上遞增 5，如：35～39, 40～44, 45～49, …, 95～99 等，共分成 12 組。

4.**決定組中點 (midpoint)**。上述各組的組距為 5，共分成 12 組，在數值的陳列上，通常是以最小的組排在最下面，再依序往上遞升。但是在數學的精確表示法上，35～39 這一組的真正下限值是 34.5，上限值為 39.5，其上一組 (40～44) 的真正下限值是 39.5，上限值為 44.5，依此類推。這種表示法是由於本資料是屬於連續變項之故。因為本資料亦是等距變項，我們無法使用

多個數值來代表同落在此一組別內的各個數值，只能以一個代表值來代表這同一個組別內的所有數值，這個代表值通常是選用組中點來表示。組中點是**各組中心點所在的數值**，是各組**最佳的代表值**。組中點的計算方法可以表示如下：

$$組中點 = \frac{真正下限值 + 真正上限值}{2}$$
$$= 真正下限值 + \frac{真正上限值 - 真正下限值}{2}$$

〈公式 2-2〉

由於本例中的各組皆是等距資料，且組距為 5，因此，各組的組中點分別為 37, 42, …, 97 等。

5.**劃記次數** (tally counts)。接下來，分別將每個數值歸類到它所屬的組別裡，並以一短斜線記號（或以正字號的每一筆畫）（即**劃記符號** (tally mark) 來表示。依此類推，將這 60 個數值分別劃記到各個數值所屬的組別裡。最後，將各組內出現的次數做個統計，並將每組的次數寫在各組**次數**（即 f）項下，即

表 2.2　60 名學生國文成績的次數分配表

分　數	組中點	劃記	次數（f）	累計次數（cf）
95～99	97	/	1	60
90～94	92	////	4	59
85～89	87	////	4	55
80～84	82	卌　卌　////	14	51
75～79	77	卌　卌	10	37
70～74	72	卌　//	7	27
65～69	67	卌	5	20
60～64	62	卌	5	15
55～59	57	////	4	10
50～54	52	/	1	6
45～49	47	///	3	5
40～44	42	/	1	2
35～39	37	/	1	1
			$N = 60$	

為該組資料的次數分配。切記，各組次數的總和應該等於總人數，即 $N = 60$。

上述製表的結果，請參閱表 2.2 所示。經過合併後，原表 2.1 的資料會喪失部份重要訊息；一般說來，所合併的組數愈少，所喪失的訊息便愈多。因此，根據合併後的資料所計算而得的統計數，會比依據原始資料所計算出的統計數更不精確。幸好，目前已有統計套裝軟體程式誕生，它可以幫助我們大量處理原始資料，因此，我們不再需要將原始資料合併成歸類資料。在此所介紹的方法，也僅是幫助讀者明瞭次數分配表的製作過程而已，別無其他用途。

二、間斷變項資料的次數分配表

有時候，研究者所收集到的資料是屬於名義變項或次序變項等間斷變項資料。關於這種資料的次數分配表製作會比較簡單。我們只要將該變項的類別出現次數作個劃記，並且分別登記就可以，如表 2.3 的資料所示。該表資料所示為 60 名學生的國文學期成績的四種不同分類結果，是屬於名義變項資料。我們可以任意調整此一名義變項的四類結果出現的次序；亦即，是哪一類結果出現在先，哪一類結果出現在後的次序並不重要。通常，我們常會依據其出現次數的多寡，來排列其順序。

表 2.3　60 名學生的國文學期成績之分類結果的次數分配表

類　別	次數（f）	百分比（%）	累計次數（cf）
一次就及格	33	55.0	60
補考後及格	18	30.0	27
補考後不及格	6	10.0	9
當掉重修	3	5.0	3
合　計	$N = 60$	100.0	

表 2.4　60 名學生的國文學期成績等第的次數分配表

等　第	次數（f）	百分比（%）	累計次數（cf）
甲	9	15.0	60
乙	30	50.0	51
丙	12	20.0	21
丁	6	10.0	9
戊	3	5.0	3
合　計	$N = 60$	100.0	

　　表 2.4 所示資料，則是將表 2.2 資料轉換成具有等第關係的次序變項資料。最常見的一種次序變項資料就是評分等第：甲、乙、丙、丁、戊。這類型的資料具有次序關係，因此，其等第的出現次序和百分比不可以隨便更動。

　　上述製作次數分配表的例子，僅供讀者明瞭其製作過程之用。在資料逐漸龐大時，我們根本無法以人為的方式去分類、劃記和製表，而必須仰賴電腦的幫助。電腦除了可以幫助我們分類、劃記和製表外，還可以陳列出每個研究變項的一些基本描述統計學的數據，如：平均數、變異數、標準差、中位數、眾數、最大值、最小值、全距、偏態、峰度、有效人數和次數分配的各種圖形等。因此，讀者在學習本章時，除了明瞭次數分配表的製作過程外，還需要明瞭統計套裝軟體程式的使用，以及統計報表的閱讀。

第二節　統計圖的製作

　　統計學上有句名言：「一張圖勝過千言萬語」(A picture is worth of thousands of words)，它的意思是說：我們在描述一筆原始資料時，如果能以圖畫方式表達的話，則它的意義和吸引力更能讓讀者接受，更勝過千言萬語的說明。不錯，有時候僅以次數分配表呈現原始資料，並不能吸引讀者的注意力和閱讀資料的興趣，尤其是忙碌的現代人，他們更是沒有時間仔細閱讀，頂多只能匆匆地瀏覽研究報告的大概。因此，將許多分類整理過的次數分配表資料，以圖畫的方式來加以表示，不僅能夠引起人們的注意而去閱讀它，更能夠以精簡的方式來表達該筆資料所蘊含的意義。以下僅討論幾種在心理與教育研究領域中常用的圖示法。

一、次數分配多邊圖 (frequency polygon)

　　次數分配多邊圖又稱作**折線圖**。茲以表 2.2 的次數分配表為例，說明次數多邊圖的作法如下：

　　1.先畫出一個**座標圖**，以橫軸（X 軸）代表國文成績，以縱軸（Y 軸）代表次數或人數。如果橫軸不是由原點（即 O）開始畫起的話，可以雙斜線 (//) 標示，以示該連續變項上有一段資料是被省略了。一般而言，Y 軸和 X 軸的長度比例，以約略成**黃金分割** (golden section) 的比例為最恰當，即大約成 3:5 的長度比。

2. 在 X 軸和 Y 軸上，分別寫上**標題和單位**，例如：在 X 軸上寫「國文成績」(單位：分)，在 Y 軸上寫「次數」(單位：人)。X 軸上的數字指標由左而右依次增大，Y 軸上的數字指標則由下而上依次增加。

3. 將各組的**組中點值**及該組的**次數**，以一個**小圓點**標示在該座標圖上，例如：在 35～39 這一組中，以組中點 37 和次數 1 來代表；在 40～44 一組中，以組中點 42 和次數 1 來代表；依此類推。至於兩極端的次數為零，也應該把它們標示出來，以顯示資料分佈的連續性。

4. 再以**直線將每個小圓點連接起來**，以構成一條次數分配多邊圖的曲線。在該曲線下方至 X 軸間所夾的面積即代表總次數，亦即是總人數 N。

5. 最後，在次數分配多邊圖的 X 軸下方，標明代表本圖之**總標題名稱**，如：「60 名學生國文成績的次數分配多邊圖」。

有關次數分配多邊圖的實例，讀者請參見圖 2.1 所示。

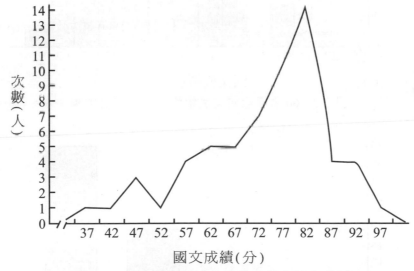

圖 2.1　60 名學生國文成績的次數分配多邊圖

二、次數分配直方圖 (histogram)

次數分配直方圖又稱作**長條圖**，是以長方形的條狀圖來代表上述次數分配多邊圖中的各組次數的一種圖示法。在實際的作法上，次數分配直方圖與次數分配多邊圖的作法都一樣，且兩個軸的長度也一樣，但在次數分配直方

圖中各組長方形的高度不一，通常，長方形的**高度用來代表各組的次數**，長方形的**邊長用來代表組距**，而所有的長方形面積和等於總人數 N。圖 2.2 所示，即是根據表 2.2 的資料所畫出的次數分配直方圖。

我們也可以將圖 2.1 和圖 2.2 重疊在一起，所畫出的次數分配的**總面積**應該是一樣的。讀者不妨自行試試看，便可以得知。

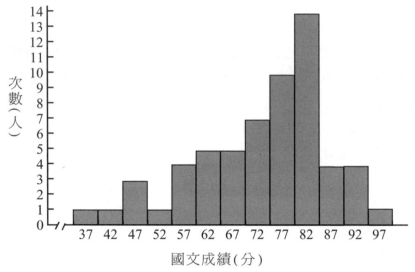

圖 2.2　60 名學生國文成績的次數分配直方圖

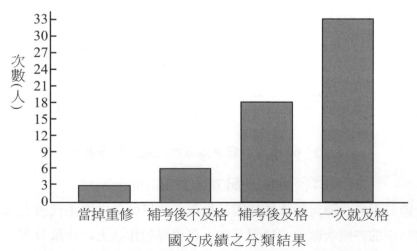

圖 2.3　60 名學生國文成績之分類結果的次數分配直方圖

上述所討論的多邊圖和直方圖，都是針對**連續性變項資料**而言，我們可以依據數字來加以分組，並且將各組的長方形連接在一起畫成圖。但是遇到間斷變項資料時，我們卻只能依據資料屬性或類別來加以分組，但長方形與長方形之間必須間隔開來，不可以連接在一起，以表示該資料不是連續屬性的特性，如圖 2.3 所示。圖 2.3 是根據表 2.3 的資料而來。

三、次數分配圓形圖 (pie chart)

當我們所要進行分析的資料是屬於**間斷變項資料**時，除了上述兩種圖形可以用來表示次數分配外，還有次數分配圓形圖也可以適用。尤其是依據**類別**來分組時，次數分配圓形圖更是特別適用，並且比數字型的次數分配表（如：表 2.2、表 2.3 和表 2.4）更容易讓人一目了然。次數分配圓形圖的製作很簡單，只要**將 360 度的圓依各分類組別所佔的百分比分割**就行。圖 2.4 所示，即是根據表 2.4 的資料所畫成的次數分配圓形圖。由該圖中，我們很容易看出各等第人數在團體中所佔的份量或比重。

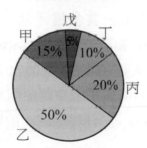

圖 2.4　60 名學生的國文學期成績等第的次數分配圓形圖

四、次數分配莖葉圖 (stem-and-leaf plot)

圖示法雖然有其優點，但難免也有其缺點，那就是在將數字資料轉換成圖形資料時，難免會有部份**訊息流失**，而無法讓讀者窺知原始資料的全貌，讀者從圖形資料還原回原始資料時所喪失的訊息就可以得知。為了克服這種缺失，並且**同時兼顧圖形與數字的優點**，因此有「莖葉圖」的統計製圖方法誕生。莖葉圖的製作在「**探索性資料分析**」（exploratory data analysis，簡寫為 EDA）中，扮演著相當重要的角色 (Tukey, 1977)。

莖葉圖的製作過程，通常是以 10（或其倍數）作為**組距**，並將數字資料

莖	葉
3	6
4	0 5 8 9
5	0 7 8 9 9
6	0 0 0 1 2 6 7 8 8 8
7	0 1 1 1 2 2 3 5 5 5 6 6 6 8 9 9 9
8	0 0 0 0 1 2 2 2 2 3 3 3 4 4 6 6 8 8
9	0 1 1 2 6

圖 2.5　60 名學生的國文成績原始資料的莖葉圖

的**十位數**（或十位數以上）部份當作是「**莖**」，而將數字資料的**個位數**（或小數點以下的數字）部份當作是「**葉**」，分別進行每個數字的類別分類，將數字的十位數部份寫在「莖」的欄位裡，而將數字的個位數部份寫在「葉」的欄位裡，使得整個莖葉圖若橫著看，將呈現某種次數分配表的形狀。圖 2.5 所示，即根據表 2.1 的資料轉換而成的莖葉圖表示法。

五、其他圖示法

1.除了上述各種方法外，**箱型圖** (box-and-whisker plot) 是另一種簡單的圖示法。該圖中的箱子包含次數分配最中間的 50% 次數，箱子的兩端分別是**第一和第三個四分位數** (quartile)，而箱型圖的兩端點各是**第十和第九十百分位數** (percentile)。圖 2.6 所示，即是根據表 2.1 的原始資料所表示的箱型圖。

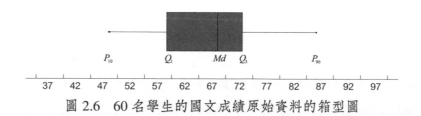

圖 2.6　60 名學生的國文成績原始資料的箱型圖

2.**肩形曲線圖** (ogive curve plot) 是另一種圖示法。這種圖形其實是將次數分配中的**累計次數**，轉換成**百分比**後，再**以直線連接**而成的曲線圖。圖 2.7 所示，即是將表 2.2 中的累計次數轉換成百分比值後連接而成的曲線圖。

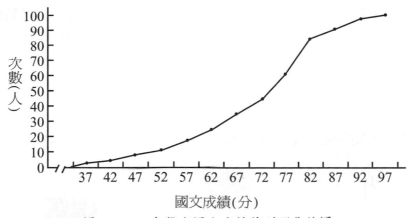

圖 2.7　60 名學生國文成績的肩形曲線圖

3.**時間數列圖** (time-series graphs) 是另外一種圖示法。這種圖是**以時間為橫軸**（即 *X* 軸），而以次數為縱軸（即 *Y* 軸），所畫成的曲線圖。圖 2.8 所示，即是民國 61～80 學年度臺北市國民小學校數的時間數列圖。

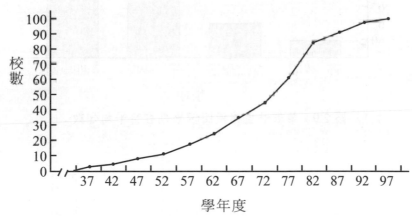

圖 2.8　61～80 學年度臺北市國民小學校數的時間數列圖

六、製作統計圖表的須知

雖然以圖示法表示一堆原始資料及次數分配，常可收到**以簡馭繁**的效果，但研究者若不小心謹慎地繪製各種統計圖表，常會畫出導致錯誤印象或錯誤解釋的圖或表。因此，具備一些正確的製圖基本知識，才是避免發生誤導作用的最好方法，同時也是每位初學統計學的人所必備的能力。以下一些例子是用來幫助讀者辨識和防止可能發生的錯誤。

1.**縱軸或橫軸未能由原點開始畫起，卻又未標示清楚缺口的位置所在：**
例如圖 2.9 所示，即為某班學生連續四個學期各科平均分數的次數分配表。
由該圖中可知，從第一學期的平均 60 分，到第四學期的平均 70 分，先後才
進步 10 分而已。但是圖 2.9 給人的初步印象，卻是第四學期的平均分數是第
一學期的平均分數的十倍，亦即是進步了十倍。這種錯誤印象的產生，是由
於縱軸未從原點開始之故，因此，它所截略掉的部份讓人有低估每個學期平

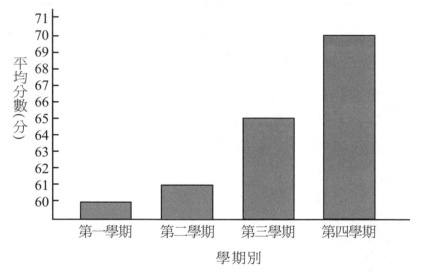

圖 2.9　某班學生連續四個學期各科平均分數

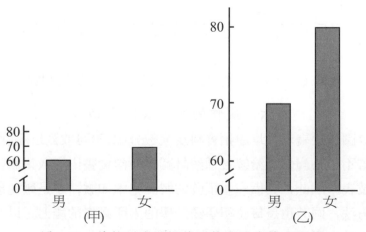

圖 2.10　某校男女學生的平均學業成績之比較

均成績的錯覺。

2.**縱軸或橫軸的長度刻意變大，不成黃金分割比例**：例如圖 2.10 所示，即為某校男女學生的平均學業成績。圖 2.10（甲）因為故意拉長橫軸，所以在心理上，讓人感覺男女學生間的平均學業成績的差異不大；圖 2.10（乙）因為故意拉長縱軸，所以在心理上，卻讓人感覺男女學生間的平均學業成績的差異甚大。儘管實際上，男女學生間的平均學業成績僅差 10 分而已。

3.**以圓的直徑來表示大小**：例如圖 2.11 所示，即為某學區近三年的新生入學人數。由於該圖是以直徑表示新生人數的多寡，因此，讓人乍看之下，誤以為是以圓的面積表示新生人數的多寡。儘管 81 年圓直徑（即人數）只是 80 年圓直徑的 2 倍，但是 81 年圓面積卻是 80 年圓面積的 4 倍，讓人誤以為 81 年新生人數是 80 年新生人數的 4 倍；同理，也很容易讓人誤以為 82 年新

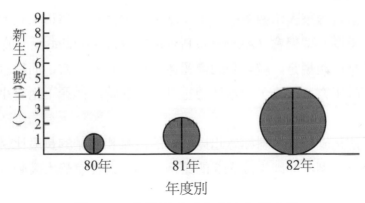

圖 2.11　某學區近三年新生入學人數

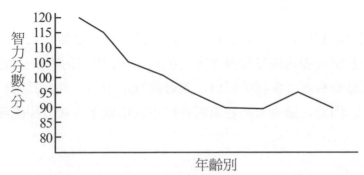

圖 2.12　各年齡層受試者的平均智力分數

生人數是 80 年新生人數的 16 倍。

　　4.**未標示出各軸的名稱和刻度：**例如圖 2.12 所示，為各年齡層受試者的平均智力分數。由於該圖中的橫軸未標示出刻度和年齡數字，因此，讓讀者無法判斷年齡高者應該在圖的右方或左方，亦即是智力分數是隨著年齡的增高而增高，抑或隨著年齡的增高而降低?讀者無法從圖 2.12 中得知如此訊息。

　　由上述幾種常見的錯誤圖例可知,初學者應該遵守下列的統計製圖規則，才能避免畫出有誤導作用的統計圖:

　　⑴任何統計圖的橫軸和縱軸，都應該有**刻度、數字**和**標題**。

　　⑵不論橫軸或縱軸，都**必須從原點畫起**。但如為節省空間或實際情況不允許時，凡不能自原點畫起者，皆應該以**缺口**來表示。

　　⑶縱軸的刻度和數字應該**自下而上依次遞增**，而橫軸的刻度和數字應該**自左而右逐漸變大**。

　　⑷**儘量以直線來表示數量的大小，避免使用面積或體積來表示。**

　　⑸根據**美國心理學會**（American Psychological Association，簡稱 APA，1983）的論文出版規定，**統計表的標題通常寫在表的上方，而統計圖的標題通常寫在圖的下方。但為了標示清楚起見，可在圖的標題下附寫小標題或註解。**

　　⑹為了能正確傳遞資料訊息起見，圖的**縱軸和橫軸的長度比例**，應該大約成**黃金分割比例**，亦即是成 3:5 的比例。不可以任意誇大縱軸或橫軸的長度比例。

第三節　次數分配的形狀和性質

　　當我們收集到一筆研究資料後，可以依據前述方法製作次數分配表，也可以用圖示法將其表示成各種統計圖,這些圖中所畫出的次數分配曲線(如:多邊圖)可能會有各式各樣的形狀，隨著曲線形狀的不同，其所代表的資料涵意就不同。因此，讀者有必要瞭解各種不同形狀下次數分配曲線所代表的意義。

一、次數分配的形狀

在心理與教育研究領域中所收集到的資料，並不一定會呈現像圖 2.1 和圖 2.2 那樣的**單峰分配** (unimodal distribution)（即只有一個最高峰的分配）曲線，它也有可能呈現其他形狀的曲線。例如表 2.5 所示，是幾種常見的不同形狀的次數分配資料，它們所畫出來的圖形狀如圖 2.13 所示。我們可以從圖中看出各種曲線的形狀和意義，以便對資料有個粗淺的認識和瞭解，並準備採取適當的分析步驟和處理方法。

二、次數分配的性質

要瞭解某一種次數分配的性質，可以從每個次數分配曲線都具有的四個共同特徵著手。這些特徵分別是：

1.**集中情形** (centrality)：指的是該次數分配中，大多數分數是集中在哪一個中心位置的情形。常見的指標如：平均數、中位數、眾數、⋯⋯等，都是用來描述分數密集的情形。

表 2.5　不同形狀的次數分配

組　距	1 對稱二 項分配	2 高狹峰 分　配	3 低闊峰 分　配	4 矩形 分配	5 雙峰 分配	6 正偏態 分　配	7 負偏態 分　配
70～79	1	3	5	16	5	2	10
60～69	7	8	14	16	10	6	25
50～59	21	13	20	16	35	10	40
40～49	35	40	25	16	14	15	20
30～39	35	40	25	16	14	20	15
20～29	21	13	20	16	35	40	10
10～19	7	8	14	16	10	25	6
0～9	1	3	5	16	5	10	2
N	128	128	128	128	128	128	128

2.**分散情形** (variation)：指的是該次數分配中，個別分數離開其大多數分數所密集的中心位置的遠近情形。當各分數離開其密集的中心位置愈遠，則表示各分數愈分散，程度愈參差不齊；若各分數離開其密集的中心位置愈近，則表示各分數愈集中，程度愈整齊。常見的指標如：全距、平均差、變異數、

標準差……，都是用來描述分數的分散情形。

3.偏態 (skewness)：指的是該次數分配中，大多數的分數是偏向高分或低分的傾向；也就是說，該次數分配是否成左右對稱的分佈。常見的名稱有：正偏態、負偏態、常態等，都是用來描述次數分配的偏頗情形。

4.峰度 (kurtosis)：指的是該次數分配曲線的高度。常見的名稱有：高狹峰、低闊峰等；前者指的是曲線的高度比常態分配曲線 (normal distribution curve) 還尖聳者的次數分配，後者指的是曲線的高度比常態分配曲線還扁平者的次數分配。

讀者能夠熟悉這些曲線的特徵，必定能夠瞭解某一種次數分配曲線的性質。圖 2.13 所示的各種曲線，可以幫助讀者更加明瞭這些曲線的特徵和性質。

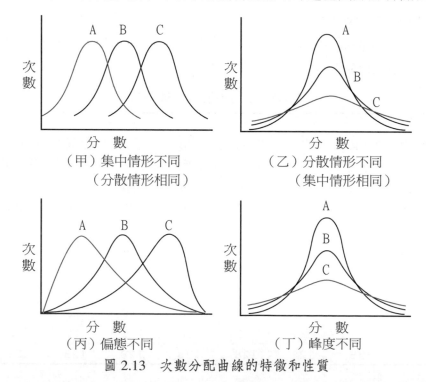

圖 2.13　次數分配曲線的特徵和性質

圖 2.13（甲）所示的 A、B、C 三條次數分配曲線特徵，在集中情形方面不同，但在分散情形方面相同；顯示這三個團體的參差程度是一樣的，但在集中方面，以 C 團體集中在較高的分數處，其次是 B 團體，再次才是 A 團體。

圖 2.13（乙）所示的這三條次數分配曲線，在分散情形方面不同，但在集中情形方面則相同；顯示這三個團體的密集程度是一樣的，但參差程度卻不一樣，其中以 A 團體的程度最整齊（因為其分散較不嚴重），其次是 B 團體，最後是 C 團體。圖 2.13（丙）所示的這三條次數分配曲線，其主要的差異在偏態方面；其中，A 團體的大多數人得分偏低（稱作**正偏態**），C 團體的大多數人得分偏高（稱作**負偏態**）。圖 2.13（丁）所示的這三條次數分配曲線，其主要的差異在峰度方面；其中，A、B、C 三個團體的集中情形是一樣的，但 A 團體的次數分配曲線比較高聳（稱作**高狹峰**），C 團體的次數分配曲線比較平坦（稱作**低闊峰**）。

說明過圖 2.13 的意義後，讀者再回顧表 2.5 所示，便能進一步瞭解各種不同形狀下次數分配曲線的特徵和性質。

第四節　電腦習作

一、SPSS/PC 4.0 版操作範例說明

茲以表 2.1 的國文成績資料作為本電腦習作的範例資料，並以適用於社會科學的統計套裝軟體程式 SPSS/PC 4.0 版的程式，補充說明本章次數分配表與統計圖的製作過程，並解釋其電腦報表的內涵。

```
TITLE 'THE SPSS/PC PROGRAM FOR CHAPTER TWO'.

DATA LIST FILE='A:TABLE2.1'

  /GRADES 1-2.

SET LIST='A:CH2.LIS'.

VARIABLE LABELS GRADES 'CHINESE GRADES'.

FREQUENCIES VARIABLES=GRADES

  /FORMAT=CONDENSE

  /HISTOGRAM.

FINISH.
```

　　首先，以**文書處理軟體**（如：漢書、PE3/DW3，或其他可以產生 ASCII 碼的中英文文書處理軟體）建立如下列的程式檔，並取名為 CH2：，其中 A:TABLE2.1，表示我們所要分析的資料檔 TABLE2.1，是存放在 A 槽磁碟片中。上述程式即是指定電腦使用該檔資料來進行分析。

　　執行該程式後，得到下列的 CH2.LIS 結果檔，並存回 A 槽磁碟片中：

| GRADES | | | | CHINESE GRADES ① | | | |
| ② | | Cum | | | | | Cum |
Value	Freq	Pct	Pct	Value	Freq	Pct	Pct
36	1	2	2	75	3	5	50
40	1	2	3	76	3	5	55
45	1	2	5	78	1	2	57
48	1	2	7	79	3	5	62
49	1	2	8	80	4	7	68
50	1	2	10	81	1	2	70
57	1	2	12	82	4	7	77
58	1	2	13	83	3	5	82
59	2	3	17	84	2	3	85
60	3	5	22	86	2	3	88
61	1	2	23	88	2	3	92
62	1	2	25	90	1	2	93
66	1	2	27	91	2	3	97
67	1	2	28	92	1	2	98
68	3	5	33	96	1	2	100
70	1	2	35				
71	3	5	40				
72	2	3	43				
73	1	2	45				

```
        GRADES   CHINESE  GRADES


        Count   Midpoint
          0        34
          1        38      **
          1        42      **
          1        46      **
          3        50      ******
          0        54
          4        58      ********
          5        62      **********
          2        66      ****
          7        70      **************
          6        74      ************
          7        78      **************
         12        82      ************************
          4        86      ********
          5        90      **********
          1        94      **
          1        98      **
                           I ··· + ··· I ··· + ··· I ··· + ··· I ··· + ··· I
                           0        5       10      15      20
                           Histogram frequency ③
        Vaild cases      60              Missing cases              0
```

解釋：

①表示**變項名稱**，在本例中 GRADES 即為國文成績。

②表示**次數分配表**。

③表示**次數分配的直方圖**，其實就是②的統計圖。

由本例可知，次數分配表與表 2.2 的結果不完全相同，這是由於**電腦是直接以原始分數來做統計**，而不是先歸類後再統計，因此，**結果會比較精確**。由於電腦的輔助計算，過去使用歸類方法來探討各種統計數計算問題的教學方法，已有不合時宜的趨勢，因此，本書直接以原始分數作為運算的基礎，不再將它們先行歸類後再運算。

二、SPSS for Windows 操作範例說明

茲以表 2.1 的國文成績資料作為本電腦習作的範例資料，並採用 Step By Step 圖例方式，補充說明本章次數分配表與統計圖的製作過程，同時亦解釋其電腦報表的內涵於下。

首先，請讀者參考本書第一章第四節之「三、SPSS for Windows 操作範例說明」，將表 2.1 國文成績資料表建立一個新的 PASW 資料檔，並取名為 ch2.sav，如圖 2.14 所示。

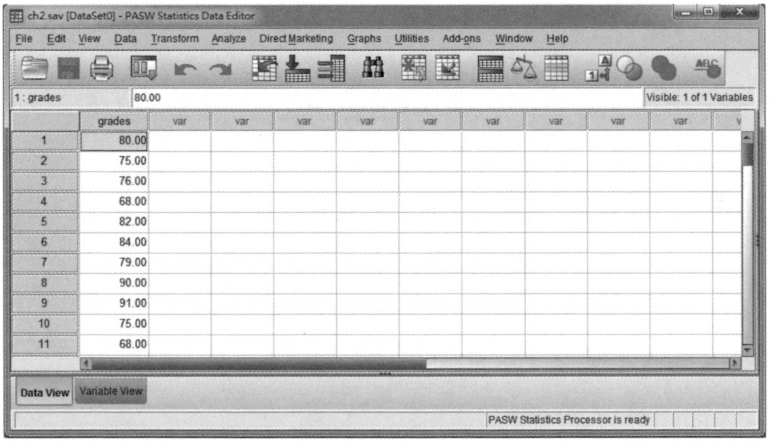

圖 2.14　表 2.1 國文成績的 PASW 資料檔

建檔完畢後，讀者可以選擇功能表中的 Analyze/Descriptive Statistics/Frequencies...，開始進行次數分配表的統計分析，操作方式如圖 2.15 所示。

點選後，會出現「Frequencies」的對話窗，之後，點選左方欄框內的「grades」變項，按一下中間的方向鍵，將其點選送至右方欄框裡，如圖 2.16 所示，然後再點選右上方之「Charts...」功能按鈕，進行統計圖製作。

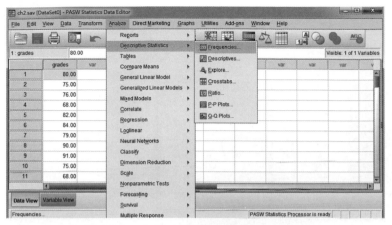

圖 2.15　次數分配表分析的操作程序

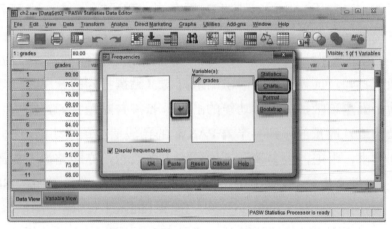

圖 2.16　Frequencies 的對話窗

打開圖 2.17「Frequencies: Charts」對話窗後，可供選擇圖形有三種，分別為柱狀圖 (Bar charts)、圓形圖 (Pie charts)、與直方圖 (Histograms)。本範例乃需選擇直方圖，因此，點選 Histograms 前的圓形按鈕（讀者亦可勾選 Show normal curve on histogram 前的空格，表示要求 PASW 附上常態分配曲線供參考），再按「Continue」按鈕，回到原來的對話窗，再按「OK」，即開始執行統計分析的工作。若執行成功，即會呈現分析後的結果檔；若過程有誤，則會出現顯示錯誤的訊息。

在圖 2.16 所示中，「Frequencies」對話窗下的功能按鈕，除了「Charts...」

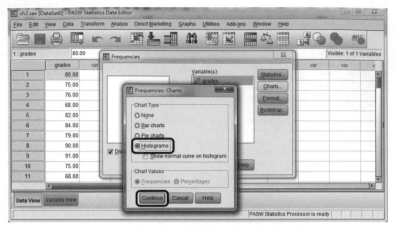

圖 2.17　次數分配表直方圖對話窗

功能按鈕外，尚有「Statistics...」、「Format...」，和「Bootstrap...」三種。讀者亦可試著點選開來看看，基本上，其打開後的對話窗裡會有兩類的選項按鈕：一者為「□型的選擇性按鈕」，另一為「○型的預設按鈕」。選擇性按鈕可以全部都點選打勾，或視自己的需求點選打勾（點選打勾的意思，即表示要求 PASW 執行該選項數據或指標功能的計算，若沒有點選打勾，即表示不去計算該指標功能）；而預設按鈕多半為 PASW 的預設值或預設功能，除非讀者自己有特別需求，否則，大多情況下均可不去更改它，亦即略過不更改即可。

　　此外，若欲產生統計分析的語法檔（如傳統 DOS 作業系統下的 SPSS／PC 程式檔），則可於點選「Continue」後，選擇「Paste」（即貼上語法），即可產生如圖 2.18 之語法檔（該檔可以存成檔名 ch2.sps 檔，表示是執行本章上述各種勾選功能的程式檔）；接著，如圖 2.19 所示，讀者可以選擇 Run／All，亦可執行統計分析的工作。執行後的結果檔，PASW 的預設檔名為「Output1」或「輸出 1」，讀者可以改存成檔名為 ch2.spo 的資料檔，但要記得存放在適當的磁碟機和資料夾裡。

　　由於 PASW 對大部份的統計分析方法，皆有提供簡要的視窗操作介面，因此，已經很少需要讀者自行撰寫語法，然後才去執行分析。有鑑於此，本書乃將重心置於分析的操作步驟上，而在此僅簡要說明產生與執行語法檔的方式，往後在各章節裡，將不再對此加以示範說明，有興趣的讀者可自行參

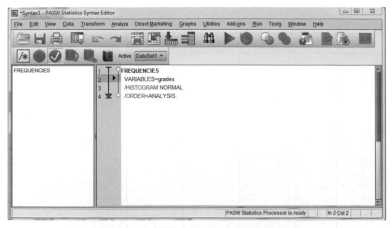

圖 2.18　次數分配表分析之語法檔

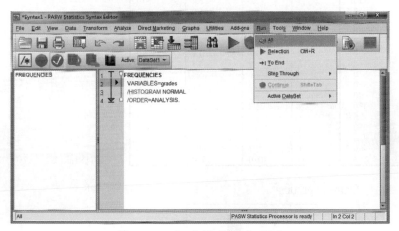

圖 2.19　語法檔的執行程序

照相關的書籍。

　　底下即為 ch2.spo 結果檔內容，其涵義與 SPSS/PC 4.0 版報表大致相同。

Chinese grades (1)

		Frequency (2)	Percent	Valid Percent	Cumulative Percent
Valid	36.0	1	1.7	1.7	1.7
	40.0	1	1.7	1.7	3.3
	45.0	1	1.7	1.7	5.0
	48.0	1	1.7	1.7	6.7
	49.0	1	1.7	1.7	8.3
	50.0	1	1.7	1.7	10.0
	57.0	1	1.7	1.7	11.7
	58.0	1	1.7	1.7	13.3
	59.0	2	3.3	3.3	16.7
	60.0	3	5.0	5.0	21.7
	61.0	1	1.7	1.7	23.3
	62.0	1	1.7	1.7	25.0
	66.0	1	1.7	1.7	26.7
	67.0	1	1.7	1.7	28.3
	68.0	3	5.0	5.0	33.3
	70.0	1	1.7	1.7	35.0
	71.0	3	5.0	5.0	40.0
	72.0	2	3.3	3.3	43.3
	73.0	1	1.7	1.7	45.0
	75.0	3	5.0	5.0	50.0
	76.0	3	5.0	5.0	55.0
	78.0	1	1.7	1.7	56.7
	79.0	3	5.0	5.0	61.7
	80.0	4	6.7	6.7	68.3
	81.0	1	1.7	1.7	70.0
	82.0	4	6.7	6.7	76.7
	83.0	3	5.0	5.0	81.7
	84.0	2	3.3	3.3	85.0
	86.0	2	3.3	3.3	88.3
	88.0	2	3.3	3.3	91.7
	90.0	1	1.7	1.7	93.3
	91.0	2	3.3	3.3	96.7
	92.0	1	1.7	1.7	98.3
	96.0	1	1.7	1.7	100.0
	Total	60	100.0	100.0	

Chinese grades

Std. Dev = 13.47
Mean = 72.7
N = 60.00

Chinese grades (3)

解釋：

　(1)表示**變項名稱**，在本例中 grades 即為國文成績。

(2)表示次數分配表。

(3)表示次數分配的直方圖，其實就是(2)的統計圖。

1. 次數分配表是描述統計學的一項基本工作，它可以用來分類、整理和描述原始資料的各種形狀和性質，幫助研究者明瞭該次數分配的集中、分散、偏態和峰度情形。

2. 連續變項資料的次數分配表製作過程如下：(1)決定全距，(2)決定組距和組數，(3)決定組限，(4)決定組中點，(5)劃記次數。

3. 間斷變項資料的次數分配表製作過程，只要將該變項的類別出現次數作個劃記，並且分別統計和登記就行。

4. 統計圖表應該要有標題，以用來表示該圖表的重要內容。按美國心理學會有關出版格式的規定，表的標題宜寫在表的上方，而圖的標題宜寫在圖的下方。

5. 次數分配表中的組數，以 10 到 20 組為宜，組距以 1 到 20 之間為宜。組距通常以英文符號 h 表示，並以組中點代表該組。

6. 組中點的求法是依「真正上限加真正下限，再除以 2」求得，它常被用作計算許多集中量數的依據。

7. 常用的統計圖有：多邊圖、直方圖、圓形圖、莖葉圖、箱型圖、肩形曲線圖和時間數列圖等。它們都可以幫助研究者瞭解次數分配資料的形狀、特性和意義。

8. 統計圖表若不慎使用（如：誤用或濫用），很容易誤導讀者對資料真實狀況的瞭解。因此，遵守統計製圖應有的規範，是每一位初學者需必備的能力。

9. 次數分配所隱含的特殊意義，可以提供教育與心理學從業人員許多寶貴的參考意見。

10. 透過統計套裝軟體程式的運用，可以協助研究者解決大樣本資料的統計和分析工作，也是未來學習統計學的一大輔助工具。

1. 已知某一筆觀察值中，最大值為 99，最小值為 71，則全距多少?

2. 在建立某種次數分配時，一般建議分成多少組數?

　(1)少於 5 組　　(2)大約 10 組　　(3)多於 20 組　　(4)無法決定

3. 假設某個次數分配的最小值為 51，已知組距為 5，則第一組範圍應該是多少?

　(1) 51～55　　(2) 47～51　　(3) 50～55　　(4) 50～54

4. 當使用名義變項時，何種統計圖較適當? 直方圖或多邊圖?

5. 在箱型圖中的箱子包含多少 % 的次數?

下列 6～10 題，請參考 a 至 e 的五種統計圖:

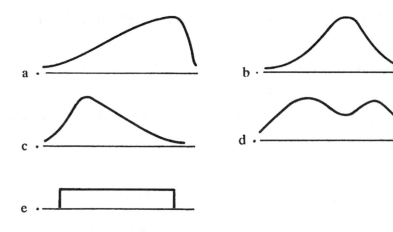

6. 何者為矩形次數分配?

7. 何者為雙峰次數分配?

8. 何者為正偏態次數分配?

9. 何者為負偏態次數分配?

10. 何者為對稱的次數分配?

練習作業

請根據下列 50 名學生的 IQ 資料，回答下列問題：

141　87　115　91　96　92　118　98　101　107
97　124　118　146　108　106　135　97　108　129
107　110　101　129　109　87　127　116　113　105
127　114　112　114　139　109　102　113　106　89
108　92　102　102　134　104　101　131　86　123

一、全距是多少？

二、建議的組數是多少（若以 5 為組距）？

三、若組距為 5，則第一組的範圍是多少？

四、若組距為 5，則最後一組的範圍是多少？

五、本次數分配呈什麼形狀？

第三章　集中量數

本章學習重點

1. 何謂集中量數? 它的意義和用途為何?
2. 常用的集中量數有哪些? 各以什麼數學符號表示?
3. 算術平均數的計算公式是什麼? 它的數學特性和適用時機為何?
4. 中位數的計算公式是什麼? 它的數學特性和適用時機為何?
5. 眾數的計算公式是什麼? 它的數學特性和適用時機為何?
6. 其他罕用的集中量數有哪些? 它們的涵意為何?
7. 如何撰寫一個 SPSS 程式? 並閱讀輸出或印出的報表?

第一節　集中量數的意義和種類

在第二章裡, 我們曾討論過有兩種決定次數分配曲線形狀的因素值得探討: 一種為「集中」的情形, 指的是大多數的分數集中在哪一個中心位置上面; 另一種為「分散」的情形, 指的是全部的分數分佈或分散在中心位置週圍的情況。其中, 所謂的「**集中量數**」(measures of central location) 便是指能夠用來描述所收集到的資料中各分數集中情形的一個最佳代表數值, 同時, 它也是用來表示或描述某個團體分子趨中情形的一個最佳指標。

集中量數是表示一個團體中各個分數集中的情形, 它是最能代表團體中心位置的一個數值。在統計學的領域裡, 常見的集中量數有下列數種, 比較常用的僅有前三種:

1. **算術平均數**（arithmetic mean, 簡寫成 M）
2. **中位數**（median, 簡寫成 Md）

3. **眾數**（mode，簡寫成 *Mo*）

4. **截尾平均數**（trimmed mean，簡寫成 *TM*）

5. **幾何平均數**（geometric mean，簡寫成 *GM*）

6. **調和平均數**（harmonic mean，簡寫成 *HM*）

7. **一般化平均數**（generalized mean）

8. **二次式平均數**（quadratic mean，簡寫成 *QM*）

在上述數種集中量數中，以前三者在心理與教育研究領域中最為常見，也最為常用。而後數者則較為少見，也較為罕用。我們將分別討論這幾種量數，但特別強調前三者。

由於統計套裝軟體程式（如：SPSSX, SAS，或 BMDP）的普及使用，傳統上運用歸類後的資料，使用組中點法或簡捷法來計算集中量數的方式，已經是不合時宜的計算方法，逐漸被統計學者揚棄，不再教授和使用它們。若對這方面的計算方法感興趣的讀者，可以參考林清山（民 81）等相關的心理與教育統計學書籍。本章重點僅討論可由統計套裝軟體程式直接運算的未歸類法，運用原始資料作直接的計算。

第二節　算術平均數

算術平均數又簡稱作「**平均數**」（mean），常以數學符號 *M* 或以 $\bar{x}$ 或 $\bar{y}$（讀作 [*x* bar] 或 [*y* bar]）來表示；例如，以 $\bar{x}$ 表示身高的平均數，以 $\bar{y}$ 表示體重的平均數，這些都是常用的表示方法。

一、算術平均數的算法

平均數的算法很簡單，就是把所有的分數加起來後再除以總人數，所獲得之結果。平均數的計算公式可以表示如下：

$$\bar{x} = \frac{\sum_{i=1}^{N} X_i}{N}$$

〈公式 3–1〉

或僅簡寫成 $\bar{x} = \frac{\sum X}{N}$。

例 3.1

某國小六年級 39 名學童的五育成績，各分別如表 1.3 所示，試問該校 39 名學童的智育成績的平均數是多少？

根據〈公式 3–1〉的算法，將所有學生的智育分數加總起來之後，得一總分，這一總分除以總人數 N，便可獲得該班學生的智育成績平均數。其計算過程如下：

$$\bar{x} = \frac{\sum X}{N} = \frac{90 + 89 + \cdots + 98 + 95}{39} = \frac{3504}{39} = 89.85 \text{（分）}$$

這裡的 N 是指總人數，在本例中，$N = 39$。從表 1.3 計算得知該班平均智育成績為 89.85 分，亦即，該班 39 名學生的智育成績的平均分數為 89.85 分，該分數即代表該班大多數學生智育成績的集中趨勢。

二、加權平均數的算法

「加權平均數」（weighted mean）也是心理與教育統計學中，另一種常見的平均數，它最適合用於各種分數的重要性份量各不相同時，或者已有累計同分出現的次數時。其算法只是把原有的各個分數乘上其相對應的**加權值**（weights），將其乘積值累加起來後，再除以總加權值，便是加權平均數。

例如，以表 1.3 的資料為例，假設該班級任老師想計算五育成績，以作為畢業典禮時頒獎表揚五育均衡發展同學的依據，她認為五育成績的計算法，按照上課時數的多寡，應該分別給予 20%、30%、20%、10%、和 20% 的加權值才算合理；因此，她應用加權平均數的算法，算出第一位學生的五育平均成績如下：

$$\bar{x} = \frac{(88 \times 20) + (90 \times 30) + (86 \times 20) + (90 \times 10) + (83 \times 20)}{20 + 30 + 20 + 10 + 20} = 87.4 \text{（分）}$$

由此可見，加權平均數的計算公式是：

$$\bar{x} = \frac{\sum \omega_i X_i}{\sum \omega_i}$$

〈公式 3–2〉

其中，ω_i 代表每一種成績的加權值。其餘學生的五育平均成績可依例計算出來，本問題留作習題，供讀者自行練習。

　　加權平均數的另一個使用時機，是當表 1.3 中有相同次數出現時。首先，我們將相同的資料予以合併，計算它們出現的次數，該次數即是加權值，再將加權值乘上其相對應的資料分數，加總後，得一總分，再除以加權值之總和，便可得加權平均數。茲以表 1.3 的智育成績為例，說明加權平均數的算法如下：

表 3.1　39 名學童的智育成績分數的加權平均數算法

資料分數 (X_i)	出現次數 (f_i)	乘積值 ($f_i X_i$)
98	1	98
97	1	97
96	3	288
95	4	380
94	3	282
93	4	372
92	4	368
91	4	364
90	2	180
89	2	178
87	2	174
85	3	255
82	1	82
81	2	162
79	1	79
73	1	73
72	1	72
	39	3504

　　首先，將所有的智育成績予以合併計算其相同出現之次數，並將次數劃記在表 3.1 中，同時也算出其乘積值。接著，算出其乘積值的累加和，並將累加和除以總次數，即得加權平均數。其過程可以表示如下：

$$\bar{x} = \frac{(98 \times 1) + (97 \times 1) + (96 \times 3) + \cdots + (73 \times 1) + (72 \times 1)}{39}$$

$$= \frac{3504}{39} = 89.85 \text{（分）}$$

由上述的計算例子可知，這種合併相同分數的資料，也可以使用像〈公式 3-2〉的計算通式來表示如下：

$$\bar{x} = \frac{f_1 X_1 + f_2 X_2 + \cdots + f_k X_k}{N}$$

或　　　$$\bar{x} = \frac{\sum\limits_{i=1}^{k} f_i X_i}{N}$$ 　　　　　　　　〈公式 3-3〉

有一點特別值得注意：$\sum f_i = N$，亦即，**次數的總和等於總人數**。並且，$\sum\limits_{i=1}^{k} f_i X_i = \sum X$，亦即，**合併的總和與未合併的總和相等**。其實，未合併的資料可以被看成是**加權值為 1** 的分數，因此，把這些資料各乘上其加權值 1，再加總起來，便會產生「合併的總和與未合併的總和相等」一事。不過，合併後的組數變成 k，在本例中，$k = 17$，而不是原本的 39，且合併後的分數分別為 98、97、…、73、和 72（分）等 17 種。

近年來，由於統計套裝軟體程式的普及使用，在實際的資料分析上，研究者不會故意先將資料予以歸類合併後，再來分析；反而是運用原始資料在電腦上直接進行分析，再將分析後的結果輸出，以供後續使用。因此，在計算平均數時，電腦會自動以原始分數作為加總的對象，再將總和除以總人數，便得到結果。所以，這裡所討論的加權平均數算法，只是供讀者參考，讓讀者明瞭若遇到已歸類的加權次數時，該如何進行計算。平時，在計算一堆資料的平均數時，讀者只要運用原始分數來計算就可以，不必先予以歸類合併後，再來計算，這種作法只是多此一舉而已。讀者若能使用統計套裝軟體程式作輔助計算，相信會更為方便。

三、算術平均數的特性與適用時機

平均數最適合用於**等距變項**和**比率變項**等屬於**連續變項**的資料。由於在

計算算術平均數時，需要用到團體中的每一個分數，因此，每一個分數對算術平均數值的大小均具有決定性的作用。所以，在需要以較具穩定性的數值表示**集中趨勢** (central tendency) 時，使用算術平均數最為恰當。

另外，在沒有極端分數存在的次數分配中，平均數最能夠用來代表一個團體分數的集中趨勢，它不僅意義明確，易於計算和瞭解，甚至比中位數和眾數穩定，適合作為數學處理和量化分析的主要依據。在後續幾章裡，尤其在推論統計學中，讀者將會逐漸明瞭以算術平均數作為母群體參數估計值是最恰當的安排，它比使用其他的集中量數更為適合。

一般來說，**算術平均數具有下列六種特徵** (Glass & Hopkins, 1984)：

1.團體中每個分數與其算術平均數之差的總和（稱作「**離均差之和**」，sum of deviations）等於零。其數學公式可以表示如下：

$$\sum (X - \bar{x}) = 0$$
〈公式 3–4〉

2.團體中每個分數都加或減一個常數 C 時，則新的算術平均數等於原來的算術平均數加或減這個常數 C。其數學公式可以表示如下：

$$\frac{\sum (X \pm C)}{N} = \bar{x} \pm C$$
〈公式 3–5〉

3.團體中每個分數都乘或除一個常數 C 時，則新的算術平均數等於原來的算術平均數乘或除這個常數 C。其數學公式可以表示如下：

$$\frac{\sum CX}{N} = C\bar{x}$$
〈公式 3–6〉

$$\frac{\sum (X/C)}{N} = \frac{\bar{x}}{C}$$
〈公式 3–7〉

4.團體中每個分數與算術平均數之差的平方和（稱作「**離均差平方和**」，sum of the squared deviations，簡寫成 SS），會比團體中其他分數與算術平均數以外的任何分數之差的平方和小；換句話說，

$$\sum_{i=1}^{N}(X-\bar{x})^2 < \sum_{i=1}^{N}(X-b)^2$$

此處的 $b \neq \bar{x}$，指的是同一團體中平均數以外的任何其他分數。如果我們以算術平均數取代團體中的任何一個分數，則我們所獲得該次數分配的**測量誤差** (measurement errors) 的平方和，將會是最小；這種離均差平方和最小的特性，便是統計學上所謂的「**最小平方法**」(least squares) 標準，我們將於後續章節裡再來討論。

5.數個團體分數（每個均具有 N 位受試者）所**合併起來的分數** (composite scores) 之算術平均數，等於其個別團體分數之算術平均數的和。其數學公式可以表示如下：

$$\bar{x}_{1+2+\cdots+k} = \sum_{i=1}^{k} \bar{x}_i \qquad \text{〈公式 3–8〉}$$

6.兩個團體分數（每個均具有 N 位受試者）之差的算術平均數，等於其個別團體分數之算術平均數之差。其數學公式可以表示如下：

$$\frac{(X_1 - Y_1) + (X_2 - Y_2) + \cdots + (X_N - Y_N)}{N} = \bar{x} - \bar{y} \qquad \text{〈公式 3–9〉}$$

第三節　中位數

第二種集中量數便是「**中位數**」，簡稱「**中數**」，通常以數學符號 Md 來表示。顧名思義，中位數是指團體中最中間的那一個人的分數；換句話說，當我們將某團體分數依大小次序排列後，位居該**排列次序最中間**的那一個人的分數，便是中位數。中位數亦可以作為團體分數的集中趨勢之指標。

一、中位數的算法

在計算中位數時，我們必須先將所有的分數依大小次序排列，當總人數（即 N）是**奇數**時，則以第 $((N+1)/2)$ 個人的分數為中位數；如果總人數為**偶數**時，則以第 $(N/2)$ 個和第 $(N/2+1)$ 個人的分數之平均數來作為中位數。茲舉例說明如下：

3.2

如表 1.3 的資料所示，試問該校 39 名學童智育成績的中位數是多少？

首先，我們必須將這 39 名學童的智育成績依大小次序加以排列，得到下表資料。

表 3.2 　依大小次序排列的 39 名學童的智育成績

編號	智育	編號	智育	編號	智育
38	98	13	93	2	89
30	97	15	93	21	89
26	96	33	93	7	87
34	96	8	92	31	87
35	96	19	92	5	85
16	95	20	92	9	85
24	95	23	92	28	85
29	95	14	91	25	82
39	95	17	91	4	81
18	94	22	91	12	81
27	94	36	91	11	79
37	94	1	90	10	73
6	93	3	90	32	72

在本例中，N 為奇數，所以我們選擇第 $(N+1)/2 = 20$ 個人的分數為中位數，亦即編號 23 的學生智育分數 92（分）是本問題的中位數。假若本例中又多一位編號 40 的學生，他的智育分數為 99，則我們必須選擇第 $(N/2) = 20$ 個和第 $(N/2)+1 = 21$ 個人的分數之和的平均數，亦即編號 20 和 23 的學生智育分數之和的平均數（即：$(92+92)/2 = 92$（分））是本問題的中位數。

在這個例子裡，中位數的值為 92，它是這 39 名學童智育分數排列最中間的一個數，我們可以這個數來代表這個團體分數的集中趨勢，並且，得分比這個分數高的人剛好佔總人數的一半，而得分比這個分數低的人也剛好佔總人數的一半，這就是為什麼中位數是指團體中居中間位置者的分數的理由。

二、中位數的特性和適用時機

中位數可以適用於次序變項、等距變項和比率變項；但**通常是比較適用於次序變項**，因為它指的是團體分數依大小次序排列後，最中間的那一個人的分數。此外，當某個團體分數中有**極端分數** (outliers) 存在時，也可以中位數來表示該團體分數的集中趨勢，因為中位數不受極端分數的影響，中位數剛好佔在次數分配的中點，在該點以上和以下的次數或人數剛好佔總次數分配的一半（或 50%）。但是，中位數通常比算術平均數較為不穩定，例如：10, 12, 15, 16, 18, 和 1, 6, 15, 30, 52 等兩組資料中，中位數雖然相同（都是 15），但是算術平均數卻完全不相同（前者為 14.2，後者為 20.8）；但在 10, 20, 30, 70, 90 這一組資料裡，中位數為 30，但在 10, 20, 40, 70, 90 這一組資料中，中位數卻變為 40。所以，中位數最好是在必須以次數分配之中點來表示時才使用。

第四節　眾　數

眾數也是常用的集中量數之一，可以被用來表示團體分數的集中趨勢。眾數常以數學符號 Mo 來表示，是指團體分數中出現次數最多的數值或最多數人所得到的分數。

一、眾數的算法

根據眾數的定義，我們可以回答例 3.3 中的問題。

 3.3

如表 1.3 的資料所示，試問該校 39 名學童智育成績的眾數是多少？

首先，我們必須先將表 1.3 的資料予以歸類，得知如表 3.1 所示。其中，次數出現最多的分數共有四個，分別為 95、93、92 和 91 四者，亦即本問題的答案為**多重眾數** (multimodal) 的次數分配，有別於只有一個眾數出現的**單眾數** (unimodal) 或只有兩個眾數出現的**雙眾數** (bimodal) 次數分配。由此可見，一個次數分配中的眾數之個數可能多於一個。

二、Pearson 的近似眾數

這種眾數的算法是由英國的統計學者 K. Pearson 所提出，他認為可由**某一次數分配中已知的平均數和中位數**，透過下列公式來估計眾數：

$$Mo = 3Md - 2M$$
$$= M - 3(M - Md)$$
$$= M + 3(Md - M)$$

〈公式 3–10〉

這一個關係可由圖 3.1 (Ott, Larson, Rexroat, & Mendenhall, 1992, p. 117) 來表示。由圖 3.1 可知，在稍有偏態的次數分配中，中位數大約是座落在眾數和平均數間距離的三分之二，但比較靠近平均數的位置處。以表 1.3 所計算出的平均數和中位數代入〈公式 3–10〉中，得：

$$Mo = 3Md - 2M$$
$$= 3(92) - 2(89.85) = 96.30$$

由此可見，計算出的結果與實例中的結果不一，理由是上述這種近似眾數的求法，只適用在次數分配大約是呈**對稱**或**偏態不太嚴重**的情形下 (Garret, 1966)。

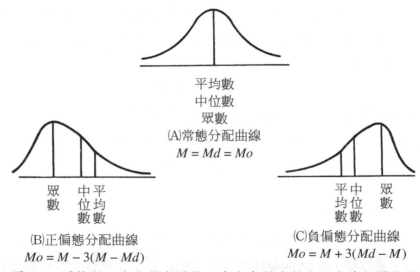

圖 3.1　平均數、中位數與眾數三者在各種次數分配中的相關位置

三、眾數的特性和適用時機

　　眾數是一種最為簡便的集中量數，它可以適用於**名義變項、次序變項、等距變項**和**比率變項**，但通常比較常用於名義變項。另外，當我們只想大略知道團體的集中趨勢時，或只想知道團體中最常發生的事件是什麼時，也都

是使用眾數的良好時機。但是，當次數分配呈現不規則或無顯著集中趨勢時，眾數即喪失使用的意義。

第五節　集中量數的討論

一、算術平均數、中位數和眾數的關係

如果我們想要以某個數值來表示團體分數的分配曲線，其實可以將每一種集中量數看成是一種不同的測量指標，而其中以眾數最為鮮明突出，因為它代表次數分配中次數出現最多的一個數值，一眼便可以看出。然而，中位數和算術平均數的解釋，則不那麼明顯。我們可以圖 3.2 的表示方式，來輔助說明這三者之間的關係如下（林清山，民 81）：

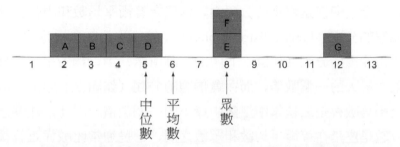

圖 3.2　算術平均數、中位數和眾數之間的相關位置

假設有 A, B, C, D, E, F 和 G 等七人，其依次的分數分別為 2, 3, 4, 5, 8, 8 和 12，已得知 $M = 6$, $Md = 5$, $Mo = 8$。我們可將這三者之間的位置和關係，表示在圖 3.2 裡。

我們分別將這七個人的分數，標示在這個**數線** (number line) 上。其中，中位數的位置正好在數線上的某個點，該點以左的個數和以右的個數剛好相等（亦即佔總人數的一半或 50%），在本例中，亦即該點的左右各有三個數值。團體中的所有分數與中位數之間的距離之和，會比團體中的所有分數與中位數以外之其他分數間的距離之和還小 (Glass & Hopkins, 1984, p. 40)，這也是中位數的另一項特性。

眾數所在的位置，剛好是在數線上獲得同樣分數的次數或人數最多者，在本例中，亦即是 E 和 F 這兩個人，他們的得分都是 8，因此 8 便是本例中的眾數；在實際的情形下，眾數也是指出現次數最多者的數值。

至於算術平均數，我們可以把它比喻成能夠維持槓桿平衡的支點 (fulcrum) 位置，亦即是造成槓桿左邊的力矩等於槓桿右邊的力矩的支點位置。由圖 3.2 中可以看出：

支點左邊的力矩：$4 \times 1 + 3 \times 1 + 2 \times 1 + 1 \times 1 = 10$

支點右邊的力矩：$2 \times 1 + 2 \times 1 + 6 \times 1 = 10$

其中，4×1 是 A 的力矩，4 是臂長，1 是重量；6×1 是 G 的力矩，6 是臂長，1 是重量；依此類推。

二、該挑選哪一種集中量數？

在**單峰且對稱** (unimodal and symmetric) 的分配中（如圖 3.1 中的(A)圖所示），此時的算術平均數、中位數、和眾數（還有許多其他種類的集中量數）都會相等。但在僅僅是**對稱**的分配中，則只有算術平均數和中位數會相等。

在**偏態的分配** (skewed distributions) 中，算術平均數會被拖拉到尾部去；亦即，在正偏態的分配（如圖 3.1 中的(B)圖所示）中，算術平均數會是三種集中量數中最大的一個數值，而在負偏態的分配（如圖 3.1 中的(C)圖所示）中，算術平均數會是三種集中量數中最小的一個數值。因此，在偏態的分配裡，中位數是座落在算術平均數和眾數之間，但是通常比較靠近算術平均數的一端。但在**單峰且稍為不對稱的分配**中，中位數到眾數的距離大約是中位數到算術平均數距離的兩倍，這個事實亦是 Pearson 的近似眾數所根據的理由，也可以由〈公式 3–10〉看出。

至於初學者該挑選哪一種集中量數才算恰當？這需要看兩種情況而定：變項上的數值所構成的分配和測量的水準。在對稱性的單峰分配中，挑選哪一種集中量數都可以，因為這三者的數值都相同。但在偏態的分配中（不論是正偏態或負偏態），由於分數多數集中在低分或高分處，因此，以中位數來代表偏態分配的一種集中量數，應該算是最為恰當，並且，中位數亦不容易受到極端分數的影響。

茲將集中量數的特質，呈現於表 3.3 (Weisberg, 1992, p. 35) 中，供初學者作為挑選集中量數時的參考。

除了考慮資料分配的形狀外，在挑選集中量數時也要考慮資料本身所具有的測量水準。有個簡單的規則可以供參考，亦即：**名義變項**資料下選用**眾數**，

表 3.3 各種集中量數的特質比較

屬　性	眾　數	中位數	平均數
測量水準	名義或更高	次序或更高	等距以上
定義嚴謹否	是的	是的	是的
考慮所有個數	最少	是的	最佳
容易瞭解否	是的	是的	是的
容易計算否	最佳	是的	是的
代數的	否	否	是的
抽樣下穩定否	否	是的	最佳
單一值	不一定	是的	最佳
不受極端分數影響	是的	是的	否
可推論到兩個變項以上的統計數	否	否	是的
對合併類別不敏感	否	是的	是的
對兩端開放之分配的計算	無法決定	是的	無法決定
等於實際資料值	是的	僅奇數 N	不一定
解釋依據	大多數值	中間值	平均值
猜測式的解釋	最高的百分比正確性	最接近所有的分數	有方向的離均差之和的極小值

　　次序變項資料下選用中位數，而參數資料 (metric data)（如：等距和比率變項）下則選用算術平均數。另外，低層次的統計數可以安全地適用於高層次的資料中，例如，眾數可以適用於次序性資料裡，而中位數可以適用在參數資料中。但是，相反的情況卻不適用；亦即高層次的統計數不可以在低層次的資料中使用，例如，平均數在名義變項資料中使用時，所獲得的數值會變得沒有意義。

　　此外，也可以考慮同時採用多種集中量數，而不只是單獨一種而已。現行的統計套裝軟體程式，都可以同時為我們提供數種集中量數值，因此，參考其他集中量數所提供的訊息，有時也可以幫助初學者做好適當的選擇。

三、集中量數的共同數學特性

　　歸納而言，在參數資料上的算術平均數、中位數、和眾數等集中量數，可以使用下列的直線規則加以轉換：

$$\boxed{\text{集中量數}\,(k+mX)=k+(m)\times\text{集中量數}\,(X)}$$

<公式 3–11>

其中，集中量數 (●) 即表示求括弧內的數或符號之某種集中量數的意思。因此，由〈公式 3–11〉的意義可知：某個變項加上一個常數 k，則所求出新的集中量數值將等於原有的集中量數值再加上這個常數 k；而該變項乘上一個常數 m，則所求出新的集中量數值將等於原有的集中量數值再乘上這個常數 m (Weisberg, 1992, p. 38)。

舉例來說，某個變項 X 的測量值是介於 0 和 100 之間，且其中點是 50，如果某研究者想要將它轉換成介於 –100 到 100 之間的變項，且中點是 0 的話，則這個轉換的直線規則是 $2X-100$，且其平均數也已經轉換到 $2X-100$ 的點上。

第六節　其他集中量數

下列所討論的集中量數均非常罕用，但在某些特殊情況下會使用到，讀者只要明瞭有這些概念存在就行，無需深入探討它們。

一、截尾平均數

這是一種規避受極端分數影響的平均數，亦即，先將極端分數予以刪除後，再計算其平均數。這種經過修飾後的平均數，便叫作**截尾平均數** (trimmed mean) 或**溫氏平均數** (Winsorized mean)。例如：5% 的截尾平均數，即是指將最大的前 5% 數值和最小的後 5% 數值刪除之後，再計算出的平均數之謂；而 5% 的溫氏平均數，即是指最大的前 5% 數值改成第二大的數值，並將最小的後 5% 數值改成第二小的數值，再計算出的平均數之謂。這些平均數的算法如下：

首先，將團體分數依大小次序排列，由小 (X_1) 到大 (X_N) 排列，則**第 (j/N) 個截尾平均數** $T_{(j)}$ 的算法為：

$$T_{(j/N)}=\frac{1}{N-2j}\sum_{i=j+1}^{N-j}X_i$$

<公式 3–12>

而**第 (j/N) 個溫氏平均數** $W_{(j)}$ 的算法為：

$$W_{(j/N)} = \frac{1}{N}(jX_{j+1} + \sum_{i=j+1}^{N-j} X_i + jX_{N-j}) \qquad \langle公式\ 3\text{--}13\rangle$$

　　一般說來，截尾平均數是用來補救算術平均數的缺失。當團體的分數依大小次序排列後，最中間的一半人數分數的平均數，便是所謂的**中間平均數**（midmean）。其計算公式可以表示如下：

$$中間平均數 = \frac{1}{N}\sum_{i=N/4}^{3N/4} X_i \qquad \langle公式\ 3\text{--}14\rangle$$

雖然，有統計學家批評這種平均數**過度忽視極端分數的存在**，但是這種平均數卻比算術平均數更不受極端分數的影響。Rosenberger & Gasko (1983) 曾檢視許多種截尾平均數的特性，發現中間平均數具有最佳的特性。

二、幾何平均數

　　幾何平均數不是一種常見的集中量數，在心理與教育的研究領域裡，幾何平均數算是罕見，它常以數學符號 *GM* 來表示，專門用來表示平均改變率、平均生長率，或平均比率等變項指標。在少數教育學（例如：教育經濟學、教育行政學、和教育財政學）和心理學（例如：認知心理學、生理心理學與心理計量學）的研究領域裡，也許會遇見某些變項是呈現幾何級數成長或改變的，或隨著時間而成指數倍增者，這時若繼續使用算術平均數的話，並不能夠顯現出變項的真實集中趨勢，此時，若改用幾何平均數，則更能夠說明變項的真實集中趨勢。

　　幾何平均數是指 *N* 個數值之連乘積的 *N* 次方根，其計算公式可以表示如下：

$$GM = \sqrt[N]{X_1 \cdot X_2 \cdots X_n}$$
$$= \sqrt[N]{\prod_{i=1}^{N} X_i} \qquad \langle公式\ 3\text{--}15\rangle$$

在呈現幾何級數變化的變項資料中，使用幾何平均數會比使用算術平均數更恰當，更能說明實況。

三、調和平均數

另外一種集中量數便是調和平均數，常以 *HM* 來表示。它通常適用在幾個**速率**或比值的平均數或**測量值的倒數大約成等距的間隔**等計算時機；例如，在心理學的實驗中，常利用老鼠或人來走迷津，此時，若要計算走迷津的平均速率，便需要使用調和平均數。

調和平均數是指 *N* 個測量分數之倒數的算術平均數的倒數。其計算公式可以表示如下：

$$HM = \frac{1}{\frac{1}{N}(\frac{1}{X_1} + \frac{1}{X_2} + \cdots + \frac{1}{X_N})}$$
$$= \frac{N}{\sum_{i=1}^{N} \frac{1}{X_i}}$$

〈公式 3–16〉

其實，調和平均數是給予較大的分數一個較小的加權值，而給予較小的分數一個較大的加權值，因為較大分數的倒數會比較小分數的倒數值還小。通常有個基本結論可以被肯定，那就是幾何平均數總是介於調和平均數和算術平均數之間，亦即：*HM* ≤ *GM* ≤ *M* (Weisberg, 1992, p. 44)。

四、一般化平均數

根據上述幾何平均數和調和平均數的定義，我們可以另一種形式表示它們的存在。其中，**幾何平均數**可以表示如下：

$$\log(GM) = \text{平均數} [\log(X)]$$

〈公式 3–17〉

所以，
$$GM = \exp\{\text{平均數} [\log(X)]\}$$

〈公式 3–18〉

而**調和平均數**可以表示如下：

$$\text{倒數} (HM) = \text{平均數} [\text{倒數} (X)]$$

〈公式 3–19〉

所以，
$$HM = \text{倒數} \{\text{平均數} [\text{倒數} (X)]\}$$

〈公式 3–20〉

其中，log 是**求對數** (logarithm) 的意思，exp 是**求指數** (exponent) 的意思，而平均數 (•) 是求括弧內的數之平均數的意思，倒數 (•) 則是求括弧內的數之倒數的意思。

由於幾何平均數和調和平均數可用別的數學函數表示，所以我們可以建立一個通式，叫做**一般化平均數** (generalized mean)。假設符號 T 表示**某種數學轉換或運算**（如：取對數、取倒數，或取平方等），M 代表**一般化平均數**，則：

$$T(M) = 平均數 \, [T(X)] \qquad \langle 公式\ 3\text{--}21 \rangle$$

並定義 T^{-1} 為 T 的**逆轉換** (inverse of transformation)——亦即是將原有的轉換再轉換回來，例如：$T^{-1}[T(X)] = X$；平方根為平方運算的逆轉換等。因此，**一般化平均數**可以表示如下：

$$M = T^{-1}\{平均數 \, [T(X)]\} \qquad \langle 公式\ 3\text{--}22 \rangle$$

幾何平均數是這個一般化平均數的一個特例，因為對數的逆轉換為**反對數** (antilog) 或稱為**取指數** (exponentiation) 的轉換；而調和平均數的逆轉換，則為倒數的倒數 $(1/(1/X)) = X$，回到原來的數值；而算術平均數的逆轉換，則仍然是算術平均數。

除了算術平均數、幾何平均數、和調和平均數三者為一般化平均數的一個變例外，一般化平均數還有另一個變例，叫做**二次式平均數** (quadratic mean，簡寫成 QM)，又稱作**均方根** (root mean square)。假設 T 為某個數值求平方的轉換，則 T^{-1} 為求平方根的逆轉換，因此，

$$平方 \, (QM) = 平均數 \, [平方 \, (X)]$$

所以，
$$QM = \sqrt{平均數 \, [平方 \, (X)]}$$
$$= \sqrt{平均數 \, [(X)^2]} \qquad \langle 公式\ 3\text{--}23 \rangle$$

其實，二次式平均數給絕對值較大的數一個較大的加權值，它的用途在談論其他統計方法（如：變異量數）時，會被再提到。

一般而言，幾何平均數、調和平均數和二次式平均數三者，都不可以像算術平均數、中位數和眾數一樣進行直線轉換。事實上，這三種一般化平均**數僅能進行乘數的轉換**（亦即，一般化平均數 $(mX) = (m) \times$ 一般化平均數 (X)），而**不能進行加法的轉換**（亦即，一般化平均數 $(k + mX) \neq k + (m) \times$ 一般化平均數 (X)）；其中，一般化平均數 ($\bullet$) 是求括弧內的數值之某種一般化平均數的意思。因此，這種現象顯示一般化平均數僅能適用於**比率變項**的資料，而不能適用於等距變項的資料 (Weisberg, 1992, p. 45)。

五、探索性資料分析的集中量數

除了上述各種常用與罕用的集中量數外，還有少數用於特殊情境下，尤其是**探索性資料分析**（exploratory data analysis，簡寫成 EDA）的**集中量數** (Tukey, 1977)，也值得扼要介紹。關於這方面的深入內容，有興趣的讀者可參閱 Hartwig & Dearing (1979)、Hoaglin, Mosteller, & Tukey (1983)、Tukey (1977)、Velleman (1989)、和 Velleman & Hoaglin (1981) 等學者的專著。

茲簡介幾個屬於**中間摘要** (midsummary) 性質的集中量數，如**中間全距**（midrange 或 midextreme）、**中間四分距** (midhinge)、**三重平均數** (trimean) 如下：

$$中間全距 = (X_{max} - X_{min})/2 \qquad \text{〈公式 3–24〉}$$

$$中間四分距 = (Q_1 + Q_3)/2 \qquad \text{〈公式 3–25〉}$$

$$三重平均數 = (Q_1 + 2Md + Q_3)/4 \qquad \text{〈公式 3–26〉}$$

其中的 Q_1 和 Q_3，分別代表第一和第三個**四分位數** (quartile) 的數值（請參考本書第四章第五節的說明），而 X_{max} 和 X_{min} 分別代表最大和最小的分數值。

由上述這些公式可知，三重平均數是一種給予中位數兩倍加權值的加權平均數，它的數值落於中位數和中間四分距之中途，不過一般而言，它的值還是介於中位數和平均數之間。雖然這三種指標都是以次數分配的最中間部份來表示，但 Velleman & Hoaglin (1981) 的研究發現，**在一個對稱性的次數分配中，中間全距、中間四分距、中位數、和其他屬於中間摘要性質的集中**

量數，都將相等；但在某些具有不尋常高分的偏態分配中，中間全距將會大於中間四分距，而中間四分距又會大於中位數；但在某些具有不尋常低分的偏態分配中，則這三者的次序關係正好相反，中間全距將會小於中間四分距，而中間四分距又會小於中位數。

第七節　電腦習作

一、SPSS/PC 4.0 版操作範例說明

茲以表 1.3 的智育成績資料作為本電腦習作的範例資料，來輔助說明本章算術平均數、中位數、和眾數等常用的集中量數的算法，並解釋其電腦報表的內涵。

首先，建立下列的程式檔，並取名為 CH3。

```
TITLE 'THE SPSS/PC PROGRAM FOR CHAPTER THREE',
DATA LIST FILE='A:TABLE1.3'
  /ID 1-2 MORAL 4-5 INTEL 7-8 PHYSI 10-11
    SOCIA 13-14 ARTS 16-17,
SET LIST='A:CH3.LIS'.
VARIABLE LABELS ID     'SEAT NUMBERS'
               MORAL  'MORALITY EDUCATION'
               INTEL  'INTELLIGENCE EDUCATION'
               PHYSI  'PHYSICAL EDUCATION'
               SOCIA  'SOCIALITY EDUCATION'
               ARTS   'FINE ARTS EDUCATION'.
FREQUENCIES VARIABLES=INTEL
  /FORMAT=CONDENSE
  /STATISTICS=ALL.
FINISH.
```

執行後，獲得下列的輸出結果（存於名為 CH3.LIS 的檔中）：

```
VARIABLE   INTEL ①

           ⑦     CUM          ⑦     CUM          ⑦     CUM
VALUE FREQ PCT  PCT  VALUE FREQ PCT PCT  VALUE FREQ PCT PCT
 72    1   3    3     87   2   5   28    94   3   8   77
 73    1   3    5     89   2   5   33    95   4   10  87
 79    1   3    8     90   2   5   38    96   3   8   95
 81    2   5    13    91   4   10  49    97   1   3   97
 82    1   3    15    92   4   10  59    98   1   3   100
 85    3   8    23    93   4   10  69


MEAN ④       89.846  STD ERR       .999  MEDIAN ⑤   92.000
MODE ⑥       91.000  STD DEV      6.239  VARIANCE   38.923
KURTOSIS      1.410  S.E. KURT     .741  SKEWNESS   -1.308
S.E. SKEW      .378  RANGE       26.000  MINIMUM    72.000
MAXIMUM      98.000  SUM ②      3504.000
VALID CASES ③  39    MISSING CASES    0
```

解釋：

①表示**變項名稱**，在本例中 INTEL 即為智育分數。

②表示**分數的總和**，亦即為 3504。

③表示**有效人數**，在本例中即為 39，沒有缺失資料。

④表示**算術平均數**，在本例中即為 3504/39 = 89.85。

⑤表示**中位數**，在本例中即為 92。

⑥表示**眾數**，在本例中即為 91（由上述次數分配表中分數出現的頻率⑦可知，出現四次的共有 91、92、93、95 四者，但電腦報表僅列出第一個出現者而已，此即本例中的列印結果。因此，本例中的真正眾數的個數是四個才對，亦即為 91、92、93 和 95 四者）。

在計算常用的集中量數時，除了 FREQUENCIES 指令可以使用外，另一個常用的指令便是 DESCRIPTIVES，但是 DESCRIPTIVES 中沒有計算中位

數和眾數的功能，因此，本例仍沿用 FREQUENCIES 指令，以求出本章所討論之常用的集中量數：即平均數、中位數和眾數。

其他四育分數的集中量數算法，也可以套用本程式計算出，只要在 VARIABLES 後，將 INTEL 換成其他四育分數的變項代號就行。

二、SPSS for Windows 操作範例說明

茲以表 1.3 的智育成績資料作為本節電腦習作的範例資料，以輔助說明本章算術平均數、中位數和眾數等常用的集中量數的算法，並解釋其電腦報表的內涵於下。

首先，請讀者參考本書第一章第四節之「三、SPSS for Windows 操作範例說明」，將表 1.3 五育成績資料表建立一個新的 PASW 資料檔，並取名為 ch3.sav，如圖 3.3 所示。

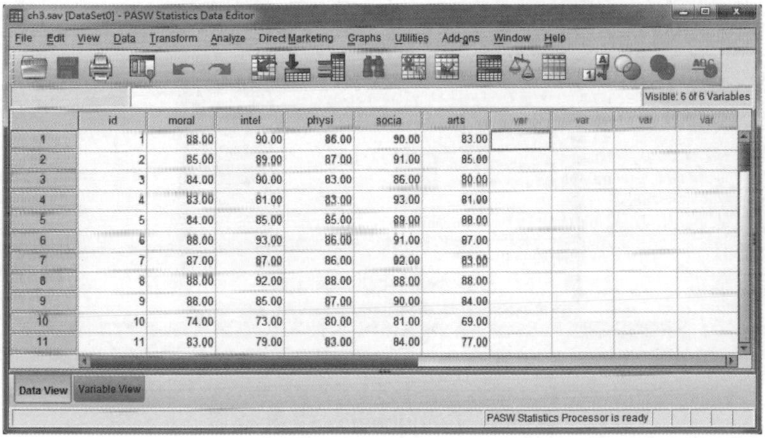

	id	moral	intel	physi	socia	arts	var	var	var	var
1	1	88.00	90.00	86.00	90.00	83.00				
2	2	85.00	89.00	87.00	91.00	85.00				
3	3	84.00	90.00	83.00	86.00	80.00				
4	4	83.00	81.00	83.00	93.00	81.00				
5	5	84.00	85.00	85.00	89.00	88.00				
6	6	88.00	93.00	86.00	91.00	87.00				
7	7	87.00	87.00	86.00	92.00	83.00				
8	8	88.00	92.00	88.00	88.00	88.00				
9	9	88.00	85.00	87.00	90.00	84.00				
10	10	74.00	73.00	80.00	81.00	69.00				
11	11	83.00	79.00	83.00	84.00	77.00				

圖 3.3　表 1.3 五育成績的 PASW 資料檔

建檔完畢後，讀者可以選擇功能表中的 Analyze/Descriptive Statistics/Frequencies...，開始進行**次數分配的統計分析**，操作方式如圖 3.4 所示。

點選後，會出現「Frequencies」對話窗，此時，點選左方欄框內的「intelligence」變項（即本範例之智育成績），再按一下中間的方向鍵，將其點選送至右方欄框裡，如圖 3.5 所示，然後，再點選右上方之「Statistics...」功能按鈕，進行集中量數計算。

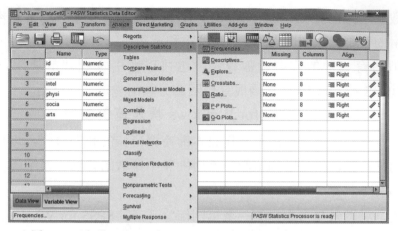

圖 3.4　點選 Analyze/Descriptive Statistics/Frequencies...

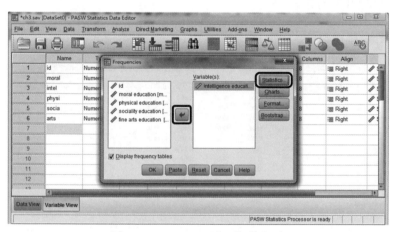

圖 3.5　Frequencies 的對話窗

　　打開圖 3.6「Frequencies: Statistics」對話窗後，可供勾選的統計數值類型有四種，分別為**百分位數** (Percentile Values)、**集中量數** (Central Tendency)、**變異量數** (Dispersion) 與**分配指標** (Distribution)。依照本範例的需求，乃需選擇集中量數指標（其餘各指標於往後各章節會有詳細介紹），因此，勾選**平均數** (Mean)、**中位數** (Median)、**眾數** (Mode) 與**總和** (Sum) 的按鈕，再按「Continue」按鈕回到原來的對話窗，再按「OK」，即可執行統計分析。

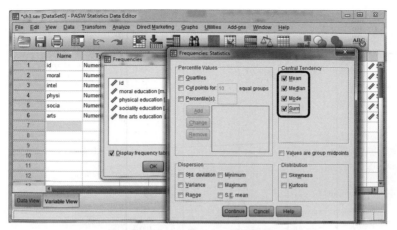

圖 3.6 「Frequencies: Statistics」對話窗

　　執行後的結果檔與語法檔產生程序，如本書第二章第四節之「二、SPSS for Windows 操作範例說明」所示，讀者可自行轉換存檔。在本範例中，可將其結果檔存檔成 ch3.spo，並存放於適當的磁碟機和資料夾裡。

　　在本範例只採用智育成績作為示範，其餘四育成績的集中量數算法，如圖 3.5 所示，只要將左方欄框內的「intelligence」變項換成其他四育成績的變項代號，點選送至右方欄框裡，再進行如上述各操作步驟即可。

　　底下即為 ch3.spo 結果檔內容，其涵義與 SPSS/PC 4.0 版報表大致相同。

Frequencies

Statistics

intelligence education

N	Valid(3)	39
	Missing	0
Mean (4)		89.846
Median(5)		92.000
Mode(6)		91.0[a]
Sum(2)		3504.0

a. Multiple modes exist. The smallest value is shown

intelligence education (1)

		Frequency (7)	Percent	Valid Percent	Cumulative Percent
Valid	72.0	1	2.6	2.6	2.6
	73.0	1	2.6	2.6	5.1
	79.0	1	2.6	2.6	7.7
	81.0	2	5.1	5.1	12.8
	82.0	1	2.6	2.6	15.4
	85.0	3	7.7	7.7	23.1
	87.0	2	5.1	5.1	28.2
	89.0	2	5.1	5.1	33.3
	90.0	2	5.1	5.1	38.5
	91.0	4	10.3	10.3	48.7
	92.0	4	10.3	10.3	59.0
	93.0	4	10.3	10.3	69.2
	94.0	3	7.7	7.7	76.9
	95.0	4	10.3	10.3	87.2
	96.0	3	7.7	7.7	94.9
	97.0	1	2.6	2.6	97.4
	98.0	1	2.6	2.6	100.0
	Total	39	100.0	100.0	

解釋:

 (1)表示**變項名稱**，在本例中 INTEL 即為智育分數。

 (2)表示**分數的總和**，亦即為 3504。

 (3)表示**有效人數**，在本例中即為 39，沒有缺失資料。

 (4)表示**算術平均數**，在本例中即為 3504/39 = 89.846。

 (5)表示**中位數**，在本例中即為 92。

 (6)表示**眾數**，在本例中即為 91（由上述次數分配表中分數出現的頻率(7)可知，出現四次的共有 91、92、93、95 四者，但電腦報表僅列出第一個出現者而已，此即本例中的列印結果。因此，本例中的真正眾數的個數是四個才對，亦即為 91、92、93 和 95 四者）。

本章摘要

1. 集中量數是用來描述所收集資料的集中情形之代表值，它可以用來表示大多數人的得分集中在哪一個中心位置。

2. 常用的集中量數有三種：算術平均數、中位數和眾數，各有其特性以及適用時機。

3. 算術平均數是指得分的總和除以總人數之商，是最具有集中趨勢代表性的

數值。

4. 離均差之和為零，亦即 $\sum(X - \bar{x}) = 0$。

5. 團體中的每個人的得分都加（減）一個常數，則所得新的平均數將等於原來的平均數加（減）這一個常數。

6. 團體中的每個人的得分都乘（除）一個常數，則所得新的平均數將等於原來的平均數乘（除）這一個常數。

7. 中位數是指團體中的每一個人的得分依其大小次序排列後，位居最中間的那一個人的分數；而得分大於此中位數以上及以下的人數，剛好各佔團體人數的一半。

8. 眾數是指某個次數分配中，次數出現最多的那個分數。在某個次數分配中，眾數可能不只一個。在次數分配稍成偏態時，則可以利用 Pearson 的近似眾數進行估計。

9. 在常態分配（單峰且對稱性的次數分配）中，算術平均數、中位數和眾數三者的值均相等。

10. 截尾平均數是為了補救避免受極端分數影響的一種平均數。

11. 幾何平均數適合用於計算幾個約略成幾何級數變化的平均比率。

12. 調和平均數適合用於計算幾個數值的倒數約略成等距間隔的次數分配。

13. 一般化平均數則為幾何平均數、調和平均數和二次式平均數的一種通式。

14. 常用的探索性資料分析的集中量數，有中間全距、中間四分距和三重平均數等三種。

自我測驗

第 1～4 題，請參考使用下列次數分配中的觀察值：

$$1, 3, 6, 8, 9, 9, 10, 10, 10$$

1. 請問眾數是多少？

2. 請問總人數 (N) 是多少？中位數是多少？

3. $\sum X$ 的值是多少？平均數是多少？

4. 請描述該分配的形狀?

第 5～18 題,請以常用的三種集中量數,作為答題的參考:

5. 可以適用於名義變項的集中量數是什麼?

6. 需要用到排序資料的集中量數是什麼?

7. 哪一種集中量數可以使團體分數在該點以上和以下各佔一半?

8. 哪一種集中量數容易受團體中每一個觀察分數的影響?

9. 在對稱性的次數分配中,哪些集中量數會相等?

10. 常用的三種集中量數在常態分配中會相等嗎?

11. 在正偏態次數分配中,哪一種集中量數會最大?

12. 在負偏態次數分配中,哪一種集中量數會最大?

13. 不論在何種偏態的次數分配中,哪一種集中量數都不是最大,也不是最小?

14. 最適合作為算術四則運算的集中量數是什麼?

15. 在較高深的統計方法(如:推論統計)中,最常用的集中量數是什麼?

16. 比較不受極端分數影響的集中量數是什麼?

17. 比較可以從條形圖或次數分配多邊圖中獲得結果的集中量數是什麼?

18. 相當於第五十個百分位數的集中量數是什麼?

19. 已知某次數分配的 $M = 65.5$, $Md = 64$, $Mo = 60$,且知道有一個分數的登錄是錯誤的,應該是 90,而不是 70;請問上述何種集中量數的計算值是不正確的?

20. 假設第 19 題中,該次數分配有 40 個觀察值,則該分配的正確平均數應該是多少?

21. 假設某個研究機構的新進十名女性研究助理的月薪是 28000 元,而工作已滿一年的四十名男性研究助理的月薪是 30000 元,請問這五十名研究助理的月薪平均是多少元?

假設某班 40 名學生接受兩次測驗的結果,第一次測驗的平均數為 50 分,第二次測驗的平均數為 40 分,請回答下列問題:

22. 該班的兩次測驗結果之總和的平均數為多少分?

23. 該班的兩次測驗結果之差異的平均數為多少分?

24. 假設該班老師宣稱第一次測驗分數評分錯誤,需要每位學生的得分各加 5

分才算正確。試問該班在第一次測驗上的真正平均分數應該是多少?

25.假設該班老師宣稱第二次測驗分數評分錯誤,需要每位學生的得分各乘上 2 倍才算正確。試問該班在第二次測驗上的真正平均分數應該是多少?

一、試求下列資料的平均數、中位數和眾數?

1.2, 1.5, 1.7, 2.1, 2.4, 2.4, 2.7, 2.8, 3.0, 3.0, 3.0, 3.0, 3.1, 3.1, 3.4

二、假設上述 15 個數值中,每個數值各加上 0.5,則新的次數分配的平均數和中位數各是多少?

三、假設第一題的 15 個數值中,每個數值各乘上 3,則新的次數分配的平均數和中位數各是多少?

四、請用電腦套裝軟體程式計算表 1.3 中,德育、體育、群育和美育的平均數、中位數和眾數?

第四章 變異量數

本章學習重點

1. 何謂變異量數？它們的意義和用途為何？
2. 常用的變異量數有哪些？它們的計算公式為何？
3. 全距的特性和適用時機為何？
4. 平均差的特性和適用時機為何？
5. 標準差的特性和適用時機為何？
6. 四分差的特性和適用時機為何？
7. 其他罕用的變異量數有哪些？它們的意義和用途為何？
8. 如何撰寫一個 SPSS 程式？並閱讀輸出或印出的報表？

第一節 變異量數的意義和種類

在第三章裡，我們曾經提過可從兩個方面來瞭解某個次數分配的形狀：一個是該分配的集中量數，另一個是該分配的變異量數。也就是說，要瞭解某個團體分數的分配情形，光是知道它的集中情形是不夠的，還需要知道它的分散情形才可以。

變異量數 (measures of variation) 是用來表示團體分數之分散情形的指標，亦是表示團體中個別差異大小的指標。該量數值愈大，即表示團體分數之分散情形愈嚴重、個別差異愈大；反之，該量數值愈小，即表示團體分數之分散情形愈不嚴重、個別差異愈小。在心理與教育的研究領域裡，常見的變異量數有下列數種：

1. **全距** (range，簡寫成 ω)

2. **平均差**（average deviation，簡寫成 *AD*）

3. **變異數** (variance) 及**標準差**（standard deviation，簡寫成 *SD*）

4. **四分差**（quartile deviation，簡寫成 *Q*）

5. 其他罕用的變異量數

在上述各種變異量數中，雖然以全距、變異數、和標準差三者最為常用，但我們仍將分別討論它們的意義、計算方法、適用時機和用途。

第二節 全 距

全距是所有用來表示團體分數的分散情形指標中，最為簡單、粗略、和籠統的一種指標，常以 ω（讀作 [omega]）符號表示。全距的意義是指團體分數中最大值與最小值的差。由於它是表示差距的量數，所以僅適用於等距變項以上的測量水準變項，而不適用在次序變項以下的測量水準變項。全距的計算公式可以表示如下：

$$\omega = X_{max} - X_{min}$$ 〈公式 4–1〉

其中，X_{max} 和 X_{min} 分別代表團體分數中的最大值與最小值。全距的數值愈大，表示團體中各分數的分散情形愈嚴重；全距的數值愈小，則表示團體中各分數的分散情形愈不嚴重，分數愈整齊。

當研究者**只想大略粗估團體分數的分散情形或僅想知道極端分數的差距**時，才會使用全距，由此可見，全距的缺點十分明顯，因為它只考慮到最大值與最小值兩個分數，而忽略團體中的其他分數，因此無法明瞭其他分數在該團體中的分散情形。例如，{1, 3, 5, 5, 5, 5, 5, 5, 7, 9} 和 {2, 3, 4, 5, 6, 7, 8, 9, 9, 10} 這兩組分數，其全距都是 8，但是第二組的分散情形顯然比第一組大，且由全距值的大小也無法看出其間的差異。另外，全距亦容易受兩極端分數大小的影響，所以它十分不穩定。例如，以前兩組分數為例，假若其最大值不是 9 和 10，而是 99 和 100，則新的全距值均變成 98，而不是原來的 8。由此可知，全距是一種十分簡陋的變異量數。雖然如此，在製作次數分配表時，卻需要先計算全距，再決定組數和組距，所以在這種特定情境下，還是需要用到它。

第三節　平均差

第二種常見的變異量數是平均差，常以數學符號 *AD* 表示。平均差是指團體中各分數與平均數之差的絕對值之和的平均數。這種算法主要是為了避免離均差之和等於零（即：$\sum(X - \bar{x}) = 0$）的困擾，於是先取絕對值（即不計正負號），然後再將絕對值之和除以總人數，以獲得平均差。**平均差**的計算公式可以表示如下：

$$AD = \frac{\sum|X - \bar{x}|}{N} = \frac{\sum|\chi|}{N} \qquad \langle 公式\ 4\text{-}2 \rangle$$

其中，$\chi = (X - \bar{x})$ 是離均差的表示式，代表各分數與平均數之差。平均差愈大，表示該團體中的分數愈參差不齊，分數愈分散，它也是用來表示團體分數分散情形的一種指標。

平均差的計算過程，可舉例 4.1 的問題為例，說明如下：

4.1

10 名學童目測國語課本的長度，測得結果如表 4.1 所示。試問該測量結果的算術平均數和平均差各是多少？

表 4.1　10 名學童的目測分數之算術平均數和平均差的計算

代號	目測值	χ	$\|\chi\|$	
A	18	−2	2	$\bar{x} = \dfrac{200}{10} = 20.00$
B	24	4	4	
C	18	−2	2	$AD = \dfrac{\sum\|X - \bar{x}\|}{N}$
D	22	2	2	
E	18	−2	2	$= \dfrac{\sum\|\chi\|}{N}$
F	22	2	2	
G	18	−2	2	$= \dfrac{20}{10} = 2.00$
H	18	−2	2	
I	22	2	2	
J	20	0	0	
$\sum 10$	200	0	20	

首先，我們計算這筆資料的算術平均數，然後將每個分數減去其平均數，得一差值（即**離均差**），取此一差值的絕對值，將所有的絕對值加總起來，再除以總人數，便得平均差。茲將這個計算過程呈現在表 4.1 的右側。

上述計算過程，也可以圖 4.1 來表示。其中，J 正好座落在平均數的位置，所以它與平均數的距離是零，B 與平均數的距離是 4，其餘分數與平均數的距離都是 2（不分正負號）。而平均差 2.00，剛好是各線段 $\overline{AJ}$、$\overline{BJ}$、$\overline{CJ}$、$\overline{DJ}$、$\overline{EJ}$、$\overline{FJ}$、$\overline{GJ}$、$\overline{HJ}$、$\overline{IJ}$ 等之和的平均長度。此一長度愈長，即表示各分數愈分散；此一長度愈短，即表示各分數愈密集在平均數附近。

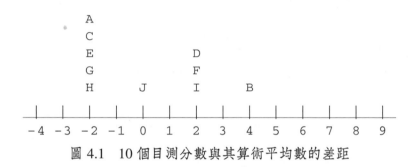

圖 4.1　10 個目測分數與其算術平均數的差距

第四節　標準差

我們曾討論過算術平均數的一個特性，那就是離均差之和等於零，亦即 $\sum(X - \bar{x}) = 0$ 或 $\sum x = 0$。在前一節裡，我們為了避免這種情境，乃採用絕對值的方式來解決此一問題。除了這種解決方法外，我們亦可改採將 $(X - \bar{x})$ 加以平方的作法，來解決離均差之和等於零的情境。這種將每個人的 $(X - \bar{x})$ 值加以平方，求出其和的平均數並開根號，以表示團體分數分散情形的統計量數，便是標準差，常以數學符號 SD 表示。有時為了區別起見，屬於 X 變項的標準差，常以 S_x 表示；屬於 Y 變項的標準差，則以 S_y 表示，其餘，則依此類推。

一、變異數及標準差的定義公式

標準差的算法，需要先計算**離均差平方和**（sum of square of deviation from the mean，簡寫成 SS），亦即是 $\sum(X - \bar{x})^2$，然後再除以 N，便得「**變異數**」（variance），以 S_x^2 表示。變異數又稱作「均方」（mean square，簡寫成 MS），將變異數開根號後所得的數值便是標準差，標準差又稱作「均方根差」（root mean square deviation，簡寫成 *RMSD*）。這兩個用來表示團體分數分散情形的變異量數，其數學公式可以表示如下：

$$SS = \sum(X - \bar{x})^2 = \sum \chi^2 \qquad \text{〈公式 4–3〉}$$

$$S_x^2 = \frac{\sum(X - \bar{x})^2}{N} = \frac{\sum \chi^2}{N} \qquad \text{〈公式 4–4〉}$$

$$S_x = \sqrt{\frac{\sum(X - \bar{x})^2}{N}} = \sqrt{\frac{\sum \chi^2}{N}} \qquad \text{〈公式 4–5〉}$$

這些公式都是所謂的「**定義公式**」，因為從它們的公式本身即可得知它們的意義，例如，"*SS*" 即表示離均差平方和、「**變異數**」即表示離均差平方和的平均數、「**標準差**」即表示變異數的平方根。然而，由於使用這些定義公式在計算上所花費的時間較長（尤其是以電腦的**中央處理器**（即 central processing unit，簡寫成 CPU）運算所需時間來計算），因此，在實際的運算上，我們傾向不使用這些定義公式，而改用所謂的**計算公式**。

茲以表 4.2 的計算過程為例，說明上述三種公式的計算方法：

表 4.2　10 名學童的目測分數之離均差平方和、變異數和標準差

代號	X	$(X - \bar{x})$	$(X - \bar{x})^2$	
A	18	−2	4	$\bar{x} = \dfrac{200}{10} = 20.00$
B	24	4	16	$SS = \sum(X - \bar{x})^2 = 48$
C	18	−2	4	$S_x^2 = \dfrac{\sum(X - \bar{x})^2}{N}$
D	22	2	4	
E	18	−2	4	$= \dfrac{48}{10} = 4.80$
F	22	2	4	
G	18	−2	4	$S_x = \sqrt{\dfrac{\sum(X - \bar{x})^2}{N}}$
H	18	−2	4	
I	22	2	4	$= \sqrt{4.80} = 2.19$
J	20	0	0	
$\sum$10	200	0	48	

由表 4.2 可知，人數共有十名，即 $N = 10$；算術平均數為 $\bar{x} = 20.00$；每個分數減去平均數之後，即得 $\chi = X - \bar{x}$，這些離均差的和等於零，亦即 $\sum(X - \bar{x}) = \sum\chi = 0$。如果我們先將這些離均差加以平方，再加總起來，得到「離均差平方和」為 48，亦即，

$$SS = \sum(X - \bar{x})^2 = 48$$

離均差平方和 (SS) 是表示團體中各分數分散情形的量數，它在變異數分析中，扮演著相當重要的角色。若再進一步求得離均差平方和的平均數，也就是將離均差平方和除以總人數 N，便得「變異數」為 4.80，亦即，

$$S_x^2 = \frac{\sum(X - \bar{x})^2}{N} = \frac{48}{10} = 4.80$$

若將變異數開根號，便得到**標準差**為 2.19，亦即，

$$S_x = \sqrt{\frac{\sum(X - \bar{x})^2}{N}} = \sqrt{4.80} = 2.19$$

其實，我們亦可仿照圖 4.1，以圖 4.2 來輔助說明變異數的意義。由圖 4.2 可知，我們分別有 $\overline{AJ}$、$\overline{BJ}$、$\overline{CJ}$、$\overline{DJ}$、$\overline{EJ}$、$\overline{FJ}$、$\overline{GJ}$、$\overline{HJ}$、和 $\overline{IJ}$ 等九個線段，這九個線段分別代表這九個學童的分數與平均數間的距離，亦即是離均差的絕對值。而把離均差加以平方，亦即 $(X - \bar{x})^2$，就是將這些直線距離變成正方形面積的意思；所以，我們可以分別得到九個正方形的面積(其值依序為 4, 16, 4, 4, 4, 4, 4, 4, 4)。此時，所謂的離均差平方和即是指這九個正方形面積的總和。這個總面積愈大，即表示團體分數愈參差不齊；反之，即表示團體分數愈集中在平均數的附近。在本例中，總面積為 48，它的平均面積即可視為是這個團體分數所構成的變異數，如圖 4.2 右半部之正方形面積（即 4.80）。若將此正方形面積加以開根號，便得到標準差，亦即為這個正方形面積的邊長（即 2.19），因此，**標準差可以看成是衡量這個正方形面積**（代表變異數的意思）**大小的單位**，該單位愈大，則表示該團體分數愈分散、愈參差不齊；反之，則表示該團體分數愈集中於平均數、愈整齊。

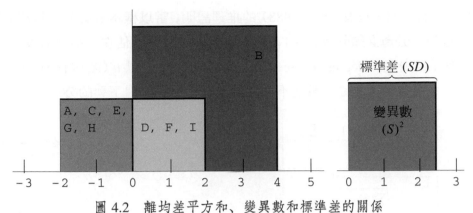

圖 4.2　離均差平方和、變異數和標準差的關係

由〈公式 4–3〉到〈公式 4–5〉的涵義可知下列幾件事實：

(1)當團體人數只有一人時，S_x^2 或 S_x 便等於零，因為沒有個別差異存在，所以就沒有變異數或標準差的存在。

(2)當團體中的所有人的分數都相等時，S_x^2 或 S_x 也會等於零，因為此時的每個分數都等於平均數 $\bar{x}$，所以，$\sum(X-\bar{x})=0$。

(3)一個團體中至少要有兩個人存在，並且其中至少一人的分數與其他人的分數不相等時，S_x^2 或 S_x 才會存在，且大於零。當團體分數離開平均數愈遠時，S_x^2 或 S_x 便會愈大，表示該團體在某一變項特質上愈不整齊。

到此為止，我們所討論的是變異數的基本定義，只是在描述某一組分數或某個團體在某種特質上的分散情形，並沒有涉及到任何統計推論的問題。在有些教科書（如：Glass & Hopkins, 1984）中，作者為了區別起見，常會把**描述用的變異數符號**，以**母群體**的參數符號 σ_x^2 表示，標準差則為 σ_x（以 N 作為計算公式的分母）；而把**推論用的變異數符號**，以**樣本**的變異數符號 S_x^2 表示，標準差則為 S_x（以 $N-1$ 作為計算公式的分母）。因此，在推論統計學中，作為推論母群體變異數和標準差的統計數，不再是以 N 為分母，而是以 $N-1$ 作為計算變異數的分母。因為在推論的過程中，通常是母群體的性質並不清楚，母群體變異數 (σ_x^2) 或標準差 (σ_x) 的大小無法得知，必需由母群體中抽取樣本大小為 N 的樣本代入〈公式 4–6〉和〈公式 4–7〉，才能求出所謂的**不偏估計值** (unbiased estimator)，以代替母群體的變異數或標準差。所以，其目的是在推論，而不是在描述樣本本身的分散情形。根據數理統計學（如：Hogg

& Craig, 1978; Hogg & Tanis, 1988）的推理證明，**當以樣本變異數代替母群體變異數時，分母必須除以 $N-1$，而不是 N，才不會低估它。**這裡的 $N-1$，便稱作「**自由度**」（degrees of freedom，簡寫成 *df*），常以 ν（讀作 [nu]）表示。所以，在計算母群體變異數的不偏估計值時，應該採用下列的公式：

$$S_x^2 = \frac{\sum(X-\bar{x})^2}{N-1} = \frac{\sum x^2}{\nu}$$

〈公式 4–6〉

$$S_x = \sqrt{\frac{\sum(X-\bar{x})^2}{N-1}}$$

〈公式 4–7〉

為了區別起見，樣本標準差常以數學符號 S_x 表示。在推論統計中，為什麼使用母群體變異數的不偏估計值（亦即〈公式 4–6〉和〈公式 4–7〉所示者），而不使用〈公式 4–4〉和〈公式 4–5〉的定義公式，我們將在後續章節裡再行討論。不過，有一點需要再提醒讀者：在使用〈公式 4–4〉和〈公式 4–5〉時，我們的目的並不在推論，而是在描述某一團體或一組分數之分散情形而已；但使用〈公式 4–6〉和〈公式 4–7〉時，我們的目的則在推論，而不是在描述。

二、變異數及標準差的計算公式

讀者若利用上述定義公式計算變異數和標準差時，將會發現當平均數不是整數時，計算將會變得愈來愈複雜，即使是電腦程式利用該公式來計算的話，所需運算的時間（以 CPU 運算所需時間來計算）亦會較長；換句話說，上述定義公式對變異數和標準差的瞭解很有幫助，但對實際的計算卻很不方便。因此，在實際運算時，往往需要採用方便進行的計算公式。

首先，讀者有必要先行瞭解下列的關係式：

$$\sum(X-\bar{x})^2 = \sum(X^2 - 2X\bar{x} + \bar{x}^2) = \sum X^2 - 2\bar{x}\sum X + N\bar{x}^2$$

$$= \sum X^2 - 2\frac{\sum X}{N}\sum X + N(\frac{\sum X}{N})^2 = \sum X^2 - 2\frac{(\sum X)^2}{N} + \frac{(\sum X)^2}{N}$$

$$= \sum X^2 - \frac{(\sum X)^2}{N}$$

由此可知，

$$SS = \sum (X - \bar{x})^2 = \sum X^2 - \frac{(\sum X)^2}{N}$$

〈公式 4–8〉

〈公式 4–8〉便是**離均差平方和**的計算公式，它在計算變異數時，扮演著非常重要的角色。從現在起，我們將常常使用到它。根據〈公式 4–8〉所示，前述的〈公式 4–4〉和〈公式 4–5〉可以表示如下：

$$S_x^2 = \frac{\sum (X - \bar{x})^2}{N} = \frac{\sum X^2 - \frac{(\sum X)^2}{N}}{N}$$

〈公式 4–9〉

$$S_x = \sqrt{\frac{\sum (X - \bar{x})^2}{N}} = \sqrt{\frac{\sum X^2 - \frac{(\sum X)^2}{N}}{N}}$$

〈公式 4–10〉

上述這兩個公式便是變異數及標準差的計算公式，我們將使用它們重新計算表 4.2 的資料，其過程如表 4.3 所示。

表 4.3　10 名學童目測分數之離均差平方和、變異數和標準差

代號	X	X^2	
A	18	324	$SS = \sum X^2 - \frac{(\sum X)^2}{N} = 4048 - \frac{(200)^2}{10}$
B	24	576	$\quad = 48$
C	18	324	$S_x^2 = \frac{SS}{N} = \frac{48}{10} = 4.80$
D	22	484	
E	18	324	$S_x = \sqrt{S_x^2} = \sqrt{4.80} = 2.19$
F	22	484	
G	18	324	
H	18	324	
I	22	484	
J	20	400	
$\sum 10$	200	4048	

表 4.3 利用計算公式計算離均差平方和，得 $SS = 48$，與表 4.2 的結果一致，亦即，

$$SS = \sum X^2 - \frac{(\sum X)^2}{N} = 4048 - \frac{(200)^2}{10} = 48$$

且變異數和標準差的結果，也都與表 4.2 的結果相同，亦即，

$$S_x^2 = \frac{\sum X^2 - \frac{(\sum X)^2}{N}}{N} = \frac{4048 - \frac{(200)^2}{10}}{10} = 4.80$$

$$S_x = \sqrt{S_x^2} = \sqrt{4.80} = 2.19$$

利用計算公式計算離均差平方和、變異數、和標準差，不僅方便快速，並且更加精確。通用的電腦程式亦是使用〈公式 4–8〉到〈公式 4–10〉等計算公式，作為其運算的式子，因為這些公式所需要的 CPU 運算時間，會比使用〈公式 4–3〉到〈公式 4–5〉所需要的時間還少。

三、變異數的特性

我們在第三章裡曾討論過：當團體中各分數都加（或減）上一個常數 c，則所獲得新的平均數將等於原來的平均數加（或減）上這個常數 c（參見〈公式 3–5〉所示）；而當團體中各分數都乘（或除）上一個常數 c，則所獲得新的平均數將等於原來的平均數乘（或除）上這個常數 c（參見〈公式 3–6〉和〈公式 3–7〉所示）。那麼，我們不禁想問：變異數是否也具有像這樣的特性呢？我們將以表 4.4 和表 4.5 的計算例子，來討論變異數是否也具有這樣的特性。

假設我們將表 4.4 中的分數各加上 2，看看變異數會發生什麼變化？

1.團體中各分數都加（或減）上一個常數 c，則所獲得新的變異數仍然與原來的變異數相等；換句話說，當團體中各分數都加（或減）上一個常數 c 時，則新的平均數會改變，而新的變異數不會改變。亦即，

$$S_{(x+c)}^2 = S_x^2 \qquad \text{〈公式 4–11〉}$$

表 4.4　變異數特性的證明㈠

X	X^2	$(X+c)$	$(X+c)^2$
18	324	18 + 2 = 20	400
24	576	24 + 2 = 26	676
18	324	18 + 2 = 20	400
22	484	22 + 2 = 24	576
18	324	18 + 2 = 20	400
22	484	22 + 2 = 24	576
18	324	18 + 2 = 20	400
18	324	18 + 2 = 20	400
22	484	22 + 2 = 24	576
20	400	20 + 2 = 22	484
200	4048	220	4888

$$\bar{x} = \frac{200}{10} = 20$$

$$\bar{x}_{(x+c)} = \frac{220}{10} = 22$$

$$S_x^2 = \frac{4048 - \frac{(200)^2}{10}}{10} = 4.80$$

$$S_{(x+c)}^2 = \frac{4888 - \frac{(220)^2}{10}}{10} = 4.80$$

表 4.5　變異數特性的證明㈡

X	X^2	$(X \times c)$	$(X \times c)^2$
18	324	18 × 2 = 36	1296
24	576	24 × 2 = 48	2304
18	324	18 × 2 = 36	1296
22	484	22 × 2 = 44	1936
18	324	18 × 2 = 36	1296
22	484	22 × 2 = 44	1936
18	324	18 × 2 = 36	1296
18	324	18 × 2 = 36	1296
22	484	22 × 2 = 44	1936
20	400	20 × 2 = 40	1600
200	4048	400	16192

$$\bar{x} = \frac{200}{10} = 20$$

$$\bar{x}_{(xc)} = \frac{400}{10} = 40 = 20 \times 2$$

$$S_x^2 = \frac{4048 - \frac{(200)^2}{10}}{10} = 4.80$$

$$S_{(xc)}^2 = \frac{16192 - \frac{(400)^2}{10}}{10}$$
$$= 19.20 = 4.80 \times 4$$

　　假設我們將表 4.5 中的分數各乘上 2，看看變異數會發生什麼變化？

　　2.團體中各分數都乘（或除）上一個常數 c，則所獲得新的變異數會變成原來變異數乘（或除）上 c 的平方；換句話說，當團體中各分數都乘（或除）上一個常數 c 時，則新的平均數會等於原來平均數乘（或除）上 c 倍，而新的變異數會等於原來變異數乘（或除）上 c 的平方倍。亦即，

$$S_{(xc)}^2 = c^2 S_x^2 \qquad\qquad 〈公式 4-12〉$$

$$S_{(x/c)}^2 = \frac{S_x^2}{c^2} \qquad\qquad 〈公式 4-13〉$$

3.**組合次數分配** (composite distribution)（如：{ 3, 3, 3 } 為某個次數分配，而 { 5, 5, 5 } 為另一個次數分配，則組合次數分配為 { 3, 3, 3, 5, 5, 5 } 的變異數，不會因為原有的變異數為零而等於零）的變異數，為其個別次數分配的變異數透過下列公式的計算而得：

$$S.^2 = \frac{\sum_{j=1}^{J}(n_j - 1)S_j^2 + \sum_{j=1}^{J} n_j(\bar{x}_j - \bar{x}.)^2}{n. - 1} \qquad\qquad 〈公式 4-14〉$$

其中，$n. = \sum_{j=1}^{J} n_j$，總平均數 $\bar{x}. = \sum_{j=1}^{J}\sum_{i=1}^{n_j} X_{ij}/n.$。茲舉例說明計算方法如下：

假設有兩組分數的次數分配各如下資料所示：

表 4.6　兩組分數的次數分配

	第一組	第二組
樣本大小	$n_1 = 10$	$n_2 = 20$
平均數	$\bar{x}_1 = 50$	$\bar{x}_2 = 41$
變異數	$S_1^2 = 36$	$S_2^2 = 30$

因為 $n_1 + n_2 = n. = 30, \bar{x}. = (50 \times 10 + 41 \times 20)/30 = 44$，則其組合次數分配的變異數為：

$$S.^2 = \frac{(10-1)(36) + (20-1)(30) + 10(50-44)^2 + 20(41-44)^2}{10 + 20 - 1}$$
$$= 49.45$$

標準差通常適用在**等距變項**上，由於它**把每個分數都列入計算**，所以**最為精確**，並且適合作數學的運算，是運用最廣的變異量數。它比其他變異量

數更具有穩定性，因此在推論統計學裡（如：估計母群體的平均數、考驗兩個平均數間的差異顯著性、計算相關係數、進行變異數分析等），都常常使用標準差，而不使用其他變異量數。但是，標準差容易受極端分數的影響，在有極端分數存在的資料裡，有些研究者會傾向使用其他變異量數（如：平均差或四分差），而不使用標準差。此外，由於平均數和變異數二者間具有類似的定義，因此，有個通則可以供讀者作為選用何種統計量數的參考，那就是當使用平均數作為集中量數時，則應該使用標準差作為其相對應的變異量數。

四、變異係數

一個與標準差有關且可以用來比較團體間相對變異量大小的指標是「相對變異係數」(coefficient of relative variation)，或簡稱作「變異係數」(coefficient of variation)，以數學符號 CV 表示。其計算公式可以表示如下：

$$CV = \frac{S_x}{\bar{x}} \times 100$$

〈公式 4–15〉

由〈公式 4–15〉可知，變異係數是個沒有單位的比值，它的意思是指標準差相對於平均數是佔多少百分比。因此，變異係數有時又作「相對差」(relative deviation) 的解釋。

有時候，研究者想要瞭解同一群受試者在兩種不同的情境下，接受同一種測驗時所產生的變異情形，或兩個團體在某個變項上的平均數相差不大時，而只想比較其個別差異的大小。此時，若直接比較其標準差的大小，恐怕會錯估實際的分散情形，因為它們的平均數和標準差的單位也許會不一樣，所以無法直接比較。此時，若採用變異係數，則可以解決這個難題，因為將這兩個團體的變異情形化成同一指標後再來比較，會更具有意義。

例 4.2

已知表 1.3 中的智育平均數為 89.85，標準差為 6.24，而體育平均數為 87.69，標準差為 2.60。試問該班學生的這兩種成績何者的個別差異較大？

由例 4.2 的資料可知，假設我們忽略該班兩種成績的平均數，而直接比較這兩者的標準差的話，當然可以得知智育成績的變異較大，因為它的標準

差是體育成績標準差的 2 倍多，所以它的個別差異較體育成績的個別差異還大。但是，這種直接比較的結果是沒有意義的，因為這二者並**不是建立在同一指標上**，所以**無法直接比較**。在這種情境下，比較正確的作法是比較其變異係數。這兩者的變異係數可以計算如下：

智育：$CV = \dfrac{6.24}{89.85} \times 100 = 6.94$

體育：$CV = \dfrac{2.60}{87.69} \times 100 = 2.96$

經過計算後，可以得知智育成績的相對差異是 6.94，而體育成績的相對差異是 2.96，可見該班學生智育成績的個別差異比體育成績的個別差異大很多。

變異係數通常僅能用於描述統計，而無法用於推論統計裡。在推論統計學裡，比較兩個變異數或標準差是否有所差異，還有其他較為適當的方法可以運用，我們將於後續章節裡再討論它們。

第五節　四分差

四分差與前述的平均差和標準差一樣，都是用來描述團體分數分散情形的一種量數或指標。簡單的說，四分差是指**團體中最中間 50% 的人之分數全距的一半**，常以數學符號 Q 表示。

假設我們將某個團體分數依序自低分往高分排列，則第四分之一全體人數 $(N/4)$ 的個人分數即為該團體的第一個四分位數，以 Q_1 表示；第四分之二全體人數 $(2N/4)$ 的個人分數即為該團體的第二個四分位數，以 Q_2 表示，由於它正好是最中間的分數（亦即是中位數），故也以 Md 來表示；而第四分之三全體人數 $(3N/4)$ 的個人分數即為該團體的第三個四分位數，以 Q_3 表示。這些「**四分位數**」(quartiles)（亦即，Q_1, Q_2 和 Q_3），都是一個分數點；以這些分數點為界線，可將整個團體分數分隔成四個相等的部份，每個部份各佔 25% 的人數。而所謂的「四分差」即是指 Q_1 到 Q_3 的距離的二分之一，以 Q 來表示。所以說，Q 不是一個點，而是一段距離。這段距離愈長，即表示該團體分數愈分散、愈參差不齊。

根據上述的說明，四分差的計算公式可以表示如下：

$$Q = \frac{Q_3 - Q_1}{2}$$

〈公式 4–16〉

其中，$(Q_3 - Q_1)$ 稱作「內四分位數全距」(interquartile range，簡寫成 *IQR*)，
而 Q 又稱作「半內四分位數全距」(semi-interquartile range) 或「四分位數全
距」(quartile range)。我們可由圖 4.3 的輔助說明，瞭解四分差的意義：

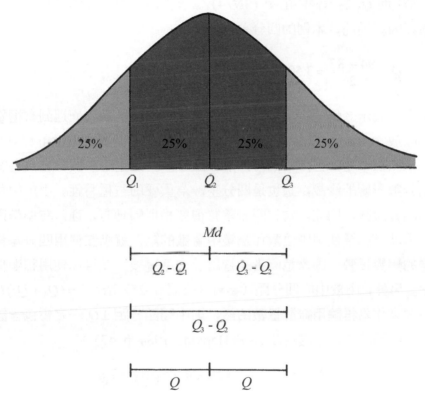

圖 4.3　四分差 Q 和其他三個四分位數 Q_1, Q_2, Q_3 之間的關係

　　茲以表 1.3 中的資料為例，說明四分差的計算過程如下：

例 4.3

請利用表 1.3 中的資料，試求該班學生的智育成績的四分差是多少？

首先，我們將該班的智育成績依序由小到大排列如下：

72, 73, 79, 81, 81, 82, 85, 85, 85, 87,

87, 89, 89, 90, 90, 91, 91, 91, 91, 92,

92, 92, 92, 93, 93, 93, 93, 94, 94, 94,

95, 95, 95, 95, 96, 96, 96, 97, 98

接著，可以計算 Q_1 是本例中的第 $(N/4)$ 個學生的分數，亦即是第十名學生的分數，87；而 Q_3 為本例中的第 $(3N/4)$ 個學生的分數，亦即是第三十名學生的分數，94。因此，本例的四分差為：

$$Q = \frac{94 - 87}{2} = 3.50 \text{（分）}$$

Q 值愈大，表示該班的智育成績分散的情形愈嚴重。當我們遇到有**極端分數**或**兩端開放**之次數分配（如：正或負無窮大）時，此時雖然無法計算其全距、平均差、和標準差，但卻仍然可以計算四分差。這是由於四分差具有較不受兩極端分數影響的緣故，這也是四分差較為重要的一種特性。由於中位數是第二個四分位數，因此，它和四分差有很多相似的地方，通常有個準則可供參考，那就是**如果使用中位數作為集中量數的話，就應該使用四分差作為其相對應的變異量數**，因為這兩者均適用於**次序變項**，並且都使用相類似的計算方法。另外，由於中間四分距（參考〈公式 3–25〉所示）= $(Q_3 + Q_1)/2$，如果它被拿來作為**推論用統計量數**的話，則**中間四分距 ±Q 一定會包含該次數分配中最中間的 50% 分數** (Glass & Hopkins, 1984, p. 47)。

第六節　變異量數的討論

對每一種變異量數而言，抽樣誤差會隨著**樣本大小** (sample size) 的增加而遞減，也就是說，**隨著樣本大小的增加，樣本統計數會愈接近母群體的參數**，這種特性叫作「**一致性**」(consistency)。樣本的**平均數**和**變異數**都具有這種特性，所以在推論統計學中，常被作為推論用的統計數。但是，在樣本小時，一致性並不保證樣本統計數就一定有用，這點讀者們必需注意。

我們以 S_x^2 當作一種變異量數的指標，是因為它具有許多統計特質，最為大家熟悉的便是「**不偏性**」(unbiasedness)，亦即它是母群體變異數的不偏估

計值。統計學家對某個統計數是否為不偏估計值的界定，是認為只要該統計數的「期望值」等於其所估計的母群體參數值，便認定它是某個母群體參數的不偏估計值。而某個樣本統計數的期望值是指母群體中所有可能樣本的平均數，舉例來說，樣本變異數 S_x^2 的期望值會等於母群體的變異數 σ^2，亦即，

$$E(S_x^2) = \sigma^2$$

也就是說，來自某個母群體的所有可能樣本大小不同的樣本變異數的平均數，會等於母群體的變異數。因此說，S_x^2 是 σ^2 的不偏估計值。然而，這是指推論用的樣本變異數 S_x^2 而言，如果樣本變異數的定義是以 N（如〈公式 4-4〉所示），而不是以 $N-1$（如〈公式 4-6〉所示），作為計算公式的分母的話，則該變異數便不是母群體變異數的不偏估計值。同樣的道理，$E(\bar{x}) = \mu$，亦即，樣本平均數 $\bar{x}$ 是母群體平均數 μ 的不偏估計值。在其他條件相等的情況下，不偏估計值應該被優先考慮使用。

理論上說來，$E(S_x^2) = \sigma^2$，因此，S_x 也應該是 σ 的不偏估計值？其實不然，某個不偏估計值的平方根，並不是其所欲推論之參數平方根的不偏估計值；亦即，$E(S_x) \neq \sigma$，樣本標準差不是母群體標準差的不偏估計值。幸好，使用 S_x 作為 σ 的估計值所產生的偏差很小，除非我們所用的樣本數 (N) 也非常小，否則這種偏差可以忽略。S_x 會傾向低估 σ，但是這種偏差會很小，當 $N = 6$ 時，偏差大約是 5%（亦即，$E(S_x) = .95\sigma$）；當 $N = 20$ 時，偏差大約是 1%（亦即，$E(S_x) = .99\sigma$）。由於目前所發表的心理與教育方面的研究報告，殊少使用樣本數小於 20 者，所以，S_x 低估 σ 所造成的偏差幾乎是可以忽略。

以**全距**作為變異量數的指標，有個先天的缺失，那就是它的值很容易受**樣本大小的影響**。因為全距的大小僅考慮最大值和最小值兩者，如果其他條件相等的話，樣本愈大，則全距愈大。然而，由於樣本變異數的期望值等於母群體的變異數，所以樣本變異數並不受樣本大小的影響。

表 4.7 所示，為常態分配下，變異數為 10 的各種不同樣本大小（N 從 2 到 1000 不等），其全距、變異數、和標準差的期望值之比較（參見 Glass & Hopkins, 1984, p. 55）。

由表 4.7 所示可知，全距值的大小隨著樣本大小的增加而急速增加，但

表 4.7　各種不同樣本大小 (N) 下之全距、變異數、和標準差的期望值之比
較（以常態分配下的 $\sigma = 10$ 為例）

| | 當 $\sigma = 10$ 時 | | |
| | 全距期望值 | 變異數期望值 | 標準差期望值 |
N	$E(\omega)$	$E(S_x^2)$	$E(S_x)$
2	11	100	8.0
5	23	100	9.4
10	31	100	9.73
20	37	100	9.87
50	45	100	9.95
100	50	100	9.97
200	55	100	9.987
500	61	100	9.993
1000	65	100	9.997

是變異數和標準差的期望值則不會。因此之故，全距殊少被用作推論用的統
計數。**全距通常僅當作檢驗標準差值是否計算正確用的**；例如，如果全距值小
於 $2S_x$ 或大於 $8S_x$，則很可能有計算錯誤發生。全距僅能當作補充變異數和標
準差的說明用，而不能取代變異數和標準差。

第七節　其他罕用的變異量數

除了上述幾種變異量數外，還有其他罕用的變異量數偶而會出現在心理
與教育研究報告裡，本節僅作簡單的介紹，不作深入的探討。

「**四分位數變異係數**」（coefficient of quartile variation，簡寫成 CQV）是
內四分位數全距除以第一和第三四分位數之和，可用公式表示如下（Leabo,
1972, p. 110）：

$$CQV = \frac{Q_3 - Q_1}{Q_1 + Q_3} \qquad \text{〈公式 4–17〉}$$

其實，這個統計數相當於以四分差除以中間四分距所獲得的值，它和變異係
數類似，也是用來比較次數分配間之相對變異的指標。

「**中位數絕對差**」（median absolute deviation，簡寫成 MAD）是指各分數

與中位數之差的絕對值之和的平均數，也是用來表示團體分數分散情形的指
標。它的公式可以表示如下：

$$MAD = \frac{\sum |X_i - Md|}{N}$$ 〈公式 4–18〉

仿同變異係數的表示方法，將中位數絕對差除以中位數，便得到「**分散係數**」
（coefficient of dispersion，簡寫成 CD），其公式可以表示如下：

$$CD = \frac{\sum |X_i - Md|}{(N)(Md)}$$ 〈公式 4–19〉

它的意義和變異係數類似，都是用來比較次數分配間之相對變異的指標。

　　通常對於名義變項的變異情形的測量，都是以該變項的「**異質性程度**」
(degree of heterogeneity) 來表示。如果該變異程度為零的話，則表示它是**完全
同質性** (homogeneity)（亦即，所有的觀察值都落在同一個類別或組別裡）；
如果該變異程度愈大的話，則表示它的異質性愈大。而名義變項的變異量數，
通常是以類別出現之**次數**或**頻率** (frequencies) 為基礎來表示。因此，多種指
標都可以使用，並沒有一個固定的指標可以放之四海皆準。以下所列舉的各
種指標，便是適用於**名義變項**資料的各種變異量數。

　　「**變異比**」（variation ratio，簡寫成 VR）是指**團體分數沒有落入眾數所在
類別的個數佔整體個數的百分比**，是最簡單的一種名義變項變異量數的指標。
它的公式可以表示如下：

$$VR = 1 - \frac{f_{Mo}}{N}$$ 〈公式 4–20〉

其中，f_{Mo} 表示眾數所在類別的出現頻率，而 N 表示總人數或觀察值的總個
數。如果所有的觀察值都落入同一個類別裡，則變異比將會等於零；如果所有
的觀察值都自成一個類別（或類別個數增加至無窮大）時，則變異比的最大
值將會趨近於 1。因此，變異比的值愈大，即表示名義變項上各觀察值的異
質程度愈大；反之，則愈小，也就是同質性愈大。

「分歧性指標」（index of diversity，簡寫成 *ID*）是指以 1 減去所有類別百分比之平方和的差值。因為取平方對百分比較大者比對百分比較小者的影響較大，所以它是用來表示少數幾個百分比較大之類別的**密集程度** (degree of concentration) 指標。它的公式可以表示如下：

$$ID = 1 - P_1^2 - P_2^2 - \cdots - P_k^2$$
$$= 1 - \sum_{i=1}^{k} p_i^2 \qquad \text{〈公式 4–21〉}$$

其中，P_i^2 表示第 *i* 個類別個數佔整體個數的百分比，*k* 為類別總數。當所有的觀察值都落入同一個類別時，分歧性指標將會等於零；而當每一個觀察值都自成一個類別（或類別個數增加至無窮大）時，則分歧性指標的最大值將會等於 $(k-1)/k$（或逐漸趨近於 1）。

「質的變異指標」（index of qualitative variation，簡寫成 *IQV*）是指將分歧性指標除以其類別個數的最大值，以將分歧性指標加以正規化為介於 0 與 1 之間的一種指標。它的公式可以表示如下：

$$IQV = \frac{1 - P_1^2 - P_2^2 - \cdots - P_k^2}{(k-1)/k} \qquad \text{〈公式 4–22〉}$$

IQV 的值愈大，表示樣本中的類別愈**分散**；當所有的觀察值都落入同一個類別時，*IQV* 的值會等於零；而當所有的觀察值都均勻地分佈在 *k* 個類別（或 *k* 個類別逐漸增加）時，則 *IQV* 的值會趨近於 1。

除了上述所討論的罕用變異量數外，還有其他不是心理與教育研究領域所常見的變異量數，有興趣的讀者可以參考相關書籍（例如：Weisberg, 1992）。

第八節　電腦習作

一、SPSS/PC 4.0 版操作範例說明

茲以表 1.3 的五育成績資料作為本電腦習作的範例資料，補充說明本章的全距、變異數、標準差、和四分差等常用的變異量數之計算，並解釋其電腦報表的內涵。

首先，建立下列的程式檔，並取名為 CH4。

```
TITLE 'THE SPSS/PC PROGRAM FOR CHAPTER FOUR'.
DATA LIST FILE='A:TABLE1.3'
  /ID 1-2 MORAL 4-5 INTEL 7-8 PHYSI 10-11 SOCIA 13-14 ARTS 16-17.
SET LIST='A:CH4.LIS'.
VARIABLE LABELS ID      'SEAT NUMBERS'
                MORAL   'MORALITY EDUCATION'
                INTEL   'INTELLIGENCE EDUCATION'
                PHYSI   'PHYSICAL EDUCATION'
                SOCIA   'SOCIALITY EDUCATION'
                ARTS    'FINE ARTS EDUCATION'.
FREQUENCES VARIABLES=INTEL
  /NTILES=4
  /FORMAT=CONDENSE
  /STATISTICS=ALL.
FINISH.
```

執行後，獲得下列的輸出結果：

VARIABLE   INTEL ①

VALUE	FREQ	PCT	CUM PCT	VALUE	FREQ	PCT	CUM PCT	VALUE	FREQ	PCT	CUM PCT
72	1	3	3	87	2	5	28	94	3	8	77
73	1	3	5	89	2	5	33	95	4	10	87
79	1	3	8	90	2	5	38	96	3	8	95
81	2	5	13	91	4	10	49	97	1	3	97
82	1	3	15	92	4	10	59	98	1	3	100
85	3	8	23	93	4	10	69				

```
MEAN        89.846   STD ERR      .999   MEDIAN      92.000

MODE        91.000   STD DEV ⑥   6.239   VARIANCE ⑤  38.923

KURTOSIS     1.410   S.E. KURT    .741   SKEWNESS    -1.308

S.E. SKEW     .378   RANGE ④    26.000   MINIMUM ③   72.000

MAXIMUM ②   98.000   SUM        3504.000

⑦                    ⑨                   ⑧

PERCENTILE  VALUE    PERCENTILE  VALUE   PERCENTILE  VALUE

25.00       87.00    50.00       92.00   75.00       94.00


VALID CASES    39    MISSING CASES    0
```

解釋：

①表示**變項名稱**，在本例中 INTEL 即為智育分數。

②表示**分數的最大值**，亦即為 98。

③表示**分數的最小值**，亦即為 72。

④表示**全距**，亦即為最大值減去最小值，其值為 26。

⑤表示**變異數**，在本例中即為 38.923。

⑥表示**標準差**，在本例中即為變異數的開根號，其值為 6.239。

⑦表示 Q_1 的值為 87。

⑧表示 Q_3 的值為 94。因此，四分差為 $Q_3 - Q_1$ 的一半，在本例中即為 $(94 - 87)/2 = 3.50$。

⑨表示 Q_2，相當於**中位數**，在本例中，其值為 92。

二、SPSS for Windows 操作範例說明

兹以表 1.3 的智育成績資料作為本電腦習作的範例資料，補充說明本章的**全距**、**變異數**、**標準差**和**四分差**等常用的變異量數之計算，並解釋其電腦報表的內涵於下。

首先，請讀者參考本書第一章第四節之「三、SPSS for Windows 操作範例說明」，將表 1.3 五育成績資料表建立一個新的 PASW 資料檔，並取名為 ch4.sav，如圖 4.4 所示。讀者若已熟悉建檔方式，亦可以直接複製第三章第七節之 SPSS for Windows 操作範例說明中建檔完成之 ch3.sav 資料檔。

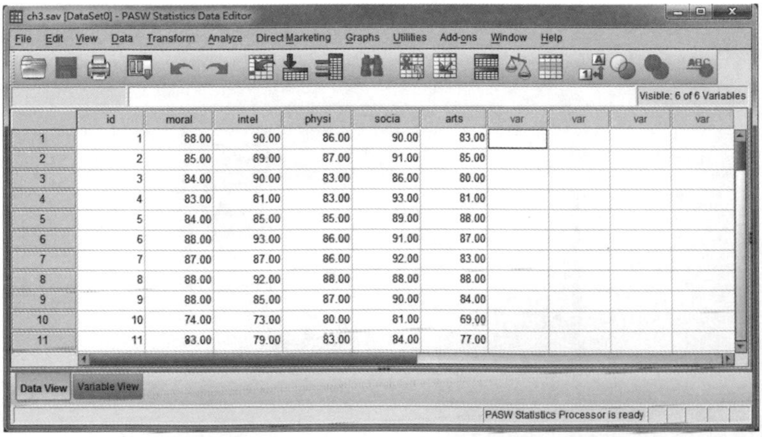

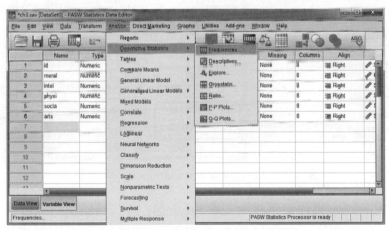

圖 4.4　表 1.3 五育成績的 PASW 資料檔

建檔完畢後，讀者可以選擇功能表中的 Analyze/Descriptive Statistics/Frequencies...，開始進行**次數分配**的統計分析，操作方式如圖 4.5 所示。

圖 4.5　點選 Analyze/Descriptive Statistics/Frequencies...

點選後，會出現「Frequencies」對話窗，之後，點選左方欄框內的「intelligence」變項，再按一下中間的方向鍵，將其點選送至右方欄框裡，如圖 4.6 所示，然後，再點選右上方之「Statistics...」功能按鈕，以便進行**變異量數**的計算。

打開圖 4.7「Frequencies: Statistics」對話窗後，如第三章第七節之「二、

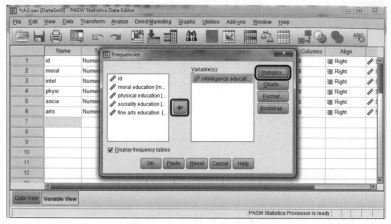

圖 4.6 「Frequencies」對話窗

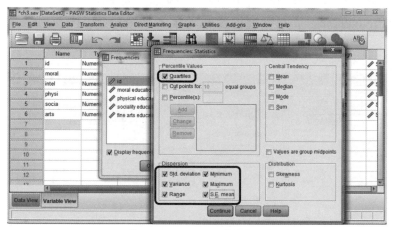

圖 4.7 「Frequencies: Statistics」對話窗

SPSS for Windows 操作範例說明」圖 3.6 所述，有四種類型指標可供勾選。但依照本範例的需求，只需選擇變異量數指標即可，即勾選**標準差** (Std. deviation)、**變異數** (Variance)、**全距** (Range)、**最小值** (Minimum)、**最大值** (Maximum) 與平均數標準誤 (S.E. mean) 的按鈕。另選擇百分位數指標，即勾選**四分位數** (Quartiles) 按鈕，再按「Continue」按鈕回到原來的對話窗，再按「OK」，即可執行統計分析。

執行後的結果檔與語法檔產生方法，如本書第二章第四節之「二、SPSS

for Windows 操作範例說明」所示，讀者可自行轉換存檔。在本範例中，可將其結果檔存檔成 ch4.spo，並存放於適當的磁碟機和資料夾裡。

　　底下即為 ch4.spo 結果檔內容，其涵義與 SPSS/PC 4.0 版報表大致相同。

Frequencies

Statistics

intelligence education

N	Valid	39
	Missing	0
Std. Deviation(6)		6.2388
Variance(5)		38.9231
Range(4)		26.0
Minimum(3)		72.0
Maximum(2)		98.0
Percentiles	25　(7)	87.000
	50　(9)	92.000
	75　(8)	94.000

intelligence education(1)

		Frequency	Percent	Valid Percent	Cumulative Percent
Valid	72.0	1	2.6	2.6	2.6
	73.0	1	2.6	2.6	5.1
	79.0	1	2.6	2.6	7.7
	81.0	2	5.1	5.1	12.8
	82.0	1	2.6	2.6	15.4
	85.0	3	7.7	7.7	23.1
	87.0	2	5.1	5.1	28.2
	89.0	2	5.1	5.1	33.3
	90.0	2	5.1	5.1	38.5
	91.0	4	10.3	10.3	48.7
	92.0	4	10.3	10.3	59.0
	93.0	4	10.3	10.3	69.2
	94.0	3	7.7	7.7	76.9
	95.0	4	10.3	10.3	87.2
	96.0	3	7.7	7.7	94.9
	97.0	1	2.6	2.6	97.4
	98.0	1	2.6	2.6	100.0
	Total	39	100.0	100.0	

解釋:

　⑴表示**變項名稱**，在本例中 INTEL 即為智育分數。

　⑵表示**分數的最大值**，亦即為 98。

　⑶表示**分數的最小值**，亦即為 72。

　⑷表示**全距**，亦即為最大值減去最小值，其值為 26。

　⑸表示**變異數**，在本例中即為 38.9231。

　⑹表示**標準差**，在本例中即為變異數的開根號，其值為 6.2388。

(7)表示 Q_1 的值為 87。

(8)表示 Q_3 的值為 94。因此，四分差為 $Q_3 - Q_1$ 的一半，在本例中即為 $(94 - 87)/2 = 3.50$。

(9)表示 Q_2，相當於**中位數**，在本例中，其值為 92。

本 章 摘 要

1. 變異量數是用來描述團體分數分散情形的一個統計數，它也可以用來表示團體中個別差異大小的指標。

2. 常見的變異量數有：全距、平均差、變異數、標準差、相對差、和四分差等，各有其特性與適用對象，但以全距、變異數、和標準差三者較為常用。

3. 全距是指團體中最大分數值減去最小分數值之差，是一種最簡陋、最方便的變異量數。

4. 平均差是指團體中各分數與平均數之差的絕對值之和的平均數，也是用來表示團體分數分散情形的一種變異量數。

5. 使用算術平均數作為集中量數時，應使用標準差作為其相對應的變異量數；使用中位數作為集中量數時，則應使用四分差作為其相對應的變異量數。

6. 離均差平方和可以解釋成一群分數距離平均數所圍成的總面積，而變異數可以解釋成平均面積，標準差則解釋成一個線段或距離；這個距離愈短，即表示團體分數愈集中在平均數的附近；這個距離愈長，即表示團體分數離開平均數愈遠，亦即各分數愈分散或愈參差不齊。

7. 團體中每個人的得分都加（減）一個常數，則新的變異數與原來的變異數一樣，亦即，變異數不受加（減）一個常數的影響。

8. 團體中每個人的得分都乘（除）一個常數 c，則新的變異數將等於原來變異數乘（除）該常數 c 的平方；而新的標準差則變為原來標準差的 c 倍（或 c 分之一倍）。由此可見，乘（除）一個常數 c，會影響到變異數和標準差的大小。

9. 當我們想要比較兩個團體分數的分散情形大小時，可以使用變異係數來表示，它是標準差除以平均數再乘上 100 的數值，又稱作「**相對差**」。

10. 在實際計算上，我們傾向使用變異數和標準差的計算公式，而不使用它們的定義公式，因為計算會比較省時、方便；在推論統計學裡，我們必需使用不偏估計值，亦即以樣本的離均差平方和除以 $N-1$，而不是除以 N，來取代母群體的變異數和標準差，以作為推論用的統計數。

11. 四分差是指團體分數中最中間 50% 人口的全距之一半，因此，它是一段距離或線段，而不是一個點；該距離愈大，即表示該團體分數之個別差異愈大，分數愈分散或愈參差不齊。

12. 中位數剛好是第二個四分位數 (Q_2)，該分數以上和以下的人數剛好各佔整體人數的 50%。

13. 若從期望值的大小來比較，容易受樣本大小增加影響的變異量數，依次為：全距、標準差、和變異數。

14. 其他罕用的變異量數有：四分位數變異係數、中位數絕對差、分散係數、變異比、分歧性指標、和質的變異指標等，前三者適用於次序變項，而後三者適用於名義變項。

自我測驗

第 1～10 題，請參考下列樣本觀察值：

40, 45, 50

1. 請問全距是多少？

2. 請問平均數是多少？

3. 離均差平方和（即 SS）是多少？

4. 如果要計算不偏估計值 (S_x^2)，它的自由度應該是多少？

5. S_x^2 的值是多少？

6. S_x 的值是多少？

7. 如果每個分數都加上 10，則新的 S_x^2 和 S_x 值各是多少？

8. 如果每個分數都乘上 10，則新的 S_x^2 和 S_x 值各是多少？

9. $\sum X^2 = ?$，$\sum X^2 = (\sum X)^2$ 是否成立？

10. （以文字或符號來表示）什麼之於樣本，相當於參數之於什麼？

第 11～17 題，請參考下列情境：

隨機抽取 N 個觀察值為某個隨機樣本，並計算出三種變異量數：全距、標準差和變異數。

11. 即使 N 很小時，何種變異量數是不偏的？

12. 一般而言，當樣本數倍增時，何種變異量數的變化較大？

13. 何種變異量數在技術上而言是**有偏差的** (biased)，但只要樣本數大於 20 以上，在實際應用時，還是可以把它看成是不偏的？

14. 何種變異量數最容易計算？

15. 不論樣本大小，何種變異量數的期望值仍然不變？

16. 這三種變異量數都具有一致性嗎？

17. 何種變異量數所使用的單位與其原來的觀察值所使用者不同？

18. 如果團體中所有的分數值都不相同，則全距的值總是會比標準差的值還要大嗎？

19. 要計算 S_x^2 和 S_x 時，離均差平方和要除以樣本 N 或 $N-1$？

20. 母群體的標準差通常是以什麼符號來表示？

21. 樣本大小通常是以什麼符號來表示？

22. 母群體的平均數通常是以什麼符號來表示？

23. 如果某班學生的智力 (IQ) 分數的變異數為 225，則其標準差是多少？

24. 哪一種集中量數等於 Q_2？

25. 已知某班學生的智力 (IQ) 分數的中位數為 115，四分差為 15，則該班最中間的 50% 學生的智力分數是介於幾分到幾分之間？

26. 平均數之於標準差，相當於中位數之於？

27. 下列何者是另二者之差的一半：全距、四分差和內四分位數全距？

28. 什麼情況下，$Md \pm Q$ 可以精確的決定 Q_1 和 Q_3 的位置？

29. 已知下列兩組資料：

第一組：7, 8, 12

第二組：15, 16, 20

又已知第一組的變異數 S_1^2 為 7.0；則第二組的變異數 S_2^2 大約是多少？

30. 由上一題第一組和第二組所組成的組合次數分配變異數 S^2，會是多少？

(1)小於 7　　　(2)等於 7　　　(3)大於 7

練習作業

一、 請用手算或電腦輔助計算表 1.3 中，德育、體育、群育和美育的全距、變異數、標準差和四分差。

二、 請計算「自我測驗」中第 30 題的組合次數分配的標準差。

三、 已知某班學生 50 人，其身高的平均數為 170 公分，變異數為 49 平方公分；而其體重的平均數為 62 公斤，變異數為 36 平方公斤。試問該班的身高和體重，何種分配的變異程度較大？

第五章 標準分數與常態分配

本章學習重點

1. 相對地位量數是什麼? 它的適用時機為何?
2. 相對地位量數的種類有哪些?
3. 何謂標準分數? 它的用途為何?
4. 原始分數與標準分數之間是如何轉換的?
5. 何謂常態分配? 它的特質是什麼?
6. 常態分配曲線的高度該如何計算? 兩個標準分數之間所夾的面積該如何計算?
7. 如何查閱常態分配表的高度值、標準分數值和面積值?
8. 偏態和峰度二者與常態分配曲線的相對關係是什麼?
9. 常用的常態化標準分數有哪些? 它們與常態分配下的標準分數之間有何關係? 它們彼此間該如何轉換?
10. 標準化常態分配的特質是什麼?
11. 如何撰寫一個 SPSS 程式? 並閱讀輸出或印出的報表?

　　在某個次數分配中,除了可以用集中量數和變異量數來表示它的形狀外,我們也可以使用所謂的「**相對地位量數**」(measures of relative position),來表示某個分數在團體中所佔的相對位置。所謂的「相對地位」是指與某一參考點比較起來，某個分數在團體中所佔（或所在）的地位（或位置）是什麼而言? 例如，在此參考點以上或以下各佔多少百分比或次數等。常用的相對地位量數有兩大類: ⑴**百分等級** (percentile ranks) 和**百分位數** (percentile points)，⑵**標準分數** (standard score)，包括 Z **分數**和 T **分數**等各種指標。相

對地位量數的概念及用法，常在標準化的心理與教育測驗中出現，讀者有必要把這些概念釐清和熟悉。

在心理與教育研究領域裡，研究者所收集到的變項特質常呈現左右對稱的鐘形曲線，例如，心理計量學中對人類智力的研究，便是如此。心理計量學家針對大量人口進行智力測驗後發現，在智力的次數分配中，智力是特別高或特別低的人口僅佔整體人數非常少的比例，大多數人口的智力是集中在中等程度。除了智力之外，人類還有許多特質也是具有這種特性，例如：身高、體重和學業成就等。這些特質都有一個共同特性，那就是當人數 N 很大時，我們將發現大多數的人都具有中間特質的屬性，而具有兩極端特質屬性的人口則仍屬少數。像這種具有左右對稱特性的鐘形曲線，在統計學上特稱作「**常態分配曲線**」(normal distribution curve)。其實，僅具有左右對稱或形狀類似鐘形曲線的分配，並不一定就是常態分配。常態分配往往需要符合許多條件才能夠成立。理論上而言，常態分配是由**二項分配** (binomial distribution) 的無限分割和延伸而來，因此，在討論常態分配之前，我們必須先行瞭解二項分配才行。

第一節　相對地位量數

簡單的分，常用的相對地位量數有兩類：(1)百分等級和百分位數，(2)標準分數。茲分別討論如下：

一、百分等級和百分位數

百分等級和百分位數二者，是標準化心理與教育測驗中最常見的兩種指標，都是用來表示某個分數在團體中所佔的位置為何的量數。其中，「**百分等級**」以 PR 表示，是用來表示某個分數在團體中所佔的等級是幾等的量數；而「**百分位數**」則以 P_p 表示，是用來表示在團體中所佔有某個等級的個人，它的分數應該是多少的量數。在使用百分等級時，我們所關心的問題重點是：如果將團體分數依序排列，並假設化分為一百個等級，則某個人的得分可以贏過幾個等級呢？亦即，在計算百分等級時，我們需要從原始分數來推算等級。在使用百分位數時，我們所關心的問題重點是：如果某個人想在團體的一百個等級中贏過某個等級，則他的分數必須得到多少分才行？亦即，在計算

百分位數時，我們需要從等級來推算原始分數。百分等級和百分位數二者可以互相轉換使用；舉例來說，假設某個人的得分是 45，在團體一百個人中贏過 90 個人，那麼，他的百分等級便是 $PR = 90$；反之，如果他想在這個團體中佔在 $PR = 90$ 的地位上，則他必須獲得 45 分才行，亦即，第 90 個百分位數是 45 分或記作 $P_{90} = 45$。

㈠百分等級的計算

　　根據原始得分來推算百分等級時，首先需將原始分數按大小依序排列，再決定每位學生的名次。習慣上，我們傾向給予名次較前者較高的評價，所以名列第一者，他的原始分數應該是高過最多人，也就是說他的百分等級應該是最高者；依此類推，名列最後者，他的原始分數應該是團體中最低的，所以他的百分等級也是最低。因此，百分等級的計算公式可以表示如下：

$$PR = 100 - \frac{(100R - 50)}{N}$$
〈公式 5–1〉

其中，R 即是學生在團體排行中的名次，N 為學生的總人數。

　　茲舉例 5.1 說明百分等級的實際算法。

 5.1

> 假設有十名國小四年級學生在接受瑞文氏智力測驗後，其分數分別按大小排
> 列如下：49, 48, 46, 42, 40, 35, 33, 32, 24, 18，試問得分為 42 分的這位學生的
> 百分等級是多少？

　　根據〈公式 5–1〉所示，我們可知得分為 42 分的這位學生的名次是第四名，亦即，$R = 4$；而總人數為 10 名，故 $N = 10$。將這些資料代入〈公式 5–1〉，即得：

$$PR = 100 - \frac{(100 \times 4 - 50)}{10} = 65$$

等級應該為整數。如果所算出的數值是帶有**小數**者，則應該**四捨五入求出整數**，再以整數來表示所算出的百分等級。在本例中，我們所算出的百分等級為 65；亦即，在 100 名學生中，該名學生的智力高過 65 名學生的智力。

㈡百分位數的計算

百分位數的概念,與第四章第五節所討論的四分位數的概念很類似,只不過我們不將團體人數分為四等分,而是分成一百個等分。第一百分位數 (P_1) 即為團體中第 $(1/100)N$ 個人所得的分數,在此人得分之下的次數佔總人數的 1%;第十百分位數 (P_{10}) 即為團體中第 $(10/100)N$ 個人所得的分數,在此人得分之下的次數佔總人數的 10%;而第一個四分位數即為第二十五百分位數 (P_{25}),在此人得分之下的次數佔總人數的 25%;第二個四分位數(即中位數)即為第五十百分位數 (P_{50}),在此人得分之下的次數佔總人數的 50%;第三個四分位數即為第七十五百分位數 (P_{75}),在此人得分之下的次數佔總人數的 75%;依此類推。我們可以把 P_1、P_2、P_3、…、P_{98}、P_{99} 等九十九個百分位數計算出來,而在此分數以下的次數分別佔總人數的 1%、2%、3%、…、98%、99%。總而言之,百分位數(以 P_p 來表示)是指一百個人中第 p 個人所得的分數,在此人以下的次數佔總人數的 $p\%$,亦即有 $p\%$ 的人得分不如他。

百分位數的算法和四分位數及中位數的算法類似,其計算公式可以表示如下:

$$P_p = l + \left(\frac{\frac{PR}{100}N - F}{f_p}\right)h \qquad \text{〈公式 5-2〉}$$

其中,PR 為百分等級,l 為第 p 百分位數所在組的真正下限值,而 f_p 為第 p 百分位數所在組的次數,F 為第 p 百分位數所在組以下的累積次數值,h 為組距值。由於本書僅討論由原始未歸類分數的計算方法,因此對於已歸類的資料和同分的資料,不在討論的範圍內,但這些資料也可以用〈公式 5-2〉加以計算。所以,當使用原始未歸類分數時,〈公式 5-2〉中的 f_p 和 h 值都是 1,而其他符號的定義不變。

茲以例 5.2 說明百分位數的實際算法。

5.2

如例 5.1 的資料,如果某生想在團體中贏過 65% 的人,亦即,$PR = 65$,則他的智力分數必須是幾分才行? 換句話說,第 65 百分位數是多少?

根據〈公式 5–2〉可知，我們將這十名學生的資料加以排列如下：

分數	次數	累積次數	累積百分比
49	1	10	100
48	1	9	90
46	1	8	80
42	1	7	70
40	1	6	60
35	1	5	50
33	1	4	40
32	1	3	30
24	1	2	20
18	1	1	10

接著，先從累積百分比這一欄裡找出百分等級為 65 的這名學生的所在組別，其真正下限值為 41.5，而該組以下之累積次數為 6，總人數為 10 人。將這些資料代入〈公式 5–2〉，即得：

$$P_{65} = 41.5 + (\frac{\frac{65}{100} \times 10 - 6}{1}) \times 1 = 42$$

由例 5.2 可見，該生智力的百分等級為 65（表示他的智力高過 65% 的人），則他的智力分數必須 42 分才行；也就是說，第 65 百分位數是 42 分。換句話說，在一個團體裡，某個學生智力如果要在一百個人中高過 65 人，則該學生必須在瑞文氏智力測驗上得 42 分才行。

㈢百分等級和百分位數的換算表

把百分等級和百分位數實際應用到心理與教育測驗上的例子，便是「**百分等級和百分位數常模**」的換算表。在心理與教育測驗上，常模是指解釋測驗分數的依據（郭生玉，民 79），它是根據**大量樣本施測**後所建立的一種**平均數指標**。根據常模，我們可以知道得分多少時，其百分等級是多少；也可以知道要佔第幾個百分等級時，就必須得多少分。能夠提供這一種換算功能的數字表，便是百分等級和百分位數的常模對照表。

　　表 5.1 所示，即為 15 歲組瑞文氏智力測驗的百分等級和百分位數的常模對照表。由該表可知，假設某男學生的智力分數為 24，則可以從該表中查得其百分等級為 93，表示有 93% 的學童智力不如他；反之，如果該生的智力想要比 93% 的學童高的話，則他的智力測驗分數至少要 24 分才行。

表 5.1　15 歲組瑞文氏智力測驗的百分位數和百分等級常模對照表

原始分數	百分等級			原始分數	百分等級		
	男	女	全體		男	女	全體
33	99 +	–	99 +	16	47	53	52
32	99 +	–	99 +	15	42	48	48
31	99 +	–	99 +	14	38	42	40
30	99 +	–	99 +	13	33	35	34
29	99	99 +	99	12	30	31	30
28	98	99 +	99	11	27	27	27
27	98	99 +	99	10	23	23	23
26	97	99 +	98	9	19	20	20
25	96	97	96	8	15	17	16
24	93	95	94	7	12	14	13
23	89	90	90	6	9	11	10
22	85	86	86	5	6	8	7
21	78	84	81	4	3	6	4
20	71	80	78	3	2	3	2
19	66	74	72	2	1	1	1
18	60	67	66	1	1 –	1 –	1 –
17	53	58	58				

　　百分等級有其優缺點，它的優點是能夠讓沒有統計學概念者容易瞭解它的意義，同時，它也能清楚說明各個分數在團體中的相對位置。因為百分等級屬於**次序變項**，單位並不相等，所以在使用上有它的限制；例如，P_{99} 和 P_{98} 之差，並不等於 P_{49} 和 P_{48} 之差，所以**不能直接作加減乘除之數學運算**；並且，因為名稱上冠有「百分」兩字，容易讓一般人聯想到學校考試所常用的百分制，因而產生**誤會**。

二、標準分數

除了百分等級和百分位數可以表示個人得分在團體中所佔的相對地位外，我們也可以使用標準分數來表示個人得分在團體中所佔的相對地位。標準分數有好幾種類型，我們將陸續討論它們，在此先討論最基本、最常見的一種。

㈠ z 分數

z 分數 (z score) 是一種最典型、最常見的標準分數。它的數學定義可以表示如下：

$$z = \frac{X - \bar{x}}{S_x} = \frac{\chi}{S_x}$$

〈公式 5-3〉

z 分數是指某個分數減去其平均數，再除以標準差之謂；換句話說，z 分數可以用來表示某個分數與算術平均數之差（即離均差）是其標準差的多少倍，或者是，假定標準差是一個測量單位，則該分數是座落在算術平均數以上或以下的幾個單位處。因此，當 z 分數大於零時，即表示某個分數是座落在平均數以上；當 z 分數小於零時，即表示某個分數是座落在平均數以下；當 z 分數等於零時，即表示某個分數正好是座落在平均數的位置上。

在實際應用上，z 分數常被用來比較兩個不同單位之量數間的大小。舉例來說，假設某生的身高為 150 公分，體重為 45 公斤，則我們無法只憑這些數據就遽下判斷，說該生的身高或體重在其班上的相對位置是偏高或偏低。因為身高和體重的單位不同，僅以 150 和 45 等數字大小來比較，是沒有任何意義的。一個可行的作法是，把它們二者都化成相同的單位後再來比較，而 z 分數便是這種沒有單位性的共同指標，它可以作為比較的依據。假設化為標準分數之後，該生身高的 z = −.50，而其體重的 z = .50，則我們可以得知該生的體重在團體中所佔的份量比身高在團體中所佔的份量大得多。因為該生的身高是座落在算術平均數以下 0.5 個標準差的位置上，而其體重則是座落在算術平均數以上 0.5 個標準差的位置上，所以這兩種量數的相對位置仍有一段距離，並且體重比身高在團體中的份量要高得多。

再以例 5.3 說明 z 分數的意義和使用的方法。

5.3

假設某國中舉行高中聯招的試題模擬考試，已知數學科的全校平均數為 60.00，標準差為 4.50，而英文科的全校平均數為 75.00，標準差為 8.60；且甲班的數學成績平均為 55.50，英文成績平均為 83.60，而乙班的數學成績平均為 64.50，英文成績平均為 66.40。請問甲乙兩班的數學和英文平均成績的 z 分數各是多少？就數學和英文平均成績分別而言，甲乙兩班孰優？

根據〈公式 5-3〉的定義，將有關資料代入，得：

甲班：

數學： $z = \dfrac{55.50 - 60.00}{4.50} = -1.00$

英文： $z = \dfrac{83.60 - 75.00}{8.60} = 1.00$

乙班：

數學： $z = \dfrac{64.50 - 60.00}{4.50} = 1.00$

英文： $z = \dfrac{66.40 - 75.00}{8.60} = -1.00$

由上述的計算得知，甲班數學平均成績的 z 分數是 -1.00，英文平均成績的 z 分數是 1.00；而乙班數學平均成績的 z 分數是 1.00，英文平均成績的 z 分數是 -1.00。若根據 z 分數的大小來判斷，數學科平均成績是乙班優於甲班，因為乙班的數學科平均成績高於全校的數學科平均數 1.00 個標準差，但是甲班的數學科平均成績則比全校的數學科平均數低 1.00 個標準差；但在英文科平均成績方面，則是甲班優於乙班，因為甲班的英文科平均成績高於全校的英文科平均數 1.00 個標準差，但是乙班的英文科平均成績則比全校的英文科平均數低 1.00 個標準差。

在心理與教育測驗上，**不同測驗結果的原始分數之間，不可以直接拿來互相比較**，理由同前：即**比較的單位不同**所致。所以，如果要比較它們，就必須先把它們**各自化為標準分數**後，才可以進行比較。舉例來說，假設根據各種心理與教育測驗的結果作為錄取新生的依據，則從下表中的分析，讀者便

可以看出為什麼不可以直接比較不同單位的統計量數。

由表 5.2 可知，若學校當局僅考慮新生在上述五種測驗上原始得分和之大小作為錄取新生之依據，則學校會決定錄取乙生；反之，若學校當局採納輔導人員的建議，改採用上述五種測驗分數的 z 分數作為錄取新生之依據的話，則學校會決定錄取甲生。由此可見，教育人員若忽視統計量數之間具有不同測量單位之事實，而逕行採用原始分數之總和作為學校決策之參考時，則很可能獲致錯誤的決定，影響有關人員的權益。因此，在涉及不同統計量數間的比較時，我們必須更加小心，儘量使用標準分數，而不要使用原始分數。

表 5.2　以原始分數與標準分數作為錄取新生之結果的差異

測驗	原始分數		全部新生		z 分　數	
	甲生	乙生	平均數	標準差	甲生	乙生
智力	115	130	100	15	1.00	2.00
數學	80	70	75	10	.50	-.50
焦慮	35	40	25	5	2.00	3.00
動機	20	15	20	5	.00	-1.00
努力	12	10	11	1	1.00	1.00
總分	262	265			4.50	2.50

(二) z 分數的特性

z 分數具有兩種常見的特性，一是 z 分數的**平均數為 0**，另一是 z 分數的**變異數和標準差皆為 1**。這些特性可以表示如下，其證明過程可以參見附錄一所示：

$$\bar{z} = 0$$

〈公式 5–4〉

$$S_z^2 = 1$$

〈公式 5–5〉

其實，z 分數的這兩項特性，我們曾在第三章和第四章討論過，它只是運用離均差之和等於零，以及離均差（即視同某個原始分數）除以標準差（即視同某個常數）等於原有的變異數乘上標準差的倒數的平方而已。這些特性亦可以用例 5.1 中的數據來補充說明如下：

表 5.3　z 分數的平均數和變異數

學生	X	X^2	$X-\bar{x}$	z	z^2
A	49	2401	12.3	1.26	1.59
B	48	2304	11.3	1.16	1.35
C	46	2116	9.3	.95	.90
D	42	1764	5.3	.54	.29
E	40	1600	3.3	.34	.12
F	35	1225	−1.7	−.17	.03
G	33	1089	−3.7	−.38	.14
H	32	1024	−4.7	−.48	.23
I	24	576	−12.7	−1.30	1.69
J	18	324	−18.7	−1.91	3.65
Σ	367	14423	0.0	0.0	10.00

$$\bar{x}=\frac{367}{10}=36.7$$

$$S_x^2=\frac{14423-\frac{(367)^2}{10}}{10}=95.41$$

$$\therefore S_x=9.77$$

$$\bar{z}=\frac{0}{10}=0.0$$

$$S_z^2=\frac{10.00-\frac{(0.0)^2}{10}}{10}=1.0$$

$$\therefore S_z=1.0$$

　　由表 5.3 的實際計算結果可知，將所有的原始分數轉化成 z 分數後，這些 z 分數的平均數為 0，變異數為 1，標準差亦為 1。

㈢ z 分數的直線轉換

　　從原始分數化成 z 分數時，常會遇到一個難題，那就是 z 分數常有負數和小數的值出現，以至於在實際使用上，造成沒有統計學概念者很大的不便。為了解決此一難題，我們可以將 z 分數予以直線轉換，使負數和小數的 z 值都變成正值，以符合日常解釋現象的習慣。

　　直線轉換的例子，可由圖 5.1 中所示各種 z 分數間的轉換關係來說明：

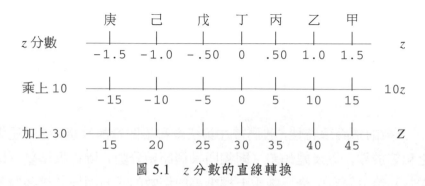

圖 5.1　z 分數的直線轉換

這種由 z 分數加以直線轉換而成的分數,叫做 Z 分數(以英文大寫 Z 表示,以示區別),其**直線轉換的公式**可以表示如下:

$$Z = az + b$$

〈公式 5–6〉

以上圖為例,Z 分數是由 z 分數乘上 10,再加上 30 而得。故由此可知,〈公式 5–6〉中的 a 值為 10,而 b 值為 30。這些經由 z 分數轉化而成的 Z 分數,便沒有負數和小數的值出現,因此,可方便一般大眾的使用和解釋。

其次,當我們需要進一步計算 Z 分數的平均數和變異數時,可以把這種算法看成是第三章的平均數與第四章的變異數之特性的應用;亦即,每個 z 分數各加一個常數(如圖 5.1 中的 30)後,則新得到的 Z 分數之平均數為原來 z 分數的平均數(亦即為 0)加上此一常數(即 30),即為 $0 + 30 = 30$;而每個 z 分數各乘上一個常數(如圖 5.1 中的 10)後,則化成 Z 分數之後的變異數,即為原來 z 分數的變異數(亦即為 1)乘上此一常數的平方(即為 100),亦即變異數增加 100 倍,標準差增加 10 倍。由此可知,〈公式 5–6〉中的 b 值,其實就是化為 Z 分數之後的平均數,而 a 值平方其實即為化成 Z 分數之後的變異數。表 5.4 的資料即可用來輔助說明 z 分數轉化成 Z 分數之後的平均數、變異數、與標準差的數值。

表 5.4　z 分數的直線轉換

學生	X	z	Z	Z^2	
A	49	1.26	42.6	1814.76	$\bar{Z} = \dfrac{300}{10} = 30.0$
B	48	1.16	41.6	1730.56	
C	46	.95	39.5	1560.25	$S_Z^2 = \dfrac{10000.00 - \dfrac{(300)^2}{10}}{10}$
D	42	.54	35.4	1253.16	
E	40	.34	33.4	1115.56	$= 100$
F	35	-.17	28.3	800.89	$\therefore S_Z = 10$
G	33	-.38	26.2	686.44	
H	32	-.48	25.2	635.04	
I	24	-1.30	17.0	289.00	
J	18	-1.91	10.9	118.81	
Σ	367	0.0	300.0	10000.00	

　　由表 5.4 的說明可知，Z 分數的平均數、變異數與標準差的數值，分別是 z 分數的平均數加上 30，變異數乘上 100，標準差乘上 10。而 Z 分數的標準差和平均數，則分別是〈公式 5–6〉中的 a 值和 b 值，其值分別為 10 和 30。

　　茲以例 5.4 說明 z 分數直線轉換的應用。

5.4

在某個 $\bar{x} = 100, SD = 15$ 的智力測驗分數分配中，已知某學生的智力測驗分數為 130。如果有某位教育研究學者想將他的智力分數轉換到另一個以 $\bar{x} = 50$, $SD = 10$ 的成就測驗分配中，則該生應該具有何種得分?

　　根據〈公式 5–6〉的轉換方式，我們可以獲得下列數值：

$$Z = az + b$$
$$= a(\frac{X - \bar{x}}{S_x}) + b$$
$$= 10(\frac{130 - 100}{15}) + 50$$
$$= 70$$

也就是說，某學生的智力測驗分數為 130，當被轉換到不同分配的成就測驗時，其分數便變成 70 分，雖然這兩種數值不同，但是它們在團體中所佔的相對地位仍相同。前者的 z 分數，剛好是座落在平均數以上 2.0 個標準差的位置（即 (130 – 100)/15 = 2.0），而後者的 z 分數也是座落在平均數以上 2.0 個標準差的位置（即 (70 – 50)/10 = 2.0），這點正可以說明 z 分數與 Z 分數之間的關係。

　　z 分數的直線轉換，還有其他的變形，我們將於第四節裡再來討論其他形式的標準分數，這些標準分數皆需要使用 z 分數作為計算的基礎。

㈣百分等級與標準分數之比較

　　百分等級與標準分數都可以用來表示**個人在團體中的相對地位**，因此，在**比較來自不同單位或不同分配的分數差異**時，學者們多半會建議使用百分等級或標準分數；例如，在比較甲校 A 生的成績與乙校 B 生的成績時，就可以根據各自學校的平均數和標準差，將各自的成績轉換成標準分數或百分等

級，然後，再進一步比較兩人的成績在各自學校中的相對地位。

如前面所述，使用百分等級的好處就是讓人容易理解，但是因為並非等距變項，所以不能進一步作數學的處理，為其缺點；而標準分數因為是**以標準差為單位**，且是**等距變項**，**適合作數學處理**，可以進行加減乘除等四則運算，所以在推論統計學上應用較廣，但缺點是**不容易被沒有統計學概念的人所瞭解**。因此，當解釋測驗分數給外行人聽時，最好是使用百分等級的說明方法較適宜。事實上，許多經過標準化的心理與教育測驗，其分數報告單上，除了陳列標準分數外，並列有百分等級，以方便使用者的參考對照。

第二節　常態分配

理論上，常態分配是由二項分配延伸而來，因此，我們有必要先行回顧一下什麼是二項分配。

一、二項分配

在高中數學裡，我們曾玩過投擲一個均勻、公正的銅板遊戲，並且知道，每投擲一次，銅板出現正面的**機率** (probability) 有 1/2，出現反面的機率也有 1/2。在此，我們以符號 p 表示出現正面的機率，以 q 表示出現反面的機率。由於銅板只有正反兩面，出現正面和出現反面的機率和剛好等於 1，亦即 $p + q = 1, q = 1 - p$。

(一)二項分配的機率

當我們同時投擲許多銅板時，隨著銅板個數的增加，出現各種正反面組合的情形也會增多，這些組合情形正如表 5.5 所示，其中，H 代表出現正面，T 代表出現反面。

由表 5.5 可知，當投擲五個時，共有 32 種可能組合出現；當投擲四個時，共有 16 種可能組合出現；當投擲三個時，共有 8 種可能組合出現；當投擲二個時，共有 4 種可能組合出現；當投擲一個時，共有 2 種可能組合出現。由此可知，出現各種正反面組合情形，隨著投擲銅板數目的增加而增加，其可能出現的組合個數剛好是 2^n，其中，n 為所投擲的銅板個數。

表 5.5　當同時投擲不等數目銅板的各種可能出現組合

| 組合數目 | | 投　擲　銅　板　個　數 | | | | |
各種可能的出現組合		一	二	三	四	五
	1	H	HH	HHH	HHHH	HHHHH
	2	T	HT	HHT	HHHT	HHHHT
	3		TH	HTH	HHTH	HHHTH
	4		TT	THH	HTHH	HHTHH
	5			TTH	THHH	HTHHH
	6			THT	TTHH	THHHH
	7			HTT	THTH	HHHTT
	8			TTT	THHT	HHTHT
	9				HTTH	HHTTH
	10				HTHT	HTHTH
	11				HHTT	HTTHH
	12				TTTH	THTHH
	13				TTHT	TTHHH
	14				THTT	HTHHT
	15				HTTT	THHTH
	16				TTTT	THHHT
	17					HHTTT
	18					HTHTT
	19					HTTHT
	20					HTTTH
	21					THTTH
	22					TTHTH
	23					TTTHH
	24					THHTT
	25					THTHT
	26					TTHHT
	27					HTTTT
	28					THTTT
	29					TTHTT
	30					TTTHT
	31					TTTTH
	32					TTTTT

　　將每一種組合出現次數除以所有可能組合出現的總次數，便可以得到每一種組合出現的機率。由於銅板只有正反兩面，我們可以依據正面出現的次數為準，將出現同面的個數相加，則可以得到下列的出現次數：

表 5.6　當同時投擲不等數目銅板的正面出現次數

正面出現次數	投擲銅板個數				
	一	二	三	四	五
0	1	1	1	1	1
H	1	2	3	4	5
H H		1	3	6	10
H H H			1	4	10
H H H H				1	5
H H H H H					1

由表 5.5 及表 5.6 所示，可以導出計算各種可能正面出現次數的機率公式，即為**二項分配公式**，可以表示如下：

$$(p+q)^n = p^n + \frac{n}{1}p^{n-1}q^1 + \frac{n(n-1)}{1\times 2}p^{n-2}q^2 + \frac{n(n-1)(n-2)}{1\times 2\times 3}p^{n-3}q^3 + \cdots + q^n$$

〈公式 5–7〉

　　將上述公式展開後，總共有 $n+1$ 項（亦即，正面出現 0 次、1 次、2 次、……、n 次的項數），各項出現之次數的總和剛好為 2^n。若以投擲五個銅板為例，其中各項出現之次數值依次為 1, 5, 10, 10, 5 和 1（共 $5+1=6$ 項），總和為 32（亦即 $2^5 = 32$）。舉例來說，當投擲五個銅板時，將 $n=5$ 代入〈公式 5–7〉中，展開後可得：

$$(\frac{1}{2}+\frac{1}{2})^5 = (\frac{1}{2})^5 + 5(\frac{1}{2})^4(\frac{1}{2})^1 + \frac{5\times 4}{1\times 2}(\frac{1}{2})^3(\frac{1}{2})^2 + \frac{5\times 4\times 3}{1\times 2\times 3}(\frac{1}{2})^2(\frac{1}{2})^3$$
$$+ \frac{5\times 4\times 3\times 2}{1\times 2\times 3\times 4}(\frac{1}{2})^1(\frac{1}{2})^4 + \frac{5\times 4\times 3\times 2\times 1}{1\times 2\times 3\times 4\times 5}(\frac{1}{2})^5$$
$$= \frac{1}{32} + \frac{5}{32} + \frac{10}{32} + \frac{10}{32} + \frac{5}{32} + \frac{1}{32}$$

由上述展開式可知，正面出現 0 次者的機率為 1/32、出現 1 次者為 1/32 的 5 倍、出現 2 次者為 1/32 的 10 倍、出現 3 次者為 1/32 的 10 倍、出現 4 次者為 1/32 的 5 倍、出現 5 次者為 1/32，總共有 6 項可能的正面出現機會，這 6 項機率的和為 1。

　　但是，當投擲的銅板個數愈多時，我們很難一一展開二項式的各項次數值，因此，我們必須另謀其他方法才行。幸好，已有現成的次數分配表可供參考，那就是著名的「**巴斯卡三角形**」(Pascal's triangle)。我們只要查出該表中的銅板數（即 n），即可查得它應有的各項次數值，該次數值再除以其次數總和，便可獲得各種正面出現次數的相對機率。

表 5.7　巴斯卡三角形

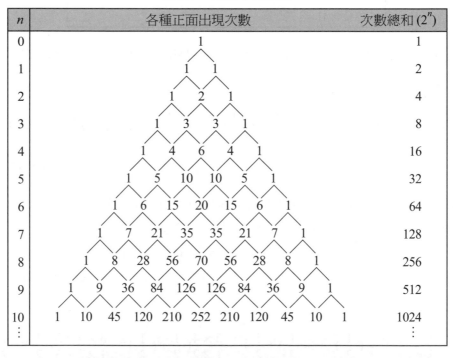

n	各種正面出現次數	次數總和 (2^n)
0	1	1
1	1　1	2
2	1　2　1	4
3	1　3　3　1	8
4	1　4　6　4　1	16
5	1　5　10　10　5　1	32
6	1　6　15　20　15　6　1	64
7	1　7　21　35　35　21　7　1	128
8	1　8　28　56　70　56　28　8　1	256
9	1　9　36　84　126　126　84　36　9　1	512
10 ⋮	1　10　45　120　210　252　210　120　45　10　1	1024 ⋮

　　當投擲的銅板個數趨近無窮大時，每次查對巴斯卡三角形的對照表值是一件非常煩人的事，所以，我們必需仰賴二項式機率的計算公式如下：

$$C_r^n p^r q^{n-r} = \frac{n!}{r!(n-r)!} p^r q^{n-r} \qquad \langle 公式\ 5\text{–}8 \rangle$$

〈公式 5–8〉中的 C_r^n 代表 n 個銅板中一次選取出現 r 個正面的排列方式，而 $n-r$ 即為出現反面的次數，p 和 q 則為出現正、反面的機率。因此，以投擲五個銅板為例，出現三個正面的機率為：

$$C_3^5 p^3 q^{5-3} = \frac{5 \times 4 \times 3}{1 \times 2 \times 3}(\frac{1}{2})^3(\frac{1}{2})^2 = 10 \times .03125 = .31250$$

該項機率即如表 5.8 中出現三次正面的相對機率值。表 5.8 中的 f 項即為表 5.7 中的各種正面出現次數值，而 $P(H)$ 即為各種次數值除以次數總和的機率值。

表 5.8　投擲五個銅板的機率

H	f	$P(H)$
5	1	.03125
4	5	.15625
3	10	.31250
2	10	.31250
1	5	.15625
0	1	.03125
	$2^5 = 32$	1.00000

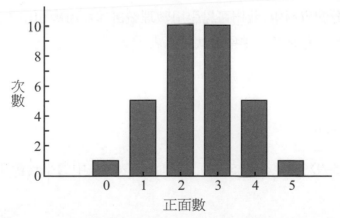

圖 5.2　投擲五個銅板的二項次數分配（當投擲銅板數增加到無窮大時，其次數分配會逐漸接近常態分配）

其實，表 5.7 中的次數值可以用直方圖表示，而由這些各種可能出現正面的次數所構成的分配，便叫作二項次數分配，如圖 5.2 所示。若連結各個直方圖上方的中點處，並畫出一條左右對稱的曲線，則當 n 接近無窮大時，圖 5.2 中橫軸上的組距會越來越小，並且該曲線也會與直方圖的面積越來越密合，直到再也看不見直方圖的稜角為止；此時，所呈現出來的曲線便是一條左右對稱的平滑鐘形曲線，該曲線便叫作**常態分配曲線**。

㈡**二項分配的平均數和標準差**

在討論如何計算二項分配的平均數和標準差之前，我們可以先參考表 5.9 例子的說明：

表 5.9　當 $n = 5$ 時，二項分配的平均數和標準差的計算

X	f	fX	χ	$f\chi$	$f\chi^2$	
5	1	5	2.50	2.50	6.25	$\mu = \dfrac{\sum fX}{N} = 2.50$
4	5	20	1.50	7.50	11.25	
3	10	30	.50	5.00	2.50	$\sigma^2 = \dfrac{\sum f\chi^2}{N} = 1.25$
2	10	20	−.50	−5.00	2.50	$\sigma = 1.12$
1	5	5	−1.50	−7.50	11.25	
0	1	0	−2.50	−2.50	6.25	
Σ	32	80	0.00	0.00	40.00	

在二項分配資料中，我們可以引用數理統計學家所導引出來的計算公式，來計算平均數和標準差。這些公式可以表示如下：

$$\mu = np$$

〈公式 5–9〉

$$\sigma^2 = npq$$

〈公式 5–10〉

根據〈公式 5–9〉和〈公式 5–10〉的算法，表 5.9 中的平均數和標準差分別為：

$$\mu = 5 \times \frac{1}{2} = 2.50$$

$$\sigma^2 = 5 \times \frac{1}{2} \times \frac{1}{2} = 1.25$$

此結果與表 5.9 的計算結果一樣。

我們亦可仿照第一節所述，**將二項分配的次數轉換成標準分數**如下：

$$z = \frac{X - \mu}{\sigma} = \frac{\chi}{\sigma}$$
〈公式 5–11〉

依據上述公式所示，表 5.9 中的次數可以轉換成下表的 z 分數：

X	f	cf	z	機率	累積機率
5	1	32	2.23	.03125	1.00000
4	5	31	1.34	.15625	.96875
3	10	26	.45	.31250	.81250
2	10	16	−.45	.31250	.50000
1	5	6	−1.34	.15625	.18750
0	1	1	−2.23	.03125	.03125

可見 z 分數在 −2.23 以下時，其累積機率值為 .03125。但在真實的常態分配裡，z 分數小於 −2.23 的累積機率值為 .0129，與本例中的累積機率值 .03125 差距甚遠，這是由於投擲的銅板個數 (n) 過少的緣故。當 n 趨近於無窮大時，這兩者間的差異會逐漸趨近於零。

由上述例子的說明可知，二項分配比較適用於間斷變項，而常態分配則比較適用於連續變項。並且，當 n 很小時，二項分配與常態分配二者在某個 z 分數以下的累積機率值並不相等，甚至差異很大；但隨著 n 逐漸增大，二者間的差異會逐漸趨近於零。因此，**常態分配可以被看成是二項分配中投擲的銅板個數 (n) 增至無窮大的結果。**

二、常態分配

由二項分配公式可知，當 $(p + q)^n$ 中的 n 增加到無窮大，並且 p 和 q 的值為 0.5 時，二項分配曲線便會逐漸趨近常態分配曲線，亦即，變成一條左右對稱的平滑鐘形曲線。具有這種形狀的曲線所構成的分配，便叫作「常態分配」。

㈠常態分配曲線的高度

　　所謂常態分配曲線的高度，其實就是指該次數分配中出現某種可能分數的次數，正如圖 5.3 中的縱軸所示。其實，這種常態分配曲線的高度，可用下列的公式來表示：

$$y = \frac{1}{\sigma\sqrt{2\pi}}\, e^{-\frac{(X-\mu)^2}{2\sigma^2}}$$

〈公式 5–12〉

其中，X 為測量分數，

　　　y 為得 X 分時的相對應曲線高度，

　　　μ 為平均數，

　　　σ 為標準差，

　　　π 為一常數值，3.14159…，

　　　e 為自然對數之底值，2.71828…。

由〈公式 5–12〉可知，該公式是一條**由兩個參數（即 μ 和 σ）所決定的函數**（a two-parameter function），亦即，任意兩個 μ 和 σ 的組合，都可以決定一條常態分配曲線的形狀和位置。因此，實際上根據〈公式 5–12〉所畫出的曲線

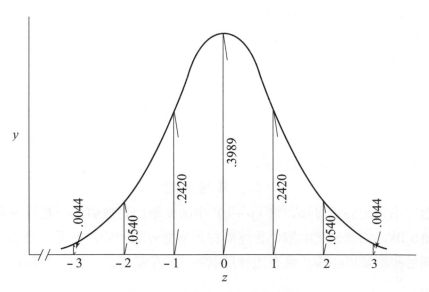

圖 5.3　常態分配曲線的高度

圖，不會像圖 5.3 中所示，而是一條形狀類似的曲線，其橫軸的單位長是測量分數 X 所構成之次數分配的標準差，而最大高度值所對應到橫軸的點，正是該次數分配的平均數。由於每一種次數分配所畫出的曲線，其橫軸的單位長都不會一樣，因此，各種不同變項的次數分配間，很難進行有意義的比較與解釋。所以，我們必須尋求**單位一致的常態分配曲線**才行。

由〈公式 5–12〉中可知，e 右上角的指數是 z 分數，其平均數為 0，標準差為 1，因此，若將每一個測量所得的原始分數，依〈公式 5–11〉進行轉換成 z 分數，則〈公式 5–12〉中的平均數 μ 將變為 0，標準差 σ 將變為 1。如果再把夾於曲線至橫軸間的總面積設定為 1（參見圖 5.4 所示），亦即把人數看成是 1 ($N = 1$) 或總機率值設定為 1，則〈公式 5–12〉可以簡化如下：

$$y = \frac{1}{\sqrt{2\pi}} \, e^{-\frac{z^2}{2}}$$

〈公式 5–13〉

若將 π 和 e 等常數值代入，則〈公式 5–13〉簡化成：

$$y = 0.398942 \times 2.718282^{\left(-\frac{1}{2}z^2\right)}$$

所以，只要將 z 值代入〈公式 5–13〉，便可求出 z 值所對應的 y 值，也就是常態分配曲線的高度值，如圖 5.3 所示。這時的常態分配曲線，即稱作「**標準化常態分配曲線**」(standardized normal distribution) 或 **z 分配曲線** (z-distribution)。

表 5.10 所示，即是 z 值分別為 0、±1、±2 和 ±3 時的標準化常態分配曲線的高度，將這些高度的頂點連結在一起，便成為一條平滑的常態分配曲線，該曲線很顯然的是一條**左右對稱的鐘形曲線**，其最高點即出現在 z 值為 0 時

表 5.10　標準化常態分配曲線的高度

z 值	e	y
0	1	.398942
±1	.606531	.241971
±2	.135335	.053991
±3	.011109	.004432

的曲線高度，亦即是 $y = .3989$。當 z 值愈來愈大（或愈來愈小）時，標準化常態分配曲線的高度亦隨之遞降，以致逐漸趨近於零。

從實用的觀點來看，根據〈公式 5–13〉計算標準化常態分配曲線的高度是一件很麻煩的事，學者們多半不會使用這種方法。為了節省時間與方便計算起見，本書在附錄三中提供「表 A：z 分配表」供讀者使用，讀者只要查閱該表中的 z 值欄，便可查得其相對應的 y 值是多少，即可得知曲線的高度值是多少。由於該表僅陳列正的 z 值，並沒有陳列負的 z 值，因此，在查表時，讀者只要先確定所要查的 z 值是多少，暫時不要考慮它的正負號（即以絕對值的觀點來看），再查對其旁的 y 值欄，找出相對應的 y 值，便是某個 z 值所在的曲線高度。由於常態分配曲線是對稱的曲線，且高度值永遠為正值，所以即使是負的 z 值，所查得的 y 值亦與正的 z 值所查得結果一樣；例如，z 值為 1.96 時，所查得的 y 值為 .0584；而 z 值為 -1.96 時，所查得的 y 值亦為 .0584，兩者因為曲線是**對稱而相同**。

㈡**常態分配曲線的面積及其應用**

常態分配曲線的面積是根據**微積分** (calculus) 中的「**積分**」(integral) 方法所算出來的。我們可以把常態分配曲線想像成由無數長短不一的長方形所構成的曲線，而每個長方形的面積即為每個 z 值及其相對應高度的乘積值，這些**面積的總和**，即為常態分配曲線的面積。

假設該曲線與橫軸間所圍成的面積為 1，則各個 z 值間所佔的面積，可由圖 5.4 中得知。例如，在 $z = 0$ 與 $z = 1.0$ 之間的面積佔總面積的 .3413，亦即，10000 人中就有 3413 個人的得分是介於 $z = 0$ 與 $z = 1.0$ 之間；而在 $z = 1.0$ 與 $z = 2.0$ 之間的面積為 .1359，亦即，10000 人中就有 1359 個人的得分是介於 $z = 1.0$ 與 $z = 2.0$ 之間；依此類推。簡單的說，我們可以這樣表示如下：

> 得分在 $\mu \pm 1\sigma$ 之間者，佔總面積的 .6826
>
> 得分在 $\mu \pm 2\sigma$ 之間者，佔總面積的 .9544
>
> 得分在 $\mu \pm 3\sigma$ 之間者，佔總面積的 .9974

換句話說，在標準化常態分配曲線下，得分在平均數上下一個標準差之間者，

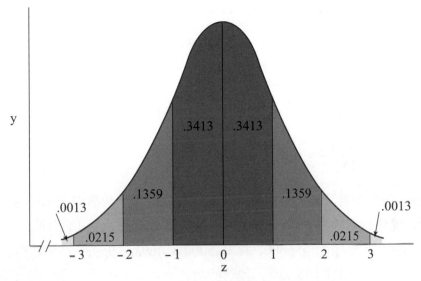

圖 5.4　常態分配曲線的面積

佔總人數的 68.26% 左右，以外者約佔 32%；得分在平均數上下二個標準差之間者，佔總人數的 95.44% 左右，以外者約佔 5%；而得分在平均數上下三個標準差之間者，佔總人數的 99.74% 左右，以外者佔不到 1%。由此可見，我們只要取 ±3 之間的 z 值，就幾乎涵蓋所有的面積，這也是本書後續章節只討論平均數上下三個標準差範圍內之常態分配曲線的原因。

　　其實，在實際應用上，我們通常都是直接查閱附錄三表 A，以獲得想要的結果。由於附錄三表 A 僅陳列介於 0 到 3 之間的 z 值面積，而沒有陳列負的 z 值面積，因此在使用時，凡是遇到負的 z 值，就一律先查出正的 z 值所相對應的面積，再由 .5000 減去該查表值；若是想瞭解某個正的 z 值以下的面積，則只要查出該正的 z 值所相對應的面積，再加上 .5000 就行。例如，若是問 $z = 1.96$ 以下的面積，則只要先查出 $z = 1.96$ 的面積數值為 .4750，再加上曲線左半部的面積 .5000，我們便可以說 $z = 1.96$ 以下的總面積為 .9750；若是問 $z = -1.96$ 以下的面積，則只要由 .5000 減去該查表值即可，即為 .5000 − .4750 = .0250。由於常態分配曲線是**對稱**的，所以，$z = -1.96$ 以下的面積會和 $z = 1.96$ 以上的**面積相等**，都是 .0250。

　　為了能讓讀者更加熟練常態分配曲線的面積求法，再舉幾個例子說明如下：

5.5

> 已知某個智力測驗的 $\mu = 100$, $\sigma = 15$。假設某生在該智力測驗上的得分為
> 128，則有多少百分比的人智力不如他？

首先，針對本問題，求出該生得分的 z 分數為：

$$z = \frac{128 - 100}{15} = 1.87$$

此即表示，該生的得分是座落在標準化常態分配曲線平均數以上 1.87 個標準差的位置，經查閱附錄三表 A，得知介於 $z = 0$ 到 $z = 1.87$ 之間的面積為 .4693，再加上曲線左半部的面積 .5000，共為 .5000 + .4693 = .9693，亦即，在 $z = 1.87$ 以下的面積佔總面積的 96.93%，換句話說，大約有 97% 的人智力不如該生。

5.6

> 已知某個智力測驗的 $\mu = 100$, $\sigma = 15$。假設某位學者宣稱：「智力分數在 140 以
> 上者即為資賦優異者」，則試問臺灣兩千萬人口中（假設其智力亦呈常態分
> 配），大約有多少人是屬於資賦優異？

首先，在回答本問題前，我們必須先知道，當我們談到「**面積**」時，所指的就是**所涵蓋人數**的意思；例如，面積為 .0250 時，即表示在 10000 人之中，有 250 人是如此的得分。因此，本問題必須先計算出智力分數在 140 以上者的 z 分數是多少，才能進一步估計出符合條件的人口數為何？本問題的 z 分數算法表示如下：

$$z = \frac{140 - 100}{15} = 2.67$$

接著，經查閱附錄三表 A，得知介於 $z = 0$ 與 $z = 2.67$ 之間的面積為 .4962，所以，大於 $z = 2.67$ 以上的面積即為 .5000 − .4962 = .0038，亦即，大約有 0.38% 的人口是資賦優異。因此，臺灣約有 $20000000 \times 0.38\% = 76000$ 個人屬於資賦優異者。

附錄三表 A 所呈現的 z 值、z 值相對應的高度值及 z 值的機率值等，都可

以互換使用，也就是說，可由 z 值查閱其高度值、或由機率值查閱 z 值、或由高度值查閱機率值等，都非常方便。但是，當表 A 中所呈現的數值沒有剛好所需要的數值時，就必須以**內插法**計算所需要的數值。內插法是高中數學所談論過的方法，在此不再重述。有興趣的讀者，可以參閱林清山（民 81，105 頁）所提供的例子。

㈢常態分配的特性

簡單的說，常態分配是指由很大的群體所形成的次數分配，所以是屬於**母群體的分配**，而不是屬於樣本的分配。人類有許多特質，如：身高、體重、和智力等，都呈現常態分配。常態分配的定義正如〈公式 5–12〉所示，它具有下列的性質：

---

(1) X（即測量分數）為連續變項，所以常態分配為一種連續分配。

(2)常態分配曲線對稱於 $X = \mu$ 的縱軸。

(3)在常態分配下，平均數 = 中位數 = 眾數。

(4)它有兩個反曲點，分別在 $\mu - \sigma$ 和 $\mu + \sigma$ 之處。

(5)常態分配曲線左右兩端逐漸降低，左右兩端以橫軸為漸近線。

(6)常態分配曲線下之面積為 1。

(7)若 σ^2 不變，μ 改變，則常態分配曲線的位置會改變，但形狀不變。若 μ 不變，σ^2 改變，則常態分配曲線的位置不變，但形狀改變；並且，σ^2 愈大，表示常態分配曲線分散得愈廣。

(8)常態分配曲線的數學符號常表示成：$\sim N(\mu, \sigma^2)$。

由於常態分配曲線的位置和分散情形會隨著 μ 和 σ^2 的不同而異，因此，在應用上頗為不便，統計學家於是把常態分配轉換成以平均數為 0 ($\mu = 0$)，標準差為 1 ($\sigma = 1$) 的**標準化常態分配**；簡單的說，轉換成標準化常態分配就是把常態分配下的原始分數轉換成 z **分數**。這樣的標準化常態分配，亦具有下列的性質：

⑴平均數為 0，標準差為 1。

⑵標準化常態分配曲線對稱於 $z = 0$ 的縱軸。

⑶$z = 0$ 時，$y = .3989$，為曲線的最高點。

⑷它有兩個反曲點，分別在 $z = \pm 1$ 之處。

⑸$|z| > 3$ 時，y 值已甚微小，曲線兩端幾乎與橫軸相接。

⑹標準化常態分配曲線下之面積亦為 1。

⑺標準化常態分配曲線的數學符號常表示成：$\sim N(0, 1)$。

第三節　偏態與峰度

　　在心理與教育研究領域裡，研究變項的次數分配常呈現常態分配。若要明瞭研究變項是否具有常態分配，我們必須考慮決定一個次數分配曲線形狀的兩項指標：**偏態** (skewness) 與**峰度** (kurtosis)。

一、偏　態

　　偏態即是指次數分配中，大多數人的分數是落在平均數的哪一邊而言。如圖 3.1 之⑻所示，當次數分配中多數的得分是集中在低分的部份，或平均數落在中位數的右邊者，便叫作**正偏態分配**；而如圖 3.1 之⑼所示，當次數分配中多數的得分是集中在高分的部份，或平均數落在中位數的左邊者，便叫作**負偏態分配**。偏態即是用來判別平均數座落位置的指標；一般而言，當次數分配的曲線若非呈現像常態分配中左右對稱似的鐘形曲線時，該曲線便可說是偏態曲線。

　　偏態的計算與「**動差**」(moment) 有關。動差是指離均差的各種次方和的平均數，因此它有各種名稱，分別以一級、二級、⋯⋯等動差命名。各種動差的意義，可以分別表示如下：

$$一級動差：m_1 = \frac{\sum(X - \bar{x})}{N} = 0$$

$$二級動差：m_2 = \frac{\sum(X - \bar{x})^2}{N} = S_x^2$$

三級動差： $m_3 = \dfrac{\sum(X - \bar{x})^3}{N}$

四級動差： $m_4 = \dfrac{\sum(X - \bar{x})^4}{N}$

$$r \text{ 級動差：} \quad m_r = \frac{\sum(X - \bar{x})^r}{N}$$

〈公式 5–14〉

由上述公式可知，一級和二級動差即為我們所熟悉的**零**和**變異數**。但在統計學裡，二級動差常用來表示團體分數**分散情形**的指標，三級動差是用來測量**偏態**的主要依據，而四級動差則是用來計算**峰度**的主要量數。

通常，統計學家以 γ_1 來代表**偏態的指標**，它的計算公式可以表示如下：

$$\gamma_1 = \frac{m_3}{m_2\sqrt{m_2}}$$

〈公式 5–15〉

如果將二級和三級動差值代入〈公式 5–15〉，即得：

$$\gamma_1 = \frac{\sum z^3}{N}$$

〈公式 5–16〉

亦即，γ_1 就是 z 分數的三次方之和的算術平均數（參見附錄一的公式證明）。因此，z 分數也可以作為考驗偏態的指標。同理，將原始分數代入 z 分數，也可以用來計算偏態。

一個次數分配曲線到底該偏頗到什麼程度，才可以算是偏態曲線呢？一般而言，一個曲線是否偏態，往往需要與常態分配的左右對稱關係作比較後，才能得知。我們可以分成下列三種情形來討論：

(1)當常態分配時，曲線是呈現左右對稱的關係，因此，平均數以上的 $(X - \bar{x})^3$ 的總和與平均數以下的 $(X - \bar{x})^3$ 的總和，剛好是相等；也就是說，$\sum(X - \bar{x})^3 = 0$，即 $m_3 = 0$。由此可見，當 $\gamma_1 = 0$ 時，所指的便是常態分配曲線。

(2)在正偏態時，由於平均數右邊的分數離開平均數較遠，而平均數左邊的分數離開平均數較近，因此，平均數以上的 $(X - \bar{x})^3$ 的總和會大於平均數以下的 $(X - \bar{x})^3$ 的總和，所以 $\sum(X - \bar{x})^3$ 是正值，即 $m_3 > 0$。由此可見，當

$\gamma_1 > 0$ 時，所指的便是正偏態分配曲線，亦即是大多數分數都集中在低分部份的曲線。

(3)在負偏態時，由於平均數右邊的分數離開平均數較近，而平均數左邊的分數離開平均數較遠，因此，平均數以上的 $(X - \bar{x})^3$ 的總和會小於平均數以下的 $(X - \bar{x})^3$ 的總和，所以 $\sum(X - \bar{x})^3$ 是負值，即 $m_3 < 0$。由此可見，當 $\gamma_1 < 0$ 時，所指的便是負偏態分配曲線，亦即是大多數分數都集中在高分部份的曲線。

K. Pearson 曾提出簡便的**判斷偏態係數方法**如下：

$$\gamma_1 = \frac{\mu - Mo}{\sigma}$$ 〈公式 5–17〉

亦即是母群體的平均數減去眾數，除以母群體的標準差，所得的商便是偏態係數。當**使用樣本統計數時**，〈公式 5–17〉也可以由下列公式來取代：

$$\gamma_1 = \frac{3(\bar{x} - Md)}{S_x}$$ 〈公式 5–18〉

亦即是樣本的平均數減去中位數，乘上 3 倍，再除以樣本的標準差，所得的商便是偏態係數。**Pearson** 的這種近似指標，只可以用來幫助讀者進行粗略的判斷，以快速明瞭某個次數分配是否具有偏態。

由於目前大多數的統計電腦套裝軟體程式都有列印偏態指標的功能，因此，讀者可以不必費心去記憶偏態的計算公式。讀者只要能夠利用電腦報表上的偏態指標值，依據上述的說明，加以判斷該分配是呈現常態的、正偏態的、或負偏態的即可。讀者請參見第五節電腦習作的說明。

二、峰　度

峰度即是指次數分配曲線中尖聳部份的形狀而言。如果次數分配曲線比常態分配曲線較為平坦，且兩極端分數較少者，則這種分配便叫作**低闊峰** (platykurtic) 分配；如果次數分配曲線比常態分配曲線較為高聳，且兩極端分數較多者，則這種分配便叫作**高狹峰** (leptokurtic) 分配。這些不同分配間的曲線關係，如圖 5.5 所示。

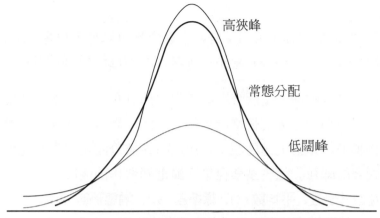

圖 5.5　高狹峰、低闊峰與常態分配曲線間的比較

峰度的計算與四級動差有關。其指標可以表示如下：

$$\gamma_2 = \frac{m_4}{m_2^2} - 3$$

〈公式 5–19〉

若將二級和四級動差值代入〈公式 5–19〉，即得：

$$\gamma_2 = \frac{\sum z^4}{N} - 3$$

〈公式 5–20〉

亦即，γ_2 與 z 分數的四次方之算術平均數有關（參見附錄一的公式證明）。因此，z 分數也可以作為考驗峰度的指標。同理，將原始分數代入 z 分數，也可以用來計算峰度。

　　至於我們該如何利用峰度指標，去判斷一個次數分配曲線是否具有較高或較低的峰度呢？大致上，一個曲線是否具有較高或較低的峰度，往往是**與常態分配的峰度作比較後**，才能得知。我們可以分成下列三種情形來討論：

(1)當**常態分配**時，因為曲線是左右對稱的，且平均數所在位置的高度最高，因此，$\gamma_2 = 0$。

(2)當兩個次數分配的標準差相當時，次數分配曲線愈高狹者，兩極端分數之次數愈多，故 $\sum(X - \bar{x})^4$ 愈大，所以，$\gamma_2 > 0$ 即表示高狹峰。

(3)當兩個次數分配的標準差相當時，次數分配曲線愈平坦者，兩極端分數之次數愈少，故 $\sum(X-\bar{x})^4$ 愈小，所以，$\gamma_2 < 0$ 即表示低闊峰。

　　由於目前多數的統計電腦套裝軟體程式都具有列印峰度指標的功能，因此，讀者可以不必費心去記憶峰度的計算公式。讀者只要能夠閱讀電腦報表上的峰度指標值，依據上述的說明，加以判斷該分配是呈現常態的、高狹峰的、或低闊峰的即可。讀者請參見第五節電腦習作的說明。

　　在描述統計學裡，**平均數** $(\bar{x})$、**標準差** (S_x)、**偏態係數** (γ_1) 和**峰度係數** (γ_2) 等四個指標，已經構成一個簡單且完整的描述體系，它們可以用來比較**不同次數分配間的形狀差異**，和扼要說明**某個團體分數的分配情形**。在統計電腦套裝軟體程式中，這四項指標也多半被當作**描述統計**的設定值 (defaults) 之一。

第四節　常態化標準分數

　　在標準分數一節裡，我們曾經討論過：不論將原始分數轉換成 z 分數，或將 z 分數直線轉換成 Z 分數，我們都只是改變它們的平均數和標準差而已，並不會改變個別分數在團體中的相對關係。例如，把原始分數 X 轉化成 z 分數，只是將其平均數轉變成 0，標準差轉變成 1 而已，原始分數的分配形狀並不會改變；換句話說，如果原始分數分配不是呈現常態分配，則轉換後的 z 分數仍然不是常態分配；如果原始分數分配是呈現常態分配，則轉換後的 z 分數仍然是常態分配。

　　許多心理與教育測驗，都是經過「**常態化**」(normalization)──將非常態分配的資料轉換成常態分配的過程──方式來建立常模的。真正的常態化過程，已不再是一種直線轉換的過程，而是一種**非直線轉換** (non-linear transformation) 的過程，有興趣的讀者可以參閱林清山（民 81，頁 111～114）的著作。其中，有許多種常用的常態化標準分數指標，常出現在標準化的心理或教育測驗裡，讀者有必要知道它們的意義。茲分別介紹如下：

　　T **分數**即是一種最常見的常態化標準分數。它有個基本假設是：所測量的特質之**母群體是呈常態分配**，如果分配不是呈現常態分配，則不能使用 T 分

數。幸好，大多數人類的心理特質或能力都是呈現常態分配，因此，在一般修訂心理與教育測驗的過程中，凡使用大樣本修訂而成的標準化測驗，都可以使用 T 分數來建立常模。T 分數的平均數為 50，標準差為 10，它是在常態分配的假設下，經由下列直線轉換公式而得：

$$T = 10z + 50$$
〈公式 5–21〉

除了 T 分數外，還有幾種常見的常態化標準分數，它們都是假設**原始分數**的分配是呈常態分配，然後加以直線轉換而成。最基本的**轉換通式**可以表示如下：

$$Z = az + b$$
$$= a(\frac{X - \mu}{\sigma}) + b$$
〈公式 5–22〉

其中的 b 值，即是轉換後的平均數，a 值是轉換後的標準差。

其他，如**比西量表** (Binet-Simon Scale) 的分數為：

$$BSS = 16z + 100$$

魏氏兒童智力量表 (Wechsler Intelligence Scale for Children) 的分數為：

$$WISC = 15z + 100$$

美國陸軍普通分類測驗 (Army General Classification Test) 的分數為：

$$AGCT = 20z + 100$$

美國大學入學考試委員會 (College Entrance Examination Board) 所舉辦的大**學入學測驗** (American College Testing Assessment) 分數為：

$$ACT = 5z + 20$$

另一種**學術性向測驗** (Scholastic Aptitude Test) 的分數為：

$$SAT = 100z + 500$$

另外，**托福測驗** (Test of English as A Foreign Language) 和**研究所入學考試** (Graduate Records Examination) 的分數也是：

$$TOEFL = 100z + 500$$
$$GRE = 100z + 500$$

這些分數都是透過 z 分數進行直線轉換而成，並且都是常見的常態化標準分數。為了讓讀者進一步明瞭這些公式的意義，茲以例 5.7 和圖 5.6 說明其間的關係。

 5.7

> 假設考生甲在比西量表 ($\mu = 100, \sigma = 16$) 上的得分為 132，而乙生在魏氏兒童智力量表 ($\mu = 100, \sigma = 15$) 上的得分亦為 132，請問乙生的 z 分數是多少？他在團體中所佔的地位如何？甲乙兩生誰比較聰明？

要解決這個問題，我們可以**把兩生的原始分數都化成 z 分數**後，再來作比較，看看誰比較聰明；我們也可以將其轉化成共同的常態化標準分數後，再來作比較。因此，乙生的 z 分數為：

$$z = \frac{X - \mu}{\sigma} = \frac{132 - 100}{15} = 2.13$$

查閱附錄三表 A 的結果，得知乙生的 z 分數為 2.13 時，有 98.34% 的人智力不如他。若將甲生在比西量表上的得分轉化為魏氏兒童智力量表的得分，則便可與乙生的魏氏兒童智力量表得分相比較，亦即：

甲生：$WISC = 15(\frac{132 - 100}{16}) + 100 = 130$

乙生：$WISC = 132$

由此可知，乙生比甲生聰明些，因為同在魏氏兒童智力量表上的得分乙生比甲生高。同理，若將乙生在魏氏兒童智力量表上的得分轉化成比西量表的得分，亦可獲得乙生得分比甲生得分高的事實，證明乙生比甲生聰明些。

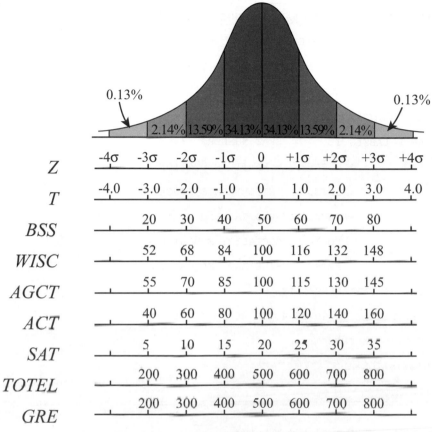

圖 5.6　常態分配曲線與各種常態化標準分數間的換算

第五節　電腦習作

一、SPSS/PC 4.0 版操作範例說明

　　茲以表 1.3 的五育成績資料作為本電腦習作的範例資料，並試求智育成績的第 10、20、30、40、50、60、70、80 和 90 百分位數的值，以及它的偏態和峰度係數值，並解釋其電腦報表的內涵。

　　首先，建立下列的程式檔，並取名為 CH5。

```
TITLE 'THE SPSS/PC PROGRAM FOR CHAPTER FIVE'.

DATA LIST FILE='A:TABLE1.3'

  /ID 1-2 MORAL 4-5 INTEL 7-8 PHYSI 10-11

    SOCIA 13-14 ARTS 16-17.

SET LIST='A:CH5.LIS'.

VARIABLE LABELS ID      'SEAT NUMBERS'

               MORAL    'MORALITY EDUCATION'

               INTEL    'INTELLIGENCE EDUCATION'

               PHYSI    'PHYSICAL EDUCATION'

               SOCIA    'SOCIALITY EDUCATION'

               ARTS     'FINE ARTS EDUCATION'.

FREQUENCES VARIABLES=INTEL

  /PERCENTILES=10 20 30 40 50 60 70 80 90

  /FORMAT=CONDENSE

  /STATISTICS=ALL.

FINISH.
```

執行後，獲得下列的輸出結果：

VARIABLE   INTEL ①

VALUE	FREQ	PCT	CUM PCT	VALUE	FREQ	PCT	CUM PCT	VALUE	FREQ	PCT	CUM PCT
72	1	3	3	87	2	5	28	94	3	8	77
73	1	3	5	89	2	5	33	95	4	10	87
79	1	3	8	90	2	5	38	96	3	8	95
81	2	5	13	91	4	10	49	97	1	3	97
82	1	3	15	92	4	10	59	98	1	3	100
85	3	8	23	93	4	10	69				

```
MEAN          89.846 STD ERR         .999 MEDIAN       92.000

MODE          91.000 STD DEV        6.239 VARIANCE     38.923

KURTOSIS ②     1.410 S.E. KURT ③     .741 SKEWNESS ④   -1.308

S.E.SKEW ⑤      .378 RANGE         26.000 MINIMUM      72.000

MAXIMUM       98.000 SUM         3504.000

   ⑥                    ⑥                    ⑥

PERCENTILE    VALUE PERCENTILE     VALUE PERCENTILE    VALUE

10.00         81.00 20.00          88.00 30.00         89.00

40.00         91.00 50.00          92.00 60.00         93.00

70.00         94.00 80.00          95.00 90.00         96.00


VALID CASES      39      MISSING CASES           0
```

解釋:

①表示變項名稱, 在本例中 INTEL 即為智育分數。

②表示峰度係數值, 在本例中即為 1.410, 即為高狹峰分配。

③表示峰度係數值的標準誤, 在本例中即為 .741。

④表示偏態係數值, 在本例中即為 -1.308, 即為負偏態分配。

⑤表示偏態係數值的標準誤, 在本例中即為 .378。

所以, 根據本報表的偏態和峰度係數值, 可知智育分數大約是呈負偏態且是高狹峰的分配。

⑥表示第 10、20、30、40、50、60、70、80 和 90 百分位數的值, 在本例中分別為 81、88、89、91、92、93、94、95 和 96。

二、SPSS for Windows 操作範例說明

茲以表 1.3 的五育成績資料作為本電腦習作的範例資料, 並試求智育成績的第 10、20、30、40、50、60、70、80 和 90 百分位數的值, 以及它的偏態和峰度係數值, 並解釋其電腦報表的內涵。

首先, 請讀者參考本書第一章第四節之「三、SPSS for Windows 操作範例說明」, 將表 1.3 五育成績資料表建立一個新的 PASW 資料檔, 並取名為 ch5.sav, 如圖 5.7 所示。讀者若已熟悉建檔方式, 亦可以直接複製第三章第七節之「二、SPSS for Windows 操作範例說明」中建檔完成之資料檔 ch3.sav。

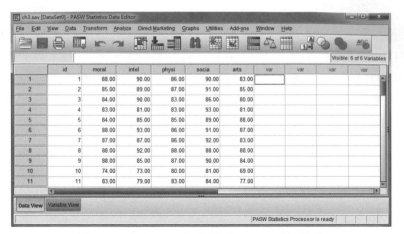

圖 5.7 表 1.3 五育成績的 PASW 資料檔

建檔完畢後，讀者可以選擇功能表中的 Analyze/Descriptive Statistics/Frequencies...，開始進行**次數分配**的統計分析，操作方式如圖 5.8 所示。

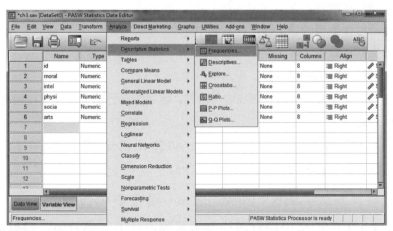

圖 5.8 點選 Analyze/Descriptive Statistics/Frequencies...

點選後，會出現「Frequencies」對話窗，之後，點選左方欄框內的「intelligence」變項，再按一下中間的方向鍵，將其點選送至右方欄框裡，如圖 5.9 所示，然後，再點選右上方之「Statistics...」功能按鈕，進行各百分位數與偏態、峰度值之計算。

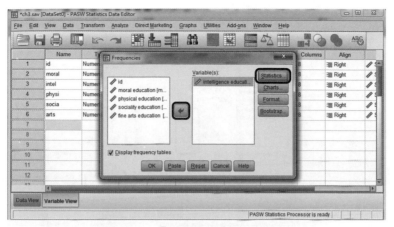

圖 5.9　「Frequencies」對話窗

　　打開圖 5.10「Frequencies: Statistics」對話窗後，如第三章第七節之「SPSS for Windows 操作範例說明」圖 3.6 所述，有四種類型指標可供勾選。但依照本範例的需求，只需選擇百分位數指標即可，即勾選百分位數 (Percentile(s)) 按鈕，並於後方空格中填入 10 後，按一下「Add」（加入）按鈕，將其納入計算清單中，此即表示要計算第 10 百分位數的數值，而後按此方式逐一加入 20、30... 90 的數值，如圖 5.11 所示，以計算所需的各種百分位數數值。另外，再選擇分配指標，勾選偏態 (Skewness)、峰度 (Kurtosis) 的按鈕，再按「Continue」按鈕回到原來的對話窗，再按「OK」，即可執行統計分析。

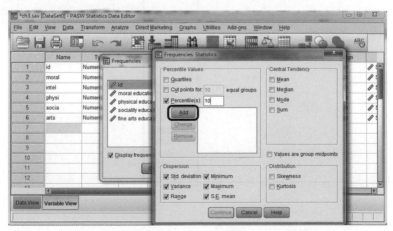

圖 5.10　「Frequencies: Statistics」對話窗

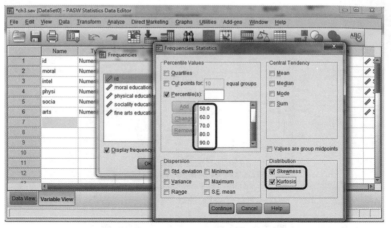

圖 5.11　逐一將各百分位數加入計算清單並勾選偏態與峰度值

　　執行後的結果檔與語法檔產生方法，如本書第二章第四節之「二、SPSS for Windows 操作範例說明」所示，讀者可自行轉換存檔。在本範例中，可將其結果檔存檔成 ch5.spo，並存放於適當的磁碟機和資料夾裡。

　　底下即為 ch5.spo 結果檔內容，其涵義與 SPSS/PC 4.0 版報表大致相同。

Frequencies

Statistics

intelligence education

N	Valid	39
	Missing	0
Skewness(2)		-1.308
Std. Error of Skewness(3)		.378
Kurtosis(4)		1.410
Std. Error of Kurtosis(5)		.741
Percentiles(6)	10	81.000
	20	85.000
	30	89.000
	40	91.000
	50	92.000
	60	93.000
	70	94.000
	80	95.000
	90	96.000

intelligence education(1)

		Frequency	Percent	Valid Percent	Cumulative Percent
Valid	72.0	1	2.6	2.6	2.6
	73.0	1	2.6	2.6	5.1
	79.0	1	2.6	2.6	7.7
	81.0	2	5.1	5.1	12.8
	82.0	1	2.6	2.6	15.4
	85.0	3	7.7	7.7	23.1
	87.0	2	5.1	5.1	28.2
	89.0	2	5.1	5.1	33.3
	90.0	2	5.1	5.1	38.5
	91.0	4	10.3	10.3	48.7
	92.0	4	10.3	10.3	59.0
	93.0	4	10.3	10.3	69.2
	94.0	3	7.7	7.7	76.9
	95.0	4	10.3	10.3	87.2
	96.0	3	7.7	7.7	94.9
	97.0	1	2.6	2.6	97.4
	98.0	1	2.6	2.6	100.0
	Total	39	100.0	100.0	

解釋：

(1)表示變項名稱，在本例中 INTEL 即為智育分數。

(2)表示偏態係數值，在本例中即為 −1.308，即為負偏態分配。

(3)表示偏態係數值的標準誤，在本例中即為 .378。

(4)表示峰度係數值，在本例中即為 1.410，即為高狹峰分配。

(5)表示峰度係數值的標準誤，在本例中即為 .741。

所以，根據本報表的偏態和峰度係數值，可知智育分數大約是呈負偏態且是高狹峰的分配。

(6)表示第 10、20、30、40、50、60、70、80 和 90 百分位數的值，在本例中分別為 81、85、89、91、92、93、94、95 和 96。

本章摘要

1. 相對地位量數是用來描述某個分數在團體中所佔相對位置的一種指標。

2. 相對地位量數主要可以分成兩大類：(1)百分位數和百分等級，(2)標準分數。

3. 百分等級可以 PR 代表，表示個人分數在某個化成一百個等級的團體中，可以勝過多少個等級而言。在計算時，必須由原始分數計算出其相對地位。

4. 百分位數可以 P_p 來代表，表示個人如果想要在一百個等級中勝過幾個等

級，就必須得多少分而言。在計算時，必須由相對地位算出其原始分數。百分位數和百分等級可以互相換算。

5. z 分數是指原始分數 X 減去其平均數，再除以標準差的商。這種轉換過程，便叫作直線轉換。

6. z 分數的平均數為 0，標準差為 1。

7. 不同單位之變項分數，必須化成 z 分數後才可以互相比較。

8. 理論上，常態分配是二項分配中嘗試次數增加到無窮大的結果。

9. 常態分配下的原始分數可以轉換成 z 分數，而經轉換成 z 分數後，z 分數的平均數為 0，標準差為 1。

10. 在常態分配下，平均數上下一個標準差之間的人數約佔總人數的 68.26%，兩個標準差之間者約佔 95.44%，三個標準差之間者約佔 99.74%。

11. 利用常態分配表（如附錄三表 A），可以查得某個 z 分數在常態分配曲線中的高度，和兩個 z 分數之間所夾的面積。

12. 偏態係數 γ_1 可用來判斷次數分配中大多數分數落在平均數的哪一邊。當 $\gamma_1 > 0$ 時，表示該次數分配是正偏態；當 $\gamma_1 < 0$ 時，表示該次數分配是負偏態；當常態分配時，則 $\gamma_1 = 0$。

13. 峰度係數 γ_2 可用來判斷次數分配曲線是否較常態分配曲線為高聳或平坦。當 $\gamma_2 > 0$ 時，表示該次數分配為高狹峰；當 $\gamma_2 < 0$ 時，表示該次數分配為低闊峰；當常態分配時，則 $\gamma_2 = 0$。

14. 常見的常態化標準分數，計有下列幾種，都是經由 z 分數直線轉換而來：

$$T = 10z + 50$$
$$BSS = 16z + 100$$
$$WISC = 15z + 100$$
$$AGCT = 20z + 100$$
$$ACT = 5z + 20$$
$$SAT = 100z + 500$$
$$TOEFL = 100z + 500$$
$$GRE = 100z + 500$$

第1～10題，均假設使用下列的標準化成就測驗，且其測驗分數均呈現常態分配：

		基礎學科測驗的年級分數			
			閱讀		算術
	WISC	四年級	五年級	六年級	五年級
μ	100	3.0	5.0	8.0	5.0
σ	15	1.0	1.4	1.9	1.1

1. 智力分數 115 以上的人口約佔多少 %？

2. 假設某位五年級學生閱讀測驗成績的 *PR* 是 84，則她的年級分數是多少？

3. 假設某位五年級學生算術測驗成績的 *PR* 也是 84，則她的年級分數是多少？

4. 如果某生升上六年級後閱讀測驗成績是 6.1，則與他的閱讀測驗成績具有同樣百分等級的魏氏兒童智力測驗分數應該是多少？

5. 同上一題，試問某生閱讀測驗成績比多少 % 的學生還高？

6. 就四年級學生而言，大約有幾分之幾的學生閱讀測驗成績比 4 分還高？

7. 就閱讀測驗成績而言，有多少 % 的四年級學生分數至少比 4 分還高？

8. 就五年級學生而言，年級分數同樣是 6 分的學生，是否其算術成績的百分位數會比其閱讀成績的百分位數還高？

9. 就閱讀測驗成績而言，有多少 % 的四年級學生分數分別比 2、3、4、和 5 分的年級分數還低？

10. 如果想要維持從四年級升到六年級時閱讀測驗成績仍在 *PR* 為 84 的位置的話，則必需增加多少年級分數才行？

11. 如果已知 $X = 176, \mu = 163, \sigma = 26$，則可以將 X 表示成多少的 z 分數？T 分數？和百分等級？

12. 假設智力真的呈常態分配，則臺灣有多少人的智力是超過 175？（假設 $N = 20000000, \mu = 100, \sigma = 15$）

13. 同上一題的資料，試問有多少 % 的人智力介於

　　(1) 90 和 110 之間？　　(2) 80 和 120 之間？　　(3) 75 和 125 之間？

14. 如果男性的身高也呈常態分配，則就一萬名男性中，會有多少人的身高比 6 英呎 6 英吋還高？（使用 $\mu = 68.5$ 英吋，$\sigma = 2.6$ 英吋為參考值，並且 1 英呎 = 12 英吋）

15. 下列何者不是常態分配的特徵？

　　(1)對稱的　　(2)單峰的　　(3)偏態的　　(4)曲線兩端漸近於橫軸

16. 下列表示法中，何者表示在一份測驗上的表現是最差的？

　　(1) P_{10}　　(2) $Z = -1.5$　　(3) $T = 30$

17. 如果某個原始分數被轉換成 z 分數，則它的次數分配曲線是否會改變？

18. 如果 z 分數乘上 10，則標準差從多少增加到多少？

19. 當分數被表示成下列分配時，其變異數各是多少？

　　(1) z 分數　　(2) T 分數

20. 接近平均數處的 z 分數稍作改變（如從 0 到 .5），則其相對的百分位數的改變是較大或較小？而遠離平均數處的 z 分數稍作改變（如從 2.0 到 2.5），則其相對的百分等級的改變是較大或較小？

21. 如果某班資賦優異兒童的智力 $\mu = 140, \sigma = 10$，且 $\gamma_1 = .6$，則請估計該班智力分數分配的眾數和中位數各是多少？

一、請用手算或電腦輔助計算表 1.3 中，德育、體育、群育和美育的偏態和峰度係數值，並解釋其次數分配的情形。

二、已知魏氏兒童智力測驗的 $\sigma = 15$，則其四分差 Q 是多少？

三、假設某位學者提出「常態淘汰」的成績考查策略，即假設學生的修業成績是呈常態分配，因此，依據常態分配來進行淘汰修業成績不良的學生，其成績考查的等第比率可以表示如下：

成績等第	z 分數
優等	1.5 以上
甲等	.5 到 1.5
乙等	−.5 到 .5
丙等	−1.5 到 −.5
丁等	−1.5 以下

則請問各種等第的成績各佔多少 %? 如果規定成績等第為「丁等」者，一律視同修業成績不及格，凡修業成績不及格者就必須重修。試問如果採行此種常態淘汰的成績考查策略評定每種學科的成績，則每種學科將會有多少 % 的學生需要重修?

第六章　簡單相關與迴歸分析

本章學習重點

1. 相關的意義是什麼? 它的種類有哪些?

2. 積差相關的定義為何? 它的計算公式為何?

3. 共變數的定義是什麼? 它與變異數之間有何關係?

4. 相關係數該如何解釋?

5. 相關係數與共變數之間有何關係?

6. 相關分析與迴歸分析之間有何關係?

7. 直線迴歸方程式該如何表示?

8. 直線迴歸的用途為何?

9. 原始分數迴歸係數、標準分數迴歸係數與相關係數三者間有何關係?

10. 依變項的總離均差平方和可以分割成幾個部份?

11. 決定係數的意義是什麼?

12. 何謂估計標準誤?

13. 迴歸分析有何基本假設?

14. 如何撰寫一個 SPSS 程式? 並閱讀輸出或印出的報表?

　　前幾章所討論的都是指使用單一變項而言，尚未提及兩個以上的變項情形。本章所要討論的，便是同時考慮兩個變項的統計方法，這種同時使用兩個變項的資料，稱作「**雙變項資料**」(bivariate data)。本章即利用這種雙變項資料來探討心理與教育研究中「**相關**」(correlation) 和「**預測**」(prediction) 的問題；前者是探討兩個變項間是否產生共同變異的關聯程度，後者則是研究根據某個已知變項來預測另一個變項的未來變化情形。雖然，目前使用「相關」

和「預測」作為統計方法的研究報告，已經多到「汗牛充棟」的地步。本章僅就最常用的部份進行討論，主要是集中在統計學家 K. Pearson 所創建的「積差相關」(product-moment correlation) 統計方法，以及可以適用於兩個變項間預測研究的「簡單迴歸分析」(simple regression analysis)，其餘的相關方法，則留待第十二章再另行討論。

第一節　簡單相關的意義和種類

在心理與教育研究上，研究者常會遇到諸如下列的問題：「是否在智力測驗上得高分的學生，他們的學業成績也愈好」、「考試焦慮高的考生，其考試成績是否會不理想」或「家庭的年收入愈高者，是否其子女為資優的比率也愈高」等。如果經過研究發現：「凡是在智力測驗上得高分的學生，他們的學業成績也真的愈好」，則我們稱這兩個變項間具有「正相關」(positive correlation) 的關聯性存在；如果發現：「考試焦慮愈高的考生，其考試成績也真的愈差」，則我們稱這兩個變項間具有「負相關」(negative correlation) 的關聯性存在；如果發現：「家庭的年收入愈高者，不一定就會有較高比率的資優子女誕生」，則我們稱這兩個變項間具有「零相關」(zero correlation) 的關聯性存在。

在統計學上，兩個變項間的**關聯程度** (degree of association)，常以「**相關係數**」(correlation coefficient) 來表示，並以小寫的英文字母 r 作為其符號。談到相關係數，有兩個重要概念需要特別強調：一為**係數的大小或強弱** (magnitude)，另一為**係數的方向符號** (sign of direction)。所謂的大小是指係數值本身的絕對值大小而言，其值愈大，表示這兩個變項間的關聯性愈強，其值愈小，則表示這兩個變項間的關聯性愈弱；而所謂的方向符號是指係數值本身是正或負號而言，正號表示兩個變項間具有順向的關聯性，負號則表示兩個變項間具有逆向的關聯性。因此，用來測量兩個變項間的關聯程度之相關係數可以分成兩類：一類為 A 型相關係數，其值域介於 0 與 1 之間；另一類為 B 型相關係數，其值域介於 -1 與 1 之間 (Ott, Larson, Rexroat, & Mendenhall, 1992, p. 376)。本章所要討論的相關係數，是屬於 B 型相關係數，其值域是介於 -1 與 1 之間。凡相關係數值**大於** 0 者，例如，$r = 1.00, r = .80, r = .01, \cdots$，

均為**正相關**；而相關係數值小於 0 者，例如，$r = -1.00, r = -.80, r = -.01, \cdots$，均為**負相關**；但 $r = .00$ 時，則為零相關。其中有兩個特例，一個是當 $r = 1.00$ 時，又稱作「**完全正相關**」(perfect positive correlation)；另一個則是當 $r = -1.00$ 時，又稱作「**完全負相關**」(perfect negative correlation)；這兩者在理論上是存在的，但在實際的心理與教育研究上，卻幾乎是找不到。另外一類的 A 型相關係數，則留待第十二章再行討論。

我們可以使用圖 6.1 到圖 6.5 輔助說明相關的意義和種類。

由圖 6.1 和圖 6.2 可知，**正相關**即是橫軸上的變項資料（常以 X 表示）和縱軸上的變項資料（常以 Y 表示），呈現由左下角到右上角直線分佈趨勢的形狀。當 X 和 Y 的資料都同時落在一條直線上時，這時的相關即是完全正相關。由這兩個圖形來看，當完全正相關時，我們很容易從某個變項分數預測另一個變項的分數，因為這個變項可以完完全全表示成另一個變項的**線性組合** (linear composite)；而在大多數的正相關例子裡，我們也可以由圖形中得知：「當 X 增大時，Y 跟著增大；或當 X 變小時，Y 跟著變小」等兩個變項間呈順向變化的趨勢，這種順向變化趨勢即是正相關資料的特色。

由圖 6.3 和圖 6.4 可知，**負相關**即是橫軸上的 X 變項資料和縱軸上的 Y 變項資料，呈現由左上角到右下角直線分佈趨勢的形狀。當 X 和 Y 的資料都同時落在一條直線上時，這時的相關即是完全負相關。由這兩個圖形來看，當完全負相關時，我們很容易從這個變項分數推知另一個變項分數，因為這兩個變項之間的關係

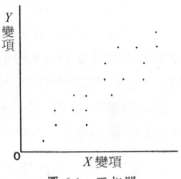

圖 6.1　正相關

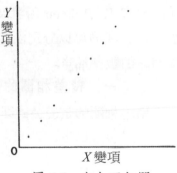

圖 6.2　完全正相關

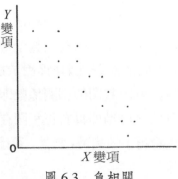

圖 6.3　負相關

可以用**直線模式** (linear model) 來表示；而在大多數的負相關例子裡，我們也可以由圖形中得知「當 X 變大時，Y 卻變小；而 X 變小時，Y 卻變大」等兩個變項間呈逆向變化的趨勢，這種逆向變化趨勢即是負相關資料的特色。

　　由圖 6.5 可知，當 X 和 Y 資料所構成的分數點呈現很零亂的分佈趨勢，沒有任何規則可言，或呈現圓形的分佈等，這就是**零相關**資料分佈趨勢的形狀，此時，我們幾乎無法從其中的某個變項分數預測另一個變項分數。

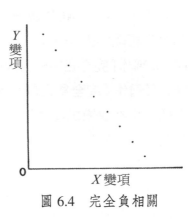

圖 6.4　完全負相關

第二節　積差相關的計算

　　本節所討論的相關係數，主要是指英國的統計學家 **K. Pearson** 所發展出來的積差相關係數而言。我們可以分別由定義公式和計算公式說明它的數學涵意。

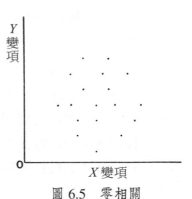

圖 6.5　零相關

一、積差相關的定義公式

　　積差相關的定義公式即是指兩個變項 z 分數之乘積和的平均數。其數學公式可以表示如下：

$$r_{xy} = \frac{\sum z_x z_y}{N}$$

〈公式 6–1〉

有關這個相關係數的算法，可以參考表 6.1 的計算例子。假設某教師想知道在他所使用的啟發式教學法下，七名學生的數學科和自然科成績（如表 6.1 所示）間的關聯性如何？對於這類型的研究問題，我們只要根據表 6.1 所列的資料，算出其間的相關係數即可解決。由表 6.1 可知，這七名學生的數學科和自然科成績間具有正相關存在，亦即，有「數學科成績愈好，其自然科成績也愈好」的趨勢；當然，可能也有例外發生，這是因為它**不是完全正相關**的緣故。

表 6.1 由定義公式計算相關係數

學生	數　學		自　然		$z_x z_y$	
	X	z_x	Y	z_y		
A	74	.8	84	1.07	.86	$\bar{x} = 69 \quad S_x = 6.26$
B	76	1.12	83	.85	.95	$\bar{y} = 79 \quad S_y = 4.69$
C	77	1.28	85	1.28	1.64	
D	63	-.96	74	-1.07	1.03	$r_{xy} = \dfrac{\sum Z_x Z_y}{N}$
E	63	-.96	75	-.85	.82	$= \dfrac{5.30}{7}$
F	61	-1.28	79	0.00	0.00	$= .7571$
G	69	0.00	73	-1.28	0.00	
	483		553		5.30	

　　由〈公式 6–1〉可知，當 z_x 為正值，且 z_y 亦為正值，或當 z_x 為負值，且 z_y 亦為負值時，$z_x z_y$ 的乘積和亦為正值，因此 X 變項和 Y 變項之間具有正相關存在，且 $z_x z_y$ 的乘積和愈大，其正相關也愈大；當 z_x 為正值，但 z_y 為負值，或當 z_x 為負值，但 z_y 為正值時，$z_x z_y$ 的乘積和便為負值，因此 X 變項和 Y 變項之間具有負相關存在，且 $z_x z_y$ 的乘積和愈大，其負相關也愈大；當 z_x 為正值時，有些 z_y 為正值而有些 z_y 為負值，或當 z_x 為負值時，有些 z_y 為負值而有些 z_y 為正值，則正的 $z_x z_y$ 與負的 $z_x z_y$ 相互抵消，使得 $z_x z_y$ 的乘積和降低，以至於相關係數最終為正或負，端視抵消之結果為正或負而定，若剛好為零，則表示 X 變項和 Y 變項之間具有零相關存在。

　　定義公式對於瞭解積差相關的意義很有幫助，但在使用上，其計算程序卻異常繁瑣、費時，因此，在實際應用上，我們多半不使用它，而改採用所謂的計算公式。

二、積差相關的計算公式

　　積差相關的計算公式，其實說來很簡單，只要把上述定義公式中的 z_x 和 z_y 值，分別代入其基本定義公式即得，亦即，

$$z_x = \frac{X - \bar{x}}{S_x} = \frac{x}{S_x}$$

$$z_y = \frac{Y - \bar{y}}{S_y} = \frac{y}{S_y}$$

再加以化簡即可。因此，我們將上述二式代入〈公式 6–1〉的定義公式，得：

$$\frac{\sum(\frac{x}{S_x})(\frac{y}{S_y})}{N} = \frac{\sum xy}{NS_xS_y}$$ 〈公式 6–2〉

其中，〈公式 6–2〉中的 $\sum xy$ 項，稱作「交叉乘積和」(sum of cross-product)。根據定義，x 可以表示成 $(X - \bar{x})$，且 y 也可以表示成 $(Y - \bar{y})$，因此，$\sum xy = \sum(X - \bar{x})(Y - \bar{y})$，亦即是 X 的離均差與 Y 的離均差之交叉乘積和的意思，可以簡寫成 SS_{xy}。交叉乘積和再除以總人數 N，所得的商便是「共變數」(covariance)，簡寫成 S_{xy}；換句話說，

$$SS_{xy} = \sum(X - \bar{x})(Y - \bar{y}) = \sum xy$$ 〈公式 6–3〉

$$S_{xy} = \frac{\sum(X - \bar{x})(Y - \bar{y})}{N} = \frac{\sum xy}{N}$$ 〈公式 6–4〉

因此，〈公式 6–2〉所示即為「積差相關便是 X 與 Y 的共變數（即 S_{xy}），除以 X 的標準差（即 S_x）與 Y 的標準差（即 S_y）」的意思，亦即，

$$r_{xy} = \frac{\sum xy}{NS_xS_y} = \frac{S_{xy}}{S_xS_y}$$ 〈公式 6–5〉

其實，僅由〈公式 6–5〉中共變數 S_{xy} 的數值，便可以得知相關係數的正負號：當 S_{xy} 為正值時，r_{xy} 便是正相關；當 S_{xy} 為負值時，r_{xy} 便是負相關；而當 S_{xy} 為零時，r_{xy} 便是零相關。因此，只要知道共變數的方向符號，便可以知道相關係數的方向符號。

如果將離均差的表示法還原為原始分數的計算方式，則〈公式 6–5〉亦可以表示如下（參見附錄一的公式證明）：

$$r_{xy} = \frac{SS_{xy}}{\sqrt{SS_x}\sqrt{SS_y}}$$ 〈公式 6–6〉

換句話說，我們只要計算出 X 與 Y 的離均差交叉乘積和、X 的離均差平方和

的開根號、與 Y 的離均差平方和的開根號,將他們一起代入公式,也一樣可以求得相關係數。不過,使用〈公式 6–6〉計算相關係數仍然是相當費時、費事、且進位誤差大,因此,我們有必要尋找能夠更快速計算的公式才行。

如果我們仿照第四章所討論到的離均差平方和(即 SS)的計算方法,先將〈公式 6–3〉中的 SS_{xy} 加以化簡(參見附錄一的公式證明),得:

$$SS_{xy} = \sum XY - \frac{\sum X \sum Y}{N} \qquad \text{〈公式 6–7〉}$$

由此可知,**共變數** S_{xy} 的計算公式可以表示如下:

$$S_{xy} = \frac{\sum XY - \dfrac{\sum X \sum Y}{N}}{N} \qquad \text{〈公式 6–8〉}$$

由〈公式 6–8〉可知,當分子中的 Y 變項換成是 X 變項時,X 與 Y 變項間的共變數 S_{xy},其實就是 X 變項的變異數 S_x^2。因此,我們可以把 X 變項的變異數看成是 X 變項與 X 變項本身間的共變數,亦即,變異數可以看成是共變數的一個特例。

再將所有的變異數和共變數的**原始分數計算公式**,代入〈公式 6–5〉中(參見附錄一的公式證明),得:

$$r_{xy} = \frac{\sum XY - \dfrac{\sum X \sum Y}{N}}{\sqrt{\sum X^2 - \dfrac{(\sum X)^2}{N}} \sqrt{\sum Y^2 - \dfrac{(\sum Y)^2}{N}}} \qquad \text{〈公式 6–9〉}$$

〈公式 6–9〉便是積差相關的計算公式。利用這個公式計算相關係數最為節省時間(尤其是以電腦的 CPU 計算時間衡量),因為我們只要算出「和」、「平方和」和「**交叉乘積和**」三者,代入公式,便可求得相關係數,因此,它所花費的計算步驟和時間最少。

為了說明計算公式的使用,茲以表 6.2 的例子說明如下:

表 6.2　由計算公式計算相關係數

學生	X	X^2	Y	Y^2	XY
A	74	5476	84	7056	6216
B	76	5776	83	6889	6308
C	77	5929	85	7225	6545
D	63	3969	74	5476	4662
E	63	3969	75	5625	4725
F	61	3721	79	6241	4819
G	69	4761	73	5329	5037
	483	33601	553	43841	38312

$$r_{xy} = \frac{38312 - \dfrac{(483)(553)}{7}}{\sqrt{33601 - \dfrac{(483)^2}{7}}\sqrt{43841 - \dfrac{(553)^2}{7}}}$$

$$= \frac{155}{\sqrt{274}\sqrt{154}} = .7546$$

由表 6.2 的計算可知，利用計算公式所獲得的結果與利用定義公式所獲得的結果大致相同，但是計算所需的時間卻比較少，並且計算出來的數值也比較正確，因為在計算過程中，已經減少許多中間數值因四捨五入所造成的進位誤差。

〈公式 6–9〉也可以進一步化簡如下：

$$r_{xy} = \frac{N\sum XY - \sum X \sum Y}{\sqrt{N\sum X^2 - (\sum X)^2}\sqrt{N\sum Y^2 - (\sum Y)^2}} \qquad \text{〈公式 6–10〉}$$

這個公式只是將〈公式 6–9〉中分子與分母各乘上 N，使得在計算相關係數時，不必再有除數出現，以減少四捨五入所造成的進位誤差，並且所得結果也與使用〈公式 6–9〉者相同。在目前通用的統計電腦套裝軟體程式中，大多數程式都是根據〈公式 6–9〉或〈公式 6–10〉作為設計相關係數的**演算法** (algorithm)，使得電腦的運算更加有效率。

第三節 相關係數的解釋和應用

在第四章裡，我們曾經提過，在推論統計中，我們必須將離均差平方和除以 $N-1$ 而不是 N，才能獲得母群體變異數的不偏估計值。在此，我們所討論的相關係數也是就描述統計而言，若是在推論統計裡，則我們必需將共變數和變異數的分母都除以 $N-1$，先求得它們的不偏估計值後，再代入公式求得相關係數。唯這種作法，並不會影響相關係數值的大小和精確性。其實，讀者只要將〈公式 6–5〉中的分子與分母部份，各代入其不偏估計值，經過化簡，即可以證明與〈公式 6–6〉的結果一樣。因此，**在計算相關係數值時，可以不考慮是否要使用不偏估計值來代替，因為計算出來的結果不會受是否有校正的影響**。此外，不論是以 X 變項或 Y 變項的原始分數、z 分數、T 分數，或其他直線轉換的分數形式來計算 X 變項或 Y 變項間的相關係數，其結果都是一樣；即使 X 變項（或 Y 變項）加、減、乘，或除一個非 0 的常數值，也都不會改變相關係數 r，因為這些新的數值都只是原始分數的一種直線轉換而已。

在心理與教育研究領域裡，相關係數的使用是極為普遍的事，但在解釋上，有時卻會有濫用或誤用的情事發生（余民寧，民 81）；因此，讀者宜特別小心相關係數的解釋與應用。茲分成下列幾個層面來探討。

一、相關係數的意義與樣本大小有關

不論是從相關係數的定義公式或計算公式來看，相關係數 r 都與樣本大小 N 之間，有著密切的關係；換個角度來看，N 是決定 r 大小的重要因素之一。

任意兩個變項間，都可以求得相關係數值，不過，這種任意求得的相關係數值是否具有意義，則有待商榷。例如，當 $N=2$ 時，我們很容易求出某兩個變項間具有完全正相關：舉例來說，假設已知身高與智力之間的相關是零相關，但我們卻可以找出一位智力是 140，且身高亦是 140 公分的學生，和另一位智力是 120，且身高也是 120 公分的學生，並且求得 $r=1.00$，表示身高與智力之間具有完全正相關。像這樣高的正相關是由於樣本數過少所造成的一種假像，不值得信賴，因為它可能是機運（chance）造成的，或是湊巧碰上的。相反的，當 N 很大時，如 $N \geq 100$ 時，則所求得的相關係數即使是很

小，如 $r = .30$，也許可能含有某種特殊的意義存在，因此不可以忽視它。

到底相關係數要多大或多高才算是有意義的存在?這可以從兩方面來看，一是**係數的絕對值愈大**，可能愈有意義;另一則是要透過**顯著性考驗** (test of significance) (留待第七章再作討論)，達到顯著者才算是具有意義。這兩種判斷觀點，往往都是相提並論的:當我們求得一個相關係數值時，往往需要先考慮它所使用的樣本大小為何? 當 N 很小時，相關係數的絕對值必需要很大，才能達到所謂的**顯著水準** (significance level)，才能算是有意義的存在;相反的，當 N 很大時，相關係數的絕對值即使不那麼大，也可以很容易達到顯著水準，算是有意義的存在。因此，有個判斷的參考法則可以提出: **當 N 愈大時，我們可以允許較小的 r 值存在;或當 N 愈小時，我們則必需獲得較大的 r 值，才能使相關係數的值具有意義**。其餘，當 N 很小時，即使是獲得再大的 r 值，或當 N 很大時，即使獲得較小的 r 值，在經過統計考驗後，若未能達到顯著水準者，則寧可把它們看成是由機運或亂數所造成的無意義數值。

二、 相關係數的大小與樣本變異程度有關

相關係數本身不是一種比率變項，因此，我們不可以說 $r = .80$ 是 $r = .40$ 的兩倍;同時，相關係數本身也不是一種等距變項，因此，我們不可以說相關係數自 $r = .10$ 增至 $r = .20$ 的距離，剛好等於 $r = .80$ 增至 $r = .90$ 的距離。基本上，相關係數是一種具有連續變項特性的次序變項，它雖然具有連續性質的數學特性 (其值域介於 ± 1 之間，並且，任意兩個數值之間都可以進行無窮的分割)，可以比較數值間的大小，但卻不可以進行加、減、乘，或除等四則運算，因為其數值本身不具有等距或比率變項的意義。充其量，它只是用來表示關聯程度的指標而已，因此，$r = -.80$ 與 $r = .80$ 都表示同等關聯程度的指標，只不過是一個為正，一個為負罷了!

另外一個影響相關係數大小的因素是樣本的變異程度。假設其他條件相同的話，**樣本變異程度愈大者，其相關係數值愈大**;反之，樣本變異程度愈小者，其相關係數值愈小。這是由於相關係數的計算與兩個變項的**共變數**有關的緣故;例如，根據資賦優異兒童的智力與學業成就所求得的相關係數，一定會比具有代表性的一般樣本所求得的相關係數還小，這是因為前者的**樣本同質性**較大 (即變異程度較小) 的緣故。

三、相關的意義並不一定隱含有因果關係存在

許多統計學的初學者，很容易把相關的涵義解釋成因果關係，其實，這是錯誤的，因為**相關的意義並不一定隱含有因果關係存在**。兩個變項之間具有某種相關存在，很可能它們都是因，也很可能它們都是果，更有可能是一因一果，但也有可能兩者都不是，它們之間不必然存有任何的因或果的涵義。因此，在解釋相關係數時需要特別小心，不可以輕下任何具有因果關係的結論。

例如，教師常會有下列的直覺，那就是認為「數學成績高的學生，其理化成績也必然高；或國文成績高者，其史地成績也必然高」。這種看法就是認為前者（如：數學或國文）是後者的因，而後者（如：理化或史地）是前者的果。其實，這種看法是錯誤的；因為這兩者（數學與理化，或國文與史地）可能都是果，都是由於另外一個共同的因（如：數學性向或語文性向、智力、或努力用功等因素）所引起的，雖然其間具有某種正相關，但卻不一定表示其間就必然具有因或果的關係存在。因此，在解釋相關係數時要特別小心，不要輕易下因果關係的結論，作出具有因果關係的解釋。

四、相關係數的種類及其應用

我們曾經討論過，相關係數有兩類，一類為 A 型相關係數，其值域介於 0 與 1 之間；另一類為 B 型相關係數，其值域介於 -1 與 $+1$ 之間。本章所討論的積差相關是屬於 B 型相關係數，它有兩個重要的概念需要特別強調，那就是相關的「強度」和「方向」的問題。當我們在比較兩個相關係數時，是根據其絕對值的大小來判斷關係的強弱，亦即，絕對值愈大者，其強度愈強，反之，則否；但在考慮其影響的方向時，是根據其正或負號來決定，亦即，正號者為正相關，負號者為負相關。

然而，就 A 型相關係數來說，由於他們的定義關係，其值域被界定在 0 與 1 之間，除了方便讀者瞭解和使用外，另一方面則是補救積差相關因負值所造成的解釋不便之處。因此，屬於 B 型相關係數的「強度」和「方向」問題，對 A 型相關係數來說，只剩「強度」問題而已，只要觀看相關係數值的大小，即可判斷其關聯程度的強弱；亦即，數值愈大，其強度愈強，反之則否。

相關係數的最大用途，便是在**協助進行預測的工作**；換句話說，**變項與變項之間要有相關存在時**，預測才有可能發生，若變項與變項之間沒有任何關

聯存在，則預測是不可能產生的。最簡單的預測工作，便是**簡單迴歸分析**；它是一種以一個自變項預測一個依變項的統計方法。這種預測方法是建立在這兩個變項間具有相關存在的前提上，而這兩個變項間的相關係數平方（又稱作決定係數），便是用來決定該預測效果大小的指標；該指標愈大，即表示預測結果愈正確，該指標愈小，即表示預測結果愈不正確。有關簡單迴歸分析的內涵，請參見本章第五節的討論。

在多變量統計學中，相關係數扮演最基本的分析單位；換句話說，絕大多數的多變量統計方法都是建立在相關係數的分析上，並且從中精簡資料結構，達到**以簡馭繁**的統計學目的。有興趣的讀者，可以進一步深入研究多變量統計學。

第四節　相關係數與變異數、共變數之間的關係

從統計學上而言，相關係數與變異數、共變數之間具有很密切的關係。其中，關於變異數和共變數的部份，我們將於第十章和第十一章再行討論。以下僅歸納數點有關這三者間的關係，作為後續延伸討論的依據。

第一，**變異數**是指某個團體在單一變項上**各別分數分散情形**的指標，它也是表示該**團體個別差異程度**的指標；而**共變數**則是指**某個團體在兩個變項間關聯程度**的指標，它亦表示該團體**在兩個變項分數上共同變化程度**的指標。

第二，**變異數**的特點是強調變項本身的「**自乘積**」，而**共變數**則是強調「**交叉乘積**」；換句話說，變異數是指單一變項本身的離均差「自乘積」之和的平均數，而共變數則是指兩個變項本身的離均差「交叉乘積」之和的平均數。當共變數中的兩個變項都是同一個變項時，則共變數即變成單一變項的變異數，因此，我們可以把變異數看成是單一變項本身和本身的共變數，或者，將變異數看成是共變數的一個特例。

第三，變異數計算公式中的分子部份是還沒有除以人數 N 之前的「**離均差平方和**」SS_x，變異數開根號後便是標準差；而共變數計算公式中的分子部份則是還沒有除以人數 N 之前的「**離均差交叉乘積和**」SS_{xy}，共變數除以第一個變項和第二個變項的**標準差**（即 S_x 和 S_y）後，便是這兩個變項間的**積差相關係數**（即 r_{xy}）。

第四，相關係數可以看成是第一個變項和第二個變項各化成 z 分數後的共變數；而共變數則可以看成是第一個變項和第二個變項尚未標準分數化之前的相關係數。因此，這兩種指標都是用來描述兩個變項間共同變化程度的量數。不過，在使用相關係數時，第一個變項和第二個變項的單位相同；而在使用共變數時，第一個變項和第二個變項的單位卻不一定相同。共變數和相關係數之間具有密切的關係，當共變數是正值時，相關係數便是正相關；而當共變數是負值時，相關係數便是負相關；而當共變數為零時，相關係數則為零相關。

第五，由〈公式 6–5〉可以得知：

$$\because r_{xy} = \frac{S_{xy}}{S_x S_y}$$

$$\therefore \boxed{S_{xy} = r_{xy} S_x S_y} \qquad\qquad \text{〈公式 6–11〉}$$

換句話說，共變數等於相關係數與第一個變項的標準差和第二個變項的標準差之乘積。我們將接著運用這個特點來討論和及差的變異數。

一、和的變異數

在測驗理論中，研究者常會碰到一些使用**分測驗** (subtest) 的情境，這時的計分方式便是將兩個或多個分測驗的分數加起來，以總和分數 (summation scores) 作為學生的測驗總分。此時，在計算測驗總分的變異數時，便需要使用各別分測驗之變異數和共變數。茲以二個分測驗的計分方式為例，若測驗總分為此二分測驗分數之和，則測驗總分的變異數可以表示如下：

$$\boxed{\begin{aligned} S^2_{(x+y)} &= S_x^2 + S_y^2 + 2S_{xy} \\ &= S_x^2 + S_y^2 + 2r_{xy} S_x S_y \end{aligned}} \qquad \text{〈公式 6–12〉}$$

〈公式 6–12〉的意義是測驗總分的變異數等於第一份分測驗 (X) 的變異數和第二份分測驗 (Y) 的變異數之和，再加上兩倍的這兩個分測驗的共變數。

當需要計算兩個以上的分測驗分數之和的變異數時，有個通則可以協助讀者記憶，那就是**測驗總分的變異數將等於每個分測驗的變異數之和，再加**

上兩倍的兩兩分測驗間之共變數之和。有興趣的讀者可以嘗試三個分測驗分數之和的變異數算法，套用〈公式 6-12〉（參見附錄一的公式證明）的推理，便可以得到證明。

茲以例 6.1 說明和的變異數計算方法。

 6.1

某教師認為期末成績的計算，應以前兩次段考的成績之和來計算才算合理。已知七名學生的成績、標準差和相關係數值如表 6.3 所示，試問期末成績的變異數為何？

表 6.3　和的變異數的計算

學生	X	Y	$(X+Y)$	$(X+Y)^2$	
A	74	84	158	24964	$S_x = 6.26$
B	76	83	159	25281	
C	77	85	162	26244	$S_y = 4.69$
D	63	74	137	18769	
E	63	75	138	19044	$S_{xy} = 22.14$
F	61	79	140	19600	
G	69	73	142	20164	$r_{xy} = .7546$
	483	553	1036	154066	

若套用〈公式 6-12〉的算法，只要將有關資料代入，即得：

$$S^2_{(x+y)} = S^2_x + S^2_y + 2r_{xy}S_xS_y$$
$$= (6.26)^2 + (4.69)^2 + 2(.7546)(6.26)(4.69)$$
$$= 105.4929$$

若使用變異數的計算公式，則得：

$$S^2_{(x+y)} = \frac{154066 - \frac{(1036)^2}{7}}{7} = 105.4286$$

由上述例子可知，兩種算法所得結果頗為一致，其間僅存的些微差異，是由於進位誤差所造成的。根據推理，使用計算公式所得的結果（即 105.4286）應比使用定義公式所得結果（即 105.4929）較為精確，因為後者使用較多次的除法過程，使得進位誤差累積加大，所得結果因而較不精確。

二、差的變異數

如果研究者想知道兩次測驗分數之差（如：後測成績減去前測成績）的變異數為何，他也可以仿照〈公式 6–12〉的作法，導出下列的公式（參見附錄一的公式證明）：

$$\begin{aligned} S^2_{(x-y)} &= S^2_x + S^2_y - 2S_{xy} \\ &= S^2_x + S^2_y - 2r_{xy}S_xS_y \end{aligned}$$ 〈公式 6–13〉

同理，我們可以利用表 6.4 的資料說明**差的變異數**算法如下：

表 6.4　差的變異數的計算

學生	X	Y	$(X-Y)$	$(X-Y)^2$	
A	74	84	−10	100	$S_x = 6.26$
B	76	83	−7	49	
C	77	85	−8	64	$S_y = 4.69$
D	63	74	−9	81	
E	63	75	−12	144	$S_{xy} = 22.14$
F	61	79	−18	324	
G	69	73	−4	16	$r_{xy} = .7546$
	483	553	−68	778	

若套用〈公式 6–13〉的算法，只要將有關資料代入，即得：

$$\begin{aligned} S^2_{(x-y)} &= S^2_x + S^2_y - 2r_{xy}S_xS_y \\ &= (6.26)^2 + (4.69)^2 - 2(.7546)(6.26)(4.69) \\ &= 16.8745 \end{aligned}$$

若使用變異數的計算公式，則得：

$$S^2_{(x-y)} = \frac{778 - \frac{(-68)^2}{7}}{7} = 16.7755$$

由上述計算可知，兩種算法所得結果頗為一致，其間僅存的些微差異，是由於進位誤差所造成的；根據推理，使用計算公式所得的結果（即 16.7755）應比使用定義公式所得結果（即 16.8745）較為精確，因為後者使用較多次的除法過程，使得進位誤差累積加大，所得結果因而較不精確。

由〈公式 6–12〉和〈公式 6–13〉可以推知下列的結果：

當 $r_{xy} = 0$ 時，

$$S^2_{(x+y)} = S^2_x + S^2_y$$

$$S^2_{(x-y)} = S^2_x + S^2_y$$

〈公式 6–14〉

換句話說，當兩個測驗分數彼此獨立、毫無關聯時，不論和或差的變異數，都將等於第一個測驗分數 (X) 的變異數和第二個測驗分數 (Y) 的變異數之和。明瞭和或差的變異數算法，將有助於日後對統計考驗的理解，我們將於後續章節再行討論。

綜合上述，積差相關在心理測驗方面的應用，常常被拿來當作計算**信度** (reliability)、**效度** (validity) 和其他各種有關指標的工具。在心理與教育研究領域裡，我們將常常使用積差相關。因此，讀者對本章的學習，不得不加倍用心。

第五節　簡單迴歸分析

雙變項資料除了可以相關係數表示其關聯程度外，並可據以研究「**預測**」 (prediction) 的問題——即根據某個變項預測另一個變項。預測之所以可能發生，乃因為兩個變項間存有某種程度的關聯性；任何沒有關聯的兩個變項間，是無法作預測的。本節所擬討論的重點，即是適用於兩個變項間預測問題的統計方法。

一、迴歸方程式的建立

為了說明預測問題的重要性，讀者請先看下列的例子：

6.2

根據表 6.1 的資料，假如某研究者想要知道數學分數為 70 分的學生，他的自然分數可能是多少？試問該研究者該如何解決此一問題？

從例 6.2 的問題可知，該研究者的目的是想由數學分數來預測自然分數。其中，數學分數是用來作預測用的變項，稱作「**預測變項**」(predictor) 或「**自變項**」(independent variable)，而自然分數是被預測的變項，稱作「**效標變項**」(criterion) 或「**依變項**」(dependent variable)，像這種以一個變項來預測另一個變項的統計方法，便稱作「**簡單迴歸分析**」(simple regression analysis)。由於這種分析所使用的數學函數（稱作**迴歸方程式** (regression equation) 是**一次方的** (linear)，亦即，所畫出來的函數線（又稱作**迴歸線** (regression line) 或**預測線** (predicted line) 是直線的，所以這種一次方程式的迴歸分析又稱作「**直線迴歸分析**」(linear regression analysis)。直線迴歸分析在心理與教育研究領域裡，扮演著相當重要的角色，它同時也是許多統計方法的基礎，被使用的次數最多，故有時又有「**直線模式**」(linear model) 之稱，是最基本、最常用的一種統計分析方法。

這位研究者可能想到使用圖表來作**投射** (projection) 推估，根據製圖原理，將可能的自然分數找出來。他可能將表 6.1 的資料畫圖如下：

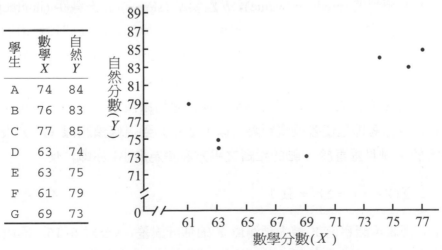

學生	數學 X	自然 Y
A	74	84
B	76	83
C	77	85
D	63	74
E	63	75
F	61	79
G	69	73

圖 6.6　數學分數與自然分數的資料分佈圖

根據圖 6.6 所示，數學分數與自然分數的資料約呈由左下角到右上角的分佈趨勢，這是因為這兩個變項間呈現正相關的緣故。根據這種趨勢，該研究者可以想像有一條直線通過各點附近，使得這一條線最能代表這些點所形成的趨勢，這條線便稱作「**最適合線**」(best-fitting line)。如果能夠找出這一條線來，該研究者便能從橫軸上的分數投射到該條直線上，以找出相對應的縱軸分數點，如此一來，便可以解決本研究問題。

但是，這條最適合線要如何找出來呢? 站在統計學的立場，我們不能使用目測法或直覺的判斷來尋找這一條線，我們必需使用合乎邏輯推理的數學方法才行，那就是統計學中很有名的估計方法:「**最小平方法**」(method of least square)。所謂的最小平方法，其目的即在設法找出一條直線，讓這條直線能夠通過這些資料點所構成的重心 (即這兩個變項平均數 $(\bar{x}, \bar{y})$ 所在的點)，並使得每個資料點到這條直線之平行於縱軸 (即 Y 軸) 且垂直於橫軸 (即 X 軸) 的距離之平方和變為最小。這條直線便是研究者從 X 變項預測 Y 變項的最適合線，也叫作迴歸線或預測線，它可以讓我們據以進行預測的工作。

㈠原始分數迴歸方程式

從國中數學裡，我們已知任何一條直線都可以使用線性函數來表示如下:

$$\hat{Y} = bX + a \qquad\qquad \langle公式\ 6\text{–}15\rangle$$

其中，$\hat{Y}$ 為預測值 (predicted value)，b 為斜率 (slope)，a 為截距 (intercept)，後二者共同決定一條直線的形狀。斜率是指改變率而言，亦即指每增加一個單位的橫軸變項值，相對增加多少單位的縱軸變項值; 截距是指當橫軸變項值為零時，該條迴歸線與縱軸交叉的點到原點的距離。因此，這條最適合線也可以〈公式 6–15〉來表示，而最小平方法即是用來決定斜率 b 和截距 a 的估計方法，其意義即是**使各個資料點 (以 Y 表示) 到這條預測線 (以 $\hat{Y}$ 表示)之平行於 Y 軸且垂直於 X 軸的距離之平方和變為最小**; 亦即，使

$$\sum(Y - \hat{Y})^2 = \sum e^2 = 最小 \qquad\qquad \langle公式\ 6\text{–}16\rangle$$

其中，e 即表示觀察值 Y 減去預測值 $\hat{Y}$ 的估計誤差，〈公式 6–16〉即表示求這些估計誤差之平方和的最小值。茲將〈公式 6–15〉代入〈公式 6–16〉，得:

$$\sum(Y - bX - a)^2 = 最小 \qquad \text{〈公式 6–17〉}$$

亦即，求〈公式 6–17〉的解，即可獲得我們所需要的 b 和 a 值。

茲利用微積分的「微分」方法，針對〈公式 6–17〉的展開式，分別對 b 和 a 進行微分，則可求得 b 和 a 值的估計值（參見附錄一的公式證明），各以符號 $\hat{b}$ 和 $\hat{a}$ 來表示如下：

$$\hat{b}_{y \cdot x} = \frac{\sum XY - \dfrac{\sum X \sum Y}{N}}{\sum X^2 - \dfrac{(\sum X)^2}{N}} = \frac{S_{xy}}{S_x^2} \qquad \text{〈公式 6–18〉}$$

$$\hat{a}_{y \cdot x} = \bar{y} - \hat{b}_{y \cdot x}\bar{x} \qquad \text{〈公式 6–19〉}$$

其中，符號 $\hat{b}_{y \cdot x}$ 即是根據最小平方法所估計出的斜率，也就是由 X 變項預測 Y 變項的「迴歸係數」（regression coefficient），它是指 X 變項和 Y 變項的共變數除以 X 變項之變異數；符號 $\hat{a}_{y \cdot x}$ 即是根據最小平方法所估計出的截距，亦即是迴歸線與縱軸的交叉點到原點（即 0）的距離。上述二項估計值的足標 $y \cdot x$ 的涵義是：在 · 之前的符號代表依變項，在 · 之後的符號代表自變項，$y \cdot x$ 即表示以自變項預測依變項的表示法；若以依變項來預測自變項時，則應表示成 $x \cdot y$。在此，我們列出這二項估計值的足標表示法以示區別，若讀者不致產生混淆的話，我們將省略足標的註記，以表示習慣性的用法：以自變項來預測依變項，即 $y \cdot x$。

有了〈公式 6–18〉和〈公式 6–19〉之後，我們便可以解決例 6.2 的問題。茲將表 6.1 和表 6.2 的有關資料代入上述公式，得：

$$b = \frac{38312 - \dfrac{(483)(553)}{7}}{33601 - \dfrac{(483)^2}{7}}$$

$$= \frac{155}{274} = .5657$$

$$a = 79 - (.5657)(69) = 39.9667$$

所以，我們所得到的迴歸方程式為：

$$\hat{Y} = .5657X + 39.9667$$

這是一條根據數學分數預測自然分數的「**原始分數迴歸公式**」或「**原始分數預測線**」。圖 6.7 即是根據這條公式所畫出的迴歸線圖。其中，$a = 39.9667$，即是迴歸線與 Y 軸相交叉的位置離原點的距離；而 $b = .5657$，即指數學分數往正的方向改變 1 單位時，自然分數往正的方向改變 .5657 單位的改變率，即是斜率的意思。

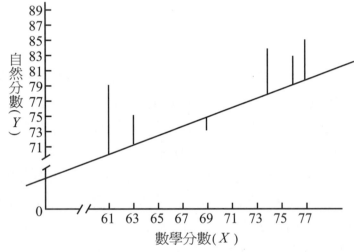

圖 6.7　由數學分數預測自然分數的最適合線

有了這條方程式 $\hat{Y} = .5657X + 39.9667$ 之後，我們只要將數學分數為 70 分的數值代入，即得：

$$\begin{aligned}
\hat{Y}_{70} &= .5657X + 39.9667 \\
&= .5657(70) + 39.9667 \\
&= 79.5657
\end{aligned}$$

亦即，根據我們所建立起來的預測線可知，數學分數為 70 分的學生，其自然

分數的預測值為 79.57 分。

　　不過在解例 6.2 的問題前，必須先滿足兩個基本條件才行：第一，以數學分數 (X) 預測自然分數 (Y) 時，我們所使用的預測公式是直線的；亦即，這兩個變項間的數學函數關係是一次方的；如果不是一次方的關係，而是一種曲線關係的話，則直線迴歸公式便不適用。第二，預測的可能範圍僅限於預測變項的值域範圍內，若要以範圍外的值來作預測（如例 6.2 中，若以 X = 80 來作預測），則可能降低預測結果的正確性。因為在預測變項值域範圍外的數值，是否仍與效標變項間成同一直線的函數關係，是無法由目前資料中得知的，因此，依據「外插法」(extrapolation) 所得的預測結果，無法保證其預測的正確性；換句話說，唯有在預測變項的值域範圍內（如例 6.2 中，X 的值域由 61 到 77 不等），我們才可以使用「內插法」(interpolation) 作正確的預測。

㈡標準分數迴歸方程式

　　由於原始分數和標準分數之間存在著某種直線轉換的關係，因此，迴歸方程式除了可以使用原始分數表示外，也可以使用標準分數表示；亦即，原始分數迴歸方程式可以轉換成標準分數迴歸方程式。

　　茲將〈公式 6–15〉轉換成標準分數迴歸方程式如下（參見附錄一的公式證明）：

$$\hat{Z}_y = \beta Z_x \qquad \text{〈公式 6–20〉}$$

其中，
$$\beta = b\frac{S_x}{S_y} \qquad \text{〈公式 6–21〉}$$

稱作「標準分數迴歸係數」(standardized regression coefficient)，它與原始分數迴歸係數 b 之間具有密切的關係。根據〈公式 6–20〉所畫出的預測線，會與以原始分數迴歸方程式畫出的預測線形狀一致，**斜率沒變，但卻沒有截距**；亦即，該預測線**必定會通過原點**，致使截距等於零。這是以標準分數表示迴歸方程式的必然結果。

　　茲利用例 6.2 的資料，計算其標準分數迴歸係數，得：

$$\beta = (.5657)\frac{6.26}{4.69} = .7551 \doteq .76$$

故，標準分數化迴歸方程式可以表示成：

$$\hat{Z}_y = .76Z_x$$

在簡單迴歸分析中，標準分數迴歸係數將會等於積差相關係數 r。我們從例 6.2 的資料中可知，$\beta = r = .76$。為何會如此呢？我們可以從下列公式推理得知：

$$\because r_{xy} = \frac{S_{xy}}{S_x S_y} \quad \text{且} \quad b = \frac{S_{xy}}{S_x^2}$$

$$\therefore S_{xy} = r_{xy}S_x S_y \quad \text{且} \quad S_{xy} = bS_x^2$$

$$\therefore r_{xy}S_x S_y = bS_x^2$$

$$\therefore \boxed{b = \frac{r_{xy}S_x S_y}{S_x^2} = r_{xy}\frac{S_y}{S_x}} \qquad \text{〈公式 6-22〉}$$

$$\therefore \boxed{r_{xy} = \frac{bS_x^2}{S_x S_y} = b\frac{S_x}{S_y} = \beta} \qquad \text{〈公式 6-23〉}$$

上述證明除了告訴我們為何標準分數迴歸係數會等於積差相關係數 r 之外，更可以進一步知道積差相關係數 r 與原始分數迴歸係數 b 之間的關係。

使用標準分數迴歸方程式的理由，是為了比較多個自變項在預測依變項時，誰的預測力較大或誰的重要性較高。因為，在**多元迴歸分析** (multiple regression analysis) 裡，我們所使用的自變項往往單位不一致，因此無法根據原始分數迴歸係數進行「**孰較重要**」之比較，所以需要將其轉換成標準分數，使所有的變項單位一致後，再行比較孰較重要。多元迴歸分析是指多個自變項（至少兩個以上）對一個依變項間之迴歸分析或預測關係，屬於**多變量分析** (multivariate analysis) 的範圍，不在本書的討論之內，本書不擬深入說明，有興趣的讀者可自行參閱相關書籍。不過，在當今的電腦統計套裝軟體程式中，報表除了呈現原始分數的迴歸係數外，也會呈現標準分數迴歸係數，因

此，讀者有必要瞭解它的意義。

二、離均差平方和的分割

我們曾經談到過，變異數是指離均差平方和的平均數。因此，我們在討論迴歸分析時，我們也可以趁機會將依變項的離均差平方和，加以細部研究，期望從中找出某些解釋預測結果的端倪。

當我們以 X 變項預測 Y 變項時，假使我們不知道 X 變項的大小，而又需要對 Y 變項作預測，我們該怎麼辦？最簡單的一個作法便是以 Y 變項的平均數 $\bar{y}$ 來作估計，亦即，我們寧可以平均數 $\bar{y}$ 來猜測其預測值 $\hat{Y}$。

因此，每個人都有一個**猜測的誤差**（即 $y = Y - \bar{y}$），N 個人就有 N 個誤差。這些誤差的表示法與第四章所討論的離均差平方和一樣：先予以各別平方之後，再加總起來，即得 $\sum(Y - \bar{y})^2$，稱作「**總離均差平方和**」(total sum of squares)，有時又稱作「**總變異量**」(total variation)，並以 SS_t 表示（其中的 t 是 total 的縮寫）；換句話說，SS_t 即為：

$$
\begin{aligned}
SS_t &= \sum y^2 \\
&= \sum(Y - \bar{y})^2 \\
&= \sum Y^2 - \frac{(\sum Y)^2}{N}
\end{aligned}
$$

〈公式 6–24〉

這些總變異量可從圖 6.8 中看出，圖中所示，將每個人的猜測誤差值（即 $y = Y - \bar{y}$）先予以平方後，相當於得到每一個小的正方形面積，再將此 N 個面積加總起來，即得**總離均差平方和**；其概念可以由圖 6.8 中的面積總和表示。

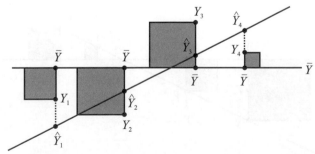

圖 6.8　總離均差平方和（即圖中正方形面積之和）的概念表示

上述是說：當我們不知道 X 變項的大小，而又需要對 Y 變項作預測時，最簡單的一個作法便是以 Y 變項的平均數 $\bar{y}$ 來作估計，亦即，我們寧可以平均數 $\bar{y}$ 來猜測其預測值 $\hat{Y}$。但是，當我們已有預測方程式後，我們可能傾向以預測方程式來作猜測，亦即，以 $\hat{Y}$ 來作估計。此時，觀察值仍然為 Y，而猜測的誤差便為 $(Y - \hat{Y})$。若將每個人的猜測誤差值先予以平方後，再加總起來，便得 $\Sigma(Y - \hat{Y})^2$，稱作「**殘差值離均差平方和**」(residual sum of square)，或又稱作「**未被解釋到的變異量**」(unexplained variation)，並以 SS_{res} 表示（其中的 res 是 residual 的縮寫），其概念可以由圖 6.9 的表示來瞭解。

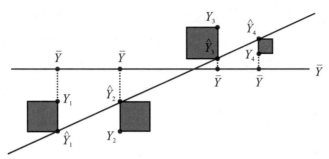

圖 6.9　殘差值離均差平方和（即圖中正方形面積之和）的概念表示

除了上述兩種誤差外，猜測 $\hat{Y}$ 和猜測 $\bar{y}$ 之間也會有一段差距，此一差值即為 $\tilde{y} = \hat{Y} - \bar{y}$，若將每個人的這份差值先予以平方後，再加總起來，便得 $\Sigma(\hat{Y} - \bar{y})^2$，稱作「**迴歸離均差平方和**」(regression sum of square)，或又稱作「**被解釋到的變異量**」(explained variation)，並以 SS_{reg} 表示（其中的 reg 是指 regression 的縮寫），其概念可以由圖 6.10 來表示。

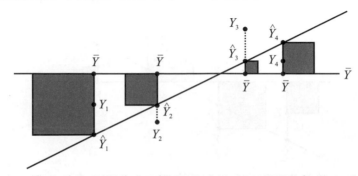

圖 6.10　迴歸離均差平方和（即圖中正方形面積之和）的概念表示

依據定義，我們可將 SS_{reg} 予以展開（參見附錄一的公式證明），得：

$$SS_{reg} = \frac{[\sum XY - \frac{\sum X \sum Y}{N}]^2}{\sum X^2 - \frac{(\sum X)^2}{N}}$$

〈公式 6–25〉

由〈公式 6–25〉可知，$SS_{reg} = b\sum xy$，這也就是為什麼〈公式 6–25〉看起來很像原始分數迴歸係數的原因，其實，後者的分子部份加以平方即等於前者。

另外，我們也可以將 SS_{res} 予以展開（參見附錄一的公式證明），得：

$$SS_{res} = [\sum Y^2 - \frac{(\sum Y)^2}{N}] - \frac{(\sum XY - \frac{\sum X \sum Y}{n})^2}{\sum X^2 - \frac{(\sum X)^2}{n}}$$

〈公式 6–26〉

換句話說，SS_t、SS_{reg} 和 SS_{res} 三者的關係式可以下列公式表示之，亦即：

$$SS_t = SS_{reg} + SS_{res}$$

〈公式 6–27〉

或　$$\sum(Y - \bar{y})^2 = \sum(\hat{Y} - \bar{y})^2 + \sum(Y - \hat{Y})^2$$

〈公式 6–28〉

〈公式 6–27〉的意義等於告訴我們：

總離均差平方和 ＝ 迴歸離均差平方和 ＋ 殘差值離均差平方和

或　　總變異量 ＝ 被解釋到的變異量 ＋ 未被解釋到的變異量

因此，我們只要算出總離均差平方和與迴歸離均差平方和，就可以移項求得殘差值離均差平方和，而不必要一一算出這三種離均差平方和。〈公式 6–28〉是這三種離均差平方和的定義公式，在實際計算上，我們通常會使用〈公式 6–24〉到〈公式 6–26〉等計算公式，而不使用定義公式，理由是定義公式因四捨五入所造成進位誤差太大的緣故。所以，為了精確起見，常用的統計電腦套裝軟體程式都是以計算公式作為主要設計演算法的依據。表 6.5 所示，即為 SS_t、SS_{reg} 和 SS_{res} 三者的計算實例及其間的關係，讀者仔細評閱該表的數值，便能體會出這三種離均差平方和間的關係。

表 6.5　SS_t、SS_{reg} 和 SS_{res} 的計算及其間的關係

學生	X	Y	$\hat{Y}$	$(Y-\bar{Y})$	$(\hat{Y}-\bar{Y})$	$(Y-\hat{Y})$
A	74	84	81.83	5	2.83	2.17
B	76	83	82.96	4	3.96	0.04
C	77	85	83.53	6	4.53	1.47
D	63	74	75.61	−5	−3.39	−1.61
E	63	75	75.61	−4	−3.39	−0.61
F	61	79	74.47	0	−4.53	4.53
G	69	73	79.00	−6	0.00	−6.00
和	483	553		0	0.01	−0.01
平方和	33601	43841		154	87.72	66.36

$\because \sum(Y-\bar{y})^2 = \sum(\hat{Y}-\bar{y})^2 + \sum(Y-\hat{Y})^2$

$\therefore 154 \doteqdot 87.72 + 66.36$（稍具有進位誤差）

三、決定係數的涵義

由上述討論可知，「總離均差平方和」可以分割成兩個部份：一個為「迴歸離均差平方和」，另一個為「殘差值離均差平方和」，其間的關係可用〈公式 6–27〉或〈公式 6–28〉加以表示。因此，根據表 6.5 的資料所示，這三者的數值分別表示如下：

$$SS_t = \sum(Y-\bar{y})^2 = 154$$

$$SS_{reg} = \sum(\hat{Y}-\bar{y})^2 = 87.68$$

$$SS_{res} = \sum(Y-\hat{Y})^2 = 66.32$$

由此可知，當我們沒有 X 變項的訊息時，我們以平均數 $\bar{y}$ 預測 Y 變項所造成的誤差，剛好是 $SS_t = \sum(Y-\bar{y})^2 = 154$。而以預測公式預測 Y 變項時所造成的誤差，即為 $SS_{res} = \sum(Y-\hat{Y})^2 = 66.32$；換句話說，有了預測公式的幫助，預測誤差已由 154 減少至 66.32，預測效果大大提高許多。因此，若將 $\sum(Y-\hat{Y})^2$ 看成是根據迴歸公式預測錯誤的部份，則 $\sum(\hat{Y}-\bar{y})^2$ 便可以被看成是預測正確的部份，在本例中亦即為 87.68。若以常理判斷，我們當然希望預測正確的部份是愈大愈好，且預測錯誤的部份愈小愈好。因此，在總離均差平方和中，

迴歸離均差平方和佔了多少百分比，便成為一項判斷預測效果大小的重要指標。下列公式即是說明這個指標的意義：

$$\boxed{\frac{SS_{reg}}{SS_t} = \frac{\sum(\hat{Y} - \bar{y})^2}{\sum(Y - \bar{y})^2}}$$

$$= \frac{\dfrac{[\sum XY - \dfrac{\sum X \sum Y}{N}]^2}{\sum X^2 - \dfrac{(\sum X)^2}{N}}}{\sum Y^2 - \dfrac{(\sum Y)^2}{N}}$$

$$= \frac{[\sum XY - \dfrac{\sum X \sum Y}{N}]^2}{[\sum X^2 - \dfrac{(\sum X)^2}{N}][\sum Y^2 - \dfrac{(\sum Y)^2}{N}]}$$

$$= r^2 \qquad\qquad\qquad\qquad\qquad 〈公式 6\text{--}29〉$$

由此可見，$\sum(\hat{Y} - \bar{y})^2$ 對 $\sum(Y - \bar{y})^2$ 的比值，剛好是積差相關係數的平方；因此，在迴歸分析中，這個比值（即 r^2）便稱作「決定係數」(coefficient of determination)，意味著：「在依變項 Y 的總變異量中，被自變項 X 所解釋到的變異量百分比」。

所以，想明瞭簡單迴歸分析中預測效果（或解釋量）的大小，可以有兩種算法：一是直接由相關係數的平方來計算；另一是由 SS_{reg} 除以 SS_t 來計算。茲以例 6.2 的資料來說，

$$r^2 = (.7546)^2 = .5694$$

$$或 \quad \frac{SS_{reg}}{SS_t} = \frac{87.68}{154} = .5693$$

可見，在 154 的總離均差平方和中，可被迴歸離均差平方和解釋得到的百分比約為 57%；換句話說，「在自然分數的總變異量中，可被數學分數所解釋到的變異量部份，約佔 57%」，若用通俗話來說，「以數學分數建立起來的預測公式預測自然分數時，預測正確的部份高達 57%」。由此可見，只要自變項與

依變項間的相關係數愈高，預測正確的程度便愈大；亦即，**只要決定係數值愈大，在依變項的總變異量中，可被自變項所解釋得到的部份便愈多。**

根據〈公式 6–27〉，可以推導出下列公式：

$$SS_t = SS_{reg} + SS_{res}$$

$$\frac{SS_t}{SS_t} = \frac{SS_{reg}}{SS_t} + \frac{SS_{res}}{SS_t}$$

$$\boxed{1 = r^2 + (1 - r^2)}$$ 〈公式 6–30〉

其中的 $(1 - r^2)$ 項，即稱作「**離間係數**」(coefficient of alienation) 的平方，它的意思是：「**在依變項的總變異量中，無法被自變項解釋到的部份所佔的百分比**」。這個部份若是愈大，則表示無法正確預測的部份愈高，亦即由預測誤差所造成的部份愈大。在本例中，離間係數平方值為 $(1 - .57) = .43$，亦即，「以數學分數所建立起來的預測公式預測自然分數時，無法被正確預測的部份高達 43%」。

此外，根據〈公式 6–29〉的定義，我們可以導出下列公式：

$$\boxed{SS_{reg} = r^2 SS_t}$$ 〈公式 6–31〉

由〈公式 6–31〉可知，我們只要有依變項 Y 的標準差，和自變項與依變項間的相關係數，便可依序求出 SS_t、SS_{reg} 和 SS_{res} 三者。例如，以例 6.2 的資料來說，已知 $S_y = 4.69$ 和 $r = .7546$，我們可以求得：

$$\because S_y^2 = (4.69)^2 = 21.9961 = \frac{\sum(Y - \bar{y})^2}{N} = \frac{SS_t}{N}$$

$$\therefore SS_t = S_y^2 N = (21.9961)(7) = 153.9727 \doteqdot 154$$

$$\therefore SS_{reg} = (.7546)^2 (154) = 87.69$$

$$\therefore SS_{res} = 154 - 87.69 = 66.31$$

總之，我們可以將決定係數和離間係數平方值之間的關係，總離均差平方和與迴歸離均差平方和、殘差值離均差平方和之間的關係，以圖表示如下：

總變異量

被解釋到的變異量	未被解釋到的變異量
$r^2 = 57\%$	$1 - r^2 = 43\%$
（決定係數）	（離間係數平方）

總離均差平方和
$SS_t = 154$

迴歸離均差平方和	殘差值離均差平方和
$SS_{reg} = 87.68$	$SS_{res} = 66.32$

圖 6.11　決定係數與 SS_t、SS_{reg} 和 SS_{res} 之間的關係

由圖 6.11 可知，SS_t 剛好可以被分割成 SS_{reg} 和 SS_{res} 兩部份，並且彼此之間沒有重疊；總變異量也可以被分割成兩部份：「被解釋到的變異量」（以決定係數表示）部份和「未被解釋到的變異量」（以離間係數平方值表示）部份，彼此之間也沒有重疊。因此，被分割成的兩部份之間互為消長，一者愈大的話，另一者便愈小；反之，亦然。在簡單迴歸分析的實際應用中，我們當然期望決定係數值愈大愈好，因為它顯示出依變項的總變異量可以被自變項解釋得到的變異量部份愈大，因此預測結果也愈正確。

四、估計標準誤的涵義

在簡單迴歸分析中，我們期望被解釋到的變異量愈大愈好，亦即，希望 $SS_{reg} = \sum(\hat{Y} - \bar{y})^2$ 的部份愈大愈好；相反的，我們期望未被解釋到的變異量愈小愈好，亦即，希望 $SS_{res} = \sum(Y - \hat{Y})^2$ 的部份愈小愈好。其實，下列公式即是在求 SS_{res} 的最小值：

$$\sigma_{y \cdot x} = \sqrt{\frac{\sum(Y - \hat{Y})^2}{N}} = \sqrt{\frac{SS_{res}}{N}} \qquad \text{〈公式 6–32〉}$$

上述這個公式稱作「**估計標準誤**」（standard error of estimate，簡寫成 *SE*）。為了區別起見，我們稱根據預測線上預測值 $\hat{Y}$ 預測依變項 Y 所產生的估計誤差為「估計標準誤」，而以依變項平均數 $\bar{y}$ 預測依變項 Y 所產生的估計誤差為「**一般的標準差**」，以有別於一般心理測驗常用的「**測量標準誤**」。

若從定義來看，〈公式 6–32〉的平方，即為：

$$\sigma_{y \cdot x}^2 = \frac{\sum(Y - \hat{Y})^2}{N}$$

〈公式 6–33〉

便是由 N 個 $(Y - \hat{Y})^2$ 所構成的面積總和之平均數，稱作「**估計變異誤**」 (variance error of estimate)。這個平均面積愈小，即表示估計的誤差變異量愈小。

在推論統計學裡，由於無法事先知道母群體的 $\sigma_{y \cdot x}$，因此需要以樣本估計它，這時便需使用**不偏估計值**，其公式可以表示如下：

$$S_{y \cdot x} = \sqrt{\frac{\sum(Y - \hat{Y})^2}{N - 2}} = \sqrt{\frac{SS_{res}}{N - 2}}$$

〈公式 6–34〉

〈公式 6–34〉的分母除以 $N - 2$，而不是 N，主要是求出以樣本的 X 預測 Y 時的估計標準誤。在需要呈現迴歸分析摘要表的電腦報表中，都是使用〈公式 6–34〉作為計算的基礎，並且，在建立預測分數的區間估計時，也必需使用到它。

在心理測驗學裡，需要使用估計標準誤的地方很多，但是它的計算公式卻不一樣。其實，這兩類公式的意義都是一樣的，由下列的公式推導，便可以知道其理由。

已知〈公式 6–26〉的計算公式如下所示：

$$\sum(Y - \hat{Y})^2 = [\sum Y^2 - \frac{(\sum Y)^2}{N}] - \frac{(\sum XY - \frac{\sum X \sum Y}{N})^2}{[\sum X^2 - \frac{(\sum X)^2}{N}]}$$

將最右一項的分子與分母同乘以前一項的值，得：

$$\sum(Y - \hat{Y})^2 = [\sum Y^2 - \frac{(\sum Y)^2}{N}] - \frac{(\sum XY - \frac{\sum X \sum Y}{n})^2[\sum Y^2 - \frac{(\sum Y)^2}{N}]}{[\sum X^2 - \frac{(\sum X)^2}{N}][\sum Y^2 - \frac{(\sum Y)^2}{N}]}$$

再將等號兩端各除以 N, 得:

$$\frac{\sum(Y-\hat{Y})^2}{N} = \frac{\sum Y^2 - \frac{(\sum Y)^2}{N}}{N} - r^2 \frac{\sum Y^2 - \frac{(\sum Y)^2}{N}}{N}$$

$$\sigma_{y \cdot x}^2 = \sigma_y^2 - r^2 \sigma_y^2$$

$$\sigma_{y \cdot x}^2 = \sigma_y^2 (1 - r^2)$$

$$\boxed{\sigma_{y \cdot x} = \sigma_y \sqrt{1 - r^2}}$$

〈公式 6–35〉

由〈公式 6–35〉可知,估計標準誤的大小與相關係數大小有很密切的關聯存在。當完全相關時(即 $r = \pm 1.00$),則 $\sigma_{y \cdot x} = 0$,亦即,所有的依變項觀察值 Y 都落在預測線上,所以完全沒有預測誤差;而當 $r = 0$ 時,則 $\sigma_{y \cdot x} = \sigma_y$,與以 $\bar{y}$ 作預測時所產生的預測誤差一樣大,故完全失去預測的作用。由此可見,相關係數愈大,估計標準誤便愈小,預測出來的結果愈正確;而相關係數愈小,估計標準誤便愈大,預測出來的結果便愈不正確。事實上,〈公式 6–35〉中的 $\sqrt{1 - r^2}$,即是前述的離間係數,它是以 X 變項預測 Y 變項的估計標準誤對 Y 變項的標準差之比值,亦即,

$$\boxed{\sqrt{1 - r^2} = \left[\frac{\sigma_{y \cdot x}}{\sigma_y} \right]}$$

〈公式 6–36〉

此一比值愈小,預測的正確性便愈大;反之,若此一比值愈大,則預測的正確性便愈小。

在推論統計學裡,迴歸分析有三個基本假設,分別是:⑴依變項呈常態分配,⑵預測關係是呈直線的,⑶預測線上所有預測值的殘差值變異數是相等的。其中的第三個假設,稱作「等分散性」(homoscedasticity),它的概念與估計標準誤有關,其意義是指不論自變項分數的高低,其在依變項上的預測值之估計標準誤都是一樣的 (Glass & Stanley, 1984, pp. 123–127)。圖 6.12 所示,便是顯示依變項的 σ_y 和估計標準誤 $\sigma_{y \cdot x}$ 之間的不同點。

由圖 6.12 可知,當依變項 Y 成常態分配時,自變項的得分為 X_1 的大多

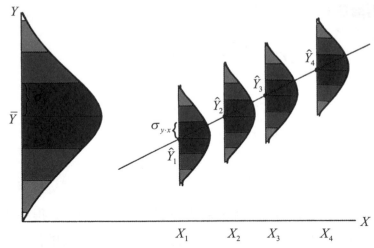

圖 6.12　等分散性的假設與 σ_y 和 $\sigma_{y \cdot x}$ 之間的關係

數人之依變項實得分數 Y 也會呈常態分配，但他們的預測分數卻都被預測成 $\hat{Y}_1$，其估計標準誤為 $\sigma_{y \cdot x}$；由此可見，**估計標準誤是用來描述此一常態分配之變異情形的指標**。同理，得分為 X_2 的大多數人之 Y 也是呈常態分配，但他們卻被預測為 $\hat{Y}_2$，其估計標準誤也同樣為 $\sigma_{y \cdot x}$；依此類推。換句話說，不論自變項 X 的分數高或低，與該自變項相對應的 Y 得分之分散情形，均被假設成相同（亦即相同的 $\sigma_{y \cdot x}$），這種假設即為等分散性的基本假設。

　　在心理測驗學裡，學者們稱估計標準誤為**測量標準誤**，並使用**信度係數**（coefficient of reliability）作為解釋測量分數的信賴程度指標，其概念和意義與決定係數的概念和意義相當，指的是一份測驗內部的變異情形而言，而不是兩個變項間的變異情形。茲舉例（郭生玉，民 79，83～84 頁）說明估計標準誤的應用如下，讓讀者能更加明瞭它的用法。

例 6.3

假設某生在智力測驗上得分為 130，已知該測驗的信度為 .96（相當於決定係數），標準差為 15，試問該生真正智力分數之可信範圍為何？

　　在這個例子裡，**智力的真實分數**就好比是自變項 X，該生的**智力分數**好比是被真實分數預測出來的預測值 $\hat{Y}$，而該**智力測驗的標準差**好比是依變項

Y 的標準差 σ_y，信度好比是**真實分數與依變項分數間的相關係數的平方**（即決定係數 r^2）。因此，我們可以將這些有關資料代入〈公式 6–35〉，得：

$$\sigma_{y \cdot x} = \sigma_y \sqrt{1 - r^2} = 15\sqrt{1 - .96} = 3$$

接著，我們可以根據常態分配得知，真正智力分數落在預測值 130 上下一個估計標準誤範圍內者（即 $130 \pm 3 = 127 \sim 133$）的機率有 68.26%，上下二個估計標準誤範圍內者（即 $130 \pm 6 = 124 \sim 136$）的機率有 95.44%，上下三個估計標準誤範圍內者（即 $130 \pm 9 = 121 \sim 139$）的機率有 99.74%，這些分數範圍及其機率值便是該生所測得智力分數的可信範圍。

第六節　電腦習作

一、SPSS/PC 4.0 版操作範例說明

　　茲以表 6.1 的數學科成績和自然科成績資料作為本電腦習作的範例資料，並試求這兩者間的共變數、相關係數、和以數學成績預測自然成績的簡單迴歸分析結果，並解釋其電腦報表的內涵。

　　首先，建立下列的程式檔，並取名為 CH6。由於表 6.1 中的資料簡短，我們可以將其包含在程式檔裡；若資料冗長時，則以單獨建立一個資料檔為宜，如前幾章的電腦習作範例一般。

```
TITLE 'THE SPSS/PC PROGRAM FOR CHAPTER SIX'.

DATA LIST/ID 1 MATH 3-4 NATURE 6-7.

SET LIST='A:CH6.LIS'.

VARIABLE LABELS ID        'SEAT NUMBERS'

                MATH      'MATHEMATICS SCORES'

                NATURE    'NATURAL SCIENCE SCORES'.

BEGIN DATA.

1 74 84

2 76 83

3 77 85
```

```
4 63 74

5 63 75

6 61 79

7 69 73

END DATA.

REGRESSION VARIABLES=MATH NATURE

 /STATISTICS=R COEFF

 /DEPENDENT=NATURE

 /METHOD=ENTER

 /DESCRIPTIVES=MEAN STDDEV VARIANCE CORR COV.

PLOT PLOT=NATURE WITH MATH.

FINISH.
```

執行後，獲得下列的輸出結果：

```
          *****   MULTIPLE REGRESSION   ***

            ①      ②        ③        ④
          Mean  Std Dev  Variance  Label
   MATH    69.000  6.758   45.667  mathematics scores
   NATURE  79.000  5.066   25.667  natural science
                                    scores

N of Cases=7 ⑤

        Correlation, Covariance:

                      MATH            NATURE
        MATH         1.000             .755 ⑥

                    45.667 ⑦         25.833 ⑧

        NATURE       .755            1.000

                    25.833           25.667 ⑨

Dependent Variable.. NATURE natural science scores
```

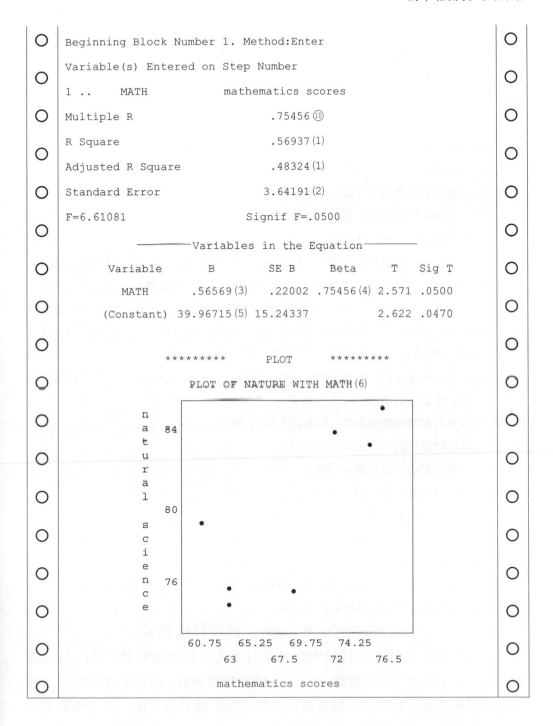

```
Beginning Block Number 1. Method:Enter

Variable(s) Entered on Step Number

1 ..    MATH            mathematics scores

Multiple R                      .75456 ⑩

R Square                        .56937 (1)

Adjusted R Square               .48324 (1)

Standard Error                  3.64191 (2)

F=6.61081               Signif F=.0500

────────Variables in the Equation────────

   Variable      B        SE B      Beta      T    Sig T
     MATH      .56569 (3)  .22002  .75456 (4) 2.571  .0500
   (Constant) 39.96715 (5) 15.24337          2.622  .0470


        ********        PLOT        ********

          PLOT OF NATURE WITH MATH (6)
```

Figure showing plot of natural science (y-axis: 84, 80, 76) with mathematics scores (x-axis: 60.75, 63, 65.25, 67.5, 69.75, 72, 74.25, 76.5).

解釋：

①表示**變項的平均數**，在本例中數學為 69，自然為 79。

②表示**變項的標準差**，在本例中數學為 6.758，自然為 5.066。

③表示**變項的變異數**，在本例中數學為 45.667，自然為 25.667。

④表示**變項的名稱**。

⑤表示**總人數**為 7。

⑥表示數學與自然間的**相關係數**為 .755。

⑦表示**數學的變異數**為 45.667。

⑧表示數學與自然間的**共變數**為 25.833。

⑨表示**自然的變異數**為 25.667。

從⑦到⑨所形成的矩陣，稱作「**變異數—共變數矩陣**」，它是一個對稱性矩陣；其中，對角線元素為「**變異數**」，非對角線元素為「**共變數**」。同理，「**變異數—共變數矩陣**」也可以轉換成「**相關係數矩陣**」，其中，對角線元素為「**變項本身與本身的相關係數，即為 1**」，而非對角線元素為「**變項間的相關係數，即為 .755**（如⑥所示）」。

⑩表示**多元相關係數**，由於本例僅是簡單迴歸分析的結果，故多元相關係數等於積差相關係數，約為 .755。

⑾表示**多元相關係數的平方**，即為決定係數 .569。

⑿表示**估計標準誤**，在本例中為 3.642。

⒀表示**原始分數迴歸係數**為 .566。

⒁表示**標準分數迴歸係數**為 .755，等於相關係數。

⒂表示**原始分數截距值**為 39.967，它沒有標準分數截距值。

由此可知，本原始分數迴歸方程式為：自然分數 = 39.967 + .566（數學分數）

而標準分數迴歸方程式為：自然分數 = .755（數學分數）

⒃表示數學分數與自然分數間的**資料分佈圖**（與圖 6.7 相同），從圖中可以看出該資料大約呈直線分佈，亦即具有正相關。

二、SPSS for Windows 操作範例說明

茲以表 6.1 的數學科成績和自然科成績資料作為本電腦習作的範例資料，並試求這兩者間的**共變數**、Pearson **積差相關係數**、以數學成績預測自然成績的**簡單迴歸分析**結果，以及兩科分數之間的**資料分佈圖**，並解釋其電腦報表的內涵於下。

首先，請讀者參考本書第一章第四節之「三、SPSS for Windows 操作範例說明」，將表 6.1 數學科與自然科成績建立一個新的 PASW 資料檔，並取名為 ch6.sav，如圖 6.13 所示。本節之示範分析主要分為三個步驟：簡單相關分析、簡單迴歸分析、統計圖製作，茲分別說明如下。

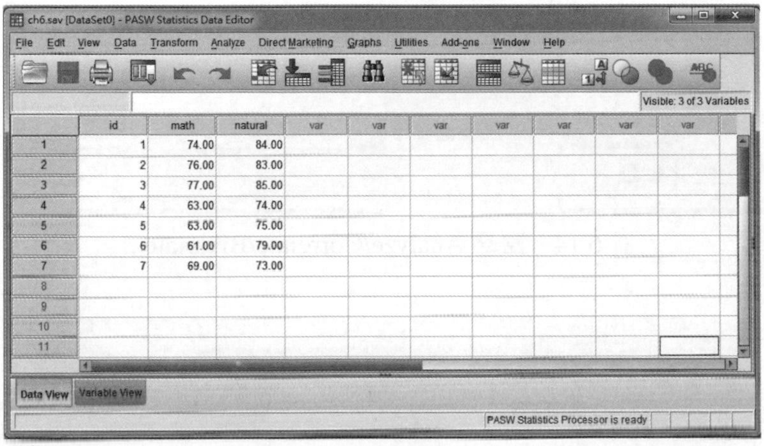

圖 6.13　表 6.1 數學科與自然科成績的 PASW 資料檔

㈠簡單相關分析

建檔完畢後，讀者可以選擇功能表中的「Analyze／Correlate／Bivariate...」，以開始進行**雙變數相關係數**的統計分析，其操作方式如圖 6.14 所示。

點選後，會出現「Bivariate Correlations」對話窗。之後，分別點選左方欄框內的「math」與「natural」變項（各自代表數學科與自然科成績），再利用中間的方向鍵，將其點選送至右方欄框裡，如圖 6.15 所示。另外，於下方**相關係數** (Correlation Coefficients) 欄框內，保留預設的選項即可；PASW 提供三種相關係數值可供勾選，分別為 Pearson **積差相關** (Pearson)、Kendall **等級相關** (Kendall's tau-b)、與 Spearman **等級相關** (Spearman)，由於本範例只需計算 Pearson 積差相關而已，同時，該選項亦為 PASW 之預設選項，因此，只需保持原先預設狀態即可。至於，其餘兩項相關係數的使用說明，則於本書第十二章再詳細介紹。之後，再點選右上方之「Options...」功能按鈕，以便進行共變數值之計算。

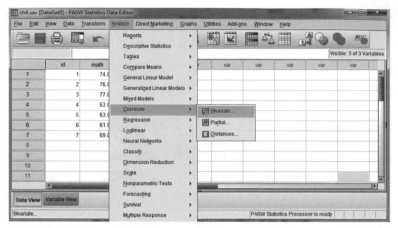

圖 6.14　點選 Analyze/Correlate/Bivariate...

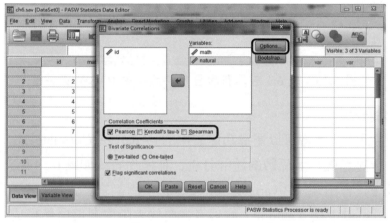

圖 6.15　「Bivariate Correlations」對話窗

　　打開圖 6.16「Bivariate Correlations: Options」對話窗後，可供選擇的統計數 (Statistics) 類型共有兩種，分別為**平均數與標準差** (Means and standard deviations)、**離均差交叉乘積和與共變數** (Cross-product deviations and covariances)。依照本範例的需求，可以兩者都勾選，再按「Continue」按鈕回到原來的對話窗，再按「OK」，即可執行統計分析。

㈡簡單迴歸分析

　　欲進行簡單迴歸分析時，讀者必須先回到（或重新打開）圖 6.13 的資料視窗，然後，再選擇功能表中的「Analyze/Regression/Linear...」，以開始進行

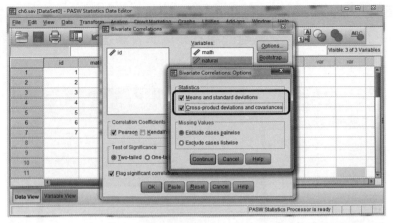

圖 6.16 「Bivariate Correlations: Options」對話窗

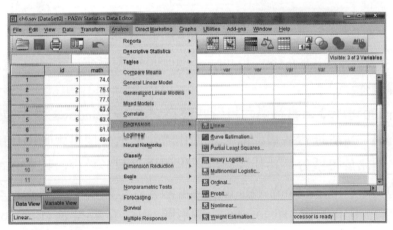

圖 6.17 點選 Analyze/Regression/Linear...

線性迴歸的統計分析，其操作方式如圖 6.17 所示。

　　點選後，如圖 6.18 所示，會出現「Linear Regression」對話窗。此時，依照本範例的題意，乃為求以數學科預測自然科成績之迴歸分析，亦即是將數學科成績視為自變項（或稱預測變項（predictors）），而將自然科成績視為依變項（或稱效標變項（criterion））。因此，請點選左方欄框內的「math」變項（即本範例之數學科成績），再按一下中間的方向鍵，將其點選送至右方 Independent(s)（代表自變項或預測變項）的欄框中；再以同樣的方式，將左方欄框內的「natural」變項（即本範例之自然科成績）送至右方 Dependent（代

表**依變項或效標變項**）的欄框裡。之後，因無其他特殊需求，其餘各選項均採 PASW 預設值即可，有興趣的讀者亦可試著點選開來看看。最後，再按「OK」，即可執行統計分析。

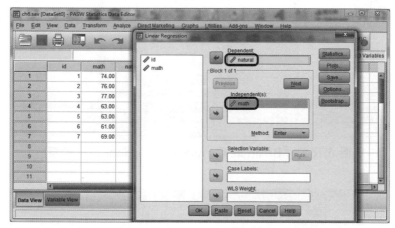

圖 6.18　「Linear Regression」對話窗

㈢統計圖製作

　　統計圖的製作，本書於第二章第四節「SPSS for Windows 操作範例說明」時曾介紹過，可於進行各種統計分析工作時，利用其提供之圖形功能選項進行繪製，但由於每種分析功能所附設可供選擇之圖形較少，且並非每種分析皆有此功能，因此，PASW 另提供 Graph 功能，可專門用以繪製較多元之圖形，如**次數分配直方圖** (Histogram)、**圓形圖** (Pie...)、**箱型圖** (Boxplot...) 等，有興趣的讀者亦可逐一嘗試看看。但本範例只針對**資料分佈圖**之製作做說明而已，因此，讀者可以選擇功能表中的「Graphs/Legacy Dialogs/Scatter/Dot...」，以開始進行資料分佈圖之製作，操作方式如圖 6.19 所示。

　　點選後，如圖 6.20 所示，會出現「Scatter/Dot」對話窗。此時，可供繪製的統計圖類型共有五種，分別為**簡單型** (Simple Scatter)、**矩陣型** (Matrix Scatter)、**簡單型（點）**(Simple Dot)、**重疊型** (Overlay Scatter)，**與立體型** (3-D Scatter)。由於本範例只有二個變項而已，所以，只需選擇簡單型即可，即點選「Simple Scatter」後，再按「Define」按鈕，以進行 X 與 Y 軸的定義。

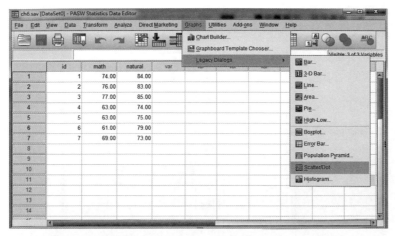

圖 6.19　點選 Graphs/Legacy Dialogs/Scatter/Dot...

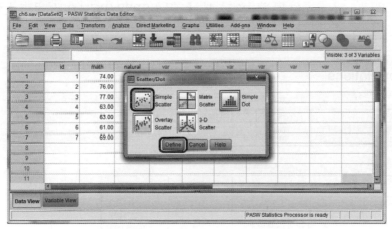

圖 6.20　「Scatter/Dot」對話窗

　　打開圖 6.21「Simple Scatterplot」對話窗後，須針對圖形之 *X* 與 *Y* 軸進行定義，在此，本範例需將數學科成績視為 *X* 軸，將自然科成績視為 *Y* 軸，因此，點選左方欄框內的「math」變項，將其送至右方之 X Axis（X 軸）欄框中，而點選左方欄框內的「natural」變項，將其送至右方之 Y Axis（Y 軸）欄框裡，再按「OK」，即可繪製簡單型的資料分佈圖。

　　執行後的結果檔與語法檔產生方法，如本書第二章第四節之「二、SPSS for Windows 操作範例說明」所示，讀者可以自行轉換存檔。在本範例中，可將其結果檔存檔成 ch6.spo，並存放於適當的磁碟機和資料夾裡。

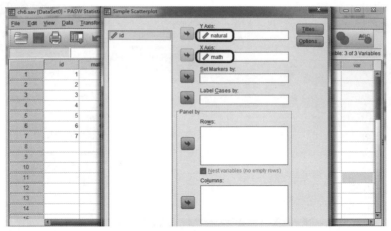

圖 6.21　「Simple Scatterplot」對話窗

底下即為 ch6.spo 結果檔內容，其涵義與 SPSS/PC 4.0 版報表大致相同。

Correlations

Descriptive Statistics

	Mean(1)	Std. Deviation(2)	N(3)
mathematics scores	69.000	6.7577	7
natural science scores	79.000	5.0662	7

Correlations

		mathematics scores	natural science scores
mathematics scores	Pearson Correlation	1	(4) .755*
	Sig. (2-tailed)	.	.050
	Sum of Squares and Cross-products	(5) 274.000	(7) 155.000
	Covariance	(6) 45.667	(8) 25.833
	N	7	7
natural science scores	Pearson Correlation	.755*	1
	Sig. (2-tailed)	.050	.
	Sum of Squares and Cross-products	155.000	154.000
	Covariance	25.833	(9) 25.667
	N	7	7

*. Correlation is significant at the 0.05 level (2-tailed).

Regression

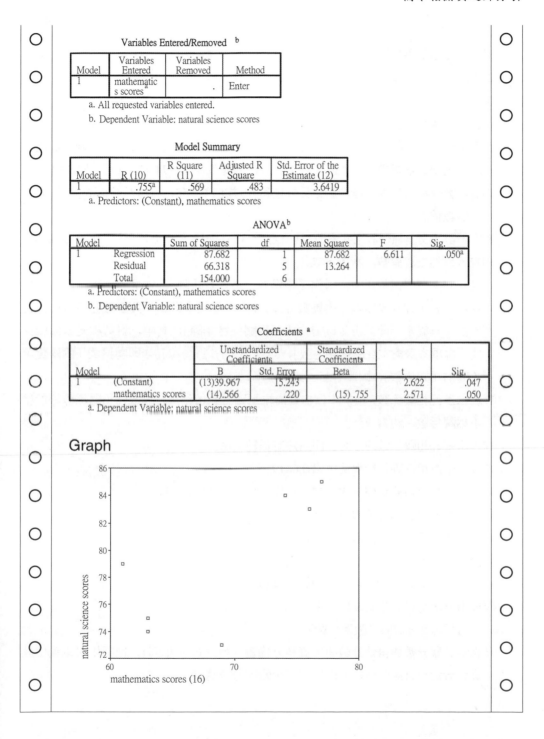

Variables Entered/Removed [b]

Model	Variables Entered	Variables Removed	Method
1	mathematics scores[a]	.	Enter

a. All requested variables entered.

b. Dependent Variable: natural science scores

Model Summary

Model	R (10)	R Square (11)	Adjusted R Square	Std. Error of the Estimate (12)
1	.755[a]	.569	.483	3.6419

a. Predictors: (Constant), mathematics scores

ANOVA[b]

Model		Sum of Squares	df	Mean Square	F	Sig.
1	Regression	87.682	1	87.682	6.611	.050[a]
	Residual	66.318	5	13.264		
	Total	154.000	6			

a. Predictors: (Constant), mathematics scores

b. Dependent Variable: natural science scores

Coefficients [a]

Model		Unstandardized Coefficients		Standardized Coefficients	t	Sig.
		B	Std. Error	Beta		
1	(Constant)	(13)39.967	15.243		2.622	.047
	mathematics scores	(14).566	.220	(15) .755	2.571	.050

a. Dependent Variable: natural science scores

Graph

natural science scores vs mathematics scores (16)

解釋：

 (1)表示變項的**平均數**，在本例中數學為 69，自然為 79。

 (2)表示變項的**標準差**，在本例中數學為 6.7577，自然為 5.0662。

 (3)表示**總人數**為 7。

 (4)表示數學與自然分數間的**相關係數**為 .755。

 (5)表示**數學的「離均差平方和」**，其值為 274，若將其除以 $N-1$，即為變異數值。

 (6)表示**數學之變異數**，在本例中為 45.667，即是(5)中【274/(7－1)】之結果。

 (7)表示數學與自然的「**離均差交叉乘積和**」，其值為 155，若將其除以 $N-1$，即為共變數值。

 (8)表示數學與自然分數之**共變數**，其值為 25.833，即是(7)中【155/(7－1)】之結果。

 (9)表示**自然之變異數**，為 25.667。

  從(6)到(9)所形成的矩陣，稱作「**變異數—共變數矩陣**」，它是一個對稱性矩陣；其中，對角線元素即為「**變異數**」，而非對角線元素即為「**共變數**」。同理，「**變異數—共變數矩陣**」也可以轉換成「**相關係數矩陣**」，其中，對角線元素即轉換成「**變項本身與本身的相關係數**」，即為 1；而非對角線元素即轉換成「**兩兩變項之間的相關係數**」，即為 .755（如(4)所示）。

 (10)表示**多元相關係數**，由於本例僅是簡單迴歸分析的結果，故多元相關係數等於積差相關係數，約為 .755。

 (11)表示多元相關係數的平方，即為**決定係數** .569。

 (12)表示**估計標準誤**，在本例中為 3.6419。

 (13)表示**原始分數截距值**為 39.967，它沒有標準分數截距值。

 (14)表示**原始分數迴歸係數**為 .566。

 (15)表示**標準分數迴歸係數**為 .755，等於**相關係數**。

由此可知，本原始分數迴歸方程式為：

  自然分數 = 39.967 + .566（數學分數）

而標準分數迴歸方程式為：

  自然分數 = .755（數學分數）

 (16)表示數學分數與自然分數間的**資料分佈圖**（與圖 6.19 相同），從圖中可以看出該資料大約呈直線分佈，亦即呈現正相關的分佈趨勢。

本章摘要

1. 相關係數有兩類：A 型相關係數的值域介於 0 與 1 之間，而 B 型相關係數的值域介於 ±1 之間；本章所討論的積差相關是屬於 B 型相關係數。

2. 相關係數是指兩個變項間的關聯指標,亦指兩個變項共同變異之程度而言。它具有強度與方向兩個重要概念：相關係數的絕對值愈大,即表示關聯強度愈強, 反之, 則愈小；正負號是表示相關的方向。

3. 相關係數與共變數間具有密切的關係, 共變數除以兩個變項的標準差即為相關係數。當共變數為零時, 相關係數即為零相關；當共變數為負值時, 相關係數即為負相關；當共變數為正值時, 相關係數即為正相關。

4. 當兩個變項皆相同時, 共變數即簡化成變異數, 因此, 變異數可以看成是共變數的一個特例。

5. 相關係數與樣本大小（即 N）有關, 計算相關係數的絕對值必須大於查表的臨界值時, 才能說相關係數具有顯著存在的意義。

6. 有相關存在, 並不一定隱含有因果關係存在。

7. 兩個變項相加或相減, 所形成新的分配之變異數, 等於原來兩個變異數之和再加或減兩倍的共變數；當這兩個變項間的相關為零時,新變項的變異數便等於原來兩個變異數之和。

8. 雙變項資料除了作相關分析外, 亦可提供迴歸分析, 進行預測的工作。

9. 根據一個自變項預測一個依變項的迴歸分析, 稱作「簡單迴歸分析」。簡單迴歸分析假設自變項與依變項間的數學函數關係是直線的, 因此, 又稱作「直線迴歸分析」；而該直線又稱作「迴歸線」或「預測線」, 是根據最小平方法估算出來的, 可以表示如下：

$$\overline{Y} = bX + a$$

其中, a 稱作「截距」, b 稱作「迴歸係數」, $\hat{Y}$ 稱作「預測值」。

10. 當以標準分數表示時, 上述的迴歸線可以表示如下：

$$\hat{z}_y = \beta z_x$$

其中，β 稱作「標準分數迴歸係數」，有別於原始分數迴歸係數 b。在簡單迴歸分析中，$β = r$。

11. 依變項的「總離均差平方和」，可以分割成「迴歸離均差平方和」與「殘差值離均差平方和」兩部份。

12. 決定係數是「迴歸離均差平方和」與「總離均差平方和」的比值，正好是相關係數值的平方；亦即，在依變項的總變異量中，可被自變項解釋得到的變異量的百分比，也就是預測正確的部份。

13. 估計標準誤愈小，表示預測結果愈正確；反之，估計標準誤愈大，則表示預測結果愈不正確。

14. 迴歸分析的重要假設之一是「等分散性」，亦即，不論自變項值的大小，其在依變項上的估計標準誤均假定為相等。

自 我 測 驗

1. 下列哪一個相關係數較強？

   (1) .55　　　(2) .09　　　(3) −.77　　　(4) −.10

第 2～6 題，請參考下列圖(1)至圖(5)作答：

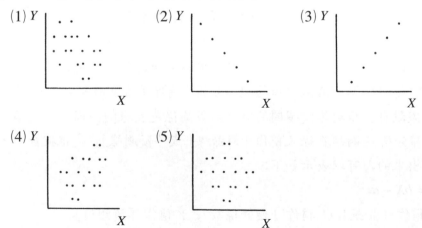

2. 何者為 $r = +1.00$？

3. 何者為 $r = +.50$?

4. 何者為 $r = .00$?

5. 何者為 $r = -.50$?

6. 何者為 $r = -1.00$?

7. 假設 X 與 Y 的相關為 .60，X 與 Z 的相關為 $-.80$，請問 X 增大時，Y 增大或減小？Z 增大或減小？

8. 假設 X 與 Y 的相關為 .50，當 X 與 Y 都轉換成 T 分數時，此時 X 與 Y 之間的相關係數為何？

9. 當 $r = +1.00$ 且 $z_x = -.50$ 時，z_y 為何？

10. 當 $r = -1.00$ 且 $z_y = .80$ 時，z_x 為何？

11. 假設有一筆特殊資料，已知 $S_x = 15$ 且 $S_y = 3$，請問 S_{xy} 的最大可能值是多少？

12. 假設 X 與 Y 之間沒有任何關聯存在，且已知 $S_x = 4$, $S_y = 3$；則請問 X 與 Y 的和所構成之分配的標準差為何？

13. 下列何者與其他三者不同？

(1)自變項　　(2)預測變項　　(3)X 變項　　(4)效標變項

14. 下列何者與其他三者不同？

(1)百分位數　　(2)相關係數　　(3)迴歸係數　　(4)預測分數

15. 當 $r = .50$ 且 $z_x = 2.0$ 時，$\hat{z}_y$ 為何？

16. 當 $r = -.60$ 且 $\hat{z}_y = 1.5$ 時，z_x 為何？

17. 如果 $S_x = S_y = 10$ 時，r 是否會等於 b？

18. 假設其他條件相等，當 r 增加時，估計標準誤是否也會增加？

19. 在雙變項常態分配資料中，以 X 預測 Y 所獲得的迴歸線是否總是直線的？

20. 若以標準分數為單位，是否 $S_{y \cdot x}$ 會等於 $S_{x \cdot y}$？

21. 若以原始分數為單位，是否 $S_{y \cdot x}$ 會等於 $S_{x \cdot y}$？

22. 已知父母的平均智力（即 X）（$\sigma = 15$）與子女的平均智力（即 Y）間具有約 .60 的相關，請問預測 Y 的估計標準誤是多少？

23. 已知 $r_{xy} = .50$，則以 X 預測 Y 的變異數解釋量是多少？

24. 若已知 $SS_t = 100$，且 $r_{xy} = .50$，則可以被解釋到的迴歸離均差平方和是多少？

一、請用手算或電腦輔助計算表 1.3 中，德育、智育、體育、群育和美育間的「變異數—共變數矩陣」及「相關係數矩陣」?

二、若以表 1.3 中的智育分數預測德育分數的原始分數預測線為何? 若已知某生的智育分數為 80 分，則他的德育分數可能是多少分?

三、第二題中的預測效果為何? 請解釋之。

四、第二題中該生德育分數的可信範圍為何?

第七章 推論統計學導論

本章學習重點

1. 何謂集合? 何謂元素?

2. 常用的集合運算方式有哪些?

3. 機率的概念是什麼? 它有何運算法則?

4. 何謂期望值?

5. 何謂母群體? 何謂樣本?

6. 何謂參數? 何謂統計數?

7. 常用的抽樣方法有哪幾種?

8. 何謂抽樣分配?

9. 何謂中央極限定理?

10. 何謂點估計? 何謂區間估計?

11. 假設可以分成哪幾種?

12. 何謂第一類型錯誤? 何謂第二類型錯誤?

13. 何謂單側考驗? 何謂雙側考驗?

14. 何謂顯著水準? 它的常用數值是什麼?

15. 何謂自由度?

16. 何謂不偏估計值?

17. 常用的統計分配有哪些?

　　前幾章所討論的範圍,都是屬於描述統計學的部份;從這一章起,我們將開始討論推論統計學。在正式進入推論統計學的討論之前,我們必需先對幾個基本概念進行瞭解。

第一節　機率的概念

在高中數學裡，稱由界定清楚的一群人、事，或物所構成的群體為「集合」(set)；而構成此一集合體的個別事項或份子，便稱作「元素」(elements)。習慣上，集合是以大寫英文字母 $A, B, C, \cdots$ 等符號表示；而元素是以小寫英文字母 $a, b, c, \cdots$ 等或阿拉伯數字 $1, 2, 3, \cdots$ 等符號表示。舉例來說，箱子裡有乒乓球六個，各自標上 1、2、3、4、5、6 的號碼，此時，**集合與元素間的關係**可以表示如下：

$$A = \{1, 2, 3, 4, 5, 6\}$$

意即，集合 A 是由元素 1、2、3、4、5、6 所組成，而元素 1、2、3、4、5、6 都是屬於集合 A。我們以大括號 $\{\quad\}$ 涵蓋所有的元素，並以一個大寫英文字母（如：A）來代表，並將等號標示上去，以示該英文字母與大括號內的表示值相等之意。我們也可以將**元素與集合的個別關係**表示如下：

$$3 \in A$$

意即，元素 3 是「屬於」（以符號 $\in$ 表示）集合 A。

集合 A 中部份元素所構成的集合，稱作集合 A 的「**部份集合**」或「**子集合**」(subset)，則下列集合都是集合 A 的部份集合，因為它們的元素都是「屬於」集合 A：

$$B = \{1, 3, 5\} \qquad C = \{2, 4, 6\}$$
$$D = \{1, 2, 3\} \qquad E = \{4, 5, 6\}$$
$$F = \{\quad\} = \varnothing \qquad S = \{1, 2, 3, 4, 5, 6\}$$

其中，集合 F 的內部是空的（即沒有任何元素是屬於它），特別稱作「**空集合**」(empty set)，並以符號 $\varnothing$ 表示。空集合「**包含於**」任何集合。部份集合與集合之間的關係，可用下列符號表示：

$$B \subset A$$

意即，集合 B「包含於」集合 A。

　　集合的運算方式，主要有下列兩種：一種為「**聯集**」(union)：聯合所有集合內的元素所構成的新集合，重覆的元素只能算一次，以符號 $\cup$ 來表示；另一種為「**交集**」(intersection)：把所有集合內共同所有的元素取出後所構成的新集合，以符號 $\cap$ 來表示。舉例來說，C 與 E 的聯集為：

$$C \cup E = \{2, 4, 5, 6\}$$

意即，這兩個集合的所有元素所構成的新集合，包含 2, 4, 5, 6 等四個不同的元素，其中，元素 4 和元素 6 只能算一次。而 C 與 E 的交集為：

$$C \cap E = \{4, 6\}$$

意即，這兩個集合內共同所有的元素為 4 和 6，所以集合 C 和集合 E 的交集便只含二個元素。

　　就以聯集而言，B 與 C 的聯集或 D 與 E 的聯集均為：

$$B \cup C = \{1, 2, 3, 4, 5, 6\}$$
$$D \cup E = \{1, 2, 3, 4, 5, 6\}$$

我們稱集合 B 是集合 C 的「**餘集合**」(complement)，集合 D 是集合 E 的「**餘集合**」。**集合 B 的餘集合**可以 $\bar{B}$ 來表示，所以上式可以改寫成：

$$B \cup \bar{B} = \{1, 2, 3, 4, 5, 6\} = S$$

　　就以交集而言，B 與 C 的交集或 D 與 E 的交集均為：

$$B \cap C = \{\qquad\} = \varnothing$$
$$D \cap E = \{\qquad\} = \varnothing$$

當兩個集合的交集為空集合時，我們稱這兩個集合彼此為「**互斥**」(mutually exclusive)，互斥即表示集合間沒有共同的元素存在。如果兩個集合的交集不是空集合（如 C 與 E 的交集），則我們說這兩個集合**並非互斥**。

　　有了上述基本的集合概念後，我們便很容易瞭解機率的概念。

在討論機率時，習慣上稱集合 A 中每一個元素為一個「**樣本點**」(sample point)，而稱由所有樣本點構成的集合 A 為「**樣本空間**」(sample space)，並且稱樣本空間中的每一個部份集合（包括空集合）為一個「**事件**」(event)，以 X 表示；則所謂 X 事件的「**機率**」(probability) 便是指 X 事件中樣本點個數與樣本空間中樣本點總個數之比，可以用數學符號表示如下：

$$P(X) = \frac{n}{N} \qquad\qquad\qquad \langle 公式\ 7\text{–}1 \rangle$$

〈公式 7–1〉中的 n 是指 X 事件的樣本點個數，N 是指樣本空間中的樣本點總個數，這兩個數值之比即為 X 事件的機率。舉例來說，假設集合 A 中有 2 個球是白球（以 W 表示），其餘 4 球為紅球（以 R 表示），則出現白球事件的機率為：

$$P(W) = \frac{2}{6} = \frac{1}{3}$$

出現紅球事件的機率為：

$$P(R) = \frac{4}{6} = \frac{2}{3}$$

因此，**機率函數** (probability function) 可以定義為：

> 在樣本空間中，針對每一事件 X 給予 $P(X)$ 一定數值，並且滿足下列條件的一種對應關係：
> (1)對每一事件 X 而言，其機率值不等於零，即 $P(X) \neq 0$；
> (2)不同事件的機率總和為 1，即 $\sum P_i = 1$；
> (3)如果事件 X 和事件 Y 互斥（即表示沒有共同的樣本點），則 $P(X$ 或 $Y) = P(X) + P(Y)$，即互斥事件同時發生的機率值等於其各別事件的機率值之和。

機率函數的概念在推論統計中甚為重要，許多常用的統計分配曲線（如：Z、χ^2、t、F 等），都可以說是一種機率分配曲線。

簡單的分，事件可以分成「**簡單事件**」(simple event) 和「**複雜事件**」(compound event) 兩種。前者又可以分成「**互斥事件**」與「**非互斥事件**」；後者又可以分成「**獨立事件**」(independent event) 與「**相依事件**」(dependent event)。在這些事件下，其機率的算法各不相同，茲舉例說明如下：

一、簡單事件

凡在機率實驗中，只有單一次**嘗試** (trial) 者，即為簡單事件。例如：投擲一次銅板、投擲一次骰子、自一副撲克牌中抽取一張牌、自一所學校中抽取一班、自某個樣本空間中抽出一個樣本點等都是。簡單事件又可以分成互斥和非互斥兩種事件。

1.**互斥事件**：此種事件的特點是樣本空間中的事件是彼此互斥的，亦即，出現 X 事件，便無法出現其他事件；事件間沒有交集存在，且每種事件出現的機率不會相互干涉。因此，屬於這類型問題的機率算法，適用「**加法定理**」(addition rule) 來解決，其問題中常出現一個「或」字。此類機率的計算公式可以表示如下：

$$P(X \cup Y) = P(X) + P(Y)$$ 〈公式 7–2〉

 7.1

投擲骰子一次，試問出現 1 或 6 的機率有多大？

在本例中，骰子有六個面，每一面出現的機會都一樣是六分之一。因此本例問：出現 1 或 6 的機率有多大？即指出現 1 和出現 6 的兩個事件互斥，其出現機率不會相互干涉，所以，其機率值為：

$$P(X \cup Y) = \frac{1}{6} + \frac{1}{6} = \frac{1}{3}$$

2.**非互斥事件**：此種事件的特點是樣本空間中的事件不是互斥的，事件間具有交集存在，亦即，$X \cap Y \neq \varnothing$。在非互斥事件中，事件間會出現重疊的現象，因此，在計算這類型問題的機率時，須將重疊部份的機率扣掉才行。其計算公式可以表示如下：

$$P(X \cap Y) = P(X) + P(Y) - P(X \cap Y)$$ 〈公式 7–3〉

例 7.2

自一副撲克牌中抽取一張牌，試問抽得紅心或 Q 的機率有多大？

在本例中，一副撲克牌共有 52 張牌，分成四種顏色：黑桃、紅心、紅磚和黑梅，各有十三張牌，並且每種顏色牌號碼均是依 1、2、…、10、J、Q、K 順序排列。因此，抽得一張牌為紅心的機率有 1/4，抽得為 Q 的機率有 1/13，由於抽得的牌可能為紅心或 Q，並且有可能「既是紅心又是 Q」（即**重疊部份**，其出現機率為 1/52），因此在計算機率時，必需將這重覆部份的機率扣掉，所得的機率才算合理。所以，本例的機率值為：

$$P(X \cup Y) = \frac{1}{4} + \frac{1}{13} - \frac{1}{52} = \frac{16}{52}$$

二、複雜事件

凡在機率實驗中，利用一個事項連續嘗試數次，或利用數個事項嘗試一次，即屬於複雜事件。例如，利用一個銅板連續投擲 n 次，或利用 n 個銅板投擲一次，都是屬於複雜事件。複雜事件又可以分成獨立和相依兩種事件。

1.**獨立事件**：此種事件的特點是**事件間並無任何關聯存在**，每一次嘗試的**結果都不會影響下一次嘗試的結果**，因此，每一次嘗試的機率都是一樣，互不影響。因此，屬於這類型問題的機率算法，適用「**乘法定理**」(multiplication rule) 來解決，其問題中常出現「且」或「均為」等字眼。此類機率的計算公式可以表示如下：

$$P(X \cap Y) = P(X) \cdot P(Y)$$ 〈公式 7–4〉

例 7.3

利用一個銅板連續投擲二次，二次均為正面的機率是多少？

在本例中，投擲一次出現正面的機率為 1/2，二次投擲結果均為正面的機率則為：

$$P(X \cap Y) = \frac{1}{2} \cdot \frac{1}{2} = \frac{1}{4}$$

2.**相依事件**：此種事件的特點是**每次嘗試後都不置回** (without replacement)，因此下一次嘗試的機率，很顯然受到前次嘗試的影響，所以**事件間有相互關聯存在**，故為相依事件。在相依事件中，機率的計算公式可以表示如下：

$$P(X \cap Y) = P(X) \cdot P(Y|X)$$ 〈公式 7–5〉

其中，$P(Y|X)$ 表示**先發生事件 X 後再發生事件 Y 的機率**，又稱作「**條件機率**」(conditional probability)，此時，X 事件的發生會影響 Y 事件發生的機率。根據定義，條件機率的數學涵義可以推論得出：

$$P(Y|X) = \frac{P(X \cap Y)}{P(X)}$$ 〈公式 7–6〉

 7.4

箱子中有白球兩個，黑球三個。先抽一球後，不放回去，再抽一球，則這兩次抽球結果均為白球的機率是多少？

在本例中，第一次抽出為白球的機率是 2/5，但在第二次抽球時，球總共只剩下四個，其中白球只剩一個，故第二次抽出為白球者的機率便為 1/4；亦即條件機率為 1/4。所以，第一次和第二次抽球結果均為白球的機率便等於：

$$P(X \cap Y) = \frac{2}{5} \cdot \frac{1}{4} = \frac{1}{10}$$

有關機率的應用，在高中數學中，尚有考慮次序 (order) 關係的「排列」(permutations) 方式和不考慮次序關係的「組合」(combinations) 方式，有興趣的讀者可以回顧一下高中數學。

第二節　期望值的概念

簡單的說，**期望值**（expectation 或 expected value）是指某個變項的觀察值經過無數次重覆測量結果的平均數之意，甚至是指「**求多次測量值之平均數**」的意思。期望值常以 $E(X)$ 符號來表示，其中，括弧內所填寫的符號即為該研究變項 X。茲分項說明期望值的相關概念如下：

一、期望值與變異數的表示法

根據定義，**期望值**的計算公式可以表示如下：

$$E(X) = P_1X_1 + P_2X_2 + \cdots + P_NX_N = \sum P_iX_i$$ 〈公式 7–7〉

由於在計算**母群體平均數**時，需要用到下列公式：

$$\mu = \frac{f_1X_1 + f_2X_2 + \cdots + f_NX_N}{N}$$

$$= (\frac{f_1}{N})X_1 + (\frac{f_2}{N})X_2 + \cdots + (\frac{f_N}{N})X_N$$

$$= P_1X_1 + P_2X_2 + \cdots + P_NX_N = \sum P_iX_i$$

所以，　　$$E(X) = \mu = \sum P_iX_i$$ 〈公式 7–8〉

也就是說，在計算期望值時，X 變項內的各事件是為**互斥事件**（即以 X_i 表示），且每一個事件出現的機率值（即以 P_i 表示）的和永遠為 1（參見前述機率函數的定義）。所以，期望值等於每個事件值及其出現的機率值之乘積和，這個數值將等於 X 變項母群體的平均數（即 μ）。

其實，上述期望值可以看成是從**可置回**（with replacement）的某種隨機抽球活動中，每抽出一球，登錄結果後再放回去，如此進行無數次登錄結果的平均數。如果，現在每抽出一球，即予以平方後再置回，如此進行無數次後，根據定義，其**期望值**應為：

$$E(X^2) = P_1X_1^2 + P_2X_2^2 + \cdots + P_NX_N^2 = \sum P_iX_i^2$$ 〈公式 7–9〉

如果是每抽出一球，便減去其平均數，再予以平方後置回，如此進行無數次

後，根據定義，其期望值應為：

$$E(X - \mu)^2 = P_1(X_1 - \mu)^2 + P_2(X_2 - \mu)^2 + \cdots + P_N(X_N - \mu)^2$$
$$= \sum P_i(X_i - \mu)^2 = \sum P_i(X_i^2 - 2\mu X_i + \mu^2)$$
$$= \sum P_i X_i^2 - 2\mu \sum P_i X_i + \mu^2 \sum P_i$$
$$= E(X^2) - 2\mu \cdot \mu + \mu^2$$
$$= E(X^2) - \mu^2$$

即是「求離均差平方和的平均數」之意，也就是變異數的基本定義。因此，母群體變異數的定義可以表示如下：

$$\boxed{\sigma^2 = E(X - \mu)^2 = E(X^2) - \mu^2}$$ 〈公式 7–10〉

換句話說，每抽出一個 X 變項值即減去其平均數 μ，再予以平方後置回，如此重覆無數次後，其期望值即為 $E(X^2) - \mu^2$，剛好是等於變異數 σ^2 的值。如果將〈公式 7–9〉代入〈公式 7–10〉裡，即得：

$$\boxed{\sigma^2 = E(X^2) - \mu^2 = \sum P_i X_i^2 - \mu^2}$$ 〈公式 7–11〉

上述變項期望值的算法，讀者可以參見表 7.1 的例子說明：

表 7.1 X_i 和 X_i^2 的期望值算法

X_i	f	P_i	$P_i X_i$	X_i^2	P_i	$P_i X_i^2$
1	1	.1	.1	1	.1	.1
2	2	.2	.4	4	.2	.8
3	3	.3	.9	9	.3	2.7
4	2	.2	.8	16	.2	3.2
5	1	.1	.5	25	.1	2.5
6	1	.1	.6	36	.1	3.6
	10	1.0	3.3	91	1.0	12.9

由表 7.1 的數據可知：

$$\mu = E(X) = \sum P_i X_i = 3.3$$

$$\sigma^2 = E(X^2) - \mu^2 = \sum P_i X_i^2 - \mu^2$$
$$= 12.9 - (3.3)^2 = 2.01$$

由此可見，如果骰子的每個正面出現機率各如表中所示，則由上述計算可知，該平均數（即平均一次投擲結果的出現點數）正好等於其期望值 3.3，而其變異數正好為 2.01。

二、期望值與共變數的表示法

在獨立事件中，若每次投擲兩個骰子，並記錄第一個骰子正面出現點數（以 X 表示）及第二個骰子正面出現點數（以 Y 表示），依此重覆投擲無數次，每次均投擲兩個骰子。最後，根據獨立事件的機率計算方式，將各種正面出現點數組合的機率結果列在表 7.2 中，即為 $P(X_i, Y_j)$ 值；例如，第一次出現 2 點且第二次出現 3 點者，即以 $P(2, 3)$ 表示，其機率為 $P(2)P(3) = (.2) \times (.3) = .06$；其餘的算法，依此類推。

表 7.2　獨立事件的機率值算法

X＼Y	1	2	3	4	5	6	$P(Y)$
1	.01	.02	.03	.02	.01	.01	.10
2	.02	.04	.06	.04	.02	.02	.20
3	.03	.06	.09	.06	.03	.03	.30
4	.02	.04	.06	.04	.02	.02	.20
5	.01	.02	.03	.02	.01	.01	.10
6	.01	.02	.03	.02	.01	.01	.10
$P(X)$	.10	.20	.30	.20	.10	.10	1.0

若由現在起，將每次投擲的兩個骰子正面出現點數值相乘（亦即 XY）（例如，第一次出現 2 點，第二次出現 3 點，其乘積值為 6），則各種乘積值結果及其機率值可以顯示在表 7.3 中；例如，乘積為 4 時的組合有三種，即 $P(1, 4)$、$P(2, 2)$、$P(4, 1)$，因此，乘積值為 4 的機率值即為這三種正面出現點數組合的機率值之和，即 $.02 + .04 + .02 = .08$。表 7.3 所示，即為出現 XY 事件的機率值表；其中，P_{ij} 值即是來自表 7.2 中的 $P(X_i, Y_j)$ 機率值。

表 7.3 出現 (XY) 事件的機率值算法

X_iY_j	P_{ij}	$P_{ij}X_iY_j$
36	.01	.36
30	.02	.60
25	.01	.25
24	.04	.96
20	.04	.80
18	.06	1.08
16	.04	.64
15	.06	.90
12	.16	1.92
10	.04	.40
9	.09	.81
8	.08	.64
6	.14	.84
5	.02	.10
4	.08	.32
3	.05	.18
2	.04	.08
1	.01	.01
	1.00	10.89

根據定義，共變數可以表示如下：

$$S_{xy} = \frac{\sum XY}{N} - \bar{x}\,\bar{y}$$

所以，

$$
\begin{aligned}
S_{xy} &= E(XY) - E(X)E(Y) \\
&= E(XY) - \mu_x\mu_y \\
&= \sum P_{ij}X_iY_j - \mu_x\mu_y
\end{aligned}
$$

〈公式 7–12〉

換句話說，$E(XY) = \sum P_{ij}X_iY_j$。以本例的資料來說，共變數即為：

$$S_{xy} = 10.89 - (3.3)(3.3) = 0$$

由此可見，在兩個變項互為獨立事件時，其共變數 0，表示兩個變項間各自獨立，絲毫沒有關聯存在，所以 $r_{xy} = 0$。像這種尋求獨立事件的變項機率算法，在推論統計學中經常會遇見，因此，有個通用名稱可以用來表示這類變項：

「獨立隨機變項的事件」(independent event with random variables)。以下所述，便是這種獨立隨機變項的應用。

三、數個獨立隨機變項的和、差與平均數的表示法

在獨立隨機變項事件中，由於**每個事件的發生**，彼此互不干擾，因此，同時發生兩個事件的機率值乃為各別機率值之乘積。

如果仿同前例，將投擲兩次骰子的正面出現點數值（即 X 和 Y）相加，

亦即 $\boxed{T = X + Y}$

則這兩個獨立隨機變項之**和的期望值**為何？我們可以根據表 7.2 的資料，一一算出每種可能組合的機率值，如表 7.4 的結果所示。

表 7.4 出現 $(X+Y)$ 事件的機率

T_i	P_i	P_iT_i	$P_iT_i^2$
12	.01	.12	1.44
11	.02	.22	2.42
10	.05	.50	5.00
9	.10	.90	8.10
8	.14	1.12	8.96
7	.18	1.26	8.82
6	.19	1.14	6.84
5	.16	.80	4.00
4	.10	.40	1.60
3	.04	.12	.36
2	.01	.02	.04
	1.00	6.60	47.58

其實，這種算法也可以下列公式表示：

$\because E(T) = \sum P_iT_i = \mu_T$

$\therefore \boxed{E(T) = E(X) + E(Y)}$ 〈公式 7–13〉

或 $\boxed{\mu_T = \mu_x + \mu_y}$

同時，我們亦可推論得知其**變異數**為:

$$\sigma_T^2 = E(T^2) - \mu_T^2 = \sum P_i T_i^2 - \mu_T^2$$
〈公式 7-14〉

因為是獨立事件（即 $r_{xy} = 0$）之故，由第六章中「**和的變異數公式**」可知，

$$\sigma_T^2 = \sigma_x^2 + \sigma_y^2$$
〈公式 7-15〉

以本例來說，

$$E(T) = \sum P_i T_i = 6.60$$

或　$\mu_T = \mu_x + \mu_y = 3.3 + 3.3 = 6.60$

$$\sigma_T^2 = \sum P_i T_i^2 - \mu_T^2 = 47.58 - (6.60)^2 = 4.02$$

或　$\sigma_T^2 = \sigma_x^2 + \sigma_y^2 = 2.01 + 2.01 = 4.02$

可見這兩種算法的結果都一樣。讀者只要回顧第六章有關「和的變異數」部份，將更有助於對本節的瞭解。

我們亦可根據所學，將〈公式 7-13〉到〈公式 7-15〉加以延伸。假設現在所投擲的骰子不止兩個,而是 N 個,並且將這 N 個正面出現點數值加起來，得一變數 T，則 T 的期望值為:

$\because \quad T = X_1 + X_2 + \cdots + X_N$

$\therefore \quad E(T) = E(X_1) + E(X_2) + \cdots + E(X_N)$

或　$\mu_T = \mu_{x_1} + \mu_{x_2} + \cdots + \mu_{x_N}$

若假設每個期望值均相等，即

$$\mu_{x_1} = \mu_{x_2} = \cdots = \mu_{x_N} = \mu_x$$

則　$\boxed{E(T) = N\mu_x}$
〈公式 7-16〉

同理，「**和的變異數**」也可以表示成:

$$\sigma_T^2 = E(T^2) - \mu_T^2 = \sigma_{x_1}^2 + \sigma_{x_2}^2 + \cdots + \sigma_{x_N}^2$$

若假設每個變異數值均相等，即

$$\sigma_{x_1}^2 = \sigma_{x_2}^2 = \cdots = \sigma_{x_N}^2 = \sigma_x^2$$

則　　$\boxed{\sigma_T^2 = N\sigma_x^2}$ 　　　　　　　　　　〈公式 7–17〉

同理，若將投擲兩次骰子的正面出現點數值（即 X 和 Y）相減，亦即，

$$D = X - Y$$

則這兩個獨立隨機變項之差的期望值又為何？我們可以根據表 7.2 的資料，一一算出每種可能組合的機率值，並將結果呈現在表 7.5 裡。

表 7.5　出現 $(X-Y)$ 事件的機率

D_i	P_i	P_iD_i	$P_iD_i^2$
5	.01	.05	.25
4	.03	.12	.48
3	.07	.21	.63
2	.12	.24	.48
1	.17	.17	.17
0	.20	.00	.00
−1	.17	−.17	.17
−2	.12	−.24	.48
−3	.07	−.21	.63
−4	.03	−.12	.48
−5	.01	−.05	.25
	1.00	.00	4.02

同理，差的期望值算法也可以下列公式表示：

$$E(D) = \sum P_iD_i = \mu_D$$

或　　$\boxed{E(D) = E(X - Y) = E(X) - E(Y)}$ 　　　〈公式 7–18〉

或　　$\mu_D = \mu_x - \mu_y$

同時，我們也可以推論得知其**變異數**為：

$$\boxed{\sigma_D^2 = E(D^2) - \mu_D^2 = \sum P_iD_i^2 - \mu_D^2}$$ 　〈公式 7–19〉

因為是獨立事件（即 $r_{xy} = 0$）之故，由第六章中「**差的變異數公式**」可知，

$$\boxed{\sigma_D^2 = \sigma_x^2 + \sigma_y^2}$$

〈公式 7–20〉

以本例來說，

$$E(D) = \sum P_i D_i = 0$$

或 $\quad \mu_D = \mu_x - \mu_y = 3.3 - 3.3 = 0$

$$\sigma_D^2 = \sum P_i D_i^2 - \mu_D^2 = 4.02 - 0^2 = 4.02$$

或 $\quad \sigma_D^2 = \sigma_x^2 + \sigma_y^2 = 2.01 + 2.01 = 4.02$

由此可見這兩種算法的結果都一樣。讀者只要回顧第六章有關「差的變異數」部份，亦不難瞭解本節的說明。

同理，若求取兩次投擲骰子正面出現點數值（即 X 和 Y）之平均數，亦即，

$$\bar{x} = \frac{X + Y}{2}$$

則這兩個獨立隨機變項之平均數的期望值為何？首先，我們列出各種可能組合的機率表，如表 7.6 所示。

表 7.6　出現 $(X+Y)/2$ 事件的機率

$\bar{x}_i$	P_i	$P_i \bar{x}_i$	$P_i \bar{x}_i^2$
6.0	.01	.06	.36
5.5	.02	.11	.605
5.0	.05	.25	1.25
4.5	.10	.45	2.025
4.0	.14	.56	2.24
3.5	.18	.63	2.205
3.0	.19	.57	1.71
2.5	.16	.40	1.00
2.0	.10	.20	.40
1.5	.04	.06	.09
1.0	.01	.01	.01
	1.00	3.30	11.895

仿照前例，**平均數的期望值**算法可以表示如下：

$$E(\bar{x}) = \sum P_i \bar{x}_i = \mu_{\bar{x}}$$ 〈公式 7–21〉

或 $E(\bar{x}) = E(\dfrac{X+Y}{2}) = \dfrac{1}{2}[E(X) + E(Y)]$

$$= \dfrac{1}{2}(\mu_x + \mu_y)$$

其變異數可以表示如下：

$$\sigma_{\bar{x}}^2 = E(\bar{x}^2) - \mu_{\bar{x}}^2$$
$$= \sum P_i \bar{x}_i^2 - \mu_{\bar{x}}^2$$
$$= \dfrac{1}{4}(\sigma_x^2 + \sigma_y^2)$$ 〈公式 7–22〉

以本例來說，

$$E(\bar{x}) = \sum P_i \bar{x}_i = 3.30$$

或 $\mu_{\bar{x}} = \dfrac{1}{2}(\mu_x + \mu_y) = \dfrac{1}{2}(3.30 + 3.30) = 3.30$

$$\sigma_{\bar{x}}^2 = \sum P_i \bar{x}_i^2 - \mu_{\bar{x}}^2 = 11.895 - (3.30)^2 = 1.005$$

或 $\sigma_{\bar{x}}^2 = \dfrac{1}{4}(\sigma_x^2 + \sigma_y^2) = \dfrac{2.01 + 2.01}{4} = 1.005$

若假設這兩個變異數值相等的話，即

$$\sigma_x^2 = \sigma_y^2$$

則 $\sigma_{\bar{x}}^2 = \dfrac{1}{2}\sigma_x^2$

這項結果可以參見〈公式 7–24〉所示。

我們也可以將上述作法加以延伸。若求投擲 N 個骰子，其各正面出現點數值之平均數的話，則該平均數之期望值為：

$$E(\bar{x}) = E(\dfrac{X_1 + X_2 + \cdots + X_N}{N})$$

$$= \frac{1}{N}[E(X_1) + E(X_2) + \cdots + E(X_N)]$$

$$= \frac{1}{N}(\mu_{x_1} + \mu_{x_2} + \cdots + \mu_{x_N})$$

若假設每個期望值均相等，即

$$\mu_{x_1} = \mu_{x_2} = \cdots = \mu_{x_N} = \mu$$

則 $\boxed{E(\bar{x}) = \frac{1}{N}(N\mu) = \mu}$ 〈公式 7–23〉

由〈公式 7–23〉可知，如果每次嘗試（即投擲 N 個骰子）都得一個平均數，則重覆無數次嘗試後，其期望值將等於平均數；換句話說，這無數多個平均數可以構成一個新的次數分配，該分配之期望值將等於母群體的平均數，稱作「**樣本平均數的期望值**」（expected value of the mean）。這個公式在推論統計學中扮演著很重要的角色，讀者有必要徹底瞭解這個概念的涵義。

同理，這無數多個平均數的分散情形或變異數為何？我們亦可以依例推導如下：

當 $\quad T = X_1 + X_2 + \cdots + X_N$

若 $\quad \sigma_{x_1}^2 = \sigma_{x_2}^2 = \cdots = \sigma_{x_N}^2 = \sigma_x^2$

則 $\quad \sigma_T^2 = N\sigma_x^2$

當 $\quad \bar{x} = \frac{T}{N} = \frac{X_1 + X_2 + \cdots + X_N}{N}$

若 $\quad \sigma_{x_1}^2 = \sigma_{x_2}^2 = \cdots = \sigma_{x_N}^2 = \sigma_x^2$

則 $\boxed{\sigma_{T/N}^2 = \sigma_{\bar{x}}^2 = \frac{1}{N^2}(N\sigma_x^2) = \frac{\sigma_x^2}{N}}$ 〈公式 7–24〉

在此，$\sigma_{\bar{x}}^2$ 稱作「**樣本平均數的變異誤**」（variance error of the mean），它是無數次平均數所構成之次數分配的變異數；而 $\sigma_{\bar{x}}$ 便稱作「**樣本平均數的標準誤**」（standard error of the mean），它是無數次平均數所構成之次數分配的標準差。其公式為：

$$\boxed{\sigma_{\bar{x}} = \frac{\sigma_x}{\sqrt{N}}}$$

〈公式 7–25〉

由上述例子可知，當 $N = 2$ 且 $\sigma_x^2 = 2.01$ 時，根據〈公式 7–24〉可得 $\sigma_{\bar{x}}^2 = 2.01 / 2 = 1.005$。〈公式 7–24〉和〈公式 7–25〉的概念極為重要，我們將於後續章節再行討論。

四、母群體變異數 σ^2 的不偏估計值算法

我們曾於第四章討論過，當母群體變異數 σ^2 未知，而需要由樣本變異數估計時，變異數分母是除以 $N - 1$，而不是 N。因為在使用 $S_x^2 = \sum(X - \bar{x})^2 / N$ 代替 σ^2 時，通常會因 S_x^2 比 σ^2 小而產生低估 σ^2 的現象，因此，S_x^2 不是 σ^2 的不偏估計值 (unbiased estimator)。下列的說明，即在證明並強調分母除以 $N - 1$ 的變異數估計值，才是 σ^2 的不偏估計值。

由〈公式 7–10〉的移項可得：

$$E(X^2) = \sigma^2 + \mu^2$$

假設有 N 個隨機變項，它們的平均數都是 μ，且變異數都是 σ^2，則這 N 個隨機變項之「平方和」的期望值將為：

$$\boxed{\begin{aligned} E(\sum X^2) &= E(X_1^2 + X_2^2 + \cdots + X_N^2) \\ &= E(X_1^2) + E(X_2^2) + \cdots + E(X_N^2) \\ &= N(\sigma^2 + \mu^2) \end{aligned}}$$

〈公式 7–26〉

如果是求這 N 個隨機變項之「和的平方」的期望值，則可得：

$$E[(\sum X)^2] = E[(X_1 + X_2 + \cdots + X_N)^2]$$

上式展開後，總共有 N^2 項；其中，有 N 個是 $X_1^2, X_2^2, \cdots, X_N^2$ 等平方項，有 $N(N-1)$ 個是 $X_1 X_2, X_1 X_3, \cdots, X_{N-1} X_N$ 等交叉乘積項。由於這 N 個隨機變項彼此獨立（即共變數為 0），所以，由〈公式 7–12〉推論得知：$E(X_i X_j) = \mu_i \mu_j$，又因為 $\mu_i = \mu_j$，故

$$E(X_i X_j) = \mu_i \mu_j = \mu^2$$

因此，上式展開後，總共有：

$$E[(\sum X)^2] = N(\sigma^2 + \mu^2) + N(N-1)\mu^2$$

若將上述等號兩邊各除以 N，得：

$$E[\frac{(\sum X)^2}{N}] = (\sigma^2 + \mu^2) + (N-1)\mu^2$$
$$= \sigma^2 + N\mu^2$$

〈公式 7–27〉

再將〈公式 7–26〉和〈公式 7–27〉合併起來，得：

$$E[\sum X^2 - \frac{(\sum X)^2}{N}] = N(\sigma^2 + \mu^2) - (\sigma^2 + N\mu^2) = (N-1)\sigma^2$$

上式兩端再除以 $N-1$，最後可得：

$$E\left[\frac{\sum X^2 - \frac{(\sum X)^2}{N}}{N-1}\right] = \sigma^2$$

〈公式 7–28〉

由此可見，〈公式 7–28〉即說明為什麼當 σ^2 未知時，若以樣本變異數估計母群體的變異數時，就必需使用它的不偏估計值的理由。

　　不偏估計值的使用，在推論統計學中很重要。當研究者無法事先知道母群體的分散情形，而想要以它的不偏估計值代替時，就必需使用分母除以 $N-1$，而不是除以 N 的變異數計算公式；如果研究者只想描述一下團體的分散情形，而不想推論母群體的變異數時，則只要使用分母除以 N，而不是除以 $N-1$ 的變異數計算公式即可。

第三節　推論統計學的基本概念

一、抽樣與抽樣分配

　　我們之所以要研究推論統計學，乃因為在實際研究中，由於時間、預算、人力、物力與學理的限制，無法每次研究都以母群體作為研究對象，充其量

只能以樣本作為研究對象而已。因此，我們的研究理想，乃希望根據樣本的研究所得，推論到整個母群體的真正結果，以節省研究成本，達到研究目的。在此，「**母群體**」(population) 即是指每次研究所認定之觀察量數的總集合體；而「**樣本**」(sample) 則是指由母群體的觀察量數中抽樣而得的部份集合體 (Kirk, 1982)。例如，我們想研究全臺北市參加自願就學方案的國中學生（假設共有三萬名）升入高中或高職後的生活適應情形；由於研究經費有限，我們無法一一針對這三萬名學生作研究，於是，我們自參與試辦的各國中學校裡，隨機抽取三百名學生作為該校的代表，假設共抽得十所學校學生代表三千名，則全臺北市參加自願就學方案的三萬名國中學生，便是我們這次研究的母群體，而本次研究所抽取的三千名學生代表便是這次研究的樣本。我們希望根據這三千名樣本的研究所得，推論所有參加自願就學方案的三萬名國中學生的真實情況，以達成研究的目的。

在研究過程中，我們所關心的是如何以一個簡單扼要的統計指標或量數，說明或表示母群體的真實性質，這個指標或量數便稱作「**母數**」或「**參數**」(parameter)；但實際上，我們是根據樣本的統計指標或量數來作推論，因此，樣本的這個統計指標或量數便稱作「**統計數**」(statistic)，它是用來說明或表示樣本性質的統計指標或量數。參數通常是以希臘字母表示，如：μ（表示平均數）、σ（表示標準差）、ρ（表示相關係數）和 β（表示迴歸係數）等；而統計數則以英文字母表示，如：M（表示平均數）、SD（表示標準差）、r（表示相關係數）和 b（表示迴歸係數）等。通常，參數是未知的，我們需要以統計數來估計它，這種被用來推估參數的量數，便稱作「**估計數**」(estimator)，估計數值的大小就叫作「**估計值**」(estimate)。一般說來，在不會引起誤解的前提下，這兩個名詞也可以互用；例如，當 σ 未知時，我們可以 M 代替它，因為 M 是 μ 的不偏估計值；當 μ 未知時，我們可以分母除以 $N-1$ 的 S_x（參見〈公式 7–28〉所示）代替它，因為它才是 σ 的不偏估計值。

在實際研究過程中，我們既然是依據樣本資料來進行統計分析，因此，從母群體中抽樣而得的樣本就必需具有「**代表性**」(representativeness)，才能符合推論的需求。不具代表性的樣本是沒有研究價值的，因為若根據它的研究結果進行推論的話，則推論所得母群體結果將有所偏差，進而扭曲研究真

相。為了確保所抽出的樣本具有代表性，統計學者已發展出各式各樣的抽樣方法（林清山，民 64；Foreman, 1991），這些方法各有其適用的時機和抽樣誤差。大致來分，常用的抽樣方法可以分成兩大類：**隨機抽樣** (random sampling) 和**立意抽樣** (purposive sampling)。隨機抽樣是指自母群體中任意抽取一個機率均等且獨立之個體的抽取樣本方式；根據這種方式自母群體中所抽取出具有代表性的樣本，便稱作「隨機樣本」(random sample)，它必需符合「**機率均等**」(equal probability) 和「**機率獨立**」(independent probability) 兩個條件。而立意抽樣是指根據某種特殊考量或目的下的抽取樣本方式，它多半是不符合機率均等和機率獨立兩個條件。本書僅著重在隨機抽樣的討論，其餘的抽樣方式，有興趣的讀者可自行參考相關書籍。

一般而言，能夠符合機率均等（即每一個體都有相等被抽中的機率）和機率獨立（即抽中某一個體的機率，不會影響其他個體被抽中的機率）兩個條件的隨機抽樣，可以**避免有系統的偏差** (systematic bias) 和達成抽樣的客觀性，所抽出的樣本也會比較具有**代表性**。但是採用立意抽樣者，則很難具有上述的抽樣特性。因此，在進行抽樣時，研究者宜採用隨機抽樣，而避免採用立意抽樣。

我們自某個母群體中，一次接一次抽取**樣本大小** (sample size) 為 N 的樣本，每抽出一次樣本便計算該樣本的某種統計量數（如：平均數、變異數、相關係數或迴歸係數等），則反覆進行無數次抽樣和計算後，得到無數個樣本的某種統計量數值，這些統計量數值會構成一種新的次數分配，該次數分配便稱作「**抽樣分配**」(sampling distribution)。最常見的抽樣分配是由樣本平均數所構成的次數分配，它的意思是：自某個母群體中，一次接一次抽取樣本大小為 N 的樣本，每抽出一次樣本便計算該樣本的平均數，反覆進行無數次抽樣及計算其平均數後，得到無數個樣本平均數，這些樣本平均數在 N 夠大時（如：N 大於 30 或 50 以上），所構成的次數分配將會非常接近常態分配；這時次數分配的平均數（即樣本平均數的平均數）將等於該母群體的平均數 μ（參見〈公式 7–23〉所示），而其變異數（即樣本平均數的變異誤）將等於 σ^2/N，其標準差（即樣本平均數的標準誤）也剛好是 $\sigma/\sqrt{N}$（參見〈公式 7–24〉和〈公式 7–25〉所示）。

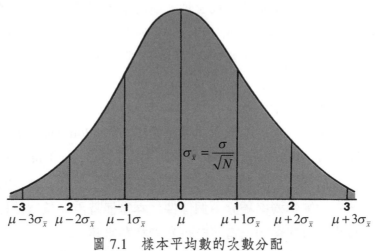

$$\sigma_{\bar{x}} = \frac{\sigma}{\sqrt{N}}$$

-3	-2	-1	0	1	2	3
$\mu - 3\sigma_{\bar{x}}$	$\mu - 2\sigma_{\bar{x}}$	$\mu - 1\sigma_{\bar{x}}$	μ	$\mu + 1\sigma_{\bar{x}}$	$\mu + 2\sigma_{\bar{x}}$	$\mu + 3\sigma_{\bar{x}}$

圖 7.1　樣本平均數的次數分配

由圖 7.1 中可知，樣本平均數所構成的次數分配，已經非常接近常態分配，不過，組成該常態分配的基本份子不再是 X_i，而是 $\bar{x}_i$；其分散情形的量數是 $\sigma_{\bar{x}}$（叫作**標準誤**），而不是 σ（叫作**標準差**）。並且，樣本平均數分散情形 ($\sigma_{\bar{x}}$) 顯然比母群體分散情形 (σ) 小得很多，這是由於抽樣分配會比原母群體分配小的緣故。同時，我們也可以將常態分配所具有的特性，應用到這些樣本平均數所構成的次數分配中，例如：

$\bar{x}$ 值在 $\mu \pm 1\sigma_{\bar{x}}$ 之間者佔 68.26%

$\bar{x}$ 值在 $\mu \pm 2\sigma_{\bar{x}}$ 之間者佔 95.44%

$\bar{x}$ 值在 $\mu \pm 3\sigma_{\bar{x}}$ 之間者佔 97.74%

並且，可以將每個分數轉換成標準分數如下：

$$z = \frac{\bar{x} - \mu}{\sigma_{\bar{x}}} = \frac{\bar{x} - \mu}{\sigma / \sqrt{N}}$$

〈公式 7–29〉

有關上述樣本平均數所構成之次數分配的統計理論，可以使用一則著名的統計定理——「**中央極限定理**」(central limit theorem)——來表示，它的意思是說：我們自平均數為 μ，標準差為 σ 的母群體中，抽出樣本大小為 N 的無數個樣本，並計算出無數個樣本的平均數，當樣本大小 N 夠大時，不管原

來母群體分數是呈什麼形狀之次數分配，這些樣本平均數所構成的次數分配
將會呈常態分配；並且，這些樣本平均數的平均數將會等於 μ，標準差（稱作
「標準誤」以示區別）$\sigma_{\bar{x}}$ 也將會等於 $\sigma/\sqrt{N}$。

當然，上述定理是指根據理論而言，或是假設已知母群體的 μ 和 σ 而言。
事實上，當母群體的 μ 和 σ 未知時，我們並不會進行無數次的抽樣和計算無
數個平均數，我們只抽取一次樣本，計算一個平均數，並且假設這個平均數
是無數個平均數中的一個，但沒有人知道它是佔在圖 7.1 中哪一個位置上，
因此，我們有必要進一步去檢定或考驗它的存在是否源於某種理由（如：理論、
實驗操弄、或客觀事實）？抑或出自機運所造成的？以期推論母群體的真實情
況。而這些檢定與推論的過程，即是推論統計學所要學習的重點。

二、 估計和假設考驗

推論統計學的主要內涵包括估計 (estimation) 和假設考驗 (hypothesis
testing) 兩部份。前者又可以分成點估計 (point estimation) 和區間估計
(interval estimation) 兩種；後者又可以分成研究假設 (research hypothesis) 和
統計假設 (statistical hypothesis) 兩種，而統計假設又包含虛無假設 (null
hypothesis) 和對立假設 (alternative hypothesis) 兩類，並且有單側考驗
(one-tailed test) 和雙側考驗 (two-tailed test) 之分。

在推論統計學裡，我們需要以樣本平均數 $\bar{x}$ 作為母群體平均數 μ 的估計
值，這種以某個特定數值（即數線上的一個點）作為母群體參數估計值的作
法，便稱作「點估計」；例如，從母群體為 80 名的某班級學生中，隨機抽取 20
名學生作為樣本，測得平均體重為 50 公斤，則此一數值 50（即數線上的一
個點）即被用作估計母群體平均體重 μ 的估計值，這就是點估計。點估計應
具有三個特性：第一是不偏性 (unbiasedness)，亦即作為母群體參數估計值的
樣本統計數，必須是該母群體參數的不偏估計值，如 $\bar{x}$ 是 μ 的不偏估計值，
分母除以 $N-1$ 的樣本變異數 S_x^2 是母群體變異數 σ^2 的不偏估計值；第二是
一致性 (consistency)，亦即當樣本大小愈大時，樣本統計數會愈來愈接近所欲
估計的母群體參數的特性，如樣本大小愈接近母群體大小時，$\bar{x}$ 便等於 μ；第
三是有效性 (efficiency)，亦即作為估計母群體參數的樣本統計數，必須具有
最小變異誤的特性，如 $\bar{x}$ 和 Md 都是 μ 的不偏估計值，但是由樣本的 $\bar{x}$ 或 Md

所構成的次數分配中，樣本 $\bar{x}$ 的變異誤比樣本 Md 的變異誤小得很多，所以，同是作為母群體平均數的估計值，使用 $\bar{x}$ 會比使用 Md 有效，估計結果也會比較正確。

如果在估計時，我們並不是以一個點，而是以數線上的一個線段作為母群體參數的估計值，並且說明母群體參數可能落在此一線段內的機率有多大，這種估計方法便稱作「區間估計」；例如，我們不推論說這 80 名學生的平均體重是 50 公斤，反而說他們的平均體重可能是落在 45 到 55 公斤之間，並且落在此範圍內的機率大約有多少；在此，45 到 55 之間的數值，是一個線段，而不是一個點，所以是區間估計。區間估計也具有像點估計一樣的統計特性，即：不偏性、一致性和有效性等。

我們已知樣本平均數所構成的次數分配將成為常態分配，因此，我們可以查閱附錄三表 A，得知**任何一個樣本平均數的可能出現機率**為：

$\bar{x}$ 值落在 $\mu \pm 1.96\sigma_{\bar{x}}$ 之間者佔 95%

$\bar{x}$ 值落在 $\mu \pm 2.58\sigma_{\bar{x}}$ 之間者佔 99%

由此，我們可以推論說：「假若有 95% 的 $\bar{x}$ 是落在 μ 上下各 1.96 個標準誤的範圍內，則任何一個 $\bar{x}$ 減去 $1.96\sigma_{\bar{x}}$ 和加上 $1.96\sigma_{\bar{x}}$，得到一個自 $(\bar{x}-1.96\sigma_{\bar{x}})$ 到 $(\bar{x}+1.96\sigma_{\bar{x}})$ 的區間（亦即是一個線段），將會有 95% 的機會包括 μ 在此一區間範圍之內」，同理，「假若有 99% 的 $\bar{x}$ 是落在 μ 上下各 2.58 個標準誤的範圍內，則任何一個 $\bar{x}$ 減去 $2.58\sigma_{\bar{x}}$ 和加上 $2.58\sigma_{\bar{x}}$，得到一個自 $(\bar{x}-2.58\sigma_{\bar{x}})$ 到 $(\bar{x}+2.58\sigma_{\bar{x}})$ 的區間（亦即是一個線段），也將會有 99% 的機會包括 μ 在此一區間範圍之內」。上述這種推論方法，可從圖 7.2 的說明，獲得更進一步的瞭解。由圖 7.2 所示可知，我們可以獲得無數多個 $\bar{x}$ 的區間，其中 95% 的區間將會包括 μ 在內，而有 5% 的區間沒有包括 μ 在內。但實際上，我們只根據一次抽樣而得的 $\bar{x}$，因此，可以這麼說：「這個 $\bar{x}$ 的上下各 1.96 個標準誤範圍內，將可能包括 μ 在內，並且包括 μ 在內的機率為 .95」。在推論統計學裡，稱這個 95% 或 99% 的數值為「信賴水準」(confidence level)，而稱 $(\bar{x}-1.96\sigma_{\bar{x}})$ 到 $(\bar{x}+1.96\sigma_{\bar{x}})$ 或 $(\bar{x}-2.58\sigma_{\bar{x}})$ 到 $(\bar{x}+2.58\sigma_{\bar{x}})$ 之間的線段為 95% 或 99% 的「**信賴區間**」(confidence interval)，而該區間的兩個端點則稱作 95% 或 99% 的「信

賴界線」(confidence limits)。

　　在一個比較嚴謹的研究（尤其是實驗研究）裡，研究者通常會對他所研究的問題提出一個**暫時性的（或試驗性的）理論陳述** (tentatively theoretical statement)，然後收集資料來考驗此陳述之真實性程度。在此，這種陳述通常是研究者根據自己對研究問題的**觀察**或對**理論文獻的探討** (literature review)，所提出的一種邏輯判斷或臆測，並以陳述句方式來表達，這種陳述即是「**研究假設**」，有時也稱作「**科學假設**」(scientific hypothesis)。通常，研究者在提出研究假設後，必須對所研究的變項提出所謂的「**操作型定義**」(operational

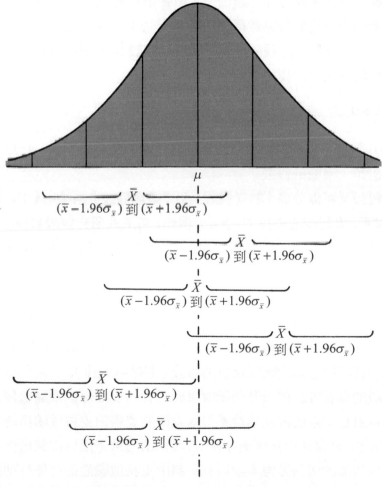

圖 7.2 $\bar{x}$ 上下各 $1.96\sigma_{\bar{x}}$ 的信賴區間範圍內將包括 μ 在內的機率為 .95，不包括 μ 在內的機率為 .05

definition)，亦即對研究變項提出一種客觀、具體、可測量、可量化、可重覆驗證的基本說明和解釋；例如，某研究者想探討「努力」對「學業成績」的影響，他根據過去的研究文獻，歸納提出一種看法：「愈努力的學生，其學業成績愈好」。為了避免混淆起見，他對「努力」下了一個操作型定義：「放學後，受試者自行估計每天花在溫習功課的平均時間，以小時為計算單位」；並且對「學業成績」也下了一個操作型定義：「學生的學期平均成績」。根據他的推理，學生花愈多的時間在溫習功課上，他所能重覆學習的機會就愈大，對學習的內容便愈熟悉，因此，他的學業成績便可能愈好；所以，他認為努力和學業成績之間具有正相關存在。這便是他所提的研究假設或科學假設。

如果我們將研究假設以數量或統計學術語來表達，並對未知的母群體參數性質作有關的陳述，這種陳述即是「**統計假設**」；例如，我們可將上述的研究假設，以統計假設的術語表示如下：

$$\rho > 0$$

在此，$\rho > 0$ 即表示這兩個變項間的母群體相關係數是正相關，它是一種陳述句，所以也是一種統計假設。

統計假設又可以分成「**對立假設**」和「**虛無假設**」兩種；其中，對立假設是以 H_1 表示，虛無假設則以 H_0 表示。例如，將上式研究假設寫成統計假設，即為：

$$H_1 : \rho > 0$$

即表示「努力」與「學業成績」之間為正相關；這也是研究者所欲支持或驗證的假設。但在統計考驗的傳統上，學者多半不是直接考驗或檢定對立假設，而是**提出一個與對立假設剛好相反的假設（即虛無假設），然後收集資料去考驗這種假設的真實性**。如果我們所收集到的資料證據足以推翻虛無假設的說法，則表示對立假設的說法能夠獲得本次研究資料的支持或驗證的可能性較大，研究假設的真實性也較可能存在；若我們的證據不足以推翻虛無假設的說法，則對立假設的說法獲得本次研究資料的支持或驗證的可能性便降低，研究假設的真實性便值得懷疑。一般而言，虛無假設的陳述方式是以對立假設

的說法為根據，將它的陳述方式以否定的陳述句來表示即可；例如，上述對立假設的虛無假設可以表示如下：

$$H_0 : \rho \leq 0$$

即表示「努力」與「學業成績」之間不為正相關。由此可知，在統計考驗裡，我們的作法不是在收集正面的證據來證明我們所欲支持或驗證的假設和理論，而是以反面的證據來**否證** (refutate) 它，以期將假設和理論修正得更接近真理。

歸納上述統計假設可知，研究問題有下列兩種假設陳述方式：

$$\begin{cases} H_1 : \rho > 0 \\ H_0 : \rho \leq 0 \end{cases}$$

像這種對立假設的陳述，已強調所欲考驗問題的方向性，這種假設考驗方式便稱作「**單側考驗**」(one-tailed test)。在單側考驗裡，一般常見的問題陳述字眼有「大於或小於」、「快於或慢於」、「多於或少於」、「優於或劣於」、「長於或短於」、……等，這種具有可判別方向性的假設考驗，便是單側考驗；例如，上例中「努力」與「學業成績」間具有正相關之陳述方式，便是單側考驗。

如果研究者對於所欲提出的統計假設，無法事先知道研究問題的方向性，只知道研究問題具有不相等的特性，則這種假設考驗方式便稱作「**雙側考驗**」(two-tailed test)；例如，某研究者根據文獻探討得知「**考試焦慮**」(test anxiety)可能影響學生的學業成績：他的看法認為考試焦慮可以逼迫學生用功，因此學業成績可能會提高；但他同時也懷疑考試焦慮若是太大的話，學生可能因焦慮過度而妨害學習，使得學業成績降低。總之，他認為考試焦慮與學業成績間存在某種關聯性，不是正相關，便是負相關，但一定不會是零相關。因此，他提出的研究假設為：

$$\begin{cases} H_1 : \rho \neq 0 \\ H_0 : \rho = 0 \end{cases}$$

像這種對立假設的陳述**不強調所欲考驗問題的方向性，只強調有差異存在的假設考驗方式，便是雙側考驗**。在雙側考驗裡，一般常見的問題陳述字眼有「有無差異存在」、「是否有所不同」、「是否有所關聯」、……等，這種不具有**可判別方向性的假設考驗，便是雙側考驗**；例如，上例中「考試焦慮」與「學業成績」間具有不為零相關之陳述方式，便是雙側考驗。

在統計學裡，上述這種收集資料以考驗統計假設的推理過程，便稱作「**統計考驗**」或「**統計檢定**」(statistical testing)。

三、錯誤類型和假設考驗的步驟

在推論統計學裡，凡是需要使用到估計、預測、和假設考驗等基本概念的地方，都一定會牽扯到誤差存在的事實，這是個很重要的基本認識。因為在統計考驗後所作的任何結論，多少都含有一些「**不確定性**」(uncertainty) 的成份，可能使所下的結論並不完全正確。這是統計考驗與一般數學證明不相同的地方，讀者必須有所體認。

由上述統計假設陳述中可知，考驗的結果不外乎有兩種：「**保留**」(retain) 或「**拒絕**」(reject) 虛無假設 $H_0: \rho = 0$，但是我們不可以遽下結論說：「ρ 是 0 或不是 0」，因為我們的結論多少都含有一些誤差成份。不論我們保留或拒絕虛無假設，不論我們決定說 H_0 是真或假，均不表示「**證實**」它是對或是錯，因為我們的決定也有犯錯的可能，只是犯錯的機率有大小之別而已。當不能拒絕虛無假設（或說保留虛無假設）時，並不表示證明虛無假設就是真（或對），也不表示證明對立假設就是假（或錯），只是表示虛無假設為真的可能性較大而已；同理，當拒絕虛無假設（或說推翻虛無假設）時，並不表示證明虛無假設就是假（或錯），也不表示證明對立假設就是真（或對），只是表示虛無假設為假的可能性較大而已。這種對**虛無假設為真或為假的可能性大小之結論，可用機率值加以表示**，它代表我們**作出任何結論所可能觸犯錯誤之機率大小**。

在推論統計學裡，我們常用來表示作結論所可能觸犯錯誤之機率值有兩種：**第一類型錯誤**（type I error），常以符號 α 表示；**第二類型錯誤**（type II error），常以符號 β 表示。它們和作決定之間的關係，可以圖 7.3 來說明。

由圖 7.3 可知，當我們拒絕 H_0 而保留 H_1 時，可能會觸犯錯誤，當我們

母群體的真正性質

		H_0 是真	H_0 是假
決定	拒絕 H_0	第一類型錯誤 α	正確決定（統計考驗力）$(1-\beta)$
	保留 H_0	正確決定 $(1-\alpha)$	第二類型錯誤 β

圖 7.3　類型錯誤與正確決定間之關係

保留 H_0 而拒絕 H_1 時，也仍然會觸犯錯誤。當拒絕 H_0 時（此時 H_0 為真的可能性仍然存在，只是存在的可能性較低而已），而事實上 H_0 若是真的，這時便觸犯所謂的**第一類型錯誤**；例如，在上例的雙側考驗中，我們若拒絕 H_0：$\rho = 0$，說「考試焦慮」與「學業成績」間不是零相關（不管是正相關或是負相關），萬一事實上這兩者間真的是零相關的話，則我們便觸犯第一類型錯誤。當保留 H_0 時（此時 H_0 為假的可能性也仍然存在，只是存在的可能性較低而已），而事實上 H_0 若是假的，這時便觸犯所謂的**第二類型錯誤**；例如，在上例的雙側考驗中，我們若保留 H_0：$\rho = 0$，說「考試焦慮」與「學業成績」間為零相關（或說是沒有相關存在），萬一事實上這兩者間真的是有相關存在，則我們便觸犯第二類型錯誤。

習慣上，α 被稱作「**顯著水準**」(level of significance)。在心理與教育研究文獻中，習慣上採用 .05 或 .01 作為假設考驗的顯著水準，但在某些情況下也有採用更大或更小的數值作為顯著水準的可能。選用 .05 或 .01 作為顯著水準的數值，只是研究者約定俗成的習慣而已，其數值大小的決定，並無一定的準則可供參考。通常在實驗研究（尤其是攸關性命的研究）中，研究者認為觸犯第一類型錯誤是比較嚴重且不可原諒的，所以必須儘量避免；這就是研究者寧願冒觸犯第二類型錯誤，而不願冒觸犯第一類型錯誤的原因所在。而在進行相關性或調查性的研究時，研究者則會認為觸犯第一類型錯誤是可以容忍的，因此選擇冒觸犯第一類型錯誤，而忽略第二類型錯誤的危險。

從圖 7.3 中可知，所謂的**統計考驗力** (power of test) 是指**正確拒絕 H_0 的**

機率。當我們拒絕 H_0 時，而事實上 H_0 也是錯誤的，則我們便是正確拒絕 H_0，此時，正確拒絕 H_0 的機率剛好等於 $1 - \beta$，它可以用來表示統計考驗的正確性機率。從假設考驗的觀點而言，一個良好的研究結論，當然是希望它的統計考驗力愈大愈好 (Cohen, 1988; Lipsey, 1990)。

有了上述基本概念，我們可以歸納如下：在單側考驗中，因為可以事先得知考驗的方向，所以，研究者經常使用的統計假設有下列各種形式：

$$\begin{cases} H_1: \mu_1 > \mu_0 \\ H_0: \mu_1 \le \mu_0 \end{cases} 或 \begin{cases} H_1: \mu_1 < \mu_0 \\ H_0: \mu_1 \ge \mu_0 \end{cases}, \begin{cases} H_1: \sigma_1 > \sigma_0 \\ H_0: \sigma_1 \le \sigma_0 \end{cases} 或 \begin{cases} H_1: \sigma_1 < \sigma_0 \\ H_0: \sigma_1 \ge \sigma_0 \end{cases},$$

$$\begin{cases} H_1: \rho_1 > \rho_0 \\ H_0: \rho_1 \le \rho_0 \end{cases} 或 \begin{cases} H_1: \rho_1 < \rho_0 \\ H_0: \rho_1 \ge \rho_0 \end{cases}, \begin{cases} H_1: \beta_1 > \beta_0 \\ H_0: \beta_1 \le \beta_0 \end{cases} 或 \begin{cases} H_1: \beta_1 < \beta_0 \\ H_0: \beta_1 \ge \beta_0 \end{cases}$$

其中，在符號「或」左邊的參數 μ_1、σ_1、ρ_1 和 β_1，分別是代表研究者所要考驗或推論的平均數、變異數、相關係數和迴歸係數等母群體參數；而在符號「或」右邊的參數 μ_0、σ_0、ρ_0 和 β_0，則分別是代表被考驗的平均數、變異數、相關係數和迴歸係數等常數。當 $H_1: \mu_1 > \mu_0$ 及其他類似的對立假設）時，亦即是假設 $\mu_1 - \mu_0$ 是正的，我們把顯著水準 α 全部集中在曲線的右端，亦即是正數的一邊；當 $H_1: \mu_1 < \mu_0$（及其他類似的對立假設）時，亦即是假設 $\mu_1 - \mu_0$ 是負的，我們把顯著水準 α 全部集中在曲線的左端，亦即是負數的一邊。從圖 7.4 的輔助說明可知，α 所在的區域稱作「**臨界區**」(critical region)，或稱作「**危險區**」或「**拒絕區**」(region of rejection)；當假設考驗時所計算出的 z 值（及其他相當的次數分配考驗值，如 t、χ^2、和 F 考驗值等）落入此一區域時，便要**拒絕虛無假設** H_0。

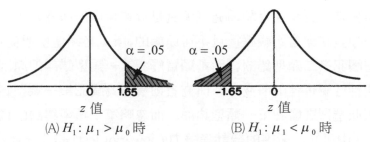

(A) $H_1: \mu_1 > \mu_0$ 時 　　　(B) $H_1: \mu_1 < \mu_0$ 時

圖 7.4　單側考驗的拒絕區

在雙側考驗中，因為無法事先得知考驗的方向，所以，研究者經常使用的統計假設有下列各種形式：

$$\begin{cases} H_1: \mu_1 \neq \mu_0 \\ H_0: \mu_1 = \mu_0 \end{cases}, \begin{cases} H_1: \sigma_1 \neq \sigma_0 \\ H_0: \sigma_1 = \sigma_0 \end{cases}, \begin{cases} H_1: \rho_1 \neq \rho_0 \\ H_0: \rho_1 = \rho_0 \end{cases}, \begin{cases} H_1: \beta_1 \neq \beta_0 \\ H_0: \beta_1 = \beta_0 \end{cases}$$

其中，在符號 $\neq$ 左邊的參數 μ_1、σ_1、ρ_1、和 β_1，是分別代表研究者所要考驗或推論的平均數、變異數、相關係數、和迴歸係數等母群體參數；而在符號 $\neq$ 右邊的參數 μ_0、σ_0、ρ_0、和 β_0，則分別是代表被考驗的平均數、變異數、相關係數、和迴歸係數等常數。當 $H_1: \mu_1 \neq \mu_0$（及其他類似的對立假設）時，由於我們無法確定該陳述 $\mu_1 - \mu_0$ 是正或是負，因此我們把顯著水準 α 集中在曲線的左右兩端，以圖 7.5 的輔助說明來看，α 分成左右兩個區域，其臨界區的端點，稱作「臨界值」（critical value），離開平均數（或相當於某種次數分配的中心點 (center) 的距離要比單側考驗時的距離還遠。當假設考驗時所計算出的 z 值（及其他相當的次數分配考驗值，如 t、χ^2、和 F 考驗值等）落入其中任何一個區域時，便要拒絕虛無假設 H_0。所以，當 α 相等時（如圖 7.4 和圖 7.5 中的 α 均為 .05），使用雙側考驗的結果要比使用單側考驗的結果較難達到顯著水準，亦即較不容易拒絕 H_0。

近年來，由於統計電腦套裝軟體程式（如 SPSS、SAS、BMDP）的通行，電腦報表多半是提供讀者一個 z 值（或 t 值、χ^2 值和 F 值等）的精確機率值，

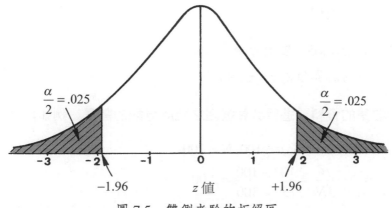

圖 7.5　雙側考驗的拒絕區

亦即是 p 值，好讓讀者自行作決定。電腦報表所報告的 p 值，是指在虛無假設 H_0 為真的情況下，得到一個等於或大於此一統計考驗值的精確機率值（該值亦可從附錄三表 A 中查得）；例如，假定實際考驗的結果，計算得知 $z = 2.41$，而電腦報表所報告的 p 值為 $p = .0160$，此即表示得到一個等於或大於 2.41 的 z 值機率只有 .0160，亦即表示 $p < .05$，所以可以拒絕虛無假設，或者說是本考驗結果達 $\alpha = .05$ 的顯著水準。這種考驗假設的新方法，便稱作 P 值法 (P-value approach)，是電腦套裝軟體程式常用的顯著考驗方法，讀者有必要明瞭其涵義。

我們曾討論過，推論統計學除了估計之外，還有假設考驗。在假設考驗中，用來協助我們進行作決定的實際統計考驗步驟便稱作「**顯著性考驗**」(test of significance)。

通用的顯著性考驗步驟，有下列幾個 (Mohr, 1990)：

⑴根據研究假設提出對立假設 H_1 和虛無假設 H_0。例如：

$$\begin{cases} H_1: \mu \neq 100 \\ H_0: \mu = 100 \end{cases}$$

⑵根據使用的樣本大小，選用適當的統計分配。例如：

$$z \text{ 分配、} t \text{ 分配、} \chi^2 \text{ 分配或 } F \text{ 分配}$$

⑶選定適當的顯著水準，決定單側或雙側考驗，並查表得知適當的臨界值及劃定拒絕區。例如：

選定 $\alpha = .05$，雙側考驗

查表的臨界值為 $z = \pm 1.96$

⑷根據所收集的資料，進行計算選定之統計分配的數量。例如：

$$\bar{x} = 103, \sigma = 15, \mu = 100, N = 100$$
$$Z = \frac{\bar{x} - \mu}{\sigma / \sqrt{N}} = \frac{103 - 100}{15 / \sqrt{100}} = 2.00$$

(5)比較計算出的統計分配數值和查表得知的統計分配數值，判斷是否要拒絕
或保留 H_0，並解釋結果。例如：

$$\because Z_{計} = 2.00 > Z_{查} = 1.96，已落入拒絕區$$

$$\therefore 拒絕 H_0，支持 H_1，亦即表示 \mu \neq 100$$

整個推論統計學的重點，便是環繞在上述顯著性考驗的過程中：由研究問題的提出形成研究假設、收集樣本資料進行假設考驗，並根據分析結果推論和解釋母群體的真實現象。

四、自由度

自由度 (degree of freedom) 的概念在推論統計學中非常重要，也經常使用到它。它的意思是指在某種條件限制下，樣本中能夠自由變動數值的個數，通常以 df 表示；例如，我們曾在第四章討論過母群體變異數之不偏估計值 $S_x^2 = \sum (X - \bar{x})^2 / (N-1)$，其分母是 $N-1$，而不是 N；在第六章裡，我們也討論過母群體的估計變異數之不偏估計值為 $S_{y \cdot x}^2 = \sum (Y - \hat{Y})^2 / (N-2)$，其分母是 $N-2$，而不是 N。這裡所用的分母，不論是 $N-1$ 或 $N-2$，都是指自由度而言。

自由度的涵意，可從下列例子中得知。假如某個樣本有 N 個數值，則它原來能夠自由變動的數值便有 N 個。若我們給它加上一個條件限制，則它可以自由變動的個數便少掉一個，即 $df = N-1$；例如，假設 X 變項有 5 個數值，若給它一個平均數或總和的限制（即 $\bar{x} = 3$ 或 $\sum X = 15$），則在已知前四個數值為 $X_1 = 1, X_2 = 2, X_3 = 3, X_4 = 4$ 之後，第五個數值就非等於 $X_5 = 5$ 不可，因為若不等於該數值，則無法滿足所給定的條件限制，故能夠自由變動的個數便只剩下 4 個，即 $df = 4$。同理，若在相同的條件限制下，已知 $X_1 = 6, X_2 = 2,$ $X_3 = 3, X_4 = 1$ 之後，則剩下的一個數值就一定是 $X_5 = 3$，並且無法自由變動；換句話說，在 $\bar{x}$ 的限制下，N 個數值中一定有一個數值失去自由，也就是喪失一個自由度，剩餘 $N-1$ 個數值可以自由變動。這種剩餘可以自由變動數值的個數，便是某種條件限制下的自由度；故在 $\bar{x}$ 的限制下，自由度為 $df = N-1$。在計算變異數時，由於需要使用離均差平方和 $\sum (X - \bar{x})^2$ 的項目，

因為它受到 $\bar{x}$ 的限制，能夠自由變動的個數只有 $N-1$，所以將離均差平方和除以 $N-1$，才是母群體變異數的不偏估計值，才不會低估母群體的變異數。但是，當我們在計算 $\sum(X-\mu)^2$ 時，因為 μ 為母群體的平均數，它可以有 N 個 X 數值自由變動，不受 μ 的影響，故自由度仍然為 N。

自由度的大小並不全然是 $N-1$，其數值大小需視研究問題的性質和計算所需的條件限制多寡而定；例如，在計算估計誤差的變異數 $S_{y \cdot x}^2 = \sum(Y-\hat{Y})^2 / N-2$ 時，所用的分母是 $N-2$，才是母群體 $\sigma_{y \cdot x}^2$ 的不偏估計值。這是由於在**計算一條迴歸線時，至少要有兩個點才能決定一條直線的緣故，因此，必需失去兩個自由度，才能畫出一條直線**。所以，當 $N=2$ 時，我們所計算的 $\sum(Y-\hat{Y})^2$ 為 0，毫無變異可言，故 $df=0$。同理，在計算相關係數時，若只採用 $N=2$ 為樣本大小的話，則會因為 $df=0$ 之故，所計算出的相關係數值即使再大，也變得絲毫沒有意義。此外，由於我們使用 $\hat{Y}=a+bX$ 作為預測公式，其中的**斜率** b 和**截距** a 等兩個參數都需要從資料中去估計，這兩個限制使得我們的資料必需失去兩個自由度後（亦即，只要 N 個 $(Y-\bar{Y})$ 值中之任何 $N-2$ 個 $(Y-\hat{Y})$ 值決定後，剩餘的兩個 $(Y-\hat{Y})$ 值便已決定），才能正確計算出一條直線。此即為什麼在計算相關係數和迴歸係數時，自由度為 $N-2$ 的原因所在。

在推論統計學裡，**推論用的樣本統計數是指樣本中能夠自由變動數值的個數所構成的某種指標**，所以，要以樣本統計數作為母群體參數的不偏估計值時，計算公式的分母應採用**自由度**，而不是採用原來的人數 N；例如，母群體變異數的不偏估計值之自由度為 $N-1$，母群體的簡單相關係數和迴歸係數的自由度為 $N-2$。

五、常用的統計分配

由上述顯著性考驗步驟可知，我們必需根據樣本資料來計算某種適當的統計分配數值，以判定假設考驗的結果。在心理與教育研究領域裡，常用來作為假設考驗之統計分配共有四種：z 分配、χ^2 分配、F 分配和 t 分配。茲分別簡述其特性如下：

㈠ z **分配**

根據**中央極限定理**的敘述，在大樣本的前提下，不論原來母群體的次數

分配呈何種形狀，樣本平均數的抽樣分配將會呈常態分配，並且這個抽樣分配之平均數將會接近母群體的平均數，這個抽樣分配之標準差將會等於母群體的標準差除以根號的樣本大小（亦即，$\sigma_{\bar{x}} = \sigma / \sqrt{N}$），特別稱作「**標準誤**」。由於樣本平均數的抽樣分配為常態分配，我們可以利用〈公式 7–29〉，即

$$z = \frac{\bar{x} - \mu}{\sigma_x} = \frac{\bar{x} - \mu}{\sigma / \sqrt{N}}$$

進行直線轉換，轉換後的數值所構成的分配就叫做 z 分配。z 分配仍然會呈現常態分配，附錄三表 A 便是它的理論期望機率值，我們可以根據該表進行假設考驗。

　　z 分配具有下列幾項特性：

(1)平均數為 0，標準差為 1，偏態為 0，峰度為 3（常態峰）。

(2)分配曲線對稱於 $z = 0$ 的縱軸，是一條左右對稱的鐘形曲線；因此，平均數＝中位數＝眾數＝0。

(3)$z = 0$ 時，$Y = .3989$，是整條曲線的最高點。

(4)整條曲線有兩個反曲點，分別在 $z = \pm 1$ 之處。

(5)$|z| > 3$ 時，Y 值已甚微小，曲線的兩端與橫軸幾乎相接，所以附錄三表 A 僅列出 $|z| \leq 3$ 之間的機率值。

(6)曲線下與橫軸間的面積為 1，故為一種機率分配。

　　在大樣本的情況下，許多樣本統計數的抽樣分配都會呈常態分配，所以，z 分配常被用來作為假設考驗的依據，我們在第八章將討論它的應用。

(二) χ^2 分配

　　我們曾於第五章討論過，自平均數為 μ、標準差為 σ 的常態分配母群體中，每次隨機抽取一個變項 X，並將它轉換為 z 分數（亦即，$z = X - \mu/\sigma$），如此進行無數次後，這些 z 值將形成平均數為 0，標準差為 1 的標準化常態分配（與上述的 z 分配雷同）。

　　現在若從常態分配母群體中，每次隨機抽取 n 個變項，即 $X_1, X_2, X_3, \cdots, X_n$，並將其轉換成 z 值，再加以平方，即得 $z_i^2 = (\frac{X_i - \mu}{\sigma})^2$，然後將這 n 個 z_i^2 加

總起來，即得 $\sum z_i^2$，稱作「卡方」(chi-square)，以符號 χ^2 表示。如此進行無數次的抽樣及轉換，得到無數個 χ^2 值，這些 χ^2 值所形成的次數分配，便稱作「卡方分配」(chi-square distribution)。卡方的定義公式可以表示如下：

$$\chi^2 = \sum_{i=1}^{n} (\frac{X_i - \mu}{\sigma})^2 = \sum z_i^2$$ 〈公式 7-30〉

其自由度為 $df = n$，因為此 n 個 X 值均能自由變動。若 $n = 1$ 時，則：

$$\chi^2 = (\frac{X_i - \mu}{\sigma})^2 = z^2$$ 〈公式 7-31〉

卡方分配的曲線形狀和 z 分配者不同。不同的自由度下，各有不同的卡方分配曲線，其形狀可由圖 7.6 中看出。

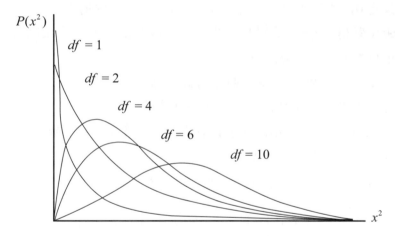

圖 7.6　各種自由度下的卡方分配曲線

卡方分配具有下列的特性：

(1)因為 χ^2 為 z 的平方和，所以 $0 \le \chi^2 < \infty$，即 χ^2 均為正值。

(2)每一個自由度都有其一條相對應的卡方分配曲線。

(3)自由度為 df 的卡方分配，其平均數為 df，標準差為 $\sqrt{2df}$，偏態為 $\sqrt{8/df} > 0$（即正偏態），峰度為 $(3 + 12/df) > 3$（即高狹峰）。

(4)卡方分配下與橫軸間的面積為 1，故卡方分配亦為一種機率分配。

(5) χ^2 分配為一個正偏態分配,當 $df \to \infty$ 時,χ^2 分配會逐漸趨近常態分配。並且,透過 $(\chi^2 - df) / \sqrt{2df}$ 的轉換,所得的分配將會接近平均數為 0、標準差為 1 的標準化常態分配。不過,統計學家發現,在大樣本(即 $df > 30$)時,若查閱附錄三表 B 而查不到適當的 χ^2 值時,可將 χ^2 轉換成 $z = \sqrt{2\chi^2} - \sqrt{2df - 1}$,再利用附錄三表 A 的 z 分配值查出適當的機率值。

(6) 如果令 $\chi^2 = \sum_{i=1}^{n} (X - \bar{x}/\sigma)^2$,亦即以樣本平均數代替母群體平均數,則由於 $\bar{x}$ 為樣本平均數,是一種限制,故必需喪失一個自由度,而成為 $df = n - 1$ 的卡方分配。

(7) $\sum (X - \bar{x}/\sigma)^2 = \sum (X - \bar{x})^2 / \sigma^2 = (n-1)S_x^2 / \sigma^2$,故後者為 $df = n - 1$ 的卡方分配。

(8) 若 χ_1^2 為 $df = n_1$ 的卡方分配,而 χ_2^2 為 $df = n_2$ 的卡方分配,且兩者彼此獨立,則 $\chi_1^2 + \chi_2^2$ 為 $df = n_1 + n_2$ 的卡方分配。

　　卡方分配在考驗次數出現的頻率或百分比方面,使用的機會很多,我們留待第九章再行討論。

(三) F 分配

　　另一種常見的統計分配是 F 分配,F 分配適用於兩個不同分配間之變異數的比較。假設 χ_1^2 和 χ_2^2 為兩個獨立的卡方分配,其自由度分別為 df_1 和 df_2;則由這兩個卡方值各除以其自由度之商的比值,便是 F 值,根據不同自由度而得的 F 值所形成的次數分配,便是 F 分配。F **分配的定義公式**可以表示如下:

$$F = \frac{\dfrac{\chi_1^2}{df_1}}{\dfrac{\chi_2^2}{df_2}}$$ 〈公式 7–32〉

即表示在不同的自由度下,如果從兩個獨立的卡方分配中隨機抽樣無數次,並形成上述無數個比值,得到無數個 F 值,這些 F 值就構成一種以自由度為 df_1 和 df_2 的次數分配,稱作「F 分配」,並以 F_{df_1, df_2} 表示。F 分配的理論期望值可查閱附錄三表 C 的 F 分配表機率值,我們可以根據該表進行假設考驗。

由上述定義可知,由於每一個自由度都有其一條相對應的卡方分配曲線,因此,在不同的自由度組合下,就有不同的 F 分配曲線產生,這些曲線的形狀可以參見圖 7.7 所示。

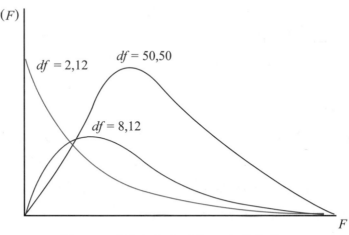

圖 7.7　不同自由度下的 F 分配曲線

F 分配具有下列的特性:

(1) F 值是由兩個卡方值之比值所形成,因為卡方值永遠為正值,因此 F 值像卡方值一樣介於 $0 \leq F < \infty$,也是永遠為正值。

(2) 每一對 df_1 和 df_2 組合,都有一條相對應的 F 分配曲線。

(3) 與卡方分配一樣,F 分配亦為正偏態分配,隨著 df_1 和 df_2 的增加,其偏態程度會愈形降低。

(4) F 分配下與橫軸間的面積為 1,故 F 分配亦為一種機率分配。

(5) 當 $df_2 > 2$ 時,F 分配的平均數為 $df_2/(df_2 - 2)$;當 $df_2 > 4$ 時,標準差為
$$\sqrt{\frac{2df_2^2(df_1 + df_2 - 2)}{df_1(df_2 - 2)^2(df_2 - 4)}} \, \circ$$

(6) 當 $df_1 \to \infty$,且 $df_2 \to \infty$ 時,$F = 1$。

(7) 如果顯著水準為 σ,則 F_{df_1, df_2} 將等於 $1 - \sigma$ 時 F_{df_2, df_1} 的倒數,亦即
$$F_{\sigma, (df_1, df_2)} = \frac{1}{F_{1-\sigma, (df_2, df_1)}} \, \circ$$

F 分配在比較兩個母群體分配之分散情形或考驗兩個變異數間是否有顯著差異方面，使用的機會很多，我們留待第十章及第十一章再行討論。

㈣ t 分配

假設有兩個獨立分配，一個為標準化常態分配 z，另一個是自由度為 df 的卡方分配 χ^2。若從這兩個分配中各取一個變項，並求出這兩個變項之比值，該比值所構成的次數分配即稱作「t 分配」。t 分配的定義公式可以表示如下：

$$t = \frac{z}{\sqrt{\chi^2/df}}$$
〈公式 7–33〉

即表示若繼續從 z 和 χ^2 分配中抽樣，每抽樣一次即求得這兩種分配的比值（即 t），如此進行無數次，得到無數個 t 值，這些 t 值所構成的次數分配便是 t 分配，並以 t_{df} 表示。t 分配的理論期望值可查閱附錄三表 D 的 t 分配表機率值，我們可以根據該表進行假設考驗。

由上述可知，隨著卡方分配之自由度的不同，我們就可以獲得不同的 t 分配曲線；換句話說，每一個自由度，都有其相對應的一條 t 分配曲線，這些曲線的形狀可以參見圖 7.8 所示。

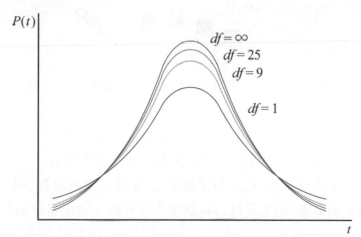

圖 7.8　不同自由度下的 t 分配曲線

　　t 分配具有下列的特性：

(1)是一條左右對稱的曲線，形狀與常態分配曲線類似，但峰度比較高聳，即 $\gamma_2 > 0$。

(2)當 $df \geq 2$ 時，t 分配的平均數為 0，標準差為 $\sqrt{df/(df-2)}$，偏態為 0；當 $df > 4$ 時，峰度為 $3(df-2)/(df-4)$（即高狹峰）；當 $df = 1$ 或 2 時，t 分配沒有變異數。

(3)每一個自由度都有其一條相對應的 t 分配曲線。

(4)t 分配下與橫軸間的面積為 1，故 t 分配亦為一種機率分配。

(5)當自由度愈大時，t 分配會愈趨近常態分配；當 $df \to \infty$ 時，查閱 t 值表（即附錄三表 D）與查閱 z 值表（即附錄三表 A）的結果都一樣。

(6)當 $df_1 = 1$，且 df_2 與 t 分配的 df 相同時，$t^2 = F$；亦即，$t^2_{1-\sigma/2,\,df} = F_{1-\sigma,\,1,\,df}$。

　　t 分配在比較兩個樣本平均數間差異或考驗參數估計值與理論期望值間是否相同方面，使用的機會很多，我們留待第八章再行討論。

本章摘要

1. 由一批界定清楚的人、事、物所共同組成的集合體稱作「集合」；構成這個集合體的個別事項或份子稱作「元素」。

2. 如果集合 B 的所有元素都屬於集合 A，或者說集合 B 是集合 A 中的一部份，則稱集合 B 是集合 A 的「部份集合」或「子集合」。

3. 集合的運算有兩種：「交集」和「聯集」。交集是指兩個集合中共同所有的元素所構成的集合；聯集是指由兩個集合所有的元素所構成的集合，重覆的元素只能算一次。

4. 某事件發生的機率是指該事件中樣本點的個數與樣本空間樣本點總個數之比值。

5. 事件可以分成「簡單事件」和「複雜事件」兩種。

6. 簡單事件可以分成「互斥」和「非互斥」兩種事件，其機率的計算適用「加法定理」。

7. 複雜事件可以分成「相依」和「獨立」兩種事件，其機率的計算適用「乘法定理」。

8. 期望值是指某變項觀察值經過無數次重覆測量結果的平均數。

9. 變異數與共變數皆可以用期望值加以表示。

10. 數個獨立隨機變項之和、差、及平均數的計算，也都可以使用期望值表示。

11. 母群體是指每次研究所認定之觀察量數的總集合體；樣本是指由母群體的觀察量數中抽樣而得的部份集合體。

12. 代表母群體性質之量數稱作「參數」或「母數」；而描述樣本性質之量數稱作「統計數」。

13. 用來推估參數的量數，便稱作「估計數」，其值的大小稱作「估計值」。

14. 抽樣是指從母群體中隨機抽取具有代表性樣本的作法；簡單的分，可以分成兩類：「隨機抽樣」和「立意抽樣」。

15. 自某個母群體中，一次接一次抽取樣本大小為 N 的樣本，每抽出一次樣本便計算某種統計量數，經反覆進行無數次抽樣，得到無數個樣本的某種統計量數，這些統計量數會構成一種次數分配，該分配稱作「抽樣分配」。

16. 由無數次樣本平均數所構成的次數分配之變異數，稱作「樣本平均數的變異誤」，其標準差稱作「樣本平均數的標準誤」。

17. 母群體變異數的不偏估計值需使用離均差平方和除以 $N-1$ 而不是 N 的樣本變異數。

18. 教育與心理研究領域中常使用的簡單隨機抽樣方法，必須符合兩個條件：「機率均等」與「機率獨立」。

19. 中央極限定理是指自平均數為 μ、標準差為 σ 的母群體中，抽取樣本大小為 N 的無數個樣本，並計算這無數個樣本的平均數，當 N 夠大時，不論原來母群體分數是呈什麼形狀的次數分配，這些樣本平均數所構成的次數分配將呈常態分配；其平均數將等於 μ、標準差將等於 $\sigma/\sqrt{N}$。

20. 推論統計學的主要內涵包括：「估計」與「假設考驗」兩部份。估計部份可以分成「點估計」與「區間估計」二者；假設考驗可以分成「研究假設」和

「統計假設」兩種，統計假設又包含「虛無假設」與「對立假設」，並且又有「單側考驗」與「雙側考驗」之分。

21. 單側考驗是指有方向性的假設考驗；雙側考驗是指沒有方向性的假設考驗。

22. 假設考驗中，拒絕虛無假設所可能觸犯之錯誤稱作「第一類型錯誤」，以 α 表示；接受虛無假設所可能觸犯之錯誤稱作「第二類型錯誤」，以 β 表示。

23. 正確拒絕一個假的虛無假設之機率，稱作「統計考驗力」，以 $1 - \beta$ 表示。

24. 拒絕或接受虛無假設是針對虛無假設（即 H_0）而言，而判斷單側考驗與雙側考驗則是根據對立假設（即 H_1）而來。

25. 顯著水準是指觸犯第一類型錯誤的機率而言，一般常用的機率值訂為 $\alpha = .05$ 或 $\alpha = .01$ 兩種。

26. 自由度是指在某種條件限制下，樣本中能夠自由變動數值的個數。

27. 母群體變異數的不偏估計值的自由度是 $N - 1$，相關係數和迴歸係數估計值的自由度為 $N - 2$。

28. 在教育與心理研究領域中，常使用的統計分配有：z 分配、卡方分配、F 分配和 t 分配等四種。

自 我 測 驗

1. 投擲一次骰子，正面出現「六」點的機率是多少？

2. 在第 1 題的樣本空間裡，有多少個樣本點？

3. 在第 1 題中，是否每一個樣本點都互斥？

4. 在第 1 題中，正面不是出現「六」點的機率是多少？

5. 一個骰子投擲兩次，兩次都正面出現「六」點的機率是多少？

6. 若已知第一次投擲骰子出現正面「六」點，試問第二次投擲骰子仍出現正面「六」點的條件機率是多少？

7. 在一題五選一的單選題中，假若某生完全不會作答，則他隨機猜題猜對的機率是多少？

8. 如果在三題五選一的單選題中，隨機猜題都猜對的機率是多少？

9. 如果 X 事件會影響 Y 事件的機率，則這兩個事件間的關係為何?

10. 假設 X 事件的所有樣本點都不屬於 Y 事件，則這兩個事件間的關係為何?

11. 下列哪一個量數是參數?

$(1)\ r$ $(2)\ b$ $(3)\ \mu$ $(4)\ S_x$

12. 挑選一個隨機樣本，下列何者不是它所需要的條件?

(1)觀察值務必呈常態分配

(2)每個觀察值被抽中的機率相同

(3)每個觀察值被抽中後，不會影響其他觀察值被抽中的機會

已知魏氏智力量表 ($\mu = 100, \sigma = 15$) 呈常態分配。假設從中抽取 9 人為隨機樣本接受測驗，並計算出平均數，然後重覆這項過程 1000 次。請回答下列第 13~19 題:

13. 請估計這 1000 次平均數的標準差?

14. 在 $N = 9$ 的抽樣下，有多少百分比的樣本平均數會大於 105?

15. 在 $N = 9$ 的抽樣下，有多少百分比的樣本平均數會介於 95 到 105 之間?

16. 這 1000 次樣本平均數所構成的次數分配會呈常態分配嗎?

17. 上述這 1000 次樣本平均數所構成的次數分配的變異數是多少?

18. 如果抽取 225 (而非 9) 人為隨機樣本，則樣本平均數的標準誤是多少?

19. 如果是 $N = 225$，則期望有多少百分比的樣本平均數會介於 99.0 到 101.0 的區間內?

20. 用來形容樣本平均數的抽樣分配在 N 增大時會逐漸趨近常態分配，而不論其原來的母群體分配呈什麼形狀的數學定理是什麼?

21. 假設 σ 未知，而我們想以樣本的變異數作為母群體變異數之估計值時，此時的自由度是多少?

22. 假設某研究者想瞭解是否「愈努力的學生，其學業成績愈好」，此時，他所提出的虛無假設應該進行單側或雙側考驗?

23. 下列哪一種顯著水準是合理的?

$(1)\ .50$ $(2)\ .25$ $(3)\ .10$ $(4)\ .05$

24. 正確拒絕一個假的虛無假設的機率是多少?

25. 何種估計 (點估計或區間估計) 的精確度較高?

26. 在常態分配下，$E(Md) = E(\bar{x}) = \mu$ 是否為真？

27. 第 26 題所表示出來的統計特性是下列何者？

 (1)一致性　　(2)有效性　　(3)不偏性

28. 在推論統計學中，下列什麼特性使得研究者傾向使用平均數，而不使用中位數或眾數？

 (1)一致性　　(2)有效性　　(3)不偏性

29. 下列何者是教育與心理研究領域中常用的統計分配？

 (1) σ 分配　　(2) t 分配　　(3) γ 分配

30. 當 $df = 1$ 時，下列何者分配沒有變異數存在？

 (1) t 分配　　(2) z 分配　　(3) F 分配

練習作業

一、假設在某次入學考試裡，選擇題部份是十題四選一的單選題題目（每題可以單獨作答），答對一題給 4 分，沒作答給 0 分，答錯倒扣 1 分；假設某位考生完全不會作答這十題選擇題，他只好猜題，結果他只猜八題、二題沒猜。試問該生在這十題選擇題上可能猜得幾分？

二、假設箱子裡有球十個，已知含有兩個紅球，試問連續抽取兩次皆不為紅球的機率是多少？試依置回和不置回情況討論之。

三、試討論抽樣分配與樣本分配有何不同？

四、影響抽樣分配的因素有哪些？

五、試討論標準誤與標準差有何不同？

第八章　區間估計與假設考驗

本章學習重點

1. 何謂區間估計?
2. 何謂假設考驗?
3. 在雙側考驗時, 區間估計與假設考驗的結果有何關聯?
4. 常用的統計考驗分配有哪些? 如何選用適當的分配?
5. 假設考驗的結果該如何解釋?
6. 一個母群體參數 (如: 平均數、相關係數、迴歸係數、變異數、百分比) 的假設考驗該如何進行?
7. 兩個母群體參數 (如: 平均數、相關係數、迴歸係數、變異數、百分比) 的假設考驗該如何進行?
8. 最基本的實驗設計有哪些?
9. 獨立樣本和相依樣本的假設考驗有何差異?
10. 何謂變異數同質性假設?
11. 進行 t 考驗時, 有何基本假設必須先滿足?
12. 如何撰寫一個 SPSS 程式? 並閱讀輸出或印出的報表?

　　從這一章起, 我們正式進入推論統計學的殿堂, 亦即是計量研究法的重心——從研究問題開始、提出研究假設、收集樣本資料、進行統計分析與假設考驗, 並解釋結果、提出研究報告。統計數字本身並不會說話, 更無法直接提出解釋與說明, 它只能提供研究者在某些條件與假設下去決定某件事件發生的機率大小而已。因此, 學會整個統計推論的思考、方法、步驟、與解釋的過程, 才是本章的學習重點。本章將舉例說明假設考驗是如何進行的,

如果讀者對推論統計學基本概念仍有不清楚的地方，可以隨時翻閱第七章「推論統計學導論」所述的基本概念。

第一節　區間估計

我們曾討論過，區間估計是以一個線段來表示某個母群體參數出現的可能範圍，常以 95% 或 99% 的信賴區間來表示。要計算這個區間，我們必須使用幾個參考指標：樣本統計數、顯著水準、估計標準誤、和適當的統計分配之查表值，進而推估母群體參數的可能範圍值。在實際的運算上，如果我們已知母群體參數（如：標準差 σ）或是使用大樣本時，則可以使用該參數進行估計；若是未知母群體參數或是使用小樣本時，則需要以其不偏估計值（如：標準差 S_x）代替該母群體參數，再來進行估計。有關任何母群體參數的區間估計，都可以下列的共同模式來加以表示：

$$樣本統計數 \pm (適當的統計分配之查表值) \times (估計標準誤)$$

我們可以從下列例子明瞭區間估計的方法：

一、已知母群體 σ（或使用大樣本）時之區間估計

 8.1

從某個常態分配的母群體中（已知 $\sigma = 8$，但 μ 未知），隨機抽取 25 名學生測得其平均數為 42.7，試問真正母群體 μ 的 95% 信賴區間為何？

首先，我們必須從理論上知道，若重覆從這母群體中隨機抽取 25 名學生進行無數次的測量，每次測量都得到一個平均數，則這無數個平均數所構成的次數分配將呈常態分配。這個分配的平均數將接近該母群體的平均數 μ，且這個分配的標準誤將為 $\sigma_{\bar{x}} = \sigma / \sqrt{n}$。但事實上，我們無法進行無數次的測量，我們只測量一次，得到平均數為 42.7，這一次的結果是無數次結果中的一個，我們必須根據這個數值來進行**母群體平均數之可能範圍**的估計。

既然研究問題要求進行 95% 信賴區間之估計，我們可知所能承受觸犯第一類型錯誤率只有 5%，亦即，$\alpha = .05$。由於是常態分配，且已知 σ，所以 α 該分成兩個拒絕區，每個區域的機率各為 .025，所以查附錄三表 A，得：

$$z_{\frac{\alpha}{2}} = -1.96 \quad 及 \quad z_{1-\frac{\alpha}{2}} = 1.96$$

故，我們寧可估計母群體平均數 μ 落在樣本平均數 $\bar{x}$ 上下各 1.96 個標準誤之間，亦即，落在 $\bar{x} \pm 1.96\sigma_{\bar{x}}$ 之間：

$$\bar{x} - 1.96\sigma_{\bar{x}} < \mu < \bar{x} + 1.96\sigma_{\bar{x}}$$

$$\bar{x} - 1.96\frac{\sigma}{\sqrt{N}} < \mu < \bar{x} + 1.96\frac{\sigma}{\sqrt{N}}$$

或表示成：

$$(\bar{x} - 1.96\frac{\sigma}{\sqrt{N}}, \bar{x} + 1.96\frac{\sigma}{\sqrt{N}})$$

各有不同的表示方法。茲將有關資料代入上述公式，得

$$42.7 - 1.96\frac{8}{\sqrt{25}} < \mu < 42.7 + 1.96\frac{8}{\sqrt{25}}$$

$$39.6 < \mu < 45.8$$

因此，我們可以得知真正母群體 μ 是介於 39.6 和 45.8 之間，或者說，我們寧可相信 μ 落在 (39.6, 45.8) 之間的正確機率有 95%，但是這項估計結果仍然有 5% 的可能估計錯誤存在，這一點必須特別注意。

　　圖 8.1 可用來說明「95% 信賴區間和 5% 的可能估計錯誤存在」的概念意義。假設圖 8.1 中的 $\mu = 40$（其實我們不知道它是多少），且 $\sigma = 8$。我們自其間進行無數次的抽樣，每次樣本大小均為 25，並且求得每一次抽樣後的樣本平均數，這些樣本平均數可能是任何值，但只要每個樣本平均數各取上下各 1.96 個標準誤為估計範圍，這無限多個信賴區間之中，將會有 95% 的可能機率包括 μ 在內，但也仍然有 5% 的可能機率不包括 μ 在內。而事實上，μ 根本不知道，我們僅根據這一次抽樣結果得到 $\bar{x} = 42.7$，而這 $\bar{x} = 42.7$ 所構成的區間從 39.6 到 45.8 之間，到底有沒有包括 μ 在內，說實在的也沒有人知道。但是，由於不包括 μ 在內之區間出現的機率畢竟只有 5% 而已，我們寧願冒犯這 5% 錯誤的危險，而認為由 $\bar{x} = 42.7$ 所構成的區間也正是包括 μ 在內的

許多區間中的一個，其可能性達 95%；換句話說，由 39.6 到 45.8 之間的區間，包括 μ 在內的可能性有 95%。我們可以推論真正母群體 μ 落在 39.6 到 45.8 之間，這種推論的可信賴程度達 95%，但，仍然有 .05 的可能犯錯機率存在。

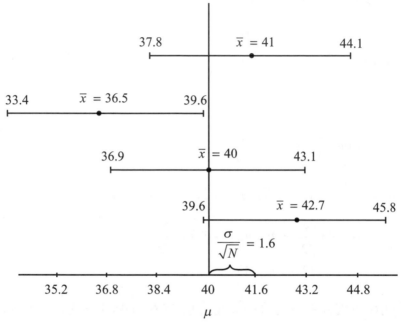

圖 8.1　95% 信賴區間的概念圖解（假設 $\mu = 40, \sigma = 8$。進行無數次抽樣及獲得無數個樣本平均數之後，將有 95% 由 $\bar{x}$ 所構成的區間包括 μ 在內，但也仍然有 5% 由 $\bar{x}$ 所構成的區間不包括 μ 在內）

二、未知母群體 σ（或使用小樣本）時之區間估計

 8.2

假設某研究員想知道某校六年級學生的平均身高，他自該校隨機抽取 9 名學生為樣本，測得其身高分別為 140、142、140、143、139、140、141、142、141 公分，試問該校六年級學生的平均身高之 95% 信賴區間為何？

在本例中，我們不知道該校六年級學生的母群體特性（亦即 μ 和 σ 均未知），我們僅能根據樣本所得的資料來推估母群體特性。由於母群體的 σ 未知，因此，我們必須使用不偏估計值來代替 σ，並且使用附錄三表 D 的 t 分

配，以自由度為 $N-1$ 的查表值作為適當的統計分配之臨界值。其餘區間估計的步驟，則和前述一樣。

首先，我們假設它是無數次抽樣當中的一個樣本。而這無數個樣本平均數所構成的次數分配將成 t 分配，其標準誤為 $S_{\bar{x}} = S_x / \sqrt{N}$。所以，根據隨機抽得的樣本資料，計算得：

$$\sum X = 1268 \qquad \sum X^2 = 178660 \qquad \bar{x} = 140.89$$

$$S_x = \sqrt{\frac{178660 - \frac{(1268)^2}{9}}{9-1}} = 1.27$$

$$S_{\bar{x}} = \frac{S_x}{\sqrt{N}} = \frac{1.27}{\sqrt{9}} = .42$$

由於是求 95% 信賴區間，所以 $\alpha = .05$。查附錄三表 D，得：

$$t_{(\frac{\alpha}{2})(9-1)} = -2.306 \quad 或 \quad t_{(1-\frac{\alpha}{2})(9-1)} = 2.306$$

故我們取 $\bar{x} \pm 2.306 S_{\bar{x}}$ 之間的範圍，作為 95% 信賴區間，得：

$$\bar{x} - 2.306 S_{\bar{x}} < \mu < \bar{x} + 2.306 S_{\bar{x}}$$

$$或 \quad \bar{x} - 2.306 \frac{S_x}{\sqrt{N}} < \mu < \bar{x} + 2.306 \frac{S_x}{\sqrt{N}}$$

將有關資料代入上述公式，得：

$$140.89 - 2.306 \frac{1.27}{\sqrt{9}} < \mu < 140.89 + 2.306 \frac{1.27}{\sqrt{9}}$$

$$139.92 < \mu < 141.86$$

由此可知，真正母群體 μ 是落於 139.92 和 141.86 之間，或者說，我們寧可相信 μ 落在 (139.92, 141.86) 之間的正確機率有 95%，但是這項估計結果仍然有 5% 的可能估計錯誤存在，這一點必須特別注意；換句話說，該校六年級學生的平均身高可能介於 139.92 到 141.86 公分之間，這種推論的可信賴程度達 95%，但仍有 5% 推論錯誤的機率存在。

第二節　統計考驗力與樣本大小的決定

我們曾討論過，錯誤接受一個假的虛無假設所犯的錯誤，便是第二類型錯誤，以 β 表示；而正確拒絕一個假的虛無假設的機率，便是「統計考驗力」(power of a statistical test)，也就是統計推論中，做出正確決定的機率。在任何一次統計推論中，研究者莫不希望「做出正確決定的機率是愈大愈好」，亦即希望能夠獲得一個較高的統計考驗力。

有關統計考驗力的意義，讀者亦可以參考圖 8.2 所示。

當我們要考驗 $H_0: \mu = 100$ 的真假時，從圖 8.2 中可知 $\bar{x}$ 的上端臨界 z 值為 $+1.96$ 或相當於 $\bar{x} = 105.88$（即 $100 + (1.96)(3) = 105.88$），因此，當 $\mu = 110$ 而必需拒絕虛無假設 H_0 的統計考驗力，便是指右邊曲線下大於 $\bar{x} = 105.88$ 的區域，它代表在 $\mu = 100$ 下的樣本平均數的抽樣分配。這個區域在右邊曲線下所佔的面積大約是 91%，所以，圖 8.2 的統計考驗力大約為 .91。

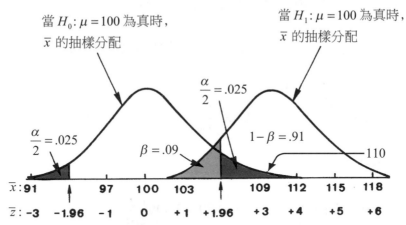

圖 8.2　當 $\mu = 110$、$\sigma_{\bar{x}} = 3$，且 $\alpha = .05$ 情況下，$H_0 : \mu = 100$ 對 $H_1 : \mu \neq 100$ 的統計考驗力圖示

由於圖 8.2 中的兩個樣本平均數之抽樣分配同具有相似的曲線，因此其抽樣標準誤同樣是 3。但左邊曲線的 105.88 數值，相當於右邊曲線的 z 值 -1.37（即 $(105.88 - 110)/3 = -1.37$），經查閱附錄三表 A，得知落入拒絕區內的機率值大約為 $.0853 \doteqdot .09$（即 $\beta = .09$）才能拒絕 H_0 的說法。因此，右邊曲

線（即當 $\mu = 110$ 時，$\bar{x}$ 的抽樣分配）下小於 105.88 的區域，便是即使是 H_0 為假，$\bar{x}$ 也無法超越臨界值的機率，這個區域所測量的即是 β，也就是**第二類型錯誤機率**。在圖 8.2 中，這個 β 區域的數值大約是 .09，也就是當 $\mu = 110$ 為真時，沒有觸犯第二類型錯誤的機率（亦即**統計考驗力**）為 $1 - \beta = .91$。

現在，再就圖 8.2 的情況來說，如果其他條件不變，而顯著水準改為 $\alpha = .10$，則它對統計考驗力的影響為何？首先，我們可以從附錄三表 A 中查得 $\alpha = .10$ 時 z 分配的臨界值為 ± 1.645，因此，只要 $\bar{x}$ 的最小值大於 $\mu = 100$ 以上 $1.645\sigma_{\bar{x}}$（或 $1.645(3) = 4.94$）的位置，便要拒絕虛無假設。若對圖 8.2 右邊的曲線來說，當 $\alpha = .10$ 時，落在 104.94 以上區域便是統計考驗力的部份；這 104.94 相當於右邊曲線分配的 z 值 -1.687（即 $(104.94 - 110)/3 = -1.687$），經查閱附錄三表 A，得知 $z = -1.687$ 時的機率值（即 β）為 .046，因此，$1 - \beta = .954$ 便是當 $\mu = 110$ 且 $\alpha = .10$ 下的統計考驗力。

如果其他條件仍然不變，而將母群體參數值改為 $\mu = 105$，則它對統計考驗力的影響為何？在這種情況下，圖 8.2 中的兩端臨界值仍然不變：下限為 94.12，上限為 105.88；右邊曲線的形狀不變，但往左移動一些，因為 $\mu = 105$ 而不是 $\mu = 100$，如圖 8.3 所示。此時，右邊曲線落在臨界值 105.88 以上的 z 值為 $(105.88 - 105)/3 = .27$，查表得知該區域的機率值（即統計考驗力）為 .39，當然，第二類型錯誤率 $\beta = .61$。

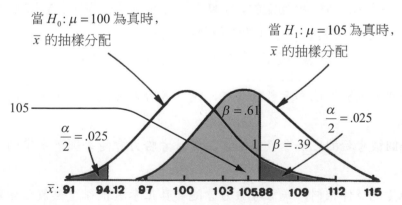

圖 8.3　當 $\mu = 105$、$\sigma_{\bar{x}} = 3$，且 $\alpha = .05$ 情況下，$H_0: \mu = 100$ 對 $H_1: \mu \neq 100$ 的統計考驗力圖示

由上述分析可知，**當其他條件相同時**，α 和 β 之間具有消長的關係：當 α 值增加（即較不嚴格，較容易達顯著水準）時，β 值會降低，相對的統計考驗力也會增加；但當 α 值降低（即較嚴格，較不容易達顯著水準）時，β 值會增加，相對的統計考驗力也會降低。

此外，**隨著我們所要去驗證的對立假設參數值的不同，統計考驗力也會跟著變化**。如果將統計考驗力與各種對立假設參數值二者，畫成一個資料分佈圖，將會構成一條平滑的曲線，稱作「**統計考驗力曲線**」(power curve)，如圖 8.4 所示。由圖 8.4 可知，當真正的 μ 值遠離虛無假設的 μ 值（如本例中 $H_0: \mu = 100$）時，統計考驗力會增加，並且趨近於 1；但當真正的 μ 值逐漸接近虛無假設的 μ 值時，則統計考驗力也會逐漸趨近第一類型錯誤率 $\alpha = .05$。然而，真正的 μ 值卻不是研究者所能控制的，**只有樣本大小（即 N）和顯著水準（即 α）可以由研究者任意設定**，因此，在其他條件相同時，對任何一個 μ 值而言（但不是虛無假設下的 μ 值），隨著 N 的增加，針對 $H_1: \mu \neq 100$ 的統計考驗力也會跟著增加。例如，當樣本大小 N 由 25 增加到 100 時，標準誤 $\sigma_{\bar{x}}$ 會由 3 縮小到 1.50（即 $15/\sqrt{100} = 1.50$），因此，只要 $\bar{x} \geq (1.96)(1.50) + 100 = 102.94$，便可以拒絕 $H_0: \mu = 100$。而此時 $\mu = 105$ 且 $N = 100$，會有將近 91% 的右邊抽樣分配數值落入大於 102.94（即 $z = (102.94 - 105)/1.50 = -1.37$）的區域裡，也就是統計考驗力為 .91。這項結果與 $\mu = 110$ 且 $N = 25$ 時的結果一樣；換句話說，在其他條件相同的情況下，N 增加四倍，所得的統計考驗力會與 $(\mu_1 - \mu_2)$ 的差值為原來的二分之一時相同。

歸納上述，下列幾點是假設考驗過程中提高統計考驗力的方法：

⑴對一個被考驗的已知參數值而言，統計考驗力會隨著樣本大小的增加而增加。

⑵對一個被考驗的已知參數值而言，統計考驗力會隨著顯著水準的增大而增加。

⑶假如其他條件相同，統計考驗力會隨著真正參數值離虛無假設參數值愈遠而增加。

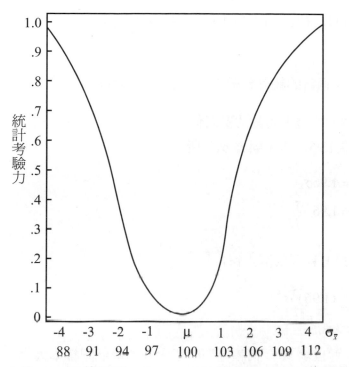

圖 8.4　當 $\sigma_{\bar{x}} = 3$ 且 $\alpha = .05$ 情況下，$H_0 : \mu = 100$ 對 $H_1 : \mu \neq 100$ 的統計考驗力曲線圖

由此可見，也許有人會考慮每次作研究時皆採用大樣本，並且放寬顯著水準，以便獲得一個較高的統計考驗力。其實，這種盲目迷信大樣本和較寬鬆的顯著水準是不必要的；因為當我們所考驗的參數值間的差距極微小，但由於使用大樣本或放寬顯著水準的緣故，若因此導致達到顯著差異的結論，這種結論並不具有任何實質上的意義。畢竟，統計上的意義和實質上的意義不一定會一致。實質上，參數間的差值若極微小，則再大的顯著差異考驗結果也無法解釋和保證它就具有實質上的意義和用途，這一點讀者要特別注意。況且，每次為了增加樣本大小或顯著水準，而付出**資料收集的成本**或冒**觸犯第一類型錯誤之危險**，也會很可觀。因此，為了避免不必要的成本支出與減少可能的犯錯機率，研究者宜採用適當的樣本。適當樣本的決定，可以從區間估計過程中推論得出，其方法可以表示如下：

樣本統計數 ±（統計分配之查表值）×（估計標準誤）

上述公式也可以符號表示成 $\bar{x} \pm E$，其中，E 稱作區間估計的「估計量」，可以表示如下：

$$E = (適當的統計分配之查表值) \times (估計標準誤)$$

例如，以一個母群體平均數的區間估計為例，若要進行 95% 信賴區間估計時，z 的臨界值為 1.96，標準誤為 $\sigma_{\bar{x}}$，所以

$$E = 1.96\sigma_{\bar{x}}$$
$$= 1.96\frac{\sigma}{\sqrt{N}}$$

因此，解上述方程式的解，得：

$$N = \frac{(1.96)^2\sigma^2}{E^2}$$

此即 $\alpha = .05$ 並且求 95% 信賴區間時所需要的**最低限樣本大小**。此「估計量」的兩倍（即 $2E$），即為信賴區間的寬度。因此，只要有顯著水準（即 α）（或 95%、或 99% 的信賴區間）、標準誤和估計量三者，便可以反算求得適當的樣本大小應該是多少。

當使用 t、F，或 χ^2 分配時，亦可以套用上述公式，將所要求的信賴區間之統計分配查表值、母群體分配之標準差或其不偏估計值、所預期的估計量大小等數值代入，便可以反算求得適當的樣本大小。該樣本大小才是我們作研究時，最精簡、最有效率、且必需的適當樣本數。

第三節　一個母群體參數的假設考驗

假設考驗是推論統計學的一部份，而通常用來幫助研究者作決定，以確定統計假設真偽的實際統計分析過程，便稱作**顯著性考驗**。所以，整個推論統計學的過程便是在強調如何進行**顯著性考驗**，以協助解決研究問題，達成研究目的。

假設考驗有其既定的步驟（請參見第七章），在心理與教育研究領域裡，

常見的考驗對象有五種，分別是：**母群體的平均數、相關係數、迴歸係數、變異數及標準差、百分比或次數出現頻率**等。其中，根據樣本抽樣來源的不同，假設考驗又可以分成一個母群體參數和兩個以上母群體參數的假設考驗。本節先討論一個母群體參數的假設考驗，並分別針對上述幾種常見的考驗對象進行分析。

一、平均數的假設考驗

一個母群體平均數的假設考驗，又可以分成兩種情況來討論：一為使用**大樣本**（如：$N > 30$）或 σ 為已知時；另一為使用**小樣本**（如：$N \leq 30$）或 σ 為未知時。其中，前者可以使用 z 分配考驗，並查閱附錄三表 A；後者可以使用 t 分配考驗，並查閱附錄三表 D。

㈠已知母群體 σ 或使用大樣本時

例 8.3

假設某位心理學者的長期追蹤研究發現，大學畢業生的平均智商為 $\mu = 110$，$\sigma = 15$。他自某明星高中隨機抽樣 64 名學生，測得其平均智商為 $\bar{x} = 114$，因此他認為該校學生的平均智商比大學畢業生的平均智商高。試問是否可以支持該心理學者的說法？

在心理與教育的研究中，許多問題的形成都是根據理論文獻或對問題的觀察與好奇，本例即是其中一例。根據智力理論所示，該學者認為某明星高中學生的智商（以 μ_x 表示）會比大學畢業生的平均智商（以 μ 表示）高，亦即，他強調考驗的方向性，所以本例應屬於**單側考驗**，所要驗證或支持的對立假設為 $H_1: \mu_x > \mu$。根據此一對立假設，其適當的虛無假設應設定為 $H_0: \mu_x \leq \mu$。習慣上，我們先寫虛無假設，再寫對立假設，故合併為：

$$\begin{cases} H_0: \mu_x \leq \mu \\ H_1: \mu_x > \mu \end{cases}$$

接著，根據顯著性考驗的步驟進行**假設考驗**（請參見第七章所述步驟）。由於**已知母群體的** σ，所以選用 z **分配考驗**，其公式如下：

$$z = \frac{\bar{x} - \mu}{\sigma_{\bar{x}}} = \frac{\bar{x} - \mu}{\sigma / \sqrt{N}}$$

假設我們可以容忍犯第一類型錯誤的機率只有 .05，則定 $\alpha = .05$。由於本例是屬於單側考驗，且依對立假設的性質得知，$\mu_x - \mu$ 應該為正值，故把臨界值畫在常態分配曲線的右邊。查閱附錄三表 A，得知 $z_{1-.05} = 1.645$；若實際觀察所得的 z 值大於查表的 z 值，則要拒絕 H_0（參見圖 8.5 所示）。

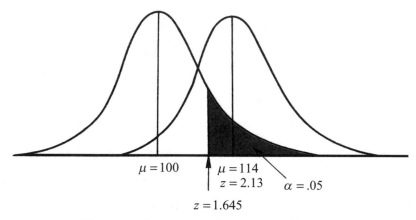

圖 8.5　一個母群體平均數的假設考驗範例

開始計算觀察所得的 z 值。將 $\bar{x} = 114$, $N = 64$, $\mu = 110$，和 $\sigma = 15$ 等有關資料代入上述公式，得：

$$z = \frac{\bar{x} - \mu}{\dfrac{\sigma}{\sqrt{N}}} = \frac{114 - 100}{\dfrac{15}{\sqrt{64}}} = 2.13$$

由此可見，實際計算出的 z 值 2.13 大於查表所得的 z 值 1.645，已落入拒絕區，所以要拒絕 $H_0: \mu_x \leq \mu$，轉而支持 $H_1: \mu_x > \mu$（或者以統計術語來說：本假設考驗已達 $\alpha = .05$ 的顯著水準，要拒絕虛無假設，支持對立假設）。所以，該明星高中學生的智商比大學畢業生的平均智商還高，該學者的研究問題獲得支持。惟，下這種結論時，仍然有 .05 的可能性觸犯第一類型錯誤。

例 8.4

假設某位心理學者的長期追蹤研究發現，已知大學生的平均智商為 $\mu = 110$，$\sigma = 15$。他自某明星大學隨機抽樣 81 名學生，測得其平均智商為 $\bar{x} = 113$，試問該心理學者是否可以宣稱某明星大學學生平均智商與一般大學學生平均智商有所不同？

根據題意，該心理學者想要探索的問題是：某明星大學學生平均智商是否與一般大學學生平均智商有所不同？他的研究問題並未言明或強調前者一定是高於或低於後者，因此，這是一個沒有方向性的假設考驗，也就是雙側考驗。假設某明星大學學生平均智商是以 μ_x 表示，而一般大學學生平均智商是以 μ 表示；則該心理學者所要提出的虛無假設和對立假設，可以合併寫成：

$$\begin{cases} H_0 : \mu_x = \mu \\ H_1 : \mu_x \neq \mu \end{cases}$$

從對立假設中可知，該心理學者關心的是 $\mu_x > \mu$ 或是 $\mu_x < \mu$，但絕不會是 $\mu_x = \mu$。

由於 $\sigma = 15$ 為已知，故可以選用 z 分配考驗，其公式如上述。

除非特別言明，否則本書習慣選用 $\alpha = .05$ 作為顯著考驗的水準。由於是雙側考驗，所以要把 α 分成兩個拒絕區，並查附錄三表 A 的 z 分配數值，得 $z_{\frac{.05}{2}} = -1.96$，$z_{1-\frac{.05}{2}} = 1.96$，因此，只要實際計算得到的 z 值小於 -1.96 或大於 1.96，而落入拒絕區時，便要拒絕 H_0。

利用 z 分配考驗公式，將 $\bar{x} = 113$，$\mu = 110$，$\sigma = 15$，和 $N = 81$ 代入，得：

$$z = \frac{\bar{x} - \mu}{\dfrac{\sigma}{\sqrt{N}}} = \frac{113 - 110}{\dfrac{15}{\sqrt{81}}} = 1.80$$

因此可知，實際計算出的 z 值小於 1.96，並未落入拒絕區，所以無法拒絕 H_0，亦即 H_0 的說法暫時獲得保留，我們尚未具有足夠的證據來拒絕它。這也就是說，某明星大學學生平均智商其實與一般大學學生平均智商並無兩樣，惟，

目前所得的 $\bar{x} = 113$ 是因為運氣碰巧得到的而已。但是，有一點必須注意，在作這項結論時，**犯第二類型錯誤的可能性仍然存在**。

其實，遇到雙側考驗時，除了上述正規的考驗過程外，也可以使用前節所說的**區間估計方法**來進行考驗。在多數情況下，這兩種方法所得結果大致會一樣，惟，當考驗值達顯著邊緣時，有時會獲致不一樣的結果，此時，以使用區間估計的考驗方式較為正確。

本例是選用 $\alpha = .05$ 作為顯著水準，也就是要求 95% 的信賴區間，亦即，求下列的區間：

$$\bar{x} - 1.96\sigma_{\bar{x}} < \mu < \bar{x} + 1.96\sigma_{\bar{x}}$$

$$\bar{x} - 1.96\frac{\sigma}{\sqrt{N}} < \mu < \bar{x} + 1.96\frac{\sigma}{\sqrt{N}}$$

$$113 - 1.96\frac{15}{\sqrt{81}} < \mu < 113 + 1.96\frac{15}{\sqrt{81}}$$

$$109.73 < \mu < 116.27$$

由於這個 95% 的信賴區間 $(109.73, 116.27)$，已包含 110 在內，因此，某明星大學學生平均智商與一般大學學生平均智商 $\mu = 110$，並無任何不同（相反的，若所求得的 95% 信賴區間內並未包含 $\mu = 110$ 在內，即表示某明星大學學生平均智商與一般大學學生平均智商有顯著差異存在）。所以，這兩種考驗結果，都獲得相同的結論。

㈡未知母群體 σ 或使用小樣本時

例 8.5

某教育學者認為，都市裡的小學生每天花在看電視和打電動玩具的時間過久，而凝視綠地的時間過少，因此，視力會比正常人（雙眼裸視的平均值為 1.2）還差。他自都市小學裡，隨機抽取 12 名學生為樣本，測得其雙眼裸視的平均值分別為 .5, .4, .9, 1.0, 1.2, .8, .6, .5, 1.1, .7, .5 和 .8。試問是否可以支持該教育學者的看法？

由於該學者認為都市裡的小學生視力會比正常人視力還差，故本例純為

單側考驗的問題。若假設都市裡的小學生視力以 μ_x 表示，而正常人視力以 μ 表示，則本例的統計假設可以寫成：

$$\begin{cases} H_0 : \mu_x \geq \mu \\ H_1 : \mu_x < \mu \end{cases}$$

接下來，由於母群體的 σ 未知，我們必須以其不偏估計值 S_x 來取代，並且選用適當的 t 分配考驗，其公式如下：

$$t = \frac{\bar{x} - \mu}{S_{\bar{x}}} = \frac{\bar{x} - \mu}{\dfrac{S_x}{\sqrt{N}}}$$

假設該學者僅容許犯第一類型錯誤的機率只有 .05，則選定 $\alpha = .05$ 作為本例的顯著水準。由於本例是單側考驗，且依對立假設的性質得知，$\mu_x - \mu$ 應該為負值，故應把臨界值畫在 $df = N - 1 = 11$ 的 t 分配曲線之左邊。經查閱附錄三表 D，得：

$$t_{.05(12-1)} = -1.796$$

若實際計算所得的 t 值小於查表的 t 值，而落入拒絕區時，便要拒絕 H_0。

由於 σ 未知，我們必須先算出其不偏估計值。由現成的資料可以得知下列數據：

$$\sum X = 9 \qquad \sum X^2 = 7.5 \qquad \bar{x} = .75$$

$$S_x = \sqrt{\frac{7.5 - \dfrac{(9)^2}{12}}{12 - 1}} = .26$$

將 $\bar{x} = .75$, $N = 12$, $\mu = 1.2$，和 $S_x = .26$ 等有關資料代入上述公式，得：

$$t = \frac{\bar{x} - \mu}{\dfrac{S_x}{\sqrt{N}}} = \frac{.75 - 1.2}{\dfrac{.26}{\sqrt{12}}} = -6.00$$

由此可知，實際計算出的 t 值 -6.00 遠小於查表所得的 t 值 -1.796，已落入拒

絕區，所以要拒絕 $H_0: \mu_x \geq \mu$，支持 $H_1: \mu_x > \mu$，或者說本假設考驗已達 $\alpha = .05$ 的**顯著水準，要拒絕虛無假設，支持對立假設**。所以，該教育學者的看法獲得支持；亦即，因為每天花在看電視和打電動玩具的時間過久，而凝視綠地的時間過少，都市裡的小學生視力比正常人視力還差。惟，**這種說法仍有 .05 的可能性觸犯第一類型錯誤**。

8.6

> 某國小校長想瞭解該校試辦一年的晨間慢跑運動的成效是否與他校的成效有所不同。他根據過去的研究得知，練習慢跑一年的小學生肺活量平均增加 3.48 立方公分。該校長自其學校中隨機抽取學童 12 名，測得其肺活量平均增加值分別為 4.7、3.4、5.1、3.0、3.9、4.5、4.3、3.6、3.4、4.5、2.8 和 4.8 立方公分，試問該校長的問題如何獲得解決？

根據題意，本例未說明考驗的方向，所以是**雙側考驗**。假設該校試辦一年晨間慢跑運動的成效是以 μ_x 表示，而過去研究的成效以 μ 表示；則本例的虛無假設和對立假設，可以合併寫成：

$$\begin{cases} H_0: \mu_x = \mu \\ H_1: \mu_x \neq \mu \end{cases}$$

從對立假設中可知，該校長所關心的是 $\mu_x > \mu$ 或是 $\mu_x < \mu$，但絕不會是 $\mu_x = \mu$。

依照習慣選用 $\alpha = .05$ 作為顯著考驗的水準。由於本例是雙側考驗，所以把 α 分成兩個拒絕區，並查附錄三表 D 的 t 分配數值，得：

$$t_{.025(12-1)} = -2.201 \quad 或 \quad t_{.975(12-1)} = 2.201$$

因此，只要實際計算而得的 t 值小於 -2.201 或大於 2.201，而落入拒絕區時，便要拒絕 H_0。

由於 σ **未知**，我們必須以其**不偏估計值**來代替，並選用 t 分配考驗，其公式已如前述。由現成的資料可以得知下列數據：

$$\sum X = 48.0 \qquad \sum X^2 = 198.26 \qquad \bar{x} = 4.0$$

$$S_x = \sqrt{\frac{198.26 - \frac{(48)^2}{12}}{12 - 1}} = .75$$

$$t = \frac{\bar{x} - \mu}{\frac{S_x}{\sqrt{N}}} = \frac{4.0 - 3.48}{\frac{.75}{\sqrt{12}}} = 2.36$$

由此可知，實際計算出的 t 值大於查表的 t 值 2.201，已落入拒絕區，所以要拒絕 $H_0: \mu_x = \mu$；換句話說，該校長可以宣稱該校試辦一年慢跑運動的成效與其他學校的試辦成效有所不同（由平均數的比較可知，該校試辦成效較佳），惟，這種說法仍有觸犯第一類型錯誤的可能性（$\alpha = .05$）存在。

其實，可以進行雙側考驗者，也一定可以使用區間估計方法進行考驗。如果估計出的 95% 信賴區間並沒有包括 $\mu = 3.48$ 在內，便表示虛無假設不成立，或者說是有顯著差異存在。本例亦即要求下列的區間：

$$\bar{x} - 2.201 S_{\bar{x}} < \mu < \bar{x} + 2.201 S_{\bar{x}}$$

$$\bar{x} - 2.201 \frac{S_x}{\sqrt{N}} < \mu < \bar{x} + 2.201 \frac{S_x}{\sqrt{N}}$$

$$4.0 - 2.201 \frac{.75}{\sqrt{12}} < \mu < 4.0 + 2.201 \frac{.75}{\sqrt{12}}$$

$$3.52 < \mu < 4.48$$

由於這個 95% 信賴區間 (3.52, 4.48)，並未包含 3.48 在內，所以要拒絕虛無假設，亦即該校與他校試辦慢跑一年的成效間，具有顯著差異存在。

二、積差相關係數的假設考驗

關於積差相關係數的假設考驗，我們曾於第六章討論過，積差相關係數要有意義的存在，必須通過顯著性考驗才行，未通過顯著性考驗者，即使其數值再大，也都只是隨機碰巧造成的而已。

積差相關係數的假設考驗方式，至少有三種（即**查表法**、t **考驗法**和 z **轉換法**）。其中，以 t 考驗法最為常用，並且作為各種統計電腦套裝軟體程式的考驗方法和制式輸出。因此，本書僅舉例說明積差相關係數的 t 考驗法；對於另外兩種極為罕用方法，有興趣的讀者，可以參考林清山（民 81，237～244

頁）書中的例子。

　　積差相關係數的 t 考驗法，主要是根據下列的理論說明而來：我們自母群體參數 $\rho = 0.00$ 的相關係數母群體中，進行無數次的抽樣，每次均抽得 N 人，並計算兩個變項（即 X 和 Y 變項）間的相關係數，如此可以獲得無數個 r 值；每次計算出一個相關係數 r 值，就順便計算出一個與 ρ 的差值，亦即 $r - \rho$（當 $H_0 : \rho = 0.00$ 時，其實這個差值即等於 r），如此亦可以得到無數個差值，這些差值所構成之次數分配的標準誤即為離間係數除以相關係數的自由度平方根。因此，整個積差相關係數的 t 考驗公式，可以表示如下：

$$t = \frac{r - \rho}{\sqrt{\dfrac{1 - r^2}{N - 2}}} \qquad df = N - 2 \qquad\qquad \text{〈公式 8–1〉}$$

上式分母即為這些差值所構成的次數分配標準誤，亦即是離間係數除以相關係數的自由度平方根，其中的 $N - 2$ 即為考驗相關係數時所用的自由度。而事實上，我們只隨機抽樣一次，得到一個 r 值和一個 $r - \rho$ 的差值，〈公式 8–1〉即表示這個差值所構成的次數分配是一個以自由度為 $N - 2$ 的 t 分配，它是其標準誤（即〈公式 8–1〉中的分母）的 t 倍。因此，利用〈公式 8–1〉進行 r 值的顯著性考驗時，就必須查閱附錄三表 D 的 t 值分配表，如果實際計算出的 t 值大於（或小於）查表的 t 值，而落入拒絕區時，便要拒絕虛無假設，轉而支持對立假設。

例 8.7

我國古書中曾有訓示：「業精於勤，荒於嬉」，這句話的延伸意思即是說「勤能補拙」。某位教育學者為了證明這句話的道理是否存在，他認為個人努力程度和學業成績間的相關係數最足以用來表示「勤能補拙」的意義，因此，他自某所常態編班的學校中，隨機抽取 62 名學生為樣本，測得其努力程度和學業成績間的相關係數為 $r = .48$。試問是否可以支持該學者的看法，而認為該相關係數不是等於 0？

該學者想知道「勤能補拙」是否存在？他並未指明足以代表該項觀念的指標——努力程度和學業成績間的相關係數——是否為正或負？他只想證明該關係是否不等於 0 而已。因此，本研究例子為**雙側考驗**，其統計假設可以合併寫成：

$$\begin{cases} H_0 : \rho = .00 \\ H_1 : \rho \neq .00 \end{cases}$$

假設該學者是自 $\rho = .00$ 的母群體中抽樣 $N = 62$，得 $r = .48$，並且得 $r - \rho = .48 - .00 = .48$。他知道該差值只是 t 分配中的一次樣本，因此必須考驗該差值是其標準誤的幾倍大，以明瞭該考驗值是否達到顯著水準。

假設該學者決定採用 $\alpha = .05$ 的顯著水準，則查閱附錄三表 D，得到兩個臨界 t 值如下：

$$t_{.025(62-2)} = -2.00 \quad 或 \quad t_{.975(62-2)} = 2.00$$

如果套用〈公式 8–1〉所求得的 t 值大（或小）於上述查表的臨界 t 值，而落入拒絕區時，就要拒絕 $H_0 : \rho = .00$。

將有關資料 $N = 62, r = .48$，代入〈公式 8–1〉，得：

$$t = \frac{.48 - .00}{\sqrt{\dfrac{1 - (.48)^2}{62 - 2}}} = 4.24$$

很明顯的**大於查表的** t **值** 2.00，所以要拒絕 $H_0 : \rho = .00$。由此可知，本例的考驗結果可以支持該學者的看法，亦即個人的努力程度和學業成績間的相關係數不是等於零，或許我們也可以推論說「勤能補拙」的說法和道理是存在的；惟，這種說法**仍有觸犯第一類型錯誤的可能性** $(\alpha = .05)$ 存在。

當然，本例也可以 95% 信賴區間估計方法進行考驗。其過程可以表示如下：

$$r - 2.000\sqrt{\frac{1 - r^2}{N - 2}} < \rho < r + 2.00\sqrt{\frac{1 - r^2}{N - 2}}$$

$$r - 2.000\sqrt{\frac{1 - (.48)^2}{62 - 2}} < \rho < r + 2.000\sqrt{\frac{1 - (.48)^2}{62 - 2}}$$

$$.48 - 2.000(.1133) < \rho < .48 + 2.000(.1133)$$
$$.2534 < \rho < .7066$$

由此可見，這 95% 信賴區間未包括 $\rho = .00$ 在內，所以要拒絕虛無假設，亦即「努力程度和學業成績間的相關係數不等於零」的看法是獲得支持。

三、迴歸係數的假設考驗

我們曾於第六章討論過簡單迴歸分析的方法，我們所獲得的最佳預測線是否能有意義的存在，就必須經過考驗之後才能確定。

考驗迴歸係數的方法與考驗相關係數的方法，其實很相似。**樣本的迴歸係數**（即截距和斜率）**也像樣本的相關係數一樣，呈現自由度為 $N - 2$ 的 t 分配**，其考驗的公式如下：

斜率的 t 考驗：

$$t = \frac{\hat{b} - \beta_1}{\dfrac{S_{y \cdot x}}{\sqrt{SS_x}}} \qquad df = N - 2 \qquad \text{〈公式 8-2〉}$$

截距的 t 考驗：

$$t = \frac{\hat{a} - \beta_0}{S_{y \cdot x} \sqrt{\dfrac{1}{N} + \dfrac{\overline{x}^2}{SS_x}}} \qquad df = N - 2 \qquad \text{〈公式 8-3〉}$$

其實，〈公式 8-2〉和〈公式 8-3〉中的分母，分別是斜率和截距與其母群體參數之差值所構成之 t 分配的標準誤，該 t 分配的自由度為 $N - 2$。其中，有些符號（如：$S_{y \cdot x}$ 和 SS_x）已在第六章討論過，讀者可以逕行參考。

例 8.8

假設某教育學者想從例 8.7 中，驗證是否能由學生的努力程度來預測他的學業成績。於是，他自某所常態編班的學校中，隨機抽取 10 名學生為樣本，測得其努力程度和學業成績間的資料如下所示。試問該學者如何驗證他的說法？

表 8.1　十名學生的資料

努力程度	學業成績
3	9
3	5
4	12
5	9
6	14
6	16
7	22
8	18
8	24
9	22

　　首先，我們必須先求出以努力程度來預測學業成績的迴歸線，再利用 t 考驗的公式，來進行迴歸係數的顯著性考驗。下表即是根據最小平方法所計算出的最佳適合線等相關資料：

表 8.2　由最小平方法所得的資料

	X	Y	X^2	Y^2	XY	$\hat{Y}$	e
	3	9	9	81	27	7.15	1.85
	3	5	9	25	15	7.15	−2.15
	4	12	16	144	48	9.89	2.11
	5	9	25	81	45	12.63	−3.63
	6	14	36	196	84	15.37	−1.37
	6	16	36	256	96	15.37	.63
	7	22	49	484	154	18.11	3.89
	8	18	64	324	144	20.85	−2.85
	8	24	64	576	192	20.85	3.15
	9	22	81	484	198	23.59	−1.59
Σ	59	151	389	2651	1003		.04

$$\bar{x} = 5.9 \qquad \hat{y} = 15.1 \qquad r = \frac{112.1}{\sqrt{(40.9)(370.9)}} = .91$$

$$SS_x = 389 - \frac{(59)^2}{10} = 40.9$$

$$SS_y = 2651 - \frac{(151)^2}{10} = 370.9$$

$$SS_{xy} = 1003 - \frac{59 \times 151}{10} = 112.1$$

$$SS_{res} = 370.9 - \frac{(112.1)^2}{40.9} = 63.6528$$

$$\hat{b} = \frac{112.1}{40.9} = 2.74 \qquad S_{yx} = \sqrt{\frac{63.6528}{10-2}} = 2.8207$$

$$\hat{a} = 15.1 - (2.74) \times (5.9) = -1.07$$

根據題意，假若斜率的母群體參數以 β_1 表示，截距之母群體參數以 β_0 表示，則本例所提出的統計假設可以合寫成：

$$\begin{cases} H_0: \beta_0 = 0 \\ H_1: \beta_0 \neq 0 \end{cases} \qquad \begin{cases} H_0: \beta_1 = 0 \\ H_1: \beta_1 \neq 0 \end{cases}$$

假設選擇 $\alpha = .05$ 作為顯著水準，因為本例未言明考驗的方向，故為**雙側考驗**，查閱附錄三表 D，得：

$$t_{.025(10-2)} = -2.306 \quad 或 \quad t_{.975(10-2)} = 2.306$$

若實際計算出的 t 值比查表的 t 值還大（或小），而落入拒絕區時，就要拒絕虛無假設 $H_0: \beta_0 = 0$ 和 $H_0: \beta_1 = 0$，轉而支持對立假設 $H_1: \beta_0 \neq 0$ 和 $H_1: \beta_1 \neq 0$ 的說法。

茲將有關資料代入〈公式 8–2〉和〈公式 8–3〉，得：

$$t_1 = \frac{\hat{b} - \beta_1}{\frac{S_{y \cdot x}}{\sqrt{SS_x}}} = \frac{2.74 - 0}{\frac{2.8207}{\sqrt{40.9}}}$$

$$= 6.213$$

$$t_0 = \frac{\hat{a} - \beta_0}{S_{y \cdot x}\sqrt{\dfrac{1}{N} + \dfrac{\bar{x}^2}{SS_x}}} = \frac{-1.07 - 0}{2.8207\sqrt{\dfrac{1}{10} + \dfrac{(5.9)^2}{40.9}}}$$

$$= -.39$$

由此可見，斜率的計算 t 值大於查表的 t 值 2.306，所以要拒絕 $H_0: \beta_1 = 0$，此即表示斜率很明顯的不等於零，亦即本研究支持努力程度可以預測學業成績的說法，並且「愈努力的學生，他的學業成績愈高」（這點可以由正相關係數 .91 看出）。截距的計算 t 值大於查表的 t 值 -2.306，表示無法拒絕 $H_0:$ $\beta_0 = 0$，所以截距是由隨機亂數所造成的，其實它和零並無兩樣。

本例除了可用 t 考驗外，也可以使用區間估計方法進行考驗。關於斜率和截距的 95% 信賴區間，可以表示如下：

$$\hat{b} \pm t_{(1 - \frac{\alpha}{2})} \frac{S_{y \cdot x}}{\sqrt{SS_x}}$$

$$\hat{a} \pm t_{(1 - \frac{\alpha}{2})} S_{x \cdot y}\sqrt{\frac{1}{N} + \frac{\bar{x}^2}{SS_x}}$$

分別將有關資料代入，得：

$$2.74 - (2.306) \times (.441) < \beta_1 < 2.74 + (2.306) \times (.441)$$

$$1.73 < \beta_1 < 3.76$$

$$-1.07 - (2.306) \times (2.7509) < \beta_0 < -1.07 + (2.306) \times (2.7509)$$

$$-7.41 < \beta_0 < 5.27$$

由此可見，95% 信賴區間顯示：β_1 的區間並沒有包括 0 在內，所以虛無假設應予以拒絕；而 β_0 的區間卻包括 0 在內，所以虛無假設應予以保留。這種信賴區間的估計結果，與使用 t 考驗的結果，是完全一致的。

如果我們想從某個特定的預測變項值（如：$X = \bar{x}^*$），來預測依變項 $\hat{Y}$，則這個預測值 $\hat{a} + \hat{b}\bar{x}^*$ 將成自由度為 $N - 2$ 的 t 分配，其考驗公式如下所示：

$$t = \frac{(\hat{a} + \hat{b}\bar{x}^*) - (\beta_0 + \beta_1\bar{x}^*)}{S_{y \cdot x}\sqrt{\dfrac{1}{N} + \dfrac{(\bar{x}^* - \bar{x})^2}{SS_x}}}$$

〈公式 8–4〉

而其 95% 的信賴區間也可以表示如下：

$$(\hat{a} + \hat{b}\bar{x}^*) \pm t_{(1-\frac{\alpha}{2})} S_{y \cdot x}\sqrt{\frac{1}{N} + \frac{(\bar{x}^* - \bar{x})^2}{SS_x}}$$

假設當 $X = 6$ 時，我們想知道所預測的依變項數值是否達顯著水準，則我們所要進行的統計假設便為：

$$\begin{cases} H_0 : \beta_0 + \beta_1\bar{x}^* = 0 \\ H_1 : \beta_0 + \beta_1\bar{x}^* \neq 0 \end{cases}$$

茲將 $X = 6$ 代入已求出的迴歸線： $-1.07 + 2.74X$，得：

$$\hat{Y} = -1.07 + (2.74) \times (6) = 15.37$$

則 t 考驗為：

$$t = \frac{(-1.07 + 2.74 \times 6) - 0}{2.8207\sqrt{\dfrac{1}{10} + \dfrac{(6 - 5.9)^2}{40.9}}} = \frac{15.37}{.8931} = 17.21$$

由此可見，實際計算的 t 值大於查表的 t 值，已落入拒絕區，所以要拒絕虛無假設，亦即表示該預測值不是零。

同理，我們也可以區間估計的方法來進行考驗，如：

$$(-1.07 + 2.74 \times 6) - (2.306) \times (.8931)$$
$$< \beta_0 + \beta_1\bar{x}^* < (-1.07 + 2.74 \times 6) + (2.306) \times (.8931)$$
$$13.31 < \beta_0 + \beta_1\bar{x}^* < 17.43$$

由此區間可知，它並未包括 0 在內，所以，虛無假設應該要被拒絕。

四、百分比的假設考驗

百分比或比率 (proportion) 的假設考驗，其實可以把它看成是二項分配的平均數假設考驗。下列例子所述，正是這種百分比假設考驗的過程。

由於在討論百分比或比率時，我們通常是使用大樣本，因此，有關百分比的假設考驗，可以使用 z 分配來進行，其考驗公式可以表示如下：

$$z = \frac{f - Np}{\sqrt{Npq}}$$ 〈公式 8–5〉

或 $$z = \frac{\hat{p} - p}{\sigma_p} = \frac{\hat{p} - p}{\sqrt{\dfrac{pq}{N}}}$$ 〈公式 8–6〉

其中，$\hat{p} = \dfrac{f}{N}$，而 σ_p 為樣本百分比次數分配的標準誤，$\sigma_p = \sqrt{\dfrac{pq}{N}}$。有了這些基本概念，我們便可以開始進行假設考驗。

例 8.9

某研究者想知道某市國小學童腎臟機能的好壞，他自全市國小學生中隨機抽取 1200 名學生進行尿液篩檢，得知有 96 名成陽性反應（表示腎臟機能有潛伏衰敗的跡象）。試問該研究者能否宣稱「某市學童有潛伏腎臟機能障礙者的百分比不會超過 10%」？

首先，根據題意，提出統計假設如下：

$$\begin{cases} H_0: p \geq .10 \\ H_1: p < .10 \end{cases}$$

選定 $\alpha = .05$ 作為顯著水準。由於本例已表明考驗的方向，所以是單側考驗，其臨界值為 $z_{.05} = -1.645$。如果實際計算出的 z 值比查表的 z 值還小，而落入拒絕區時，便要拒絕虛無假設 $H_0: p \geq .10$，轉而支持對立假設 $H_1: p < .10$。

茲將有關資料代入〈公式 8–5〉，得：

$$z = \frac{f - Np}{\sqrt{Npq}} = \frac{96 - (1200)(.10)}{\sqrt{1200(.10)(.90)}} = -2.31$$

若代入〈公式 8–6〉，則得：

$$\hat{p} = \frac{f}{N} = \frac{96}{1200} = .08$$

$$z = \frac{\hat{p} - p}{\sqrt{\frac{pq}{N}}} = \frac{.08 - .10}{\sqrt{\frac{(.10)(.90)}{1200}}} = -2.31$$

可見這兩種計算結果的 z 值都一樣，都小於 -1.645，已落入拒絕區，所以應該拒絕虛無假設 $H_0 : p \geq .10$；換句話說，某市學童有潛伏腎臟機能障礙者的百分比不會超過 10%。

例 8.10

假設臺北市教育局想明瞭國中自願就學方案的試辦成效。她自全臺北市參加試辦的國中學校中隨機抽取 360 名具有代表性意見的學生、家長，和老師，進行問卷調查，得知有 200 名代表贊成並肯定試辦的成效，並建議推廣試辦範圍。試問臺北市教育局能否就此宣稱贊成此方案的人數百分比為 .50？並嘗試以 95% 信賴區間估計方法來考驗上述這種說法？

　　根據題意，本例未指明考驗的方向，故為**雙側考驗**。假設選定 $\alpha = .05$ 作為顯著水準，則查表的臨界值為 $z_{.025} = -1.96$ 和 $z_{.975} = 1.96$，若實際計算出的 z 值大於（或小於）其相對應的臨界值，就要拒絕虛無假設 $H_0 : p = .50$。故我們可以據以提出統計假設如下：

$$\begin{cases} H_0 : p = .50 \\ H_1 : p \neq .50 \end{cases}$$

茲將有關資料代入〈公式 8–5〉，得：

$$z = \frac{f - Np}{\sqrt{Npq}} = \frac{200 - (360)(.50)}{\sqrt{360(.50)(.50)}} = 2.11$$

由此可見，實際計算出的 z 值比查表的 z 值還大，已落入拒絕區，所以要拒絕 $H_0: p = .50$，而認為贊成此方案的人數百分比不為 .50。依本數據顯示，贊成此方案的人數百分比遠大於 .50。

根據**區間估計**的方法，贊成人數百分比的 95% 信賴區間為：

$$\hat{p} - z_{1-\frac{\alpha}{2}}\sigma_P < p < \hat{p} + z_{1-\frac{\alpha}{2}}\sigma_P$$

$$\because \hat{p} = \frac{f}{N} = \frac{200}{360} = .56$$

$$.56 - 1.96\sqrt{\frac{(.50)(.50)}{360}} < p < .56 + 1.96\sqrt{\frac{(.50)(.50)}{360}}$$

$$.5084 < p < .6116$$

由此可見，95% 信賴區間並未包含 .50 在內，因此，考驗的結果與上述 z 考驗結果一致，亦即，贊成此方案的人數百分比不是 .50。根據此項區間估計結果可知，贊成此項方案的人數百分比介於 51% 到 61% 之間的可能性有 95%。

第四節　兩個母群體參數的假設考驗

前節所討論的是有關一個母群體參數的假設考驗問題：亦即是自一個母群體中抽出一個樣本，計算其樣本統計數（如：平均數、標準差、相關係數、迴歸係數、百分比等），然後再與母群體的參數作比較，以判斷樣本統計數是否與母群體參數有所不同。然而，本節擬討論兩個母群體參數的假設考驗問題，即是**比較兩個母群體在某種特質上的差異**，或比較來自同一個母群體的**兩個不同樣本間的差異**。在心理與教育研究領域裡，常見的研究問題諸如：學業成就的性別差異之比較、實驗組與控制組在實驗操弄結果的差異比較、不同教學方法之成效的差異比較、受試者在實驗前後之某種特質的改變、或考生在前後測成績差異之比較等，都是屬於兩個母群體參數之假設考驗問題。

涉及到兩個母群體參數間之顯著性考驗或差異比較的問題，常與**實驗設計** (experimental design) 的使用方法有關。實驗設計的主要目的，是在探討自變項與依變項之間是否具有因果關係存在。最簡單的實驗設計可以分成兩種：第一種方法稱作「等組法」，亦即利用隨機抽樣方法抽取兩組在各方面條件都

相等的受試者，再利用**隨機分派** (random assignment) 方式將其中一組受試者
分派到實驗組接受**實驗處理** (treatment)，另一組分派到控制組接受另一種處
理方法（通常是不給予任何有關的處置，僅讓其被觀察而不被操弄）。由於這
兩組受試者都是由隨機抽樣而來，並且是不同樣的人，因此，這兩組受試者
的任何反應結果應該是毫無關聯存在，所以根據這種抽樣方式所獲得的受試
者，就稱作「**獨立樣本**」(independent sample)。理論上，在獨立樣本情況下，
兩組受試者反應間的相關是等於零，亦即彼此的反應互不影響。所以，這種
實驗設計的方法有時又稱作「**受試者間設計**」(between-subjects design)。第二
種方法稱作「**單一組法**」，亦即只利用一組受試者，前後接受兩種（或兩種以
上）不同的實驗處理。由於這種方法所使用的受試者都是同樣的人，因此，
前後兩次間的反應會有所關聯存在，所以這種樣本就稱作「**相依樣本**」
(dependent sample)。由於這種樣本是重覆接受不同的實驗處理，所以單一組
法所獲得的量數又叫作「**重覆量數**」(repeated measures)；而這種實驗處理方
式是以受試者本身作為控制實驗誤差的方法，因此，單一組法又稱作「**受試
者內設計**」(within-subjects design)。

　　由於有獨立樣本和相依樣本兩種不同情況，我們將分成這兩種不同情況
來討論各種兩個母群體參數間的假設考驗。例如，在兩個平均數的差異顯著
性考驗中，其考驗的方法大致上與前節所談的方法雷同：在獨立樣本中，若已
知母群體 σ **或使用大樣本**時，則使用 z 分配作為考驗的依據；若未知母群體 σ
或使用小樣本時，則使用 t 分配作為考驗的依據。在相依樣本中，則一律使
用 t 分配作為考驗的依據。除了變異數的考驗在上述兩種樣本情況下，分別
使用 F 和 t 分配作為考驗的依據外；相關係數、迴歸係數、與百分比的差異顯
著性考驗，所選用的考驗分配則與進行平均數考驗時所選用者相同。

一、平均數的假設考驗

㈠獨立樣本

1.已知當 σ_{x_1} 和 σ_{x_2} 時

　　在討論這個問題前，我們可以把這類問題看成是：由兩個獨立的抽樣分配
之平均數的差所構成之次數分配的假設考驗問題。我們曾於第五章和第七章
裡討論過，當 $r=0$ 或 $\rho=0$ 時，$S_{x-y}^2 = S_x^2 + S_y^2$ 或 $\sigma_{x-y}^2 = \sigma_x^2 + \sigma_y^2$。因此，我們可

以推論得知：在獨立樣本的情況下，兩個平均數之差所構成之次數分配的變異數為：

$$\sigma^2_{(\bar{x}_1-\bar{x}_2)} = \sigma^2_{\bar{x}_1} + \sigma^2_{\bar{x}_2}$$

〈公式 8-7〉

〈公式 8-7〉即表示我們自同一個母群體中抽出兩個樣本大小分別為 N_1 和 N_2 的樣本，並求出這兩個樣本平均數間的一個差值 $(\bar{x}_1 - \bar{x}_2)$，如此重覆無數次之後，得到無數個 $(\bar{x}_1 - \bar{x}_2)$ 的差值，這些無數個差值所構成的次數分配，在 $H_0: \mu_{x_1} = \mu_{x_2}$ 的虛無假設下，將呈**常態分配**，其平均數將為 0，變異誤將為 $\sigma^2_{(\bar{x}_1-\bar{x}_2)}$。而事實上，我們並不是如此重覆嘗試，我們僅分別抽取樣本大小為 N_1 和 N_2 的兩種樣本，並只求得一個 $(\bar{x}_1 - \bar{x}_2)$ **的差值**，同時將這個差值視為無數個差值中的一個，並且仿照 z 考驗的方式進行考驗，其考驗公式可以表示如下：

$$
\begin{aligned}
z &= \frac{(\bar{x}_1 - \bar{x}_2) - (\mu_{x_1} - \mu_{x_2})}{\sigma_{(\bar{x}_1-\bar{x}_2)}} \\
&= \frac{\bar{x}_1 - \bar{x}_2}{\sqrt{\sigma^2_{\bar{x}_1} + \sigma^2_{\bar{x}_2}}} \\
&= \frac{\bar{x}_1 - \bar{x}_2}{\sqrt{\dfrac{\sigma^2_{x_1}}{N_1} + \dfrac{\sigma^2_{x_2}}{N_2}}}
\end{aligned}
$$

〈公式 8-8〉

將有關資料代入〈公式 8-8〉後，便可進行適當的假設考驗，其步驟和前述者相同。下列例子便是說明**獨立樣本情況下，兩個平均數之差的假設考驗**。

例 8.11

某研究者想瞭解智力是否也有性別差異存在。他自某校隨機抽取男生 45 名、女生 40 名，並使用某種標準化智力測驗測得其智力平均數分別為男生 $\bar{x}_1 = 103.50$，女生 $\bar{x}_2 = 101.60$。經查該測驗的常模，得知男生的 $\sigma_{x_1} = 15.50$，女生的 $\sigma_{x_2} = 14.50$。試問智力是否存有性別差異？

根據題意，本例未言明考驗的方向，所以是**雙側考驗**。假若男生的母群

體平均數以 μ_{x_1} 表示，女生的母群體平均數以 μ_{x_2} 表示，則本例的統計假設可以合併寫成：

$$\begin{cases} H_0: \mu_{x_1} = \mu_{x_2} \\ H_1: \mu_{x_1} \neq \mu_{x_2} \end{cases}$$

由於本例使用一個男生樣本和一個女生樣本，因此是屬於獨立樣本的情況，且 σ_{x_1} 和 σ_{x_2} 都已知，故可以使用〈公式 8-8〉進行考驗。

假定選用 $\alpha = .05$ 作為顯著水準，z 考驗的兩個臨界值分別為：

$$z_{\frac{.05}{2}} = -1.96 \quad 或 \quad z_{1-\frac{.05}{2}} = 1.96$$

若實際計算出的 z 值大於（或小於）查表的臨界值，而落入拒絕區時，就要拒絕虛無假設 $H_0: \mu_{x_1} = \mu_{x_2}$。

茲將有關資料代入〈公式 8-8〉，得：

$$z = \frac{103.50 - 101.60}{\sqrt{\dfrac{(15.50)^2}{45} + \dfrac{(14.50)^2}{40}}} = .5837$$

由此可見，**實際計算出的 z 值小於 1.96**，所以無法拒絕虛無假設，因此，$H_0: \mu_{x_1} = \mu_{x_2}$ 須予以保留；換句話說，男生和女生的智力間並沒有任何差異存在，或智力間並無性別差異存在。

2.當 $\sigma_{x_1}^2 = \sigma_{x_2}^2 = \sigma^2$ 時

就獨立樣本情況而言，若 σ_{x_1} 和 σ_{x_2} 為已知且均相等時，〈公式 8-8〉可以改寫成如下：

$$z = \frac{\bar{x}_1 - \bar{x}_2}{\sqrt{\sigma^2 \left(\dfrac{1}{N_1} + \dfrac{1}{N_2} \right)}} \qquad \text{〈公式 8-9〉}$$

其餘考驗步驟與上述例子相同。

8.12

假設例 8.11 中，該研究者所使用的工具是魏氏智力量表 ($\sigma = 15$)，並且測驗兩個不同的班級，測得 45 名甲班學生的平均智力為 $\bar{x}_1 = 111$，40 名乙班學生的平均智力為 $\bar{x}_2 = 117$。試問該研究者是否可以宣稱乙班的智力高於甲班？

就本例而言，除了統計假設的寫法可以表示如下外：

$$\begin{cases} H_0: \mu_{x_1} \geq \mu_{x_2} \\ H_1: \mu_{x_1} < \mu_{x_2} \end{cases}$$

其餘考驗過程都與前例相同。由於本例已言明考驗方向，所以它是**單側考驗**，若選定 $\alpha = .05$ 作為顯著水準，則查表臨界值為 $z = -1.645$。若實際計算出的 z 值小於查表的臨界 z 值，就要拒絕虛無假設 $H_0: \mu_{x_1} \geq \mu_{x_2}$，轉而支持對立假設 $H_1: \mu_{x_1} < \mu_{x_2}$。

茲將有關資料代入〈公式 8-9〉中，得：

$$z = \frac{111 - 117}{\sqrt{15^2(\frac{1}{45} + \frac{1}{40})}} = -1.84$$

所計算出的 z 值小於臨界值，已落入拒絕區，所以要拒絕虛無假設；換句話說，乙班的智力確實高於甲班。惟，下這種結論時，仍有 .05 的可能機率觸犯第一類型錯誤。

3. 未知 σ_{x_1} 和 σ_{x_2} 時

在討論兩個母群體參數的假設考驗時，不管所抽樣的兩個樣本是來自同一個母群體，或來自變異數相同的兩個不同母群體，都要使這兩個樣本建立在共同的基本假設上，如此所進行的任何比較才會有意義。這些共同的基本假設有三個：第一為「**變異數同質性**」(homogeneity of variance)，亦即是兩個母群體變異數要相同，即 $\sigma_{x_1}^2 = \sigma_{x_2}^2 = \sigma^2$；第二為「**常態分配**」(normal distribution)，亦即是兩個樣本所來自的母群體分配必須是常態的；第三為「**獨立性**」(independence)，亦即是這兩個樣本之內或之間的每個觀察值必須是獨

立的，不可以是配對的、相互依賴的、或以任何形式產生關聯性（參見 Glass & Hopkins, 1984, pp. 236–240）。

因此，當 σ_{x_1} 和 σ_{x_2} 均未知，但滿足 $\sigma_{x_1}^2 = \sigma_{x_2}^2 = \sigma^2$ 的基本假設時，我們就必須使用下列的 t **考驗** (Students' t-test) 公式進行兩個平均數的差異顯著性考驗。t **考驗**公式可以表示如下：

$$t = \frac{\bar{x}_1 - \bar{x}_2}{\sqrt{S_p^2(\dfrac{1}{N_1} + \dfrac{1}{N_2})}}$$ 〈公式 8–10〉

其中，〈公式 8–10〉分母中的 S_p^2 是由兩個樣本變異數的不偏估計值 S_1 和 S_2 所**合併而成的變異數** (pooled variances)，亦即是在變異數同質性的假設前提下，由這兩個樣本變異數的不偏估計值加權平均後的變異數不偏估計值，因此，它的**自由度**為各別自由度之和 $df = N_1 + N_2 - 2$。這個合併的變異數為：

$$S_p^2 = \frac{S_1^2(N_1 - 1) + S_2^2(N_2 - 1)}{N_1 + N_2 - 2}$$

$$= \frac{[\sum X_1^2 - \dfrac{(\sum X_1)^2}{N_1}] + [\sum X_2^2 - \dfrac{(\sum X_2)^2}{N_2}]}{N_1 + N_2 - 2}$$ 〈公式 8–11〉

茲舉例 8.13 說明**兩個平均數的差異顯著性考驗法**。

例 8.13

假設利用隨機分派的方式，將 20 名受試者分成兩組：實驗組接受記憶術的訓練，而控制組不接受任何訓練。數週之後，這兩組受試者分別接受記憶力測驗，測得結果如下所示：

實驗組：$N_1 = 10, \bar{x}_1 = 9.58, S_1 = 1.21$

控制組：$N_2 = 10, \bar{x}_2 = 7.42, S_2 = 0.96$

試問實驗組與控制組在記憶力測驗成績上有無顯著差異存在？

根據題意，本例僅問有無顯著差異存在，並未指明考驗的方向，故為**雙**

側考驗。因此，統計假設可以合併寫成：

$$\begin{cases} H_0: \mu_{x_1} = \mu_{x_2} \\ H_1: \mu_{x_1} \neq \mu_{x_2} \end{cases}$$

由於 σ_{x_1} 和 σ_{x_2} 均未知，並且樣本的標準差相差不大，故可以假設滿足 $\sigma_{x_1}^2 = \sigma_{x_2}^2 = \sigma^2$ 的條件，因此要採用合併的變異數作為考驗的共同標準誤。

假設選定 $\alpha = .05$ 作為顯著水準，經查閱附錄三表 D，得知自由度為 $N_1 + N_2 - 2 = 10 + 10 - 2 = 18$ 的臨界 t 值分別為：

$$t_{.025(18)} = -2.101 \quad 或 \quad t_{.975(18)} = 2.101$$

若實際計算出的 t 值大於（或小於）臨界值，而落入拒絕區時，便要拒絕 $H_0: \mu_{x_1} = \mu_{x_2}$。

茲將有關資料代入〈公式 8–11〉和〈公式 8–10〉，得：

$$S_p^2 = \frac{(1.21)^2(10-1) + (.96)^2(10-1)}{10+10-2} = 1.1984$$

$$t = \frac{9.58 - 7.42}{\sqrt{(1.1984)(\frac{1}{10} + \frac{1}{10})}} = 4.42$$

由此可見，所計算出的 t 值大於查表的 t 值，已落入拒絕區，所以要拒絕虛無假設 $H_0: \mu_{x_1} = \mu_{x_2}$；亦即，經實驗研究結果證實：實驗組與控制組在記憶力測驗成績上有顯著差異存在。當然，從其平均數大小可知：實驗組的成績優於控制組的成績，因此證實記憶術的訓練有助於記憶力測驗成績的提升。惟，下這種結論時，別忘了我們仍有 .05 的可能機率觸犯第一類型的錯誤。

在此，有一點必須提出來討論，那就是〈公式 8–10〉中的兩個樣本大小，可以不必相同；但當這兩個**樣本大小的差距愈大**時，違反變異數同質性基本假設的情形就愈嚴重，此時，觸犯**第一類型錯誤和第二類型錯誤**的情形，就不是我們所能掌控的了。但當**這兩個樣本大小相等**時，即使樣本較小，其違反**變異數同質性**基本假設的情形便小到可以忽略的程度。因此，有些學者（例

如 Glass & Hopkins, 1984, pp. 236–240）稱 t 考驗是一種「**韌性考驗**」(robust test) 的工具。以本例而言，當 $N_1 = N_2$ 時，我們可以不必太擔心是否會違反變異數同質性基本假設的問題。

4.**當違反變異數同質性基本假設時的** t **考驗**

前述 t 考驗的進行，必須先滿足 $\sigma_{x_1}^2 = \sigma_{x_2}^2$ 的基本假設，若是違反時，則〈公式 8–10〉的 t 考驗便不適合使用，這時須改用 Cochran & Cox (1957) 的 t 考驗法。該法是將實際計算的 t 值和經過校正自由度後的 t' 值作比較，以確定是否能拒絕虛無假設。其中，所需實際計算的 t 值公式可以表示如下：

$$t = \frac{\bar{x}_1 - \bar{x}_2}{\sqrt{S_{\bar{x}_1}^2 + S_{\bar{x}_2}^2}}$$

$$= \frac{\bar{x}_1 - \bar{x}_2}{\sqrt{\dfrac{S_{x_1}^2}{N_1} + \dfrac{S_{x_2}^2}{N_2}}} \qquad \text{〈公式 8–12〉}$$

校正自由度後的 t' **值公式可以表示如下：**

$$t' = \frac{t_1 S_{\bar{x}_1}^2 - t_2 S_{\bar{x}_2}^2}{S_{\bar{x}_1}^2 + S_{\bar{x}_2}^2} \qquad \text{〈公式 8–13〉}$$

其中，t_1 是自由度為 $N_1 - 1$ 時的 t 值，而 t_2 是自由度為 $N_2 - 1$ 時的 t 值。如果實際計算出的 t 值大於校正自由度後的 t' 值，便要拒絕虛無假設。

例 8.14

假設利用隨機分派的方式，將 20 隻白老鼠分成兩組——實驗組和控制組，分別接受走迷津的記憶力訓練。實驗後，測得其學習的成績如下：

實驗組：16, 12, 4, 15, 6, 9, 12, 13, 9, 12, 12, 15（秒）

控制組：21, 3, 2, 5, 6, 6, 4, 1（秒）

試問實驗組與控制組在訓練成績上有無顯著差異存在？

根據題意，本例未指明考驗的方向，故為**雙側考驗**。假定選用 $\alpha = .05$ 作為顯著水準，則查閱附錄三表 D，得：

$$t_1 = t_{.975(11)} = 2.201 \qquad \text{和} \qquad t_2 = t_{.975(7)} = 2.365$$

根據所示資料，算出這兩組的基本數值分別如下：

<table>
<tr><td style="text-align:center">實驗組</td><td style="text-align:center">控制組</td></tr>
<tr><td>

$N_1 = 12$

$\sum X_1 = 135$

$\sum X_1^2 = 1665$

$\bar{x}_1 = 11.25$

$S_{x_1}^2 = 13.30$

$S_{\bar{x}_1}^2 = 1.11$

</td><td>

$N_2 = 8$

$\sum X_2 = 48$

$\sum X_2^2 = 568$

$\bar{x}_2 = 6$

$S_{x_2}^2 = 40.00$

$S_{\bar{x}_2}^2 = 5.00$

</td></tr>
</table>

由於 $S_{x_1}^2 = 13.30$ 和 $S_{x_2}^2 = 40.00$ 兩者相差甚大，因此會違反變異數同質性的基本假設，故使用 Cochran & Cox 的方法進行考驗。

茲將有關資料代入〈公式 8–12〉和〈公式 8–13〉，得：

$$t = \frac{11.25 - 6}{\sqrt{\dfrac{13.30}{12} + \dfrac{40.00}{8}}} = 2.12$$

$$t' = \frac{2.201(1.11) + 2.365(5.00)}{1.11 + 5.00} = 2.34$$

由此可見，實際計算出的 t 值（即 2.12）小於校正自由度後的 t' 值（即 2.34），所以我們無法拒絕虛無假設 $H_0: \mu_{x_1} = \mu_{x_2}$；換句話說，實驗組與控制組在訓練成績上並無顯著差異存在。

當 $\sigma_{x_1}^2 \neq \sigma_{x_2}^2$，且 $N_1 \neq N_2$ 時，如果使用〈公式 8–10〉和〈公式 8–11〉來進行 t 考驗，很容易產生偏誤的結果：亦即，樣本數較大的一組，若其變異數反而較小的話，則很可能產生過多的顯著差異結果（亦即不夠嚴格）；但是，若樣本數較大的一組，其變異數也較大的話，則會產生太少的顯著差異結果（亦即太保守）。例如，本例如果採用〈公式 8–10〉和〈公式 8–11〉考驗的話，可得到計算的 t 值為 2.36，比查表的 t 值 2.101 還大，故要拒絕虛無假設，認為實驗組與控制組在訓練成績上具有顯著差異存在。這種結論剛好與前述的

結論相反。

　　綜合上述，獨立樣本的 t 考驗必須儘量符合常態分配、樣本獨立性、和變異數同質性等基本假設。在**中央極限定理**下，當我們使用大樣本時，此時因為 N_1 和 N_2 的增加，兩個樣本平均數之差所構成的次數分配會愈來愈趨近常態分配，因此，要滿足常態分配的基本假設要求，**增加樣本大小是一個比較實際的策略**。當母群體的分配呈常態分配，且兩組的樣本大小相等，此時，即使違反變異數同質性基本假設，其對拒絕虛無假設之影響也會相對降低；因此，儘量使兩組的樣本大小相等，是避免考驗結果產生偏誤的一個好策略。

㈡**相依樣本**

　　屬於相依樣本的情況有兩種：第一是同一批受試者前後接受兩次觀察所得的量數。例如，某一班級學生在閱讀理解的教學實驗中，前後接受兩次閱讀理解的測驗，一次在教學實驗前，另一次在教學實驗後；這種重覆進行實驗處理的樣本有時也稱作「**重覆量數**」。第二是使用「**配對組法**」(matched-group method) 所得的量數。例如，心理學家利用同卵雙生子（即在智力、性格、及其他特質均很雷同的雙胞胎）作實驗，兩人各被分派至不同的實驗情境中接受實驗處理；像這種情況，每一配對各有兩個人，他們在研究者所關心的特質上都一樣，故可以被視為同一個人，如同一個人重覆接受了兩次實驗處理一樣。

　　由上述可知，第一次樣本和第二次樣本都是同一批受試者，因此第一次測量結果會影響第二次測量結果；換句話說，**兩個樣本間的相關不是零相關**。由於相依樣本與獨立樣本情況不同，因此，所使用的 t 考驗公式也有所不同。

　　我們曾在第六章討論過，當 $r \neq 0$ 時，$S^2_{(x-y)} = S^2_x + S^2_y - 2rS_xS_y$。由此可以推論得知，

$$\sigma^2_{(\bar{x}_1-\bar{x}_2)} = \sigma^2_{\bar{x}_1} + \sigma^2_{\bar{x}_2} - 2\rho\sigma_{\bar{x}_1}\sigma_{\bar{x}_2} \qquad \text{〈公式 8–14〉}$$

上述公式的平方根即是**相依樣本情況下，兩個平均數之差異顯著性考驗的標準誤**。這個標準誤與獨立樣本下的標準誤不同，後者少了一個兩倍的共變數項。當使用 t 考驗時，我們可以**樣本的標準誤**（即母群體標準誤的不偏估計

值）取代〈公式 8–14〉中的母群體標準誤，變成：

$$S^2_{(\bar{x}_1-\bar{x}_2)} = S^2_{\bar{x}_1} + S^2_{\bar{x}_2} - 2rS_{\bar{x}_1}S_{\bar{x}_2}$$ 〈公式 8–15〉

所以，在相依樣本時，**兩個平均數之差異顯著性考驗的** t **公式即為：**

$$
\begin{aligned}
t &= \frac{(\bar{x}_1 - \bar{x}_2) - 0}{\sqrt{S^2_{\bar{x}_1} + S^2_{\bar{x}_2} - 2rS_{\bar{x}_1}S_{\bar{x}_2}}} \\
&= \frac{(\bar{x}_1 - \bar{x}_2) - 0}{\sqrt{\dfrac{S^2_{x_1} + S^2_{x_2} - 2rS_{x_1}S_{x_2}}{N}}}
\end{aligned}
$$ 〈公式 8–16〉

其中，N 是指人數（即重覆量數時）或配對的組數（即配對組法時）。在相依樣本中，除了上述的考驗方法外，我們也可以把兩個分數之差值（即 $d = X_1 - X_2$）的分配，看成是單一個母群體平均數假設考驗的問題來處理。再代入基本的 t 考驗公式計算如下：

$$
\begin{aligned}
t &= \frac{\bar{d} - 0}{S_{\bar{d}}} = \frac{\bar{d} - 0}{\dfrac{S_d}{\sqrt{N}}} \\
&= \frac{(\bar{x}_1 - \bar{x}_2) - 0}{\sqrt{\dfrac{\sum d^2 - \dfrac{(\sum d)^2}{N}}{N(N-1)}}}
\end{aligned}
$$ 〈公式 8–17〉

其中，$\bar{d} = \dfrac{\sum d}{N} = \bar{x}_1 - \bar{x}_2$，表示這些差值的平均數等於前後兩個平均數的差值；

$S_d = \sqrt{\dfrac{\sum(d-\bar{d})^2}{N-1}} = \sqrt{\dfrac{\sum d^2 - \dfrac{(\sum d)^2}{N}}{N-1}}$ 是這些差值的標準差；而 $S_{\bar{d}}$ 便是假定我們重覆抽取並求得無數個 $d = (X_1 - X_2)$ 後，這些 d 值所構成之次數分配的標準誤。故得：

$$S_{\bar{d}} = \frac{S_d}{\sqrt{N}} = \sqrt{\frac{\sum d^2 - \frac{(\sum d)^2}{N}}{N(N-1)}}$$

〈公式 8–18〉

在虛無假設 $H_0: \mu_{x_1} = \mu_{x_2}$（即 $H_0: \mu_{x_1} - \mu_{x_2} = 0$）情況下，這些 $\bar{d}$ 值的平均數將為 0。但事實上我們僅抽取一對 $(\bar{x}_1 - \bar{x}_2)$ 的差值，得到一個 $\bar{d}$ 值，並且想考驗它與 0 之間是否有顯著差異存在，以推論整個相依樣本的實驗結果。所以，使用〈公式 8–17〉進行 t 考驗時，**其自由度是 $N-1$，而不是 $N_1 + N_2 - 2$**，這一點與獨立樣本情況下的考驗不同，讀者必須特別注意。

例 8.15

假設某研究者想瞭解「精熟學習訓練可以提高學生的學業成績」是否為真？他利用 10 名學生當受試者，讓他們接受為期一個學期的精熟學習訓練，並收集該批受試者訓練前的學業成績和訓練後的學業成績，分別如下：

訓練前： 70, 80, 80, 70, 60, 65, 80, 80, 85, 60

訓練後： 90, 85, 80, 75, 80, 90, 75, 85, 90, 80

試問該研究者的問題能否獲得支持？

根據題意，這 10 名學生重覆接受兩次測量，故為相依樣本。由於本例關心的是精熟學習訓練是否可以提高學生的學業成績？亦即，訓練後學業成績是否比訓練前學業成績還好？因此，本例的統計假設可以合併寫成：

$$\begin{cases} H_0: \mu_{x_1} \geq \mu_{x_2} \\ H_1: \mu_{x_1} < \mu_{x_2} \end{cases}$$

因為**兩個母群體** σ 均未知，故適合使用上述兩種 t 考驗法進行考驗。本例的自由度為 $df = N - 1 = 10 - 1 = 9$，假定選用 $\alpha = .05$ 作為顯著水準，並查閱附錄三表 D，得知左側的臨界值為 $t = -1.833$。若實際計算出的 t 值小於查表的臨界值，而落入拒絕區時，就要拒絕 $H_0: \mu_{x_1} \geq \mu_{x_2}$。

我們可以使用下表來表示計算過程。

表 8.3　*t* 檢定的計算過程

學生	前測	後測	差值
A	70	90	−20
B	80	85	−5
C	80	80	0
D	70	75	−5
E	60	80	−20
F	65	90	−25
G	80	75	5
H	80	85	−5
I	85	90	−5
J	60	80	−20
和	730	830	−100
平方和	54050	69200	1950
平均數	73	83	−10
標準差	9.19	5.87	10.27
乘積和			60650
相關係數			.1236

茲將有關資料代入〈公式 8–16〉和〈公式 8–17〉中，分別得：

$$t = \frac{73 - 83}{\sqrt{\dfrac{(9.19)^2 + (5.87)^2 - 2(.1236)(9.19)(5.87)}{10}}} = -3.08$$

$$t = \frac{73 - 83}{\sqrt{\dfrac{1950 - \dfrac{(-100)^2}{10}}{10(10 - 1)}}} = -3.08$$

由於這兩個公式所計算出的結果，都小於查表的臨界值 −1.833，已落入拒絕區，所以要拒絕 $H_0: \mu_{x_1} \geq \mu_{x_2}$ 的說法，轉而支持 $H_1: \mu_{x_1} < \mu_{x_2}$，亦即後測成績比前測成績為優。所以，本例研究結果可以支持「精熟學習訓練可以提高學生學業成績」的說法，惟，這種結論仍有 .05 的可能性觸犯第一類型錯誤。

二、變異數的假設考驗

前述進行兩個平均數的差異顯著性考驗時提到過，樣本必須事先滿足變異數同質性的基本假設，亦即 $\sigma_{x_1}^2 = \sigma_{x_2}^2$。如果我們發現所收集到的**兩個樣本變異數相差很大**，且 $N_1 \neq N_2$ 時，我們便需要進行**兩個變異數的差異顯著性考驗**，以確定這兩個樣本是否真的具有差異存在。如果未考慮這項基本假設，而逕行比較兩個母群體平均數的大小，那是沒有意義的。此外，在心理與教育研究領域裡，研究者有時候需要去比較兩個母群體間的整齊程度或分散情況，這時，也必須使用本節所討論的考驗方法。茲分成兩種樣本情況，進行討論變異數的假設考驗方法。

(一)獨立樣本

在進行考驗之前，我們可以假設兩個樣本資料是分別來自兩個常態分配的母群體，其平均數分別為 μ_{x_1} 和 μ_{x_2}，標準差分別為 σ_{x_1} 和 σ_{x_2}，並自每個母群體中抽取樣本大小為 N_1 和 N_2 的兩種樣本，以及求得樣本標準差分別為 S_{x_1} 和 S_{x_2}。假設我們要比較這兩個樣本變異數間有無差異存在，我們可以用這兩個變異數的比值來表示，該比值的次數分配將成自由度為 $N_1 - 1$ 和 $N_2 - 1$ 的 F 分配，因此，可以使用 F 考驗 (F-test) 公式進行考驗如下：

$$F = \frac{S_{x_1}^2}{S_{x_2}^2}$$

〈公式 8–19〉

當 $\sigma_{x_1}^2 = \sigma_{x_2}^2$ 時，如果我們進行無數次的抽樣，每次均抽出樣本大小為 N_1 和 N_2 的樣本，計算其樣本變異數，並求出其比值（即 F 值），如此重覆這項過程無數次後，得到無數個 F 值，這些 F 值所構成的次數分配，即稱作以自由度為 $N_1 - 1$ 和 $N_2 - 1$ 的 F 分配 (F-distribution)。事實上，我們僅抽取一次樣本，得到一個 F 值而已，因此，我們可以把該 F 值放在 F 分配當中，看看它的所在位置是否已到達統計學上的顯著水準程度；換句話說，我們可以比較實際計算出的 F 值和理論上的 F 值，以判定該 F 值是否落入拒絕區，而達統計學上的顯著水準。若此，就可據以斷定這兩個樣本變異數之間是否具有顯著差異存在。

在進行 F 考驗時，要查閱附錄三表 C 的臨界值（有關 F 分配及其特性的說明，請參閱第七章），其中，$N_1 - 1$ 是〈公式 8-19〉中分子自由度，而 $N_2 - 1$ 是〈公式 8-19〉中分母自由度；在查閱附錄三表 C 時，表中上端的 N_1 是分子自由度，而表中左端的 N_2 是分母自由度，只要找出這兩者交叉處的對應值，即是查表的 F 臨界值。由於附錄三表 C 僅列出 F 分配右端的臨界值而已，故要查閱**左端的臨界值**時，必須透過下列的**轉換公式**：

臨界值：

$$F_{\frac{\alpha}{2}, (N_1-1, N_2-1)} \quad 和 \quad F_{1-\frac{\alpha}{2}, (N_1-1, N_2-1)}$$

轉換式：

$$F_{\frac{\alpha}{2}, (N_1-1, N_2-1)} = \frac{1}{F_{1-\frac{\alpha}{2}, (N_2-1, N_1-1)}}$$

〈公式 8-20〉

若實際計算出的 F 值比查表的 F 值還大（或小），並落入拒絕區時，就要拒絕虛無假設，轉而支持對立假設。

 8.16

> 假設某研究者想瞭解「男女學生在數學焦慮的分散情形是否一樣？」從他教授的班級學生中隨機抽樣，分別抽出 11 名男生和 10 名女生為樣本，並測得數學焦慮平均分數如下：
>
> 男生：$\bar{x}_1 = 73.45, S_1 = 3.95, N_1 = 11$
>
> 女生：$\bar{x}_2 = 74.00, S_2 = 8.95, N_2 = 10$
>
> 試問男生和女生在數學焦慮上的分散情形是否一樣？

根據題意，如果該研究者只想瞭解男女學生在數學焦慮的分散情形，僅從男女生的數學焦慮平均分數是看不出來的，因為這兩者的平均值都很相近。此時，若比較其變異數的大小，就可以找出這兩個樣本的分散情形是否一致。由於本例並未指明考驗方向，所以是**雙側考驗**。其統計假設可以合併寫成：

$$\begin{cases} H_0 : \sigma^2_{x_1} = \sigma^2_{x_2} \\ H_1 : \sigma^2_{x_1} \neq \sigma^2_{x_2} \end{cases}$$

假定選用 $\alpha = .05$ 作為顯著水準，則查閱附錄三表 C，得知兩個臨界值分別為：

$$F_{1-\frac{.05}{2},\,(11-1,\,10-1)} = F_{.975,\,(10,\,9)} = 3.96$$

及 $\quad F_{\frac{.05}{2},\,(11-1,\,10-1)} = F_{.025,\,(10,\,9)} = \dfrac{1}{F_{.975,\,(9,\,10)}} = \dfrac{1}{3.78} = .26$

若實際計算出的 F 值比上述查表的 F 臨界值還大（或小），而落入拒絕區時，就要拒絕虛無假設 $H_0 : \sigma^2_{x_1} = \sigma^2_{x_2}$ 的說法，轉而支持對立假設 $H_1 : \sigma^2_{x_1} \neq \sigma^2_{x_2}$。

茲將有關資料代入〈公式 8–19〉，得：

$$F = \frac{S^2_{x_1}}{S^2_{x_1}} = \frac{(3.95)^2}{(8.95)^2} = .1948$$

由此可見，**實際計算出的 F 值小於查表的 F 值** .26，已落入拒絕區，所以要拒絕 $H_0 : \sigma^2_{x_1} = \sigma^2_{x_2}$，轉而支持 $H_1 : \sigma^2_{x_1} \neq \sigma^2_{x_2}$；換句話說，男生和女生在數學焦慮上的分散情形是不一樣的。若從數值大小來看，女生比男生在數學焦慮上的分散情形較為嚴重。惟，此一結論仍有 .05 的可能性觸犯第一類型錯誤。

㈡相依樣本

在相依樣本情況下，兩個變異數的差異顯著性考驗可用 t 考驗方法進行。此時，t 考驗的自由度為 $N-2$，考驗公式可以表示如下：

$$t = \frac{S^2_{x_1} - S^2_{x_2}}{\sqrt{\dfrac{4S^2_{x_1}S^2_{x_2}(1-r^2)}{N-2}}} \qquad \text{〈公式 8–21〉}$$

其餘假設考驗步驟都和獨立樣本情況下相同。

例 8.17

目前教育部規定國小一年級和四年級學生，都必須各接受一次瑞文氏智力測驗。假設某小學輔導室想比較該校學生智力成長的年級差異情況，該輔導室主任隨機抽取該校 32 名學生為樣本，並測得這些學生在一年級和在四年級時智力分數的變異數分別為：

$S_{x_1}^2 = 44.56$ 和 $S_{x_2}^2 = 99.82$，以及兩次測驗間的相關係數為：$r = .60$。試問四年級時學生智力分數是否較一年級時智力分數為參差不齊？

根據題意，本例為**單側考驗**，故統計假設可以合併寫成：

$$\begin{cases} H_0 : \sigma_{x_1}^2 \geq \sigma_{x_2}^2 \\ H_1 : \sigma_{x_1}^2 < \sigma_{x_2}^2 \end{cases}$$

由於是同一批學生在兩次測量的結果，故為**重覆量數**，可以〈公式 8–21〉來處理。

茲將有關資料代入〈公式 8–21〉，得：

$$t = \frac{44.56 - 99.82}{\sqrt{4(44.56)(99.82)\dfrac{(1 - .60^2)}{32 - 2}}} = -3.09$$

由於計算出的 t 值小於查表的臨界值 $t_{.05(32-2)} = -1.697$，已落入拒絕區，所以要拒絕 $H_0 : \sigma_{x_1}^2 \geq \sigma_{x_2}^2$，支持 $H_1 : \sigma_{x_1}^2 < \sigma_{x_2}^2$；換句話說，四年級時學生智力分數比一年級時智力分數較為參差不齊。惟，這種結論仍有 .05 的可能性觸犯第一類型錯誤。

三、相關係數的假設考驗

在心理與教育研究領域裡，研究者有時候想要**瞭解或比較兩個相關係數之間有無顯著差異存在**，這時他就必須進行兩個相關係數間的差異顯著性考驗。例如，男生在智力與學業成就上的相關，是否與女生在智力與學業成就上的相關有所不同；語文性向與語文推理間的相關，是否比語文性向與閱讀理解間的相關還高；諸如此類。

有關兩個相關係數之差異顯著性考驗，亦可以分成獨立樣本與相依樣本兩種情況來討論。

(一)獨立樣本

這是指自兩個母群體中各抽取一個樣本，並求出它們在某兩個變項上的相關，由於這兩個樣本並不是同一批人，故為獨立樣本。例如，我們自男生母群體中抽取樣本大小為 N_1 的樣本，並求出他們在 X 變項與 Y 變項上的相關；同樣的，我們自女生母群體中抽取樣本大小為 N_2 的樣本，並求出她們在 X 變項與 Y 變項上的相關。然後，進行這兩個相關係數間的差異顯著性考驗。由於 N_1 和 N_2 都不是同樣的人，所以本例屬於獨立樣本的相關係數之差異顯著性考驗。

考驗兩個相關係數間差異的作法，可以使用 Fisher 的 z 轉換法來進行。首先，**將兩個相關係數轉化為 z 分數**（查閱附錄三表 E）後，再代入下列公式進行考驗：

$$z = \frac{Z_{r_1} - Z_{r_2}}{\sqrt{\dfrac{1}{N_1 - 3} + \dfrac{1}{N_2 - 3}}} \qquad \langle 公式\ 8\text{--}22 \rangle$$

〈公式 8–22〉中的分母是 $Z_{r_1} - Z_{r_2}$ 所構成之次數分配的標準誤。由於 $Z_{r_1} - Z_{r_2}$ 的分配接近常態分配，所以〈公式 8–22〉可以使用 z 分配進行考驗，並且需要查閱附錄三表 A 的臨界值。

例 8.18

某教育學者認為國民的識字率和其國民所得間，有很高的相關存在。他自全世界中抽取 35 個落後國家，求得該國的國民識字率和國民所得間的相關為 .42，並抽取 37 個先進國家，求得該國的國民識字率和國民所得間的相關為 .85。試問先進國家在國民識字率和國民所得間的相關，是否大於落後國家在國民識字率和國民所得間的相關？

根據題意，這兩個相關均建立在不同的樣本上，故為**獨立樣本**情況，可以使用上述公式進行考驗。

因為本例已指明考驗的方向，故為**單側考驗**。其統計假設可以合併寫成：

$$\begin{cases} H_0: \rho_1 \geq \rho_2 \\ H_1: \rho_1 < \rho_2 \end{cases}$$

先將相關係數轉換成 z 值，再代入公式作考驗。經查閱附錄三表 E，得知 $r = .42$ 時，$Z_r = .448$；$r = .85$ 時，$Z_r = 1.256$。代入〈公式 8–22〉，得：

$$z = \frac{1.256 - .448}{\sqrt{\dfrac{1}{35 - 3} + \dfrac{1}{37 - 3}}} = 3.28$$

因為單側考驗時，查表得到 z 分配的臨界值為 1.645，所以本例實際計算出的 z 值大於查表的 z 值，已落入拒絕區，所以要拒絕虛無假設 $H_0: \rho_1 \geq \rho_2$，轉而支持對立假設 $H_1: \rho_1 < \rho_2$；換句話說，先進國家在國民識字率和國民所得間的相關大於落後國家在國民識字率和國民所得間的相關。惟下這種結論時，仍有 .05 的可能性觸犯第一類型錯誤。

㈡相依樣本

當**兩個相關係數的獲得是來自使用同一個母群體時**，在這種情況下，計算這兩個相關係數時所使用的樣本便是相依樣本。在相依樣本情況下，必須使用下列公式進行考驗：

$$t = \frac{(r_{12} - r_{13})\sqrt{(N-3)(1+r_{23})}}{\sqrt{2(1 - r_{12}^2 - r_{13}^2 - r_{23}^2 + 2r_{12}r_{13}r_{23})}} \qquad \text{〈公式 8–23〉}$$

由〈公式 8–23〉可知，**要考驗兩個相關係數之差異，必須使用另一個有關聯的相關係數**，因此，考驗公式的**自由度為 $N-3$**，其餘的考驗步驟則與前述獨立樣本情況下相同。

8.19

某教育學者想利用學生的性向測驗分數 (X_2) 和智力測驗分數 (X_3)，來預測他們在大學入學考試的成績 (X_1)。該學者使用過去 63 名學生的資料，得知上述三種變項間的兩兩相關係數為 $r_{12} = .49, r_{13} = .60, r_{23} = .57$。試問性向測驗分數與大學入學考試成績間的相關（即 r_{12}），和智力測驗分數與大學入學考試成績間的相關（即 r_{13}）之差異，是否達到 .05 的顯著水準？

根據題意，本例為**雙側考驗**，且為**相依樣本**，因為樣本間有所關聯存在，並且沒有指明考驗的方向。故統計假設可以合併寫成：

$$\begin{cases} H_0: \rho_{12} = \rho_{13} \\ H_1: \rho_{12} \neq \rho_{13} \end{cases}$$

查閱附錄三表 D，得知兩個臨界值分別為：

$$t_{\frac{.05}{2}(63-3)} = t_{.025(60)} = -2.000$$

或 $$t_{1-\frac{.05}{2}(63-3)} = t_{.975(60)} = 2.000$$

茲將有關資料代入〈公式 8–23〉，得：

$$t = \frac{(.49 - .60)\sqrt{(63-3)(1+.57)}}{\sqrt{2[1 - (.49)^2 - (.60)^2 - (.57)^2 + 2(.49)(.60)(.57)]}}$$
$$= -1.18$$

由此可見，實際計算出的 t 值大於查表的 t 值，因此未落入拒絕區，虛無假設 $H_0: \rho_{12} = \rho_{13}$ 應予以保留；換句話說，性向測驗分數與大學入學考試成績間的相關，和智力測驗分數與大學入學考試成績間的相關之差異，並沒有達到 .05 的顯著水準。惟，作這種結論時，仍有觸犯第二類型錯誤之可能。

四、百分比的假設考驗

對於百分比的差異顯著性考驗，我們可以把它看成是像二項分配的考驗一樣。**當樣本龐大時，該分配接近常態分配，我們可以使用 z 分配公式進行**

考驗。兩個百分比間的差異顯著性考驗，又可以分成獨立樣本和相依樣本兩種情況來討論。

㈠獨立樣本

在獨立樣本情況下，由於樣本間沒有關聯存在，因此，所要考驗的兩個百分比差值所構成的次數分配之**標準誤內便不含共變數**。考驗的公式可以表示如下：

$$z = \frac{p_1 - p_2}{\sqrt{pq(\frac{1}{N_1} + \frac{1}{N_2})}}$$

〈公式 8-24〉

其中，$p_1 = \dfrac{f_1}{N_1}$ 是第一個樣本的百分比，

$p_2 = \dfrac{f_2}{N_2}$ 是第二個樣本的百分比，

$p = \dfrac{f_1 + f_2}{N_1 + N_2}$ 是全部樣本的百分比，

$q = 1 - p$，

$pq(\dfrac{1}{N_1} + \dfrac{1}{N_2}) = \sigma^2_{p_1 - p_2}$ 是 $p_1 - p_2$ 的抽樣分配之標準誤。

 8.20

某教育學者相信，由於城市學生較少接觸大自然和綠地，所以罹患近視的比率會高於鄉下學生。於是自城市中隨機抽取 400 名學生檢查視力，發現有 280 名學生患有近視；自鄉下地區隨機抽取 300 名學生檢查視力，發現有 180 名學生患有近視。試問能否支持該教育學者的看法？

根據題意，本例已指明考驗方向，所以是**單側考驗**。其統計假設可以合併寫成：

$$\begin{cases} H_0: p_1 \leq p_2 \\ H_1: p_1 > p_2 \end{cases}$$

假設選定 $\alpha = .05$ 作為顯著水準,經查閱附錄三表 A,得知臨界值為 $z = 1.645$,若實際計算出的 z 值大於查表的臨界值時,便要拒絕虛無假設。

茲將有關資料代入〈公式 8–24〉,得:

$$p_1 = \frac{280}{400} = .70 \qquad p_2 = \frac{180}{300} = .60$$

$$p = \frac{280 + 180}{400 + 300} = .6571 \qquad q = 1 - .6571 = .3429$$

$$pq = (.6571)(.3429) = .2253$$

$$z = \frac{.70 - .60}{\sqrt{(.2253)(\frac{1}{400} + \frac{1}{300})}} = 2.76$$

由此可見,實際計算出的 z 值大於查表的臨界值,已落入拒絕區,因此,要拒絕虛無假設 $H_0: p_1 \leq p_2$,轉而支持對立假設 $H_1: p_1 > p_2$;換句話說,城市學生罹患近視的比率高於鄉下學生,該教育學者的看法可以獲得支持。惟,作這種結論,仍有 .05 的可能性觸犯第一類型錯誤。

㈡相依樣本

在相依樣本情況下,因為是屬於重覆測量的問題,所以在考驗兩個百分比之差異顯著性時,除了已知兩個百分比之外,還要知道其間樣本發生改變的百分比資料。在這種考驗裡,考驗的基本形式和基本公式可以表示如下:

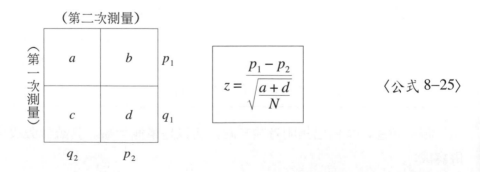

其中,p_1 是第一個樣本的百分比,$q_1 = 1 - p_1$;p_2 是第二個樣本的百分比,$q_2 = 1 - p_2$;a、b、c、d 各是樣本間發生改變的百分比。有了這些基本認識,我們便可以從下列例子得知如何**考驗兩個百分比間之差異顯著性**。

8.21

某幼稚教育學者認為，採取開放式教育的幼稚園學童，將來就讀小學一年級時，會比較喜歡學校和學習。她自某實驗學校裡隨機抽取 50 名新生，並於開學初和學期結束前詢問這些學童是否喜歡學校和學習？得知其發生變化的百分比如下表所示。試問能否支持該幼稚教育學者的看法？

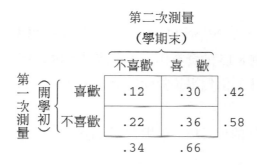

根據題意，本例已指明考驗方向，所以是單側考驗。其統計假設可以合併寫成：

$$\begin{cases} H_0: p_1 \geq p_2 \\ H_1: p_1 < p_2 \end{cases}$$

其中，p_1 是指開學初表示喜歡學校和學習的百分比，而 p_2 是指學期末表示喜歡學校和學習的百分比，由表中得知 $p_1 = .42$, $p_2 = .66$；$q_1 = .58$, $q_2 = .34$；a、b、c、和 d 的百分比值，各如表中所示。

假設選定 $\alpha = .05$ 作為顯著水準，經查閱附錄三表 A，得知臨界值為 $z = -1.645$。若實際計算出的 z 值小於查表的臨界值，便要拒絕虛無假設。

茲將有關資料代入〈公式 8–25〉，得：

$$z = \frac{.42 - .66}{\sqrt{\dfrac{.12 + .36}{50}}} = -2.45$$

由此可見，實際計算出的 z 值小於查表的臨界值，已落入拒絕區，所以 $H_0: p_1 \geq p_2$ 應予以拒絕，轉而支持 $H_1: p_1 < p_2$；換句話說，接受過開放式教育

的幼稚園學童，在就讀小學一個學期後，比較喜歡學校和學習的百分比有顯著的變化，變得比較喜歡學校和學習的百分比有明顯的增加，故該幼稚教育學者的看法可以獲得支持。惟，下這種結論時，仍有 .05 的可能性觸犯第一類型錯誤。

第五節　電腦習作

一、SPSS/PC 4.0 版操作範例說明

茲以例 8.8 和例 8.15 的資料作為本電腦習作的範例資料，並試圖考驗迴歸係數和相依樣本下的兩個平均數間的差異（簡稱 t 考驗），並解釋其電腦報表的內涵。

首先，建立下列的程式檔，並取名為 CH8。

```
TITLE 'THE SPSS/PC PROGRAM FOR CHAPTER EIGHT'.

DATA LIST/ID 1-2 EFFORT 4 GRADES 6-7.

SET LIST='A:CH8-1.LIS'.

VARIABLES LABELS ID       'SEAT NUMBERS'

                 EFFORT   'DEGREE OF EFFORTS'

                 GRADES   'GRADE POINT AVERAGE'.

BEGIN DATA.

  1   3    9

  2   3    5

  3   4   12

  4   5    9

  5   6   14

  6   6   16

  7   7   22

  8   8   18
```

```
 9   8   24

10   9   22

END DATA.

REGRESSION VARIABLES=EFFORT GRADES

   /DEPENDENT=GRADES

   /METHOD=ENTER.

DATA LIST/ID 1-2 TEST1 4-5 TEST2 7-8

SET LIST='A:CH8-2.LIS'.

VARIABLES LABELS ID      'SEAT NUMBERS'

                 TEST1   'PRE TEST'

                 TEST2   'POST TEST'.

BEGIN DATA.

 1 70 90

 2 80 85

 3 80 80

 4 70 75

 5 60 80

 6 65 90

 7 80 75

 8 80 85

 9 85 90

10 60 80

END DATA.

T-TEST PAIRS=TEST1 WITH TEST2.

FINISH.
```

執行後，獲得下列的輸出結果：

```
****     MULTIPLE REGRESSION     ****

Dependent Variable.. GRADES GRADE POINT AVERAGE

Variable(s) Entered on Step Number

1..    EFFORT    DEGREE OF EFFORTS

Multiple R                   .91016 ①

R Square                     .82838 ②

Adjusted R Square            .80693

Standard Error               2.82074


Analysis of Variance
                DF          Sum of Squares        Mean Square
Regression       1            307.24719 ③          307.24719
Residual         8             63.65281 ④            7.95660
F=38.61538      Signif F=.0003 ⑤


───────Variables in the Equation───────
Variable          B        SE B      Beta        T     Sig T
EFFORT         2.74083    .44106    .91016     6.214   .0003 ⑥
(Constant)    -1.07090   2.75091              -.389   .7072 ⑦


***********     T-TEST     ***********
Paired sample t-test:        TEST1       PRE TEST
                             TEST2       POST TEST


Variable        Number                  Standard    Standard
              of Cases       Mean      Deviation      Error
TEST1            10        73.0000        9.189       2.906 ⑧
TEST2            10        83.0000        5.869       1.856 ⑨
```

(Difference) Mean	Standard Deviation	Standard Error	2-Tail Corr. Prob.
-10.0000	10.274	3.249	.124 .734

	t Value	Degrees of Freedom	2-Tail Prob.
	-3.08	9	.013 ⑩

解釋:

①表示**多元相關係數**,由於本例僅是簡單迴歸分析,故多元相關係數等於積差相關係數,約為 .91。

②表示**多元相關係數的平方**,即決定係數,約為 .83。

③表示 SS_{reg} = 307.25。

④表示 SS_{res} = 63.65。

⑤表示**整個迴歸模式的 F 值**為 38.62,機率值為 $p = .0003 < .05$,達 $\alpha = .05$ 的顯著水準。

⑥表示**斜率的迴歸係數**為 2.74,t 值為 6.21,機率值為 $p = .0003$,達 $\alpha = .05$ 的顯著水準。

⑦表示**截距的迴歸係數**為 -1.07,t 值為 -.389,機率值為 $p = .7072$,未達 $\alpha = .05$ 的顯著水準。

⑧表示**前測**平均數、標準差和標準誤,分別為 73、9.19 和 2.91。

⑨表示**後測**平均數、標準差和標準誤,分別為 83、5.87 和 1.86。

⑩表示**相依樣本下,兩個平均數間的差值**為 -10(即前測分數減後測分數),所構成之次數分配的標準誤為 3.25,計算的 t 值為 -3.08,自由度為 9,機率值為 $p = .013$,達 $\alpha = .05$ 的顯著水準。

二、SPSS for Windows 操作範例說明

　　茲以例 8.8 和例 8.15 的資料作為本電腦習作的範例資料,並試圖考驗迴歸係數和相依樣本下兩個平均數間的差異(簡稱 t 考驗),並解釋其電腦報表的內涵於下。本節的示範分析,主要分為二個步驟:簡單迴歸分析與相依樣本 t 考驗,茲分別說明如下。

㈠簡單迴歸分析

　　首先，請將例 8.8 中學生努力程度與學業成績建立一個新的 PASW 資料檔，並取名為 ch8_reg.sav，如圖 8.6 所示。

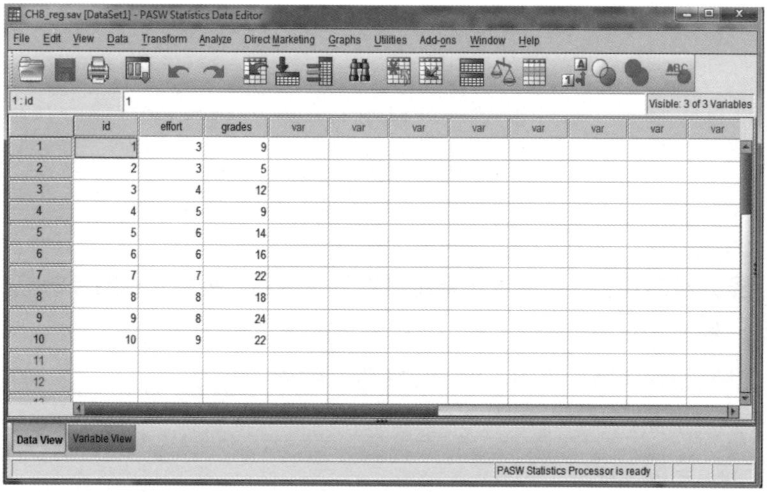

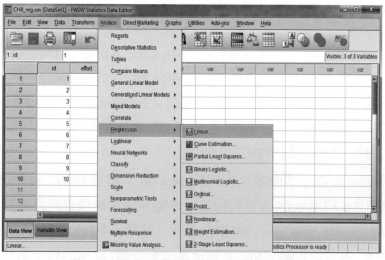

圖 8.6　例 8.8 努力程度與學業成績之 PASW 資料檔

　　建檔完畢後，讀者可以選擇功能表中的 Analyze／Regression／Linear...，以便開始進行**線性迴歸**的統計分析，其操作方式如圖 8.7 所示。

圖 8.7　點選 Analyze/Regression/Linear...

　　點選後，會出現「Linear Regression」對話窗。由於本範例的目的，主要是考驗以學生的努力程度變項來預測其學業成績之迴歸方程式的迴歸係數，亦即是將學生努力程度分數視為**自變項**（或稱**預測變項** (predictors)），而將學業成績視為**依變項**（或稱**效標變項** (criterion)）。因此，請點選左方欄框內的「effort」變項（即本範例之努力程度變項），再按一下中間的方向鍵，將其點選送至右方 Independent(s)（代表**自變項**或**預測變項**）的欄框中；再以同樣的方式將左方欄框內的「grades」變項（即本範例之學業成績變項）送至右方 Dependent（代表**依變項**或**效標變項**）的欄框裡，如圖 8.8 所示。之後，因無其他特殊需求，其餘各選項均採 PASW 預設值即可，最後，再直接按「OK」，即可執行統計分析。

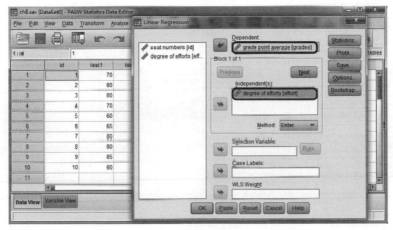

圖 8.8　「Linear Regression」對話窗

㈡相依樣本 *t* 考驗

　　欲進行相依樣本 *t* 考驗時，需先將例 8.15 學生的訓練前、訓練後之學業成績重新建立一個 PASW 資料檔，並取名為 ch8_t-test.sav，如圖 8.9 所示。

　　建檔完畢後，讀者可選擇功能表中的 Analyze/Compare Means/ Paired-Samples T Test...，以便開始進行**相依樣本 *t* 考驗分析**，其操作方式如圖 8.10 所示。

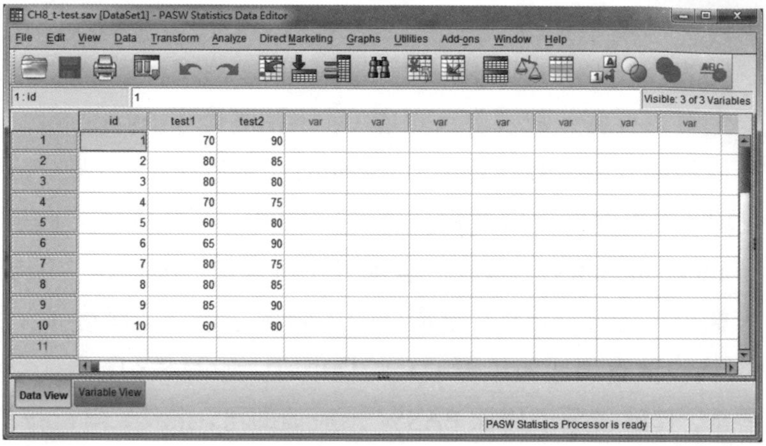

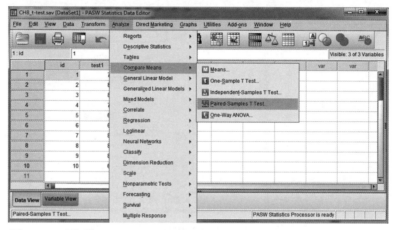

圖 8.9　例 8.15 學生訓練前、訓練後學業成績之 PASW 資料檔

圖 8.10　點選 Analyze/Compare Means/Paired-Samples T Test...

　　點選後，如圖 8.11 所示，會出現「Paired-Samples T Test」對話窗。之後，先點選「test1」變項（訓練前成績）當**前測組**（此時點選左方「test1」，再按中間的方向鍵，會將變項送到 Paired Variables 欄框中 Pair 1 之 Variable1 欄位裡），接著再點選「test2」變項（訓練後成績）當**後測組**（此時點選左方「test2」，再按中間的方向鍵，會將變項送到 Paired Variables 欄框中 Pair 1 之 Variable2 欄位裡），這項做法乃將其視為**一組配對** (a pair)，亦即表示同一樣本接受同一訓練之前、後兩次的表現。之後，如圖 8.12 所示，直接按「OK」，即可執行統計分析。

執行後的結果檔與語法檔產生方法，如本書第二章第四節之「二、SPSS for Windows 操作範例說明」所示，讀者可以自行轉換存檔。在本範例中，可將其結果檔存檔成 ch8.spo，並存放於適當的磁碟機和資料夾裡。

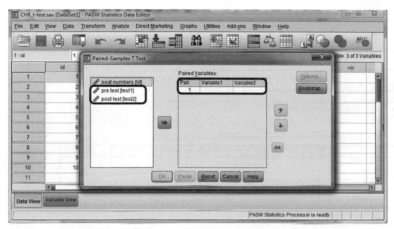

圖 8.11　「Paired-Samples T Test」對話窗

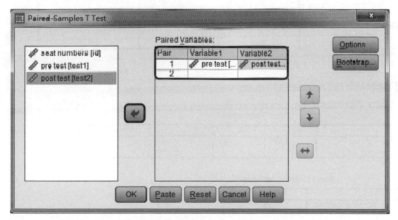

圖 8.12　利用中間方向鍵將變項送至「Paired Variables」欄框中

底下即為 ch8.spo 結果檔內容，其涵義與 SPSS/PC 4.0 版報表大致相同。

Regression

Variables Entered/Removed [b]

Model	Variables Entered	Variables Removed	Method
1	degree of efforts[a]	.	Enter

a. All requested variables entered.

b. Dependent Variable: grade point average

Model Summary

Model	R (1)	R Square (2)	Adjusted R Square	Std. Error of the Estimate
1	.910[a]	.828	.807	2.8207

a. Predictors: (Constant), degree of efforts

ANOVA[b]

Model		Sum of Squares	df	Mean Square	F	Sig.
1	Regression	(3) 307.247	1	307.247	(5) 38.615	.000[a]
	Residual	(4) 63.653	8	7.957		
	Total	370.900	9			

a. Predictors: (Constant), degree of efforts

b. Dependent Variable: grade point average

Coefficients [a]

Model		Unstandardized Coefficients		Standardized Coefficients	t	Sig.
		B	Std. Error	Beta		
1	(Constant) (6)	-1.071	2.751		-.389	.707
	degree of efforts (7)	2.741	.441	.910	6.214	.000

a. Dependent Variable: grade point average

T-Test

Paired Samples Statistics

		Mean	N	Std. Deviation	Std. Error Mean
Pair 1	pre test (8)	73.000	10	9.1894	2.9059
	post test (9)	83.000	10	5.8689	1.8559

Paired Samples Correlations

		N	Correlation	Sig.
Pair 1	pre test & post test	10	.124	.734

Paired Samples Test

		Paired Differences					t	df	Sig. (2-tailed)
					95% Confidence Interval of the Difference				
		Mean	Std. Deviation	Std. Error Mean	Lower	Upper			
Pair 1	pre test - post test (10)	-10.000	10.2740	3.2489	-17.350	-2.650	-3.078	9	.013

解釋：

　　(1)表示**多元相關係數**，由於本例僅是簡單迴歸分析，故多元相關係數等於積差相關
　　　係數，約為 .910。

⑵表示**多元相關係數的平方**，即決定係數，約為 .828。

⑶表示 $SS_{reg} = 307.247$。

⑷表示 $SS_{res} = 63.653$。

⑸表示**整個迴歸模式的 F 值**為 38.615，機率值為 $p = .000 < .05$，達 $\alpha = .05$ 的顯著水準。

⑹表示**截距的迴歸係數**為 -1.071，t 值為 $-.389$，機率值為 $\rho = .707 > .05$，未達 $\alpha = .05$ 的顯著水準。

⑺表示**斜率的迴歸係數**為 2.741，t 值為 6.214，機率值為 $p = .000 < .05$，達 $\alpha = .05$ 的顯著水準。

⑻表示**前測平均數、標準差、和標準誤**，分別為 73、9.19、和 2.91。

⑼表示**後測平均數、標準差、和標準誤**，分別為 83、5.87、和 1.86。

⑽表示**相依樣本下，兩個平均數之間的差值**為 -10（即前測分數減後測分數），所構成之次數分配的標準差為 10.274，將其除以 $\sqrt{N}$，即為標準誤，約為 3.25。查附錄三表 D，得：$t_{.025(10-1)} = -2.262$，$t_{.975(10-1)} = 2.262$。求 95% 信賴區間為：（兩平均數差值）$\pm 2.262 \times$（標準誤），可得信賴區間約為 $[-17.35, -2.65]$，其間並未包含 0 在內，顯示已達 $\alpha = .05$ 的顯著水準。另，根據所計算的 t 值為 -3.078，自由度為 9，其查表機率值約為 $p = .013 < .05$，在在顯示已達 $\alpha = .05$ 的顯著水準。

本 章 摘 要

1. 用來描述母群體性質的數值稱作「參數」，本章即在討論一個和兩個參數的假設考驗和區間估計。

2. 區間估計是用一個線段來表示某個參數落入其範圍內的可能性，該可能性通常以機率值表示，常用的機率值為 .95 或 .99 兩種，分別稱作「95% 的信賴水準」和「99% 的信賴水準」。

3. 統計假設可以分成兩種：「虛無假設」和「對立假設」。虛無假設常以符號 H_0 表示，而對立假設常以符號 H_1 表示。

4. 所謂的對立假設，是指研究者想要去證明或支持的暫時性敘述；而所謂的虛

　　無假設，是指與對立假設相反的研究假設，是研究者想要去推翻或拒絕的暫時性敘述。

5. 在進行假設考驗時,研究者需要收集樣本資料來判斷兩個互斥的統計假設：「虛無假設」和「對立假設」，並且裁決要拒絕或保留虛無假設，以及說明和解釋考驗結果。

6. 在進行假設考驗或區間估計時，又可以分成兩類模式來討論：一為 σ 已知或未知，另一為大樣本或小樣本。當 σ 已知，或者使用大樣本時，我們可以使用 z 分配或 z 考驗；當 σ 未知，或者使用小樣本時，我們可以使用 t 分配或 t 考驗。

7. 母群體參數的區間估計共同模式為：

$$樣本統計數 \pm (適當的統計分配之查表值) \times (估計標準誤)$$

8. 在雙側考驗時，使用假設考驗的結果與使用區間估計的結果是一致的。

9. 在考慮降低第一類型錯誤率 α 時，亦應考慮觸犯第二類型錯誤率 β 是否增加，統計考驗力是否降低；反之，在考慮增加第一類型錯誤率 α 時，亦應考慮觸犯第二類型錯誤率 β 是否降低，統計考驗力是否增加。

10. 一般而言，影響統計考驗力大小的三個因素為：樣本大小、顯著水準和真正參數值的大小。

11. 根據信賴水準（或顯著水準）、標準誤和預期的估計量大小等數值，可以反算求出作研究時所需之適當樣本大小。

12. 相關係數的顯著性考驗，可用 t 考驗來進行。

13. 迴歸分析中的斜率 b 和截距 a，也可以使用 t 考驗。當 b 值的考驗結果未達顯著水準時，表示根據 X 變項預測 Y 變項時的迴歸線是水平的，將沒有預測功能。

14. 百分比的顯著性考驗可以看成是二項分配的考驗情況，當使用大樣本時，該分配會愈接近常態分配，故可使用 z 分配和 z 考驗。

15. 在考驗兩個母群體參數時，又可分成兩種情況來進行：一為「獨立樣本」；另一為「相依樣本」。

16. 採用獨立樣本的實驗設計方法，又稱作「受試者間設計法」；而採用相依樣本的實驗設計方法，又稱作「受試者內設計法」。

17. 實驗設計不同，所使用的統計方法便不同。在獨立樣本時，是假定兩個樣本間的相關為零，因此，在標準誤裡沒有共變數存在；而相依樣本時，是假定兩個樣本間具有相關存在，因此，在標準誤裡尚需「扣掉兩倍的共變數」這一項。此為這兩類考驗公式中，作為分母項的標準誤的最大不同點。

18. 在考驗兩個母群體參數時，除了考慮實驗設計是採用獨立樣本或相依樣本之外，也需要判斷 σ 是已知或未知的情況。

19. 當 t 考驗被用來考驗兩個母群體平均數時，它必須先滿足三個條件：(a)兩個母群體變異數要相等，即「變異數同質性」，(b)兩個母群體的分配要呈常態分配，(c)兩個母群體的抽樣樣本必須是獨立的。

20. t 考驗雖是一種具有韌性的統計考驗方法，但在使用前，還是需要先滿足變異數同質性的基本假設，若未能滿足此一基本假設，則最好改用特別解法：t' 值法。

21. 在兩個百分比差異考驗公式中的分母，也是基於變異數同質性的假設。

1. "z" 對 "$\sigma_{\bar{x}}$"，相當於 "t" 對「什麼」？

   (1) σ (2) σ^2 (3) S_x (4) $S_{\bar{x}}$

2. 研究者所能容忍的第一類型錯誤率符號是什麼？

   (1) α (2) β (3) μ (4) ρ

3. 當使用 t 考驗檢定 $H_0: \mu = k$ 時，通常是假設什麼是未知？

   (1) N (2) μ (3) σ (4) α

4. 在下列何種情況下，z 與 t 分配的臨界值相差最大？

   (1) $N = 5$ (2) $N = 10$ (3) $N = 100$ (4) $N = \infty$

5. 如果 H_0 為真，但是它被拒絕了，此時所犯的錯誤稱作？

   (1)第一類型錯誤   (2)第二類型錯誤   (3)沒有錯誤   (4)決定正確

6. 當 $\alpha = .05$ 且拒絕 H_0 時，我們知道第二類型錯誤率的大小嗎？

7. 如果 H_0 為假，但是我們無法拒絕它，此時所犯的錯誤稱作？

(1)第一類型錯誤　　　(2)第二類型錯誤　　　(3)沒有錯誤　　　(4)決定正確

8. 如果 H_0 為假，且 α 由 .01 增加（放鬆）到 .05，若其他條件不變，則統計考驗力會如何？

　(1)降低　　　(2)保持不變　　　(3)增加　　　(4)不知道

9. 如果樣本大小由 25 增加到 100，若其他條件不變，此時的統計考驗力會如何？

　(1)降低　　　(2)保持不變　　　(3)增加　　　(4)不知道

10. 一般情況下，雙側考驗的結果與區間估計的結果有何關聯？

　(1)會一致　　　(2)前者比較大　　　(3)後者比較大　　　(4)不知道

11. 下列何種陳述是表示考驗平均數間差異的虛無假設？

　(1) $H_0: \mu = 100$　　　(2) $H_0: \mu_1 = \mu_2$　　　(3) $H_0: \bar{x}_1 = \bar{x}_2$

12. 下列何者不是考驗獨立樣本平均數間差異時所使用之 t 考驗的基本假設？

　(1)兩個母群體呈常態分配　　　(2)變異數同質性　　　(3)樣本觀察值互為獨立

　(4)使用大樣本

13. 經查附錄三表 D，$t_{.10(60)}$ 會等於 $-t_{.90(60)}$ 嗎？

14. 當 $\alpha = .05$ 時，查表的臨界 t 值會隨著 N 的增加而減少嗎？

15. 樣本大小增加時，會降低第一類型錯誤率嗎？

16. 如果 α 固定，增加樣本大小會使第二類型錯誤率降低嗎？

17. 如果 $S_1^2 = 50, S_2^2 = 100$，什麼情況下會使合併的變異數估計值等於 75.0？

18. 當變異數估計值為獨立時，何種分配用來考驗 $H_0: \sigma_1^2 = \sigma_2^2$？

　(1) F　　　(2) t　　　(3) χ^2　　　(4) z

19. 當變異數估計值為相依時，何種分配用來考驗 $H_0: \sigma_1^2 = \sigma_2^2$？

　(1) F　　　(2) t　　　(3) χ^2　　　(4) z

20. 當 σ 已知，何種分配可以用來考驗平均數間的差異？

　(1) F　　　(2) t　　　(3) χ^2　　　(4) z

21. 使用 Fisher 的 z 轉換法考驗時，查表的自由度為何？

練習作業

一、已知魏氏智力量表的 $\mu = 100$, $\sigma = 15$，今隨機抽出常態編班的學童 100 名，測得其平均智力為 103，試求這批學童真正智力的 95% 信賴區間？

二、已知下列兩組基本資料，試考驗它們是否來自變異數相同的母群體？

實驗組： $N_1 = 10$ $S_1 = 8.25$

控制組： $N_2 = 13$ $S_2 = 10.35$

三、試比較十名腦傷學童在智力測驗的兩種分量表上的平均成績是否有顯著差異存在？

語文： 80、100、110、120、70、100、110、120、110、90

推理： 70、80、90、90、70、110、80、120、80、70

四、在某次修訂團體智力測驗中，測得 150 名女生前後相隔四年的智力再測信度（即相關係數）為 .75，150 名男生為 .71。試考驗智力有無性別差異存在？

五、在某次全國性投票選舉中，某研究者想要估計投票支持某候選人的人數百分比，並期望 95% 信賴區間的估計誤差在 ±.02 之間（亦即 $\hat{p} \pm .02$），試問該研究者應該使用多少抽樣人數？

第九章　卡方考驗

本章學習重點

1. 何謂類別資料? 它們有何特性?
2. 適用於處理人數、次數等間斷變項或類別變項資料的統計考驗方法有哪些?
3. 適用於處理類別變項資料的相關係數方法有哪些?
4. 卡方考驗的用途有哪些?
5. 何謂列聯表?
6. 當自由度為 1 時, 卡方考驗與何考驗相通?
7. 當期望次數小於 5 時, 卡方考驗該如何進行校正?
8. 考驗兩個母群體的百分比差異顯著性時, 除了卡方考驗外, 還可以使用什麼方法?
9. 當處理多個（大於或等於三個）類別變項資料時, 以何種方法取代卡方考驗會比較適合?
10. 如何撰寫一個 SPSS 程式? 並閱讀輸出或印出的報表?

　　前述各章所討論的各種統計方法, 都是適合連續性變項資料使用的, 對於不是連續性變項的**間斷變項**或**類別變項**（如名義變項和次序變項）資料, 則無法使用前述各章所討論的各種統計方法, 這時必須尋找其他適用的代替方法。

　　卡方 (χ^2, 讀作 [kai-square]) 考驗是一種適合用來分析人數、次數之類的類別變項資料的統計方法。在目前慣用的問卷調查法研究中, 常以卡方考驗作為假設考驗的主要工具。本章的目的即在討論卡方考驗及其相關的考驗方法。

第一節　卡方分配及其用途

一、卡方分配

假設我們自某個常態分配中，每次隨機抽取一個分數 X，並將它轉換成 z 分數，如此重覆無數次後，最後將得到一個以平均數為 0，標準差為 1 的常態分配。如果，我們再自這一個 z 分數的常態分配中，隨機抽取一個 z 分數，將其加以平方，並且命名為 χ^2，則重覆無數次後，我們便可以得到無數個由 χ^2 值所構成的次數分配，該分配即是自由度為 1 的「卡方分配」(kai-square distribution)。其公式可以表示如下：

$$\chi_1^2 = z^2 = (\frac{X-\mu}{\sigma})^2$$

〈公式 9–1〉

由於我們一次只抽取一個 X 值，求得一個 z 分數，並加以平方而得，故上述公式的足標 1 即為自由度的個數。

同樣的道理，如果我們一次抽取 2 個、3 個……或 n 個 X 值，得到 2 個、3 個……或 n 個 z 分數，並將其平方後加總起來；如此，我們可以用一條通式來表示各種抽樣情形如下：

$$\chi_n^2 = z_1^2 + z_1^2 + \cdots + z_1^2 = \sum z^2$$

〈公式 9–2〉

其中，n 表示每次抽樣的個數，亦可說是自由度的個數。因此，隨著 n 的不同，每一個 n 值就有一條與之相對應的曲線產生，這些曲線就稱作自由度為 n 的卡方曲線，如圖 9.1 所示。

由圖 9.1 所示可知，每一種自由度都有一條與之相對應的曲線存在，這些曲線不像常態分配曲線一樣，是呈左右對稱的平滑曲線，而是一條尾巴較長、峰度較高的曲線，並且，隨著自由度的增加，這些曲線的形狀會愈接近常態分配曲線。理論上的卡方分配曲線值，可查閱附錄三表 B，附錄三表 B 所呈現的數值是指卡方分配曲線上某個臨界值以下（或機率值以下）的卡方值，例如，當自由度為 1 時，卡方值小於 3.841 的機率將有 .95；換句話說，自一常態分配中，每次抽取一個 z 分數，並加以平方，得到卡方值大於 3.841

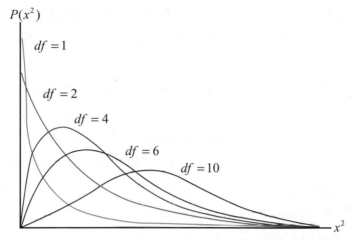

圖 9.1　不同自由度的卡方分配曲線

以上者的機率，將只有 .05 而已。由此可知，卡方值永遠為正數，沒有負值出現。在本章的假設考驗中，只要實際計算出的卡方值大於查表的卡方值，我們便要拒絕虛無假設。有關卡方分配的其他特性，讀者可以參見第七章所述。

　　卡方 (χ^2) 的定義，可以由其基本定義公式來瞭解：

$$\chi^2 = \sum(\frac{f_o - f_e}{f_e})^2$$
〈公式 9–3〉

其中，f_o 代表**觀察次數** (observed frequency) 或實際測量次數，指的是調查研究中所實際獲得的人數或次數；而 f_e 代表**期望次數** (expected frequency) 或理論上的次數，指的是根據某些理論所推估出來的人數或次數。從〈公式 9–3〉中可知，當觀察次數與期望次數之間有很大的差距產生時，即表示實際調查所獲得的與根據理論所推估出來的人數或次數之間相差很大，此時，所計算出的卡方值也將會很大。若這個卡方值大於查表的臨界值，且落入拒絕區時，我們便要拒絕虛無假設，即表示實際與理論間的次數存在有顯著的差異。卡方考驗即用來考驗實際觀察次數與理論期望次數間，是否有所差異的一種方法。

二、卡方考驗的用途

　　χ^2 統計法的常見用途，至少有下列四種：

1. **適合度考驗** (test of goodness-of-fit)：考驗單一變項上的觀察次數與期望次數間是否有所差異。此時，自由度為 $k-1$，k 為此單一變項上的組數或類別數。

2. **百分比同質性考驗** (test of homogeneity of proportions)：考驗 $I \times J$ 交叉表 (crosstabulation table) 中，當其中一個變項是**設計變項** (design variable)，分成 J 個群體，而另一個是**反應變項** (response variable)，分成 I 種反應時，這 J 個群體在 I 種反應方面的百分比是否都一致；亦即，這些群體的反應百分比是否為同質。此時，自由度為 $(I-1) \times (J-1)$。

3. **獨立性考驗** (test of independence)：在 $I \times J$ 交叉表中，當兩個變項都是設計變項時，考驗研究者所關心的是這兩個變項間是否互為獨立；如果不是互為獨立事件，則便要繼續進行「**關聯性考驗**」(test of association)，以瞭解這兩個變項間的關聯性質和程度。此時，自由度為 $(I-1) \times (J-1)$。

4. **改變的顯著性考驗** (test of significance of change)：考驗同一群受試者在對某一事件之前後兩次反應間的差異情形；此時，在 $I \times J$ 交叉表上的兩個變項都是反應變項，且自由度為 $(I-1) \times (J-1)$。

以下各節分別舉例說明卡方考驗的各種用法。

第二節　適合度考驗

在教育與心理研究領域裡，研究者常會針對某個自變項（如性別、宗教信仰、社經地位、人格特質等屬性變項）或某個處理變項（如不同的教學法、不同的實驗操弄等）內的不同屬性，加以分成幾個不同的**類別** (categories) 或**水準** (levels)，以探究它們在某個依變項上的反應百分比是否有所差異存在。這種只根據一個自變項分成幾個類別或水準所收集到的資料，便稱作「**單因子分類**」資料 (one-way classification data)。本節所討論的**卡方考驗**，即以這種單因子分類資料考驗**實際觀察次數** (f_o) 與**理論期望次數** (f_e) 間是否相一致。如果相一致的話，則計算出的卡方值會很小，不會達到顯著水準，表示實際觀察次數適合理論期望次數；如果不相一致的話，則計算出的卡方值會很大，且達到顯著水準，表示實際觀察次數與理論期望次數間有顯著差異。下列例子便是說明卡方統計法在適合度考驗上的應用。

例 9.1

投擲公正的銅板一枚，出現正面與反面的機率各是 .50。今投擲 100 次，觀察其投擲結果，正面出現 60 次，反面出現 40 次。試問這個銅板是否真的公正？

根據題意，我們最關心的是銅板出現正面或反面的機率是否一樣。因此，統計假設可以合併寫成：

$$\begin{cases} H_0 : f_o = f_e \\ H_1 : f_o \neq f_e \end{cases}$$

茲將有關資料代入〈公式 9-3〉中，得：

$$f_e = Np = 100 \times .50 = 50$$

$$\chi^2 = \frac{(60-50)^2}{50} + \frac{(40-50)^2}{50} = 4.00$$

由於銅板只有兩面，當其中一面出現次數確定之後，另一面的出現次數也會隨之確定，所以查閱附錄三表 B 時的自由度為 $2-1=1$，得到 $\chi^2_{.95(1)} = 3.841$。由於實際計算出的卡方值比查表的臨界值還大，已落入拒絕區，所以要拒絕虛無假設，轉而支持對立假設，亦即實際觀察次數（即實際出現正面的次數為 60 次）與理論期望次數（即期望出現正面的次數為 50 次）間不相一致，所以該銅板不是一個公正的銅板。惟，這種結論仍有 .05 的可能性觸犯第一類型錯誤。

本例若改用**百分比考驗法**來進行的話，可以使用 z **考驗**：

$$z = \frac{X-\mu}{\sigma} = \frac{X-Np}{\sqrt{Npq}} = \frac{60-100(.5)}{\sqrt{100(.5)(.5)}} = 2.00$$

可見，計算出的 z 值比查表的 z 值 1.96 還大，故雙側考驗的結果，觀察次數與理論次數之差異達 .05 的顯著水準。因此，這種方法所得的結果亦與前者相同。

由上述例子的兩種分析方法可知：(1)**當只有兩種可能性（即 $k=2$）時，只有一個自由度**，故 $df = k-1 = 2-1 = 1$；(2)由〈公式 9-3〉中可知，$(f_o - f_e)$ 的差值有正有負，在取平方之後均為正值，故卡方考驗通常使用在雙側考

驗上；(3)當 $df = 1$ 時，$z^2 = \chi^2$。故查表結果將發現 $(1.96)^2 = 3.841$，而實際上 $(2.00)^2 = 4.00$，這一點須特別注意；(4)當 $df = 1$ 時，若要使用卡方考驗統計進行單側考驗時，則查閱附錄三表 B 之相對犯第一類型錯誤機率 (p) 要加倍，例如，$\alpha = .01$ 且為單側考驗時，卡方臨界值是查 $df = 1$ 這一列和 $p = 98$ 這一行的值，為 5.412，而不是 6.635；$\alpha = .05$ 且為單側考驗時，卡方臨界值是查 $df = 1$ 這一列和 $p = 90$ 這一行的值，為 2.706，而不是 3.841。

例 9.2

> 某教育學者想瞭解當今小學生對課外讀物的喜好程度是否因讀物的類別而有所不同。他自某校隨機抽取 200 名學童，並請他們自下列五種讀物中選取自己最喜歡的一種，得到各類讀物被選取的人數如下所示：漫畫類 52 人、傳記類 48 人、科學類 44 人、小說類 30 人、報紙類 26 人。試問該學者是否可以宣稱兒童對課外讀物的喜好程度會因不同的讀物類別而有所不同？

　　根據題意可知，如果說「兒童對課外讀物的喜好程度不會因讀物類別的不同而有所不同」的話，則這 200 名學童選擇這五種讀物中的任何一種，應該都具有相等的機會（即 1/5），換句話說，每種讀物被選取的理論次數應該都是一樣（即 $200 \times .2 = 40$）。因此，本例的統計假設可以合併寫成：

$$\begin{cases} H_0: f_1 = f_2 = f_3 = f_4 = f_5 \\ H_1: f_1 \neq f_2 \neq f_3 \neq f_4 \neq f_5 \end{cases}$$

本例是**雙側考驗**，因為有**五種可能性**，所以自由度為 $df = 5 - 1 = 4$，查表的臨界值為 $\chi^2_{.95(4)} = 9.488$。若實際計算出的卡方值比查表的臨界值還大時，便要拒絕虛無假設。

　　茲將有關資料代入〈公式 9-3〉，得：

$$\chi^2 = \frac{(52-40)^2}{40} + \frac{(48-40)^2}{40} + \frac{(44-40)^2}{40} + \frac{(30-40)^2}{40} + \frac{(26-40)^2}{40}$$
$$= 13.00 > 9.488$$

由此可見，實際計算出的卡方值比查表的卡方值還大，已落入拒絕區，因此要拒絕虛無假設 $H_0: f_1 = f_2 = f_3 = f_4 = f_5$，轉而支持對立假設 $H_1: f_1 \neq f_2 \neq f_3$

$\neq f_4 \neq f_5$；亦即，實際觀察次數與理論次數間真的有所不同，該學者可以宣稱兒童對課外讀物的喜好程度會因不同的讀物類別而有所不同。惟，這種結論仍有 .05 的可能性觸犯第一類型錯誤。

第三節 百分比同質性考驗

在心理與教育研究中，我們常將收集到的資料安排在由 I 個橫列和 J 個縱行所構成的 $I \times J$ 個細格表裡，這個細格表便稱作「**交叉表**」或「**列聯表**」(contingency table)。填在這些細格中的資料是次數或人數，屬於類別資料；此時，利用卡方考驗進行百分比同質性考驗的目的，即是在考驗這 J 組細格中的受試者在 I 個反應上，選擇某一反應選項的百分比是否具有顯著差異。

在 $I \times J$ 的列聯表中，我們所處理的資料是由兩個變項所構成，一個變項是「**設計變項**」(design variable)，亦即是研究者所要操弄的處理變項，或研究者所要進行比較的類別變項，通常分成 J 個類別或 J 個處理水準；另一個變項是「**反應變項**」，亦即是研究者所要分析或探討的依變項，通常分成 I 個類別或 I 個反應項目。在進行百分比同質性考驗時，設計變項 J 個類別的邊緣總次數或總人數是固定的（在設計研究計畫之前就已決定），而細格中的資料則需視實際調查得到的次數或人數之機率而定（無法事先知道或決定）。下列例子即是說明卡方考驗在百分比同質性考驗中的應用。

9.3

某教育學者想瞭解當今學生的閱讀習慣，他自三級學校隨機抽取：國小 42 名、國中 46 名和高中 37 名學生為樣本，並詢問他們是否常到圖書館或書店看書，得到下表的資料。試問這三級學校學生常常到圖書館或書店看書的百分比是否相同？

表 9.1 實際收集到的次數資料

	國小	國中	高中	
常常	27	34	28	89
不常	15	12	9	36
n_j	42	46	37	125
p_j	64.29%	73.91%	75.68%	

根據題意，本例為雙側考驗，統計假設可以合併寫成：

$$\begin{cases} H_0: p_1 = p_2 = p_3 = p \\ H_1: p_1 \neq p_2 \neq p_3 \neq p \end{cases}$$

本例為 2×3 的列聯表例子，亦即 $I = 2, J = 3$；表示有三個母群體（即國小、國中和高中三級學校），其學生數是由研究者所決定，並且是固定的；和兩個反應方式（即常常和不常兩種）。我們由這個實際調查收集到的次數資料中得知，國小、國中和高中學生回答「常常」的百分比依序為 64.29%、73.91%、和 75.68%。而在總人數為 125 的全部學生中，回答「常常」的學生共有 89 名，佔 71.20%；回答「不常」的學生共有 36 名，佔 28.80%。因此，若虛無假設為真，則這三級學校學生回答「常常」的百分比應該是一樣的，都是 71.20%。所以，我們可以據以計算出這三級學校在理論上回答「常常」的學生人數各是多少：

國小：$42 \times 71.20\% = 29.904$

國中：$46 \times 71.20\% = 32.752$

高中：$37 \times 71.20\% = 26.344$

同理，我們也可以計算出這三級學校在理論上回答「不常」的學生人數，分別是：

國小：$42 \times 28.80\% = 12.096$

國中：$46 \times 28.80\% = 13.248$

高中：$37 \times 28.80\% = 10.656$

茲將有關資料代入〈公式 9–3〉，得：

$$\chi^2 = \frac{(27 - 29.904)^2}{29.904} + \frac{(34 - 32.752)^2}{32.752} + \frac{(28 - 26.344)^2}{26.344}$$
$$+ \frac{(15 - 12.096)^2}{12.096} + \frac{(12 - 13.248)^2}{13.248} + \frac{(9 - 10.656)^2}{10.656} = 1.51$$

由於列聯表的自由度為 $df = (I-1)(J-1)$，所以本例的自由度為 $df = (2-1)(3-1) = 2$。假設選定 $\alpha = .05$ 作為顯著水準，則查閱附錄三表 B，得 $\chi^2_{.95(2)} = 5.991$。因實際計算出的卡方值為 1.51，比查表的臨界值小，所以無法拒絕虛無假設；換句話說，國小、國中和高中學生「常常」到圖書館或書店看書的百分比，可以說是相同的。惟，這種結論仍有觸犯第二類型錯誤的可能性存在。

當細格多時，使用〈公式 9–3〉計算卡方值，會變得很不方便。此時，可以改用〈公式 9–4〉：

$$\chi^2 = N\left[\sum_{i=1}^{I}\sum_{j=1}^{J}\frac{f_{ij}^2}{f_{i.}f_{.j}} - 1\right] \qquad \text{〈公式 9–4〉}$$

其中，f_{ij} 代表列聯表中的細格人數或次數，$f_{i.}$ 代表列聯表中的「列」邊緣人數或次數，$f_{.j}$ 代表列聯表中的「行」邊緣人數或次數，N 代表全體樣本大小。茲以前例為例，重新再計算一遍，得：

$$\chi^2 = 125\left[\frac{27^2}{89\times42} + \frac{34^2}{89\times46} + \frac{28^2}{89\times37} + \frac{15^2}{36\times42} + \frac{12^2}{36\times46}\right.$$
$$\left. + \frac{9^2}{36\times37} - 1\right] = 1.51$$

計算結果與使用〈公式 9–3〉者一樣，但使用〈公式 9–4〉卻比較省時，因為它省掉計算理論次數的時間和麻煩。

如果使用卡方考驗結果達顯著時，則要進一步進行百分比同質性考驗的**事後比較** (a posteriori comparisons)，因為顯著的意義即謂：「**這 J 個群體或類別間，至少有兩個組別間的百分比有顯著差異存在**」，因此必須在卡方值達顯著後，再進行事後比較。

而實際上，事後比較宜用區間估計的方式進行（亦即是適用在沒有方向性的雙側考驗上）。為了避免使全部的事後比較觸犯第一類型錯誤的總機率大於卡方考驗所選用的 α 值，最好採用**同時信賴區間** (simultaneous confidence interval) 估計法。這種方法可以表示如下：

$$\psi = (p_j - p_{j'}) \pm \sqrt{\chi^2_{1-\alpha,(I-1)(J-1)}} \sqrt{\frac{p_j q_j}{n_j} + \frac{p_{j'} q_{j'}}{n_{j'}}}$$　　〈公式 9–5〉

其中，p_j 代表 J 個類別中，贊成或選擇某反應項目的百分比，

　　$\psi = p_j - p_{j'}$ 是所要比較的兩組百分比之差值，

　　$\sqrt{\chi^2_{1-\alpha,(I-1)(J-1)}}$ 是考驗同時信賴區間顯著性的臨界值，

　　$\sqrt{\dfrac{p_j q_j}{n_j} + \dfrac{p_{j'} q_{j'}}{n_{j'}}}$ 是百分比之差值的標準誤。

如果〈公式 9–5〉中所求得之同時信賴區間包含 0 在內的話，則表示該兩個百分比之差異不顯著，亦即 $p_j - p_{j'}$ 可能為 0 或可能是 $p_j = p_{j'}$；如果該區間不包含 0 在內的話，則表示該兩個百分比之差異已達顯著水準，此時，便可得知卡方考驗結果達顯著水準中，到底是由哪兩個百分比之顯著差異所造成。下列例子便是說明這種事後比較的作法。

例 9.4

某學者想調查社會各階層對政府試辦自學方案的意見，他自臺北市隨機抽取 28 名家長、31 名教師、41 名學生，詢問他們對自學方案的意見是贊成？抑是反對？得到下列資料表。試問這三類受試者對自學方案的贊成百分比是否相同？

表 9.2　實際收集到的次數資料

	家長	教師	學生	
贊成	23	14	31	81
反對	5	17	10	19
n_j	28	31	41	100
p_j	.82	.45	.76	
q_j	.18	.55	.24	

根據題意，本例為雙側考驗，統計假設可以合併寫成：

$$\begin{cases} H_0: p_1 = p_2 = p_3 = p \\ H_1: p_1 \neq p_2 \neq p_3 \neq p \end{cases}$$

本例為 2×3 列聯表例子，亦即 $I = 2, J = 3$。茲將有關資料代入〈公式9–4〉，可得：

$$\chi^2 = 100[\frac{23^2}{81 \times 28} + \frac{14^2}{81 \times 31} + \frac{31^2}{81 \times 41} + \frac{5^2}{19 \times 28} + \frac{17^2}{19 \times 31} + \frac{10^2}{19 \times 41} - 1] = 26.67$$

計算出的卡方值 26.67 大於查表的 $\chi^2_{.95(2)} = 5.991$，所以要拒絕虛無假設；換句話說，這三類受試者對自學方案的贊成百分比並不相同。接著，我們要進行事後比較，以確定到底是哪兩個類別受試者間的百分比達顯著差異。我們可以使用〈公式9–5〉進行事後比較：

$$\sqrt{\chi^2_{.95(2)} = 5.991} = 2.448$$

家長—教師：$\psi_1 = (.82 - .45) \pm (2.448)\sqrt{\frac{(.82)(.18)}{28} + \frac{(.45)(.55)}{31}}$

$$= .37 \pm .28 = (.09, .65) \quad (p < .05)$$

家長—學生：$\psi_1 = (.82 - .76) \pm (2.448)\sqrt{\frac{(.82)(.18)}{28} + \frac{(.76)(.24)}{41}}$

$$= .06 \pm .24 = (-.18, .30) \quad (p > .05)$$

教師—學生：$\psi_1 = (.45 - .76) \pm (2.448)\sqrt{\frac{(.45)(.55)}{31} + \frac{(.76)(.24)}{41}}$

$$= -.31 \pm .27 = (-.58, -.04) \quad (p < .05)$$

由上述比較可以發現：除了家長與學生間的百分比差異未達顯著外，其餘，家長與教師間、教師與學生間的百分比差異都達顯著水準。由此可見，例 9.4 的考驗結果顯示：這三類受試者對自學方案的贊成百分比並不相同，主要的差異是來自家長與教師、以及教師與學生間的意見不同所致。惟，此種結論仍有 .05 的可能性觸犯第一類型錯誤。

第四節　獨立性考驗

前述百分比同質性考驗，主要是在探討 J 組受試者在 I 個反應上的百分比是否有顯著差異存在。其實，像這種 $I \times J$ 列聯表資料，也可用作獨立性考驗。獨立性考驗的目的即在探討自某一母群體抽樣而得的樣本受試者，在兩

個設計變項之間是否互為獨立？如果不是互為獨立，則二者的關聯性程度又如何？因此，在進行獨立性考驗時，$I \times J$ 列聯表中的兩個變項均為設計變項，列聯表中僅有總人數 N 是事先知道，其餘細格人數或邊緣人數均無法事先知道，必須由實際調查中才能決定。

我們曾經討論過，當 X 與 Y 兩個事件互為獨立事件時，X 與 Y 兩個事件一起發生的機率可以由下列公式來表示：

$$P(X \cap Y) = P(X) \cdot P(Y)$$

在進行獨立性考驗時，便需要用到這種**獨立事件的機率算法**。

例 9.5

根據某項醫學統計指出，針對 185 名受試者的調查資料顯示，濫用酒精與精神沮喪間的次數分配如下表所示。試問濫用酒精與精神沮喪間是否有所關聯？

表 9.3　實際的觀察次數資料

	濫用酒精	無濫用酒精	
精神沮喪	54	27	81
精神不沮喪	22	82	104
	76	109	185

根據題意，本例為 2×2 的列聯表資料，查表的卡方臨界值應為 $\chi^2_{.95(1)} = 3.841$。本例的重點在探討這兩個設計變項（即濫用酒精與精神沮喪二者）間是否有所關聯？因此，統計假設可以合併寫成：

$$\begin{cases} H_0 : P_{ij} = P_{i.} P_{.j} \\ H_1 : P_{ij} \neq P_{i.} P_{.j} \end{cases}$$

上式虛無假設即表示這兩個變項間是獨立的，亦即沒有任何關聯存在。此時，若虛無假設的說法為真，則出現「既是濫用酒精，且是精神沮喪者」的機率（以 P_{11} 表示），應該會等於「精神沮喪者」的機率（以 $P_{1.}$ 表示）乘上「濫用酒精者」的機率（以 $P_{.1}$ 表示），亦即是 $P_{11} = (P_{1.})(P_{.1})$。因此，我們可以分別算出每個細格的理論次數如下：

$$P_{11} = (81)(76)/185 = 33.27$$

$$P_{12} = (81)(109)/185 = 47.72$$

$$P_{21} = (104)(76)/185 = 42.72$$

$$P_{22} = (104)(109)/185 = 61.28$$

亦即行與列邊緣人數之乘積除以總人數之商。然後，將有關資料代入〈公式 9–3〉，得：

$$\chi^2 = \frac{(54 - 33.27)^2}{33.27} + \frac{(27 - 47.72)^2}{47.72} + \frac{(22 - 42.72)^2}{42.72} + \frac{(82 - 61.28)^2}{61.28} = 38.97$$

由此可見，實際計算出的卡方值已大於臨界值 3.841，所以要拒絕虛無假設，亦即濫用酒精與精神沮喪二者間並不是獨立的，它們之間具有某種關聯性存在。

除了可用〈公式 9–3〉的計算公式進行卡方值計算外，我們也可以使用下列公式來計算，但下列公式僅適用在 2×2 **的列聯表資料**，非 2×2 的列聯表資料則不適用：

A	B	$(A + B)$
C	D	$(C + D)$
$(A + C)$	$(B + D)$	

$$\chi^2 = \frac{N(AD - BC)^2}{(A + B)(C + D)(A + C)(B + D)}$$

〈公式 9–6〉

此時的自由度為 $(I - 1)(J - 1) = (2 - 1)(2 - 1) = 1$。我們可以利用〈公式 9–6〉，重新計算上例資料如下：

$$\chi^2 = \frac{185(54 \times 82 - 27 \times 22)^2}{(81)(104)(76)(109)} = 38.97$$

可見，所得結果與使用〈公式 9–3〉相同，都達顯著水準。

在經過卡方考驗達顯著水準後，我們可以進一步詢問：既然這兩個設計變項間不是獨立的，那麼，它們之間的**關聯性** (association) 程度又如何？此時，若要探討兩個變項均為類別變項時的關聯性，則需要使用 ϕ 相關係數。ϕ 相關係數的計算公式可以表示如下：

$$\phi = \sqrt{\frac{\chi^2}{N}}$$ 〈公式 9–7〉

茲將本例考驗結果代入，計算出 ϕ 相關係數為：

$$\phi = \sqrt{\frac{38.97}{185}} = .46$$

亦即，濫用酒精與精神沮喪二變項間具有 .46 的正相關，顯示：愈濫用酒精者，有愈精神沮喪的趨勢。

　　上例獨立性考驗之觀念和方法，也可以擴大應用到大於 2×2 的列聯表資料。在 $I \times I$ 的列聯表資料中 $(I > 2)$，我們可以使用〈公式 9–3〉進行獨立性考驗，在卡方值達顯著後，再代入下列公式，求出**列聯相關** C：

$$C = \sqrt{\frac{\chi^2}{\chi^2 + N}}$$ 〈公式 9–8〉

若是遇到 $I \times J$ 的列聯表資料 $(I > 2, J > 2)$ 時，則需要改用 Cramer's V_c 統計數，以求出**關聯性程度** (Hays, 1988, p. 786)：

$$V_c = \sqrt{\frac{\phi^2}{\min(I-1, J-1)}}$$ 〈公式 9–9〉

其中，分母部份是指列或行的自由度 $(I-1)$ 或 $(J-1)$ 中較小的一個。有關類別變項間的關聯性算法（如〈公式 9–8〉和〈公式 9–9〉）、特性，或限制等相關知識，我們留待第十二章再行討論。

　　由本例可知，濫用酒精與精神沮喪二者間具有關聯性存在，此即顯示受試者之濫用酒精的訊息有助於預測受試者之精神沮喪狀態。下列公式是統計套裝軟體程式 SPSS 中所用的「**預測關聯性指標**」(index of predictive association)(Hays, 1988, p. 787)：

$$\lambda = \frac{\sum_{j=1}^{J} \max(f_{ij}) - \max(f_{i.})}{N - \max(f_{i.})}$$

〈公式 9-10〉

其中，$\max(f_{ij})$ 是指每一縱行中之細格次數最大的一個，而 $\max(f_{i.})$ 是指**列邊緣總次數**最大的一個。茲將本例的資料代入上述公式，得：

$$\lambda = \frac{(54 + 82) - 104}{185 - 104} = .40$$

此即表示：「在知道受試者的濫用酒精訊息下，可增加預測受試者的精神沮喪狀態之能力達 40% 之多」。在這個例子中，如果我們不知道受試者濫用酒精的訊息，而需要預測受試者的精神沮喪狀態時，則最好是預測其為「精神不沮喪」（因為其最大的列邊緣總次數為 104）。但是我們若知道受試者濫用酒精的訊息後，則我們的預測準確度就會增加；亦即，在濫用酒精情況下，我們會預測其為「精神沮喪者」（因為其最大的細格次數為 54），而在無濫用酒精情況下，我們會預測其為「精神不沮喪者」（因為其最大的細格次數為 82）。λ 值即提供我們作為預測關聯性的一種參考指標。

第五節　改變的顯著性考驗

　　卡方考驗在 $I \times J$ 列聯表資料中，除了可以用來進行百分比同質性考驗和獨立性考驗之外，還可以用來進行「**改變的顯著性考驗**」。它的目的即在考驗同一批受試者在同一個變項上前後兩次之反應差異是否達顯著水準。由於需要使用同一批受試者接受前後兩次測量，因此是屬於「**重覆測量**」的設計。在進行改變的顯著性考驗之前，研究者唯一知道的訊息只有調查研究的總人數或總次數。

　　在改變的顯著性考驗中，研究者關心的是前後兩次測量中，態度（或測量結果）發生改變者的次數是否比期望者大，若比期望者大，且大到顯著的程度，則便可以說受試者的態度（或測量結果）已發生明顯的改變。這種考驗方法通常僅適用在 2×2 的列聯表資料，又稱作「**麥氏考驗**」(McNemar test)，

它有個基本模式可以表示如下:

表 9.4　麥氏考驗適用資料基本模式

次數資料

A	B	$(A+B)$
C	D	$(C+D)$

$(A+C)$　$(B+D)$

百分比資料

p_{11}	p_{12}	$p_{1.}$
p_{21}	p_{22}	$p_{2.}$

$p_{.1}$　　$p_{.2}$

由於我們所關心的是前後兩次測量中的改變次數,所以是 $(A+D)$ 的和,而在虛無假設 $H_0: A = D$ 的情況下,理論上有 $(A+D)/2$ 的人由前測的正向態度改變成後測的負向態度,也有 $(A+D)/2$ 的人由前測的負向態度改變成後測的正向態度。因此,根據卡方考驗的方法,**改變的顯著性考驗公式**可以表示如下:

$$\chi^2 = \frac{(A - \frac{A+D}{2})^2}{\frac{A+D}{2}} + \frac{(D - \frac{A+D}{2})^2}{\frac{A+D}{2}}$$

$$\boxed{\chi^2 = \frac{(A-D)^2}{A+D}}$$ 〈公式 9–11〉

只要將有關資料代入〈公式 9–11〉,便可求出適當的卡方值。下列例子即是說明**改變的顯著性考驗**的作法。

例 9.6

某班國一新生計 40 名,他們在第一次和第二次段考的國文科成績結果,如下表所示。試問經過兩次段考後,該班國一新生的國文成績是否有顯著的改變?

表 9.5　新生成績

第二次段考

		不及格	及格	
第一次段考	及格	3	20	23
	不及格	1	16	17
		4	36	40

根據題意，我們可用**麥氏考驗**來進行本例的假設考驗。本例的統計假設可以合併寫成：

$$\begin{cases} H_0: A = D \\ H_1: A \neq D \end{cases}$$

茲將有關資料代入〈公式 9–11〉，得：

$$\chi^2 = \frac{(A-D)^2}{A+D} = \frac{(3-16)^2}{3+16} = 8.89$$

由此可見，計算出的卡方值大於查表的臨界值 $\chi^2_{.95(1)} = 3.841$，已落入拒絕區，所以要拒絕虛無假設 $H_0: A = D$；換句話說，從本例資料可以看出，國文科成績由不及格變成及格的人數比由及格變成不及格的人數明顯的增加許多。

因為本例的自由度為 1，如果改用 z 考驗時，所得結論也會與卡方考驗者相同。

$$z = \frac{(A-D)}{\sqrt{A+D}}$$
〈公式 9–12〉

代入有關資料後，得 $z = -2.98$，小於查表的臨界值 $z = -1.96$，所以差異考驗的結果仍然達顯著水準。

如果本例改採**百分比資料**來進行考驗，則考驗的方式應改採下列公式，其中的**分母項是兩個百分比之差的標準誤**：

$$z = \frac{p_{1.} - p_{.2}}{\sqrt{\dfrac{p_{11} + p_{22}}{N}}}$$ 〈公式 9–13〉

上例改用百分比計算的結果，如下所示：

表 9.6 新生成績百分比

		第二次段考		
		不及格	及格	
第一次段考	及格	.075	.500	.575
	不及格	.025	.400	.425
		.100	.900	1.000

$$z = \frac{.575 - .900}{\sqrt{\dfrac{.075 + .400}{40}}} = -2.98$$

與〈公式 9–12〉所得結果相同，亦達顯著水準。

將麥氏考驗延伸到大於 2×2 列聯表資料中者，是「包氏對稱性考驗」(Bowker's test of symmetry)。包氏對稱性考驗是用來考驗列聯表中，主對角線以外細格機率是否對稱改變之顯著性考驗方法；基本上，它的虛無假設是指相對應的非對角線細格百分比或機率是相等的，如果考驗結果拒絕了虛無假設，則表示前後兩次測量結果（或態度）發生顯著的改變。這種考驗公式可以表示如下：

$$\chi^2 = \sum_{\substack{i=1 \\ i \neq j}}^{I} \sum_{j=1}^{J} \frac{(X_{ij} - NP_{ij})^2}{NP_{ij}}$$ 〈公式 9–14〉

但是包氏建議實際應用時，使用下列計算公式會較便捷：

$$\chi^2 = \sum_{\substack{i=1 \\ i \neq j}}^{I} \sum_{j=1}^{J} \frac{(X_{ij} - X_{ji})^2}{X_{ij} + X_{ji}}$$ 〈公式 9–15〉

此處，$i > j, I = J, df = C_2^3$。下列例子便是說明這種用法。

例 9.7

某校針對一種新的教學法進行一年的縱貫研究，得到 90 名學生於研究前後的成績統計資料如下表所示。試問在該研究進行前後，這些學生的學習成績是否有明顯的改變？

表 9.7　成績表現

研究後

		優等	甲等	乙等	
研究前	優等	20	3	10	33
	甲等	5	8	2	15
	乙等	18	6	18	42
		43	17	30	90

我們所關心的是 P_{ij} 和 P_{ji} 是否相等。根據題意，首先提出統計假設如下：

$$\begin{cases} H_0: p_{ij} = p_{ji} \\ H_1: p_{ij} \neq p_{ji} \end{cases} \quad 在此，\ l > j$$

茲將有關資料代入〈公式 9–15〉，得：

$$\chi^2 = \frac{(5-3)^2}{5+3} + \frac{(18-10)^2}{18+10} + \frac{(6-2)^2}{6+2} = 4.79$$

$$df = C_2^3 = \frac{3 \times 2}{1 \times 2} = 3$$

查表得臨界值 $\chi^2_{.95(3)} = 7.815$。因為實際計算出的卡方值小於查表的臨界值，所以無法拒絕虛無假設，亦即 $H_0: p_{ij} = p_{ji}$ 應予保留；換句話說，在研究進行前後，這些學生的學習成績並沒有明顯的改變（不管是進步或退步），亦即該種新的教學法失敗。

包氏的對稱性考驗有其使用上的限制，例如，當要進行單側考驗或期望次數太小時，均不適合使用，此時需改採其他補救措施。

第六節 卡方考驗的特性與校正

一、卡方考驗的特性

卡方考驗有個統計特性，那就是「可加性」（additivity）；亦即，若有兩個獨立的卡方分配，分別為 χ_n^2、自由度為 n_1，和 χ_n^2、自由度為 n_2，則此二者可以相加為 $\chi_n^2 + \chi_n^2$，自由度為 $n_1 + n_2$。這種統計特性在**個別的卡方考驗不顯著，但其次數分佈卻呈現一致趨向**時，最值得運用；此時將各別卡方值加總起來，可以得到一個較大的卡方總值，使得卡方考驗結果達顯著。以下便是一個應用例子。

 9.8

某國中三個年級學生在魏氏智力測驗上作答和性別的資料分佈，如下表所示。試問該國中三個年級學生的作答正誤是否與性別有所關聯？

表 9.8 國中智力測驗與性別樣本資料

一年級			二年級			三年級		
答對	答錯		答對	答錯		答對	答錯	
男 84	18	102	男 66	36	102	男 53	44	97
女 93	8	101	女 80	20	100	女 67	39	106
177	26	203	146	56	202	120	83	203
$\chi^2 = 4.30$			$\chi^2 = 5.89$			$\chi^2 = 1.54$		
						$\chi_{.95(1)}^2 = 3.841$	$\chi_{.99(1)}^2 = 6.635$	

由上表可知，一與二年級學生的作答資料與性別間達顯著，亦即具有關聯性，但三年級則否。若仔細看，這三者均呈現一致的趨向，即男生答對者少於女生答對者，且男生答錯者多於女生答錯者。因此，若將這三個卡方值加總起來，使成一個自由度為原來自由度之和的新卡方值，並重新考驗其顯著性，則可能獲得一個新的結論。根據上述資料，將這三個卡方值相加，得：

$$\chi^2 = 4.30 + 5.89 + 1.54 = 11.73$$

新的自由度為 $df = 1 + 1 + 1 = 3$，查閱附錄三表 B，得臨界值為 $\chi^2_{.99(3)} = 11.341$。由此可見，實際計算出的卡方值大於查表的臨界值，所以要拒絕虛無假設，亦即，本考驗已達 $\alpha = .01$ 的顯著水準，顯示作答資料與性別間有相當的關聯性存在。若從原始資料來看，似乎是「男生比女生有較少的答對者和較多的答錯者，並且，答對者比答錯者顯著的多很多」。

二、卡方考驗的校正

當自由度為 1，且使用卡方考驗時，有個基本條件限制必須要滿足，那就是期望次數不能太小（通常以 5 作為判斷的界限。事實上，當理論次數小於 10 時，最好就進行校正工作），若是太小，則需要進行所謂的「**耶氏校正法**」(Yate's correction for continuity)，以避免卡方值高估而發生錯誤的結論。至於為什麼要進行校正?其理由是: 當抽樣的樣本大小 N 愈來愈大時，卡方分配會愈接近常態分配，此時使用卡方考驗的結果與使用 z 考驗的結果並無不同; 但是，當抽樣的樣本大小 N 較小時，此時的卡方分配卻遠離常態分配，且是個具有偏態的高狹峰分配，此時，該分配的兩端次數呈不對稱的分佈，因此，若沒有進行校正（通常是採取正負 .50 的校正）的話，則所計算出的卡方值會比理論期望值還大，因此造成高估的現象。在進行校正時，凡觀察次數大於理論次數者，觀察次數就減掉 .50; 凡觀察次數小於理論次數者，則觀察次數就加上 .50。經校正後的卡方值，會比未校正前的卡方值小，但卻比較接近理論次數分配的期望值，可以降低高估卡方值的情形發生。至於如何判斷期望值是否小於 5?我們可以採用一個較為保守的方法，亦即，從列聯表中「行」**邊緣總數** (marginal total) 中挑選出一個較小值者，並從「列」邊緣總數中挑選出一個較小值者，然後兩者相乘，再除以總人數 N 便可。下列例子即可作為說明。

表 9.9　觀察次數與理論次數

觀察次數			理論次數		
19	9	28	16.1	11.9	28
4	8	12	6.9	5.1	12
23	17	40	23	17	40

未校正：

$$\chi^2 = \frac{(19-16.1)^2}{16.1} + \frac{(9-11.9)^2}{11.9} + \frac{(4-6.9)^2}{6.9} + \frac{(8-5.1)^2}{5.1}$$
$$= 4.10 \quad (> \chi^2_{.95(1)} = 3.841)$$

判斷的期望值：$(12 \times 17)/40 = 5.1$

校正後：

$$\chi^2 = \frac{(18.5-16.1)^2}{16.1} + \frac{(8.5-11.9)^2}{11.9} + \frac{(4.5-6.9)^2}{6.9} + \frac{(7.5-5.1)^2}{5.1}$$
$$= 3.29 \quad (< \chi^2_{.95(1)} = 3.841)$$

　　由上述例子可知，⑴當理論期望次數小於 5 時，若沒有進行校正，則所得結果正好與校正後的結果相反，⑵雖然列聯表中只有一個細格的期望次數小於 5，但表中所有細格都必須進行校正，⑶校正方法僅適用於 $df = 1$ 時的卡方考驗，自由度較大的列聯表資料無需進行此種校正，⑷在 2×2 的列聯表中，使用下列公式較為便捷：

$$\chi^2 = \frac{N(|AC - BC| - \frac{N}{2})^2}{(A+B)(C+D)(A+C)(B+D)} \qquad \langle 公式\ 9\text{--}16 \rangle$$

此公式較〈公式 9-6〉為精確，實際應用上也較為便捷；⑸當遇到相依樣本時，則必須使用下列校正公式較適合：

$$\chi^2 = \frac{(|A-D| - 1)^2}{A+D} \qquad \langle 公式\ 9\text{--}17 \rangle$$

由上述分析可知，當樣本大小 N 較少，且理論次數太小時（如小於 10），就必須進行校正，否則容易獲得一個高估的卡方值，而獲致錯誤的結論。

　　當遇到多向度列聯表（如 $I \times J \times K$）時，卡方值的計算方法（如〈公式 9-3〉和〈公式 9-4〉）會顯得非常不方便，並且卡方值也很容易受到樣本大小增加的影響，此時，即使觀察次數與期望次數間的差距很小，也都很容易

達顯著差異。因此，為了克服這項不便和方法學上的缺失，近代的統計學已發展出一種新的統計方法，以補救卡方考驗的不足，該方法稱作「G^2 統計法」(G^2 statistics)。該方法乃針對**每個細格**的觀察次數和期望次數取自然對數，然後再代入下列公式求得：

$$G^2 = 2\sum f_o \ln(\frac{f_o}{f_e})$$

〈公式 9–18〉

惟，本方法的自由度算法與**變異數分析** (analysis of variance) 相同，並適用於各種**線性模式** (linear model) 的資料分析，因此，本方法有個統稱，叫作「**對數線性模式**」(log-linear model)。由於本方法屬於高等統計學的範疇，有興趣的讀者請參閱林清山（民 71）或 Knoke & Burke (1980) 之導論性專文或專著介紹。

第七節　電腦習作

一、SPSS/PC 4.0 版操作範例說明

本章所舉例子，皆是已分類的資料。其實，SPSS 程式在運算時所使用資料都是未分類的原始資料。因此，本電腦習作以例 9.3 的假想資料為例，說明卡方考驗的分析結果，並解釋其電腦報表內涵。

首先，建立下列的程式檔，並取名為 CH9。

```
TITLE 'THE SPSS/PC PROGRAM FOR CHAPTER NINE'.

DATA LIST/SCHOOL 1 RESPONSE 3.

SET LIST='A:CH9.LIS'.

VARIABLE LABELS SCHOOL     'LEVELS OF SCHOOLS'
                RESPONSE   'RESPONSE LEVELS'.

VALUE LABELS SCHOOL 1 'ELEMENTARY' 2 'MIDDLE' 3'HIGH'
             /RESPONSE 1 'OFTEN' 2 'SELDOM'.

BEGIN DATA.
```

```
1 1  ⎤
: :   ⎥  （重覆 27 次）
: :   ⎥
1 1  ⎦

2 1  ⎤
: :   ⎥  （重覆 34 次）
: :   ⎥
2 1  ⎦

3 1  ⎤
: :   ⎥  （重覆 28 次）
: :   ⎥
3 1  ⎦

1 2  ⎤
: :   ⎥  （重覆 15 次）
: :   ⎥
1 2  ⎦

2 2  ⎤
: :   ⎥  （重覆 12 次）
: :   ⎥
2 2  ⎦

3 2  ⎤
: :   ⎥  （重覆 9 次）
: :   ⎥
3 2  ⎦

END DATA.

CROSSTABS TABLES=RESPONSE BY SCHOOL

 /OPTIONS=3 4 5

 /STATISTICS=1.

FINISH.
```

　　執行後，獲得下列的輸出結果：

```
Crosstabulation: RESPONSE By SCHOOL

                            LEVELS OF SCHOOLS

           Count ①

           Row Pct    ELEMEN-  MIDDLE   HIGH
SCHOOL     Col Pct    TARY                      Row ②
RESPONSE   Tot Pct      1        2        3     Total

RESPONSE LEVELS         27       34       28      89
         OFTEN          30.3     38.2     31.5    71.2
           1            64.3     73.9     75.7
                        21.6     27.2     22.4

                        15       12       9       36
         SELDOM         41.7     33.3     25.0    28.8
           2            35.7     26.1     24.3
                        12.0      9.6      7.2

         Column ③       42       46       37     125 ④
           Total        33.6     36.8     29.6   100.0


CHi-Square D.F. Signficance  Min E.F. Cells with E.F.<5

1.50577 ⑤  2 ⑥       .4710 ⑦ 10.656 ⑧           None ⑨
```

解釋:

①表示**各細格人數**，顯現在各細格的第一列資料裡，如同例 9.3。

②表示「列」邊緣人數，為各「行」細格人數的相加。

③表示「行」邊緣人數，為各「列」細格人數的相加。

④表示**總人數**。

⑤表示**卡方值**。

⑥表示該卡方值的自由度。

⑦表示**出現該卡方值的機率**，由於是大於 .05，所以未達顯著水準。

⑧表示**最小的細格期望值**。

⑨表示**沒有細格期望值小於 5**，所以不必校正。

二、SPSS for Windows 操作範例說明

茲以例 9.3 的假想資料為例，說明卡方考驗的分析結果，並解釋其電腦報表內涵於下。

本章所舉例子，皆是已分類的資料。其實，**PASW 程式在運算時所使用資料都是未分類的原始資料**，因此，於建檔時，需將其還原為未分類時的狀態。以本範例而言，乃須事先將國小、國中與高中學生等類別分別定義為 1、2、3；而將是否常到圖書館或書店看書中的「常常」與「不常」反應等類別，分別定義為 1、2。此乃代表若是「國小」學生，又「常常」到圖書館或書店看書，則於建檔時，需將其分類類別輸入為「1、1」。以例 9.3 而言，既是「國小」學生又「常常」到圖書館或書店看書人數有 27 人，則需將「1、1」重覆輸入 27 次；既是「國中」學生又「常常」到圖書館或書店看書人數為 34 人，則需將「2、1」重覆輸入 34 次；其餘狀況，則可以依此類推，於建檔完畢後，將其取名為 ch9.sav，如圖 9.2 所示。

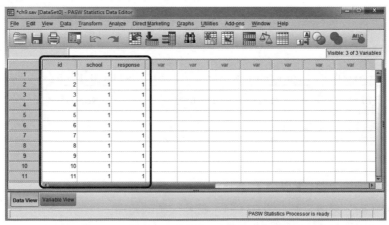

圖 9.2　例 9.3 假想資料的 PASW 資料檔

建檔完畢後，讀者可以選擇功能表中的 Analyze/Descriptive Statistics/Crosstabs...，以便開始進行**卡方考驗**的統計分析，其操作方式如圖 9.3 所示。

點選後，如圖 9.4 所示，會出現「Crosstabs」對話窗。之後，請點選左方欄框內的「school」變項（即本範例之學校層級變項），再按一下中間的方向

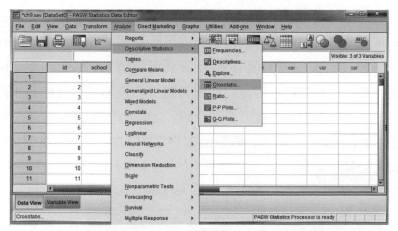

圖 9.3　點選 Analyze/Descriptive Statistics/Crosstabs...

鍵，將其點選送至右方 Column(s)（代表「欄」）的欄框中；再以同樣的方式，將左方欄框內的「response」變項（即本範例之回答反應變項）送至右方 Row(s)（代表「列」）的欄框裡，如此即可形成一個 2×3 的「**交叉表**」或「**列聯表**」(contingency table)，然後，再點選右方之「Statistics...」功能按鈕，以進行卡方值之計算。

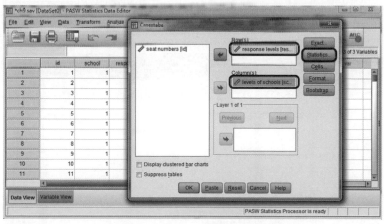

圖 9.4　「Crosstabs」對話窗

打開圖 9.5「Crosstabs: Statistics」對話窗後，除可計算**卡方值** (Chi-square) 與 Pearson **積差相關** (Correlations) 外，於下面各欄框內，PASW 另額外提供數種本書曾於第六章第六節「SPSS for Windows 操作範例說明」約略談到過

的相關係數指標可供勾選，其分別為：當變項均為**名義變項** (Nominal)、**次序變項** (Ordinal)，當二個變項分別為**名義與等距變項** (Nominal by Interval)，以及 Kappa **係數** (Kappa)、**風險值** (Risk)、**麥氏考驗值** (McNemar) 等。由於本範例只需進行卡方考驗而已，因此，只需勾選卡方值即可，其餘各相關係數的使用說明，則於本書第十二章再詳細介紹。之後，再按「Continue」按鈕回到原來的對話窗，如圖 9.6 所示，再點選右方之「Cells...」功能按鈕，以進行細格內數值之計算。

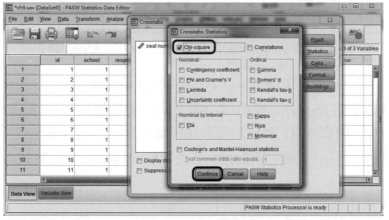

圖 9.5 「Crosstabs: Statistics」對話窗

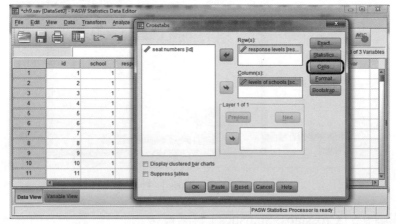

圖 9.6 再點選右方之「Cells...」功能按鈕

打開圖 9.7「Crosstabs: Cell Display」對話窗後，PASW 提供三種細格內數值指標計算的選擇，包括**次數** (Counts)、**百分比** (Percentages)、與**殘差值** (Residuals)。依照本範例的需求，只要勾選次數內**觀察值** (Observed)（此亦為 PASW 的預設值）與**期望值** (Expected) 即可，然後，再按「Continue」按鈕回到原來的對話窗，再按「OK」，即可執行統計分析。

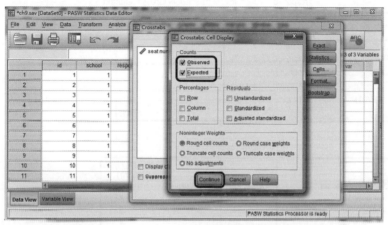

圖 9.7　「Crosstabs: Cell Display」對話窗

執行後的結果檔與語法檔產生方法，如本書第二章第四節之「二、SPSS for Windows 操作範例說明」所示，讀者可以自行轉換存檔。在本範例中，可將其結果檔存檔成 ch9.spo，並存放於適當的磁碟機和資料夾裡。

底下即為 ch9.spo 結果檔內容，其涵義與 SPSS/PC 4.0 版報表大致相同。

Crosstabs

Case Processing Summary

	Cases					
	Valid		Missing		Total	
	N	Percent	N	Percent	N	Percent
response levels * levels of schools	125	100.0%	0	.0%	125	100.0%

response levels * levels of schools Crosstabulation

			levels of schools			
			elementary	middle	high	Total (3)
response levels	often	Count (1)	27	34	28	89
		Expected Count (2)	29.9	32.8	26.3	89.0
	seldom	Count (1)	15	12	9	36
		Expected Count (2)	12.1	13.2	10.7	36.0
Total (4)		Count	42	46	37	(5) 125.0
		Expected Count	42.0	46.0	37.0	125.0

Chi-Square Tests

	Value	df	Asymp. Sig. (2-sided)
Pearson Chi-Square	(6) 1.506[a]	(7) 2	(8) .471
Likelihood Ratio	1.481	2	.477
Linear-by-Linear Association	1.277	1	.259
N of Valid Cases	125		

a. 0 cells (.0%) have expected count less than 5. The minimum expected count is 10.66. (9)

解釋：

　　⑴表示**各細格人數**，顯現在各細格的第一列資料裡，如同例 9.3 所示。

　　⑵表示**各細格之期望人數**，顯現在各細格的第二列資料裡。

　　⑶表示「列」邊緣人數，為各「行」細格人數的相加之和。

　　⑷表示「行」邊緣人數，為各「列」細格人數的相加之和。

　　⑸表示總人數。

　　⑹表示卡方值。

　　⑺表示該卡方值的自由度。

　　⑻表示出現該卡方值的機率，由於是大於 .05，所以未達顯著水準。

　　⑼表示沒有細格期望值小於 5，所以不必校正，同時其最小的細格期望值為 10.66。

1. 卡方考驗適用於處理人數、次數等間斷變項或類別變項資料，在調查研究法中最常使用它。

2. 卡方考驗至少有四種用途：(1)適合度考驗，(2)百分比同質性考驗，(3)獨立性考驗，(4)改變的顯著性考驗。

3. 卡方考驗的定義公式只有一種，但是它的用法卻有多種，因此，使用者宜明瞭它的各種用途。

4. 有 I 個橫列、J 個縱行的資料分佈表格，稱作 $I \times J$ 列聯表。

5. 當自由度為 1 時，卡方考驗與 z 考驗相通。

6. 利用 $I \times J$ 列聯表進行百分比同質性考驗時，研究者所分析的是一個分類變項（分成 J 個類別）在一個反應變項（分成 I 種反應）上的資料次數；而當進行獨立性考驗時，研究者所分析的是一群受試者人數在兩個自變項（各分成 I 個類別和 J 個類別）上的分類結果是否為獨立事件。

7. 在獨立性考驗中，當虛無假設被拒絕後，我們可以進一步求出列聯相關 ϕ、C，或 V_c 值，以表示兩個自變項間的關聯性程度。

8. 在改變的顯著性考驗中，研究者所關心的只是發生改變的部份，因此，只分析發生改變部份的細格資料。此時，卡方考驗所使用的樣本資料，是同一批受試者在前後兩次測量結果的資料，所以，它是重覆量數的設計。

9. 當期望次數小於 5 時，卡方考驗應進行耶氏校正，亦即，在觀察次數上各減或加 .50，然後再進行卡方值的計算。

10. 在兩個母群體百分比差異顯著性考驗時，除了傳統的卡方考驗外，亦可以使用麥氏考驗和包氏對稱性考驗。

11. 當處理三個以上的自變項類別資料時，使用 G 平方考驗法會比使用卡方考驗法來得方便和適合。此時的 G 平方考驗，可用來進行獨立性考驗，並且需要使用自然對數，因此，它又稱作對數線性模式。

1. 如果其他條件一樣，下列何者的信賴區間寬度較大？

   (1) 90% *CI*　　　(2) 95% *CI*　　　(3) 99% *CI*

2. 如果自由度為 2，且選定 $\alpha = .05$，則卡方值符號該如何表示？

   (1) $\chi^2_{.90(2)}$　　　(2) $\chi^2_{.95(2)}$　　　(3) $\chi^2_{.95}$

3. 下列卡方值中，何者較大？

   (1) $\chi^2_{.90(1)}$　　　(2) $\chi^2_{.95(1)}$　　　(3) $\chi^2_{.99(1)}$

4. 下列卡方值中，何者較大？

   (1) $\chi^2_{.95(1)}$　　　(2) $\chi^2_{.95(2)}$　　　(3) $\chi^2_{.95(3)}$

5. 當樣本大小增加到無窮大時，卡方分配會與何種分配相似？

   (1) t　　　(2) z　　　(3) F

6. 在一個 2×5 的列聯表中，假設選定 $\alpha = .01$，則其查表的卡方值符號該如何表示？

   (1) $\chi^2_{.99(1)}$　　　(2) $\chi^2_{.99(4)}$　　　(3) $\chi^2_{.99(5)}$

7. 下列何者不是卡方考驗的常見用途？

   (1)獨立性考驗　　　(2)適合度考驗　　　(3)直線性考驗

8. 當獨立性考驗達顯著後，研究者可以進行何種關聯分析？

   (1) ϕ　　　(2) r　　　(3) β

9. 下列何者是卡方考驗的特性？

   (1)可加性　　　(2)常態性　　　(3)獨立性

10. 細格在何種情況下，卡方考驗需要進行校正？

    (1)觀察值小於 5　　　(2)期望值小於 5　　　(3)樣本數小於 5

11. 下列何種資料比較不適合使用卡方考驗？

    (1)類別變項資料　　　(2)連續變項資料　　　(3)間斷變項資料

12.當自由度為 1 時，卡方值與何種分配值的平方相等？

(1) t　　(2) z　　(3) F

13.若兩個自由度均為 10 的獨立卡方分配值（一個為 27.30，另一個為 29.70）相加，則所構成的新分配之自由度是多少？

(1) 10　　(2) 18　　(3) 20

14.同第 13 題，所構成的新分配是何種分配？

(1)卡方分配　　(2)常態分配　　(3)不知道

15.同第 13 題，所構成的新分配值是多少？

(1) 27.30　　(2) 29.70　　(3) 57.00

一、某次調查研究中，隨機抽取 400 名來自各種不同社經地位 (socioeconomic status) 背景的學生作為樣本，並以自陳方式 (self-reporting) 說明自己是否曾在考試中作弊過，結果得到下列的統計表，試問「社經地位」與「作弊」間是否有所關聯？

社經地位

		低	中	高	
作弊 {	是	28	72	37	137
	否	16	71	176	263
		44	143	213	400

二、同第一題，若這二變項間有關聯存在，則其關聯強度為何？

三、董氏基金會花費巨資製作一部宣導短片，說明抽煙的害處。經調查研究發現，197 名受試者在觀看宣導短片前後，其抽煙行為的資料如下表所示。試問這些受試者的抽煙行為是否有明顯改變？

		觀看後		
		有抽	沒抽	
觀看前	沒抽	13	66	79
	有抽	55	63	118
		68	129	197

四、試述卡方考驗的常見用途?

第十章 變異數分析

本章學習重點

1. 何謂變異數分析？變異數分析有何用途？

2. 實驗設計的方法可以分成幾種？

3. 每一種實驗設計方法所使用的變異數分析方法為何？

4. 變異數分析主要是使用何種統計考驗方法？

5. 變異數分析摘要表的內容為何？

6. 總離均差平方和如何被分割？

7. 當自由度為 1 時，F 考驗相當於何種考驗？

8. 變異數分析達顯著水準時，表示什麼意思？該如何解釋它？

9. 變異數分析達顯著水準後，接下來要進行什麼分析？

10. 相依樣本下的變異數分析和獨立樣本下的變異數分析，有何差別？

11. 變異數分析有何基本假設和特性，它與迴歸分析間有何關聯？

12. 何謂多重比較？它有何用途？它可以分成幾種？

13. 根據比較係數的乘積和是否等於零，事前比較又可以分成哪幾種？

14. 常用的多重比較方法有哪些？

15. 為何要使用趨勢分析？它的使用時機為何？

16. 趨勢分析的基本假設為何？常用的趨勢分析方法可以分成幾類？

17. 當有 k 個實驗處理水準時，最高有幾次的趨勢出現？

18. 在趨勢分析時，實驗處理效果的離均差平方和該如何分割？

19. 趨勢分析後的結果，該如何解釋？

20. 如何撰寫一個 SPSS 程式？並閱讀輸出或印出的報表？

　　我們曾經討論過，在進行兩個平均數之差異顯著性考驗時，可以使用 t 考驗統計法。但是，當遇到三個或三個以上平均數之差異顯著性考驗時，t 考驗便不適用，此時，需要使用較為嚴謹的考驗方法：F 考驗。本章所討論的「**變異數分析**」(analysis of variance，簡寫成 ANOVA) 統計方法，便是使用 F 考驗的一種統計方法，它常被用來當作三個或三個以上母群體平均數的差異顯著性考驗工具，當然，它也可以適用於兩個平均數間的差異顯著性考驗。

　　根據使用的自變項個數的多寡，常用的變異數分析可分成：**單因子變異數分析** (one-way ANOVA)、**二因子變異數分析** (two-way ANOVA)、**三因子變異數分析** (three-way ANOVA) ……等，二因子以上的變異數分析均統稱為**多因子變異數分析** (multi-way ANOVA)。變異數分析是「**實驗設計**」(experimental design) 課程所討論的重點，其詳細內涵絕非本章所能盡述，因此，由於篇幅及範圍限制，本章僅討論單因子變異數分析；至於多因子變異數分析，因為是屬於「高等心理與教育統計學」的範疇，有興趣的讀者可自行參閱高等心理與教育統計學或實驗設計方面的統計學專書，例如：林清山（民 81）、Glass & Hopkins (1984)、Kirk (1982) 等。

　　根據實驗設計的不同，變異數分析所使用的計算方法也有所不同。茲分成下列兩種簡單的實驗設計方法來說明：

　　1.**獨立樣本：**又稱為「**受試者間設計**」或「**完全隨機化設計**」(completely randomized design)，係指利用「**隨機分派**」的方式，將 N 名受試者分派到 k 組不同的組別中，分別接受自變項中 k 個實驗處理中的一個實驗處理，然後，分析這 k 組受試者在依變項上的反應平均數是否有所不同。由於，每組受試者均不是同一批人，並且是由隨機抽樣和隨機分派方式所決定組成，彼此間的反應毫無關係存在，所以是屬於獨立樣本。

　　2.**相依樣本：**又稱為「**受試者內設計**」或「**隨機化區隔設計**」(randomized block design)，這種設計方法又可以分成兩種：⑴**重覆量數** (repeated measures) 設計：係指利用「**單一組法**」，使 N 名受試者在 k 個實驗條件下，重覆接受這 k 個實驗處理或 k 次觀察，然後，分析受試者在依變項上 k 次重覆觀察之反應

平均數是否有所不同。由於，每一次觀察結果都是使用同一批人，因此，每次觀察間會有所關聯存在，所以是屬於相依樣本。(2)**配對組法**：係利用配對方式組成 k 組受試者，並假定（或事先選定）這 k 組受試者在某一個與依變項有關的特質上（如智力、社經地位背景、教育程度等）都完全相同，這種雖然 k 組受試者不是同樣的人，但被視同同樣的一組人，且在某個特質上是完全相同的作法，所得的 k 組量數間便會有所關聯存在，因此也是屬於相依樣本。

本章即針對上述**實驗設計方法**的不同，分別討論變異數分析所應用的計算方法及其後續的相關分析工作。

第一節　單因子變異數分析

我們曾討論過，當母群體標準差 (σ) 未知時，通常都會以樣本標準差 (S_x) 來代替，此時的 S_x 便稱作是 σ 的不偏估計值，其平方就是變異數，寫成：

$$S_x^2 = \frac{\sum(X - \bar{x})^2}{N - 1}$$

其中，分母項是自由度，分子項是代表每個受試者分數與平均數之差的平方的總和，通常稱作「**離均差平方和**」（sum of square of deviations from the mean，簡寫成 SS）。

變異數分析主要在計算每一種影響實驗結果之來源的離均差平方和，然後計算出其應有的自由度各是多少，最後再把離均差平方和除以其適當的自由度，以獲得各種影響實驗結果來源的變異數不偏估計值。此種不偏估計值是由離均差平方和除以自由度而來，稱作「**均方**」（mean square，簡寫成 MS），亦即為變異數的不偏估計值。

為了幫助讀者瞭解使用變異數分析的目的和方法，我們先從下列例子談起。假設某研究員想比較「演講法、啟發式教學法、電腦輔助教學法等三種教學法，對學生數學學習成績的影響孰優？」又假設他可能獲得下列兩組實驗結果的資料：

	第一種情況			第二種情況	
演講法	啟發式教學法	電腦輔助教學法	演講法	啟發式教學法	電腦輔助教學法
80	40	100	20	60	100
40	100	20	20	60	100
20	60	80	20	60	100
100	20	60	20	60	100
60	80	40	20	60	100
平均： 60	60	60	20	60	100

　　假如你是這位研究者，你會希望你的實驗結果是第一種情況呢？抑是第二種情況呢？相信大多數研究者會傾向期望獲致第二種情況的結果，因為這項結果顯示這三種教學法所造成數學學習成績的平均數差異甚大（即反映出各種教學法間的優劣差異很大），但各種教學法內部的分數差異很小（即反映出在每一種教學法內的個別差異不大）。由此可知，這三種教學法間的優劣相差甚大，甚至比各種教學法內部的個別差異還大；亦即是指**組間變異數** (S_b^2) 比**組內變異數** (S_w^2) 還大。

　　我們亦曾討論過，F 考驗是指兩個變異數的比值。若使用此種觀念進行兩種次數分配間變異數相對大小的比值考驗，則可以判斷出何種次數分配的變異數相對地較大或較小，此即反映出個別分數離開其平均數的距離大小；如果該變異數的大小是由於實驗操弄所造成的結果，則我們可以據以推論實驗操弄的效果是否達顯著水準，以斷定實驗研究的成效。事實上，變異數分析也就是使用組間變異數和組內變異數的比值，以進行 F **考驗**的一種統計考驗方法，其方法如下：

$$F = \frac{S_b^2}{S_w^2}$$

〈公式 10–1〉

如果〈公式 10–1〉的分子比分母大很多倍，或是大到幾乎不可能是機運所能造成的情況時，則我們說組間變異數達顯著水準，亦即表示各組平均數之間有顯著差異存在。相反的，如果我們獲得上述例子的第一種情況結果，則〈公

式 10–1〉中的分子便會比分母還小或相等，因此，兩個變異數相除之後，所得的 F 值在多數情況下會小於 1，此即表示各組平均數之間未必有顯著的差異存在，亦即表示我們的實驗研究結果失敗。

簡單的說，**變異數分析的步驟**可以摘要如下：

1. 計算各種變異來源的離均差平方和，即 SS_t、SS_b、SS_w 值。
2. 計算各種變異來源的自由度，即 df_t、df_b、df_w。
3. 計算各種均方，即 MS_t、MS_b、MS_w。
4. 計算 F 值，即 $F = MS_b / MS_w$。
5. 將結果整理成變異數分析摘要表。

根據上述說明，我們分成獨立樣本和相依樣本兩種情況，分別討論單因子變異數分析的應用方法。

一、獨立樣本

㈠各組人數不同時

變異數分析通常應用於實驗研究法中，研究者經由實驗，有系統的**操弄** (manipulate) 自變項，以觀察該實驗操弄對依變項產生什麼樣的影響。因此，研究者會從研究母群體中，隨機挑選出一批受試者，並利用隨機分派的方式，將受試者分派到各種不同的組別裡，分別接受不同的實驗處理，以記錄或觀察各組受試者在依變項上產生什麼樣的變化；這種實驗設計方式，即是所謂的「**受試者間設計**」。如此，在實驗處理後，如果受試者在依變項上的反應或變化較實驗前有所不同，則可以歸因於實驗操弄的結果；亦即，實驗研究結果顯示自變項的操弄對依變項產生因果的影響。這也是任何研究者所樂意看見的研究結果。下列例子便是說明獨立樣本下變異數分析的應用。

例 10.1

某研究者想瞭解三種不同的教學法：演講法、啟發式教學法、電腦輔助教學法等，對國小六年級學生數學成績的影響。他以隨機分派的方式，將學生分派到實施演講法、啟發式教學法、電腦輔助教學法的不同班級中接受該種教學法，一年後，該批參與實驗學生的數學成績如下表資料所示。試問該三種教學方法的教學效果間是否有所不同？

〔計算代號〕：

$$① = \frac{(\sum\sum X)^2}{N} = \frac{(1130)^2}{15} = 85126.67$$

$$② = \sum\sum X^2 = (70)^2 + (50)^2 + \cdots + (90)^2 + (90)^2 = 90700$$

$$③ = \sum[\frac{(\sum X)^2}{n_j}] = \frac{(300)^2}{5} + \frac{(450)^2}{6} + \frac{(380)^2}{4} = 87850$$

表 10.1　三種教學法實驗效果間的變異數分析

	演講法	啟發式教學法	電腦輔助教學法	
	70	80	100	
	50	100	100	
	60	60	90	
	80	90	90	
	40	70		
		50		
$\sum X$:	300	450	380	$\sum\sum X = 1130$
$\sum X^2$:	19000	35500	36200	$\sum\sum X^2 = 90700$
$\bar{x}_{.j}$:	60	75	95	$\bar{x}_{..} = 75.33$
n_j:	5	6	4	$N = 15$

〔計算程序〕：

$$SS_t = 90700 - \frac{(1130)^2}{15} = ② - ① = 5573.34$$

$$SS_w = [19000 - \frac{(300)^2}{5}] + [35500 - \frac{(450)^2}{6}] + [36200 - \frac{(380)^2}{4}]$$

$$= ② - ③ = 2850$$

$$SS_b = [\frac{(300)^2}{5} + \frac{(450)^2}{6} + \frac{(380)^2}{4}] - \frac{(1130)^2}{15}$$

$$= ③ - ① = 2723.33$$

根據上述變異數分析的步驟，我們必須先計算**總離均差平方和**（即 SS_t，t 代表 total 的意思），它代表全部受試者觀察分數與**總平均數** (grand mean) 之差的平方和，其數學公式可以表示如下：

$$SS_t = \sum\sum(X_{ij} - \bar{x}_{..})^2$$

其自由度為 $df_t = N - 1$。總離均差平方和除以自由度，即為總均方 (MS_t)，也就是母群體總變異數 σ_t^2 的不偏估計值 S_t^2。

其次，分別計算各種變異來源的離均差平方和，即 SS_b 和 SS_w，其中的 b 和 w 分別代表**組間** (between groups) 和**組內** (within groups) 的意思。

SS_b 表示各實驗組的**組平均數** (group means) 與總平均數之差的平方和，代表實驗處理效果的變異情形；其數值愈大，表示實驗處理的效果變異愈大，亦即各種教學法的效果愈參差不齊。組間離均差平方和的數學公式可以表示如下：

$$SS_b = \sum\sum(\bar{x}_{.j} - \bar{x}_{..})^2$$

其自由度為 $df_b = k - 1$，k 表示自變項中實驗處理水準數目；以本例而言，本例採用三種教學法作為實驗處理的水準，故 $k = 3$。同理，組間離均差平方和除以其自由度，即為組間均方 (MS_b)，也就是母群體組間變異數 σ_b^2 的不偏估計值 S_b^2。

SS_w 表示各實驗組受試者觀察分數與該組的組平均數之差的平方和之總和，代表各實驗組內的誤差變異情形；其數值愈大，表示無法由實驗操弄所產生之效果部份（即誤差）愈大。組內離均差平方和的數學公式可以表示如下：

$$SS_w = \sum\sum(X_{ij} - \bar{x}_{.j})^2$$

其自由度為 $df_w = \sum(n_j - 1)$，n_j 表示各實驗組內的人數；以例 10.1 而言，本例三種實驗組的人數分別為 5、6、4 人。同理，組內離均差平方和除以其自由度，即為組內均方 (MS_w)，也就是母群體組內變異數 σ_w^2 的不偏估計值 S_w^2。

接著，將組間和組內的均方值代入 F 考驗公式，以考驗組間與組內變異

數的比值是否達顯著水準，以作為解釋和判斷實驗效果的依據。F 考驗的公式可以表示如下：

$$F = \frac{MS_b}{MS_w} = \frac{SS_b / df_b}{SS_w / df_w}$$ 〈公式 10–2〉

其自由度分別是由分子和分母項的自由度所構成，即 $(df_b, df_w) = [k - 1, \sum(n_j - 1)]$。最後，將分析結果整理成「**變異數分析摘要表**」(summary table of analysis of variance)，並且根據已達顯著水準的 F 考驗結果，進行後續的「**事後比較**」(a posteriori comparisons) 分析工作。

由於在進行變異數分析時，總是以 MS_w 和 MS_b 作為 F 考驗的分母和分子項，因此，此時的 F 考驗應視為單側考驗，所有的臨界值都落在 F 分配的右端，雖然題意詢問「是否有所差異」是屬於雙側考驗的問法，但在實際分析時，仍應視為單側考驗的情況。這一點讀者宜特別注意。

現在，再回頭討論例 10.1 的例子。根據分析的慣例，本例可以視為單側考驗，所以統計假設可以合併寫成：

$$\begin{cases} H_0 : \mu_1 = \mu_2 = \mu_3 \\ H_1 : \mu_1 \neq \mu_2 \neq \mu_3 \text{（或至少有一對不相等）} \end{cases}$$

假設選定 $\alpha = .05$ 作為考驗的顯著水準，則查閱附錄三表 C 得臨界值 $F_{.95(2,12)} = 3.89$。只要實際計算出的 F 值大於查表的 F 值，便要拒絕虛無假設，支持對立假設。

接著，我們開始計算總離均差平方和 SS_t，它代表這 15 名受試者**個別分數與總平均數間差值的平方和**，其算法可以表示如下：

$$\begin{aligned} SS_t &= \sum\sum X_{ij}^2 - \frac{(\sum\sum X_{ij})^2}{N} \\ &= 90700 - \frac{(1130)^2}{15} = 5573.33 \end{aligned}$$

其次，計算組內離均差平方和的總和 SS_w，它代表這三種教學法組別中個

別受試者分數與其該組平均數的離均差平方和,再加總起來的和;也就是這三組的組內離均差平方和的總和。其算法可以表示如下:

$$SS_w = \sum\{\sum X_{ij}^2 - \frac{(\sum X_{ij})^2}{n_j}\}$$

$$= \{[19000 - \frac{(300)^2}{5}] + [35500 - \frac{(450)^2}{6}] + [36200 - \frac{(380)^2}{4}]\}$$

$$= 2850$$

最後,計算組間離均差平方和 SS_b,它代表各組的組平均數與總平均數間差值的平方和。通常,這部份的數值愈大,表示實驗處理間的效果差異愈大,亦即各種教學法好壞差異懸殊;但是,當這部份的數值很小或沒有達顯著水準時,即表示實驗操弄的結果無效,現有實驗效果的變異情形都是隨機誤差所造成的。這部份的計算可以有下列兩種表示方法:

$$SS_b = SS_t - SS_w = 5573.33 - 2850 = 2723.33$$

或 $$SS_b = \sum[\frac{(\sum X_{ij})^2}{n_j}] - \frac{(\sum\sum X_{ij})^2}{N}$$

$$= [\frac{(300)^2}{5} + \frac{(450)^2}{6} + \frac{(380)^2}{4}] - \frac{(1130)^2}{15} = 2723.33$$

有關上述各種變異來源的計算方法,也可以使用代號的計算方式來表示,結果都相同。利用這種代號計算方法所設計成的電腦程式,在執行上會比較節省計算時間,尤其在多因子變異數分析時,更是如此。讀者只要徹底明瞭表 10.1 的代號演算法後,便能有所體會。

有了上述各種離均差平方和及其自由度後,我們可以計算出各種變異來源的不偏估計值。事實上,$MS_t = S_t^2$, $MS_b = S_b^2$,且 $MS_w = S_w^2$,亦即各種變異來源的不偏估計值便是它們的「均方」,它們的計算方法可以表示如下:

$$\boxed{MS_b = \frac{SS_b}{df_b} = S_b^2}$$ 〈公式 10–3〉

$$= \frac{2723.33}{2} = 1361.67$$

$$MS_w = \frac{SS_w}{df_w} = S_w^2 \qquad\qquad \langle 公式\ 10\text{–}4 \rangle$$

$$= \frac{2850}{12} = 237.50$$

最後，將有關資料代入〈公式 10–2〉，求出 F 考驗值如下：

$$F = \frac{MS_b}{MS_w} = \frac{1361.67}{237.50} = 5.73$$

當 $F = 0$ 時，表示組間變異數等於 0，亦即各組平均數均相等，此時，總變異數便完全由實驗誤差所造成；當 $F = 1$ 時，表示組間變異數等於組內變異數，亦即實驗處理效果所引起的變異未超過機遇所造成的變異範圍，因此，必須接受虛無假設 $H_0: \mu_1 = \mu_2 = \mu_3$，認為這三組平均數之間並無差異存在；當 $F > 1$ 且落入臨界區時，則應該拒絕 H_0，顯示這三組平均數之間存在有顯著的差異。由於**在變異數分析中，總是以 MS_w 作為分母，F 值永遠為正值，所以應該視為單側考驗，亦即所有的臨界區都會出現在 F 分配的右端**，這與常見的雙側 F 考驗不同，讀者宜特別注意（參考圖 10.1）。

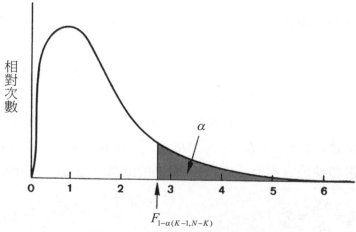

圖 10.1　變異數分析時的 F 分配

在本例中，所計算出的 F 值 5.73 比查表的 F 值 3.89 還大，並且已落入

拒絕區，所以應該拒絕虛無假設 $H_0: \mu_1 = \mu_2 = \mu_3$ 的說法，由此可見，這三種
教學法的效果並非完全相等；換句話說，這三種教學法中至少有兩種教學法平
均數間具有顯著差異存在。至於到底是哪兩組間平均數有顯著差異存在，則
必須要進行「**事後比較**」才能得知。關於在 F 考驗達顯著水準後，該如何進
行事後比較，將留待第三節再行討論。

通常，變異數分析至此便告一段落，但習慣上，為了使整個分析過程能
一目了然，研究者通常會將上述重要計算和考驗結果，記錄在一個摘要表上，
該表便稱作「**變異數分析摘要表**」。為了方便使用起見，摘要表中的名稱也可
以改用英文字母表示；例如：**變異來源** (sources of variation) 以 SV 表示、**離均
差平方和**以 SS 表示、**自由度**以 df 表示、**均方**以 MS 表示等。本例分析結果
可以顯示如下：

表 10.2　三種教學法實驗效果間的變異數分析摘要表

變異來源 SV	離均差平方和 SS	自由度 df	均方 MS	F
組間（教學法）	2723.33	2	1361.67	5.73*
組內（誤差）	2850	12	237.50	
全體	5573.33	14		

$$F_{.95(2,12)} = 3.89$$

由表 10.2 的摘要可知，本例考驗結果已達 $\alpha = .05$ 的顯著水準，此即表示各組
平均數間的變異很大，很顯然的，至少有一對組平均數間具有顯著差異存在
所致，至於是哪些平均數間存有顯著差異，則要進行「事後比較」才能知曉。

㈡各組人數相同時

在實驗設計中，多數教科書多半會建議研究者使用等組的設計方式，這
是為了方便計算和避免違反 F 考驗的變異數同質性假設。實際上，這層顧慮
和依賴是不必要的，因為在進行實驗研究時，往往會遇到**樣本流失** (sample
drain) 或樣本不齊的情況，此時若仍需使用變異數分析的話，勢必面臨不等組
情況下的計算方法，因此本章只強調不等組情況下的變異數分析計算方法，
而將等組情況下的計算方法視為一種特例。**當等組時，組間離均差平方和的
數學公式**可以簡化如下：

$$SS_b = n\sum(\bar{x}_{\cdot j} - \bar{x}_{\cdot\cdot})^2$$ 〈公式 10–5〉

並且，組內變異的自由度也可以簡化成 $df_w = k(n-1)$，其餘計算方法都和不等組情況下算法一樣。

10.2

某研究者想實驗四種不同的增強方式對白老鼠學習走迷津成效的影響。他自實驗室中隨機抽取 16 隻白老鼠，並以隨機分派方式分成四組，分別接受不同增強方式的實驗處理。經過一段時間的實驗後，該研究者記錄下這些白老鼠的正確學習所需的反應時間如表 10.3 所示，所需的時間愈長，表示學習成效愈差。試問該四種不同的增強方式對白老鼠學習走迷津成效的影響是否有所不同？

表 10.3　四種不同增強方式對白老鼠學習走迷津成效的變異數分析

	立即增強	隔五秒鐘後再增強	隔十秒鐘後再增強	不予增強	
	8	8	12	16	
	12	12	14	22	
	14	16	14	26	
	14	16	20	44	
$\sum X$:	48	52	60	108	$\sum\sum X = 268$
$\sum X^2$:	600	720	936	3352	$\sum\sum X^2 = 5608$
$\bar{x}_{\cdot j}$:	12	13	15	27	$\bar{x}_{\cdot\cdot} = 16.75$
n_j:	4	4	4	4	$N = 16$

〔計算代號〕：

$$① = \frac{(\sum\sum X)^2}{(n)(k)} = \frac{(268)^2}{(4)(4)} = 4489$$

$$② = \sum\sum X^2 = (8)^2 + (12)^2 + \cdots + (26)^2 + (44)^2 = 5608$$

$$③ = \sum \frac{(\sum X)^2}{n} = \frac{(48)^2 + (52)^2 + (60)^2 + (108)^2}{4} = 5068$$

〔計算程序〕：

$$SS_t = 5608 - \frac{(268)^2}{16} = ② - ① = 1119$$

$$SS_w = [600 - \frac{(48)^2}{4}] + [720 - \frac{(52)^2}{4}] + [936 - \frac{(60)^2}{4}] + [3352 - \frac{(108)^2}{4}]$$

$$= ② - ③ = 540$$

$$SS_b = [\frac{(48)^2 + (52)^2 + (60)^2 + (108)^2}{4}] - \frac{(268)^2}{16} = ③ - ① = 579$$

根據表 10.3 的計算結果，我們可以將結果表示在表 10.4 的變異數分析摘要表裡。

表 10.4　四種增強方式之實驗效果的變異數分析摘要表

變異來源 SV	離均差平方和 SS	自由度 df	均方 MS	F
組間（增強方式）	579	3	193	4.29*
組內（誤差）	540	12	45	
全體	1119	15		

$$F_{.95(3,12)} = 3.49$$

由表 10.4 可知，本實驗結果已達 $\alpha = .05$ 的顯著差異，亦即該四種不同增強方式間已產生不同的學習效果。至於是哪些平均數間存有顯著差異，則要進一步進行「事後比較」才能知曉。

㈢只有兩組時

　　一般而言，變異數分析多半使用在三組或三組以上的實驗設計，研究目的在於比較各組平均數之差異；而在只有兩個實驗組的實驗設計裡，雖然習慣上是使用 t 考驗法來解決兩組平均數之差異比較問題，但是，變異數分析（使用 F 考驗法）也可以用來處理只有兩組的實驗設計問題。下列所舉的例子，即在說明**當只有兩組（即 $k = 2$）時，t 考驗是 F 考驗的一種特例**。

10.3

某國小校長想知道幼稚園兒童有無提早學習注音符號，對其進入小學一年級後學習注音符號的影響。他自該校一年級新生中隨機抽取幼稚園有和無提早學習注音符號的學童各 10 名，並獲得該批學生在該校開學 10 週後的注音符號測驗成績如表 10.5 所示。試問提早學習注音符號是否對其在注音符號測驗成績有所影響？

表 10.5　兩組實驗設計問題的 *t* 考驗和 *F* 考驗之比較

有無提早學習注音符號	個別學生的測驗成績										$\sum X$	$\bar{x}$	$\sum X^2$
	A	B	C	D	E	F	G	H	I	J			
有	12	14	10	7	13	12	10	9	10	8	105	10.5	1147
無	8	7	12	9	5	10	11	7	9	10	88	8.8	814
全體											193	9.65	1961

1. *t* 考驗：

$$S_p^2 = \frac{[1147 - \frac{(105)^2}{10}] + [814 - \frac{(88)^2}{10}]}{10 + 10 - 2} = 4.6722$$

$$\therefore t = \frac{10.5 - 8.8}{\sqrt{4.6722(\frac{1}{10} + \frac{1}{10})}} = 1.7586$$

2. *F* 考驗：

$$SS_t = 1961 - \frac{(193)^2}{20} = 98.55$$

$$SS_w = [1147 - \frac{(105)^2}{10}] + [814 - \frac{(88)^2}{10}] = 84.10$$

$$SS_b = 98.55 - 84.10 = 14.45$$

$$\therefore F = \frac{14.45/(2-1)}{84.10/(20-2)} = \frac{14.45}{4.6722} = 3.0927$$

$$t_{.975(18)} = 2.101 \qquad F_{.95(1,18)} = 4.41$$

由表 10.5 的分析可知，$F = 3.0927 = (1.7586)^2 = t^2$，亦即，

$$\boxed{當\ k = 2\ 時，\qquad F = t^2}$$ 〈公式 10–6〉

此時，查表的 F 值正好等於查表的 t 值平方，即 $F = 4.41 = (2.101)^2 = t^2$。由此可見，$t$ 考驗和 F 考驗的結果是一致的，惟，在觀念使用和結果解釋上，應有所不同。在 t **考驗**中，分析的重點是放在強調「**兩個平均數之差是為標準誤的幾倍**」，倍數愈大，代表兩個平均數的差異愈大；例如，本例中有提早學習注音符號者的平均數為 10.5，沒有提早學習注音符號者的平均數為 8.8，兩者的差 (10.5 – 8.8) 是標準誤的 1.7586 倍。而在 F **考驗**裡，分析的重點是放在強調「**組間變異數是組內變異數的幾倍**」，倍數愈大，代表組間平均數之間的變異愈大，亦即，平均數與平均數之間的差異愈大；例如，本例中組間變異數為 14.45，組內變異數為 4.6722，前者是後者的 3.0927 倍。有關這一點的區別，讀者宜特別注意。

二、相依樣本

前面已經說過，這是屬於「**受試者內設計**」的一種實驗方法，所使用的是相依樣本，包括「**重覆量數**」、「**配對組**」和「**同胎法**」等情況。本節僅以 N 個受試者重覆接受 k 個實驗處理的重覆量數例子，說明相依樣本下的變異數分析方法。

在重覆量數的例子裡，研究者仍然關心實驗操弄所產生的效果，但由於使用同一批受試者接受同樣的實驗處理多次，因此，整個實驗所產生的總變異數可以分成：**由受試者間造成的變異**和**由受試者內造成的變異**之分。前者稱為「**受試者間變異數**」（variances between subjects），這部份完全是由受試者間個別差異所造成的，不是資料分析的重點；後者稱為「**受試者內變異數**」（variances within subjects），這部份又可分成兩部份：一者是來自實驗操弄所造成的效果，是研究者真正關心的研究重點，另一者則純由隨機誤差所造成的，是真正的誤差部份。由於在獨立樣本中，受試者間個別差異所造成的變異和研究本身所具有的隨機誤差部份，被合併一起視為組內誤差；而在相依樣本中，真正的誤差部份是扣除受試者間個別差異所造成的變異後所剩下的**殘差** (residual) 誤差，因此，其數值會比組內誤差項的數值還小。所以，因為殘差

值較小的緣故，在進行 F 考驗時，使用相依樣本會比使用獨立樣本還容易達到顯著水準。

 10.4

某教師想瞭解其任教班級學生在四種不同壓力情境下，其在某學科標準化成就測驗上的作答情形。他自該班中隨機挑選出 8 名學生，分別在這四種壓力情境中，回答一份 10 題的標準化成就測驗，表 10.6 中的資料即為該批學生的答錯題數。試問在這四種壓力情境下，學生的錯誤反應是否有所不同？

表 10.6　8 名學生在四種壓力情境下的答錯題數及其變異數分析

學生	I	II	III	IV	$\sum S$	$\sum S^2$
A	4	2	4	6	16	72
B	6	4	6	6	22	124
C	2	2	4	4	12	40
D	4	4	4	6	18	84
E	2	2	4	4	12	40
F	2	4	4	4	14	52
G	2	2	2	2	8	16
H	2	4	4	4	14	52
$\sum X$	24	24	32	36	116	
$\sum X^2$	88	80	136	176		480
$\bar{x}_{.j}$	3	3	4	4.5		

〔計算代號〕：

$$① = \frac{(\sum\sum X)^2}{(n)(k)} = \frac{(116)^2}{(8)(4)} = 420.5$$

$$② = \sum\sum X^2 = (4)^2 + (6)^2 + \cdots + (2)^2 + (4)^2 = 480$$

$$③ = \frac{\sum(\sum X)^2}{n} = \frac{(24)^2 + (24)^2 + (32)^2 + (36)^2}{8} = 434$$

$$④ = \frac{\sum(\sum S)^2}{k} = \frac{(16)^2 + (22)^2 + \cdots + (14)^2}{4} = 452$$

〔計算程序〕：

$$SS_t = ② - ① = 59.5$$

$$SS_{b \cdot subject} = ④ - ① = 31.5$$

$$SS_{w \cdot subject} = ② - ④ = 28$$

$$SS_{b \cdot treatment} = ③ - ① = 13.5$$

$$SS_{residual} = ② - ④ - ③ + ① = 14.5$$

在相依樣本的變異數分析過程中，我們可以利用表 10.6 中的代號，先計算出**總離均差平方和** SS_t 如下：

$$SS_t = ② - ① = 59.5$$

其次，像獨立樣本的分析一樣，總離均差平方和是由受試者間的變異和受試者內的變異所組成，其中，已知由個別差異所造成的受試者間離均差平方和 $SS_{b \cdot subject}$ 必需先予以從中扣除，使得誤差變異數得以變小，亦即，剩下受試者內的離均差平方和 $SS_{w \cdot subject}$。其計算過程如下所示：

$$SS_{b \cdot subject} = ④ - ① = 31.5$$

$$SS_{w \cdot subject} = SS_t - SS_{b \cdot subject} = 28$$

如果我們將表 10.6 橫過來看，上述分析相當於把表 10.6 看成是八個實驗組別，每個組別中有 4 個人，所進行的獨立樣本變異數分析。因此，這已知由個別差異所造成的誤差，必需先排除掉，才能提高資料分析的精確度。

接下來，受試者內變異部份是由兩部份所組成，其一是由實驗處理效果所造成的**離均差平方和** $SS_{b \cdot treatment}$，這部份是**研究者所感興趣的部份**，也是實驗研究成敗的關鍵所在；另一部份是扣除個別差異變異後所剩下的**真正殘差** $SS_{residual}$，它是純由**隨機誤差**所造成的部份，也是進行 F 考驗時的分母部份。由於在獨立樣本情況下，個別差異的變異和隨機誤差被合併當成組內誤差；而在相依樣本情況下，真正的誤差部份是由組內誤差中分離出來的部份，所以誤差值通常會變得比較小，在進行 F 考驗時，比較容易使 F 值達到顯著水

準。因此，$SS_{w \cdot subject}$ 可以再分成下列兩部份：

$$SS_{b \cdot treatment} = ③ - ① = 13.5$$

$$SS_{residual} = SS_{w \cdot subject} - SS_{b \cdot treatment} = 14.5$$

接著，計算各種變異來源的自由度。由於本例共使用了 32 個分數，所以 SS_t 的自由度為 $nk - 1 = (8 \times 4) - 1 = 31$。本例中只有 8 名受試者，所以 $SS_{b \cdot subject}$ 的自由度為 $n - 1 = 8 - 1 = 7$。故，$SS_{w \cdot subject}$ 的自由度為 $31 - 7 = 24$；事實上，它是由每人有四個分數，各喪失一個自由度後，所構成的自由度，亦即 $n(k - 1) = 8(4 - 1) = 24$。由於實驗處理有四種，因此，$k - 1 = 4 - 1 = 3$，便是 $SS_{b \cdot treatment}$ 的自由度。最後，真正的殘差項 $SS_{residual}$ 之自由度剩下 $(n - 1)(k - 1) = (8 - 1)(4 - 1) = 21$。

最後，將上述分析過程陳述於表 10.7 的變異數分析摘要表裡。

表 10.7 四種不同壓力情境之實驗效果的變異數分析摘要表

變異來源 SV	離均差平方和 SS	自由度 df	均方 MS	F
受試者間	31.5	7		
受試者內	28	24		
處理效果	13.5	3	4.50	6.52*
殘差	14.5	21	.69	
全體	59.5	31		

$$F_{.95(3, 21)} = 3.07$$

在表 10.7 中，我們所要考驗的項目是**處理效果的均方**，而作為考驗誤差項的是**殘差的均方**，所以，F 值可以計算如下：

$$F = \frac{MS_{b \cdot treatment}}{MS_{residual}} = \frac{4.50}{.69} = 6.52$$

已大於查表的臨界值 3.07，所以要拒絕 $H_0: \mu_1 = \mu_2 = \mu_3 = \mu_4$，亦即，在四種不同壓力情境下，受試者的錯誤反應真的有所不同。此亦顯示四個平均數所組成的六對平均數間，至少有一對平均數間有顯著差異存在，至於是哪一對，

則必需進行事後比較才能知曉。

如果我們將表 10.6 的資料當作是獨立樣本資料來進行變異數分析，看看它會產生什麼樣的結果？下列便是以獨立樣本變異數分析方法所計算出來的結果：

$$SS_t = 480 - \frac{(116)^2}{32} = ② - ① = 59.5$$

$$SS_b = \frac{(24)^2 + (24)^2 + (32)^2 + (36)^2}{8} - \frac{(116)^2}{32} = ③ - ① = 13.5$$

$$SS_w = SS_t - SS_b = ② - ③ = 46$$

$$F = \frac{13.5/(4-1)}{46/(32-4)} = \frac{4.50}{1.64} = 2.74 \quad (p < .05)$$

$$〔臨界值：F_{.95(3, 28)} = 2.95〕$$

所以，考驗結果未達 $\alpha = .05$ 的顯著水準。由本例可知，若是一份相依樣本的資料被誤認為獨立樣本，而採用獨立樣本的變異數分析方法來計算，使原本可達顯著差異的結論，卻因為誤用分析方法，而導致未達顯著水準的錯誤結論。這種謬誤不可說是不大，讀者們宜審慎分辨資料類型、來源、和屬性，再決定分析方法，以避免觸犯這種不必要的推論錯誤。

第二節　變異數分析的基本假設和特性

一、基本假設

變異數分析有下列幾項基本假設，若收集到的資料顯示嚴重違反這些基本假設時，則使用變異數分析的結果將產生錯誤結論。

⑴常態性 (normality)：是指樣本所來自的母群體在實驗研究的依變項上是呈常態分配。當使用小樣本時，我們不太容易從資料分佈圖看出是否有違反常態性的假設；但當使用**大樣本**時，我們則可透過**資料分佈圖** (scatter plot) 得知樣本人數是否呈常態分佈。除非有很明確的證據顯示已嚴重違反常態性假設外，通常並不需要去考驗常態性。如果真的違反常態性假設，較易獲得一個事實上未達顯著水準而卻得到達顯著水準的錯誤結論（亦即比較容易觸

犯第一類型錯誤），此時，只要將 α 設定得較小（亦即**較嚴格**）一點，或進行**資料轉換**，便可以解決這種問題。

(2)**獨立性** (independence)：是指每個樣本觀察值必須是獨立的，或各變異來源的離均差平方和，可以合併加總起來成為總離均差平方和；換句話說，總離均差平方和可以分割成幾個可以相加的部份，每個部份均互相獨立或不相重疊，並且變異來源相當明確。有關這一點，本章所討論的各種變異數分析方法，通常都可以符合要求。

(3)**變異數同質性** (homogeneity of variance)：如同進行 t 考驗時所必需遵守的基本假設一樣，變異數分析也必需假設各研究組的變異數是相同的，亦即，$\sigma_1^2 = \sigma_2^2 = \cdots = \sigma_k^2$。如果嚴重違反此一假設，將導致錯誤的結論，因此，這是一個最需要遵守的基本假設。通常，我們會利用下列所述各種方法來考驗變異數同質性是否符合；如果證據顯示此假設無法被滿足時，在某些情況下，我們只要透過**資料轉換**，就可以將各組變異數轉化成彼此較為接近的結果，以滿足這個基本假設的要求。

當我們使用**等組設計**時（即**每組人數相同**時），變異數分析具有**強韌性** (robustness) 可以違反常態性和變異數同質性等基本假設，而不太會影響第一類型和第二類型的錯誤機率；但是，當我們使用不等組設計時，變異數同質性假設卻是獲得正確結果的必要條件。即使在一個母群體不是常態分配的情況下，**薛氏考驗法** (Scheffe's test) 可以用來檢定變異數同質性假設，並可獲致相當正確的結論 (Glass & Hopkins, 1984)。

二、變異數同質性考驗

考驗 k 個獨立樣本下變異數同質性的方法，至少有下列兩種常用的方法。表 10.8 的資料顯示各組變異數可能不相等，因此，以該表為例說明這兩種常用的變異數同質性考驗方法如下：

㈠哈氏考驗法 (Hartley's test)

這種考驗方法首由 Hartley 提出，所以稱作「**哈氏考驗法**」(Hartley, 1950)。哈氏考驗方法適用在兩個以上獨立樣本間變異數是否為同質的考驗情況，他的考驗法是求最大的和最小的變異數之比，並以下列公式表示：

表 10.8   四組資料的變異數同質性考驗

學生	I	II	III	IV	Σ
A	4	4	30	24	
B	6	12	40	30	
C	2	8	40	26	
D	4	8	40	30	
E	2	6	40	32	
F	2	10	30	30	
G	2	8	30	28	
H	2	8	30	40	
$\sum X$	24	64	280	240	608
$\sum X^2$	88	552	10000	7360	18000
$\bar{x}_j$	3	8	35	30	
v_j	7	7	7	7	
S_j^2	2.29	5.71	28.57	22.86	59.43
$\ln S_j^2$	.8286	1.7422	3.3524	3.1294	9.0526

$$F_{\max} = \frac{S_{\max}^2}{S_{\min}^2}$$

〈公式 10–7〉

哈氏並導出 $F_{\max}$ 考驗的臨界值及其抽樣分配,欲考驗 $F_{\max}$ 值是否達顯著水準,必需查閱附錄三表 F 的臨界值,此時,查表的自由度為 (k, v_j),其中,k 為組數,v_j 為第 j 組的自由度,一般均假設使用等組設計,因此,查表的自由度為 $(k, n-1)$。

茲以表 10.8 的資料來說,將各組中變異數最大者(即第三組)28.57 和最小者(即第一組)2.29,代入〈公式 10–7〉中,得:

$$F_{\max} = \frac{28.57}{2.29} = 12.4760$$

經查閱附錄三表 F,得臨界值 $F_{.95(4, 7)} = 8.44$,因此,計算出的 $F_{\max}$ 值大於 8.44,所以要拒絕 $H_0: \sigma_1^2 = \sigma_2^2 = \sigma_3^2 = \sigma_4^2$,亦即,這四組變異數間有顯著差異存在,它們之間並不是相同的。

哈氏考驗法在違反常態性假設的情況下，並不具有強韌性的特質，它雖然比不上巴氏考驗法的統計考驗力，但卻比巴氏考驗法來得**簡潔和計算方便**。

(二)**巴氏考驗法 (Bartlett's test)**

當資料顯示**各組變異數相差很大或根本不相等**時，可以使用巴氏考驗法來驗證。巴氏考驗法適用在 k 個獨立樣本間變異數是否為同質的考驗情況，他的考驗公式可以表示如下：

$$\chi^2 = v_w \ln S_w^2 - \sum v_j \ln S_j^2$$

〈公式 10–8〉

其中，$v_j = n_j - 1$，$v_w = \sum v_j$，且 $\ln S_w^2$ 是**組內變異數的自然對數值**。此時，考驗上述公式需要查閱附錄三表 B 的臨界值，自由度為 $k-1$。茲將表 10.8 的有關資料代入〈公式 10–8〉中，得：

$$S_w^2 = \frac{\sum v_j S_j^2}{v_w} = \frac{7(2.29 + 5.71 + 28.57 + 22.86)}{(7 + 7 + 7 + 7)} = 14.8575$$

$$\sum v_j \ln S_j = (7)[\ln(2.29) + \ln(5.71) + \ln(28.57) + \ln(22.86)] = 63.3682$$

$$\chi^2 = (28)\ln(14.8575) - 63.3682 = 12.1899$$

大於查閱附錄三表 B 的臨界值 $\chi^2_{.95(3)} = 7.815$。

由於根據〈公式 10–8〉所計算出的卡方值有些微的**正偏差** (positively biased)，因此，必須經過下列公式的**校正**：

$$\chi_c^2 = \frac{\chi^2}{C}$$

〈公式 10–9〉

其中，C 為：

$$C = \frac{1}{1 + 3(k-1)}(\sum \frac{1}{v_j} - \frac{1}{v_w})$$

〈公式 10–10〉

當等組時，C 為：

$$C = 1 + \frac{k+1}{3v_w}$$

〈公式 10–11〉

以表 10.8 的資料來說，本例是等組設計，因此，C 為：

$$C = 1 + \frac{k+1}{3k(n-1)} = 1 + \frac{4+1}{3(4)(8-1)} = 1.0595$$

所以，校正後的 $\chi_c^2 = \chi^2 / C = 12.1899 / 1.0595 = 11.5053$ 仍然大於查表的臨界值 7.815，故要拒絕 $H_0 : \sigma_1^2 = \sigma_2^2 = \sigma_3^2 = \sigma_4^2$。考驗結果顯示這四組依變項的變異數間有顯著差異存在，因此違反變異數同質性的基本假設，故表 10.8 的資料不宜直接拿來進行變異數分析，應作某種調整和處理後再進行分析為宜。

統計電腦套裝軟體程式 SPSS 採用一種名為 Bartlett-Box 的變異數同質性考驗方法，是使用 F 考驗的方式來取代巴氏考驗法，該 F 考驗的方法可以表示如下：

$$F = \frac{v_2 \chi^2}{v_1(b - \chi^2)}$$
〈公式 10–12〉

其中，$v_1 = k-1$，$v_2 = \dfrac{(k+1)}{C^2}$，$b = \dfrac{v_2}{1-C+2/v_2}$，$C$ 為〈公式 10–10〉中的 C 值。

茲將表 10.8 的資料代入〈公式 10–12〉中，得：

$$C = \frac{1}{1 + 3(k-1)}(\sum \frac{1}{v_j} - \frac{1}{v_w}) = .0536$$

$$v_2 = \frac{(k+1)}{C^2} = \frac{4+1}{(.0536)^2} = 1740.3653$$

$$b = \frac{v_2}{1-C+2/v_2} = \frac{1740.3653}{1-.0536+2/1740.3653} = 1836.70$$

$$F = \frac{v_2 \chi^2}{v_1(b-\chi^2)} = \frac{(1740.3653)(12.1899)}{(3)(1836.70-12.1899)} = 3.88$$

已大於查表的 $F_{1-\alpha(v_2, v_2)} = F_{.95(3, \infty)} = 2.60$，所以要拒絕 $H_0 : \sigma_1^2 = \sigma_2^2 = \sigma_3^2 = \sigma_4^2$，亦即這四組依變項的變異數間有顯著差異存在，因此違反變異數同質性的基本假設。由此可見，使用 F 考驗結果，也與巴氏考驗法的結果一致。

另外一種常用的變異數同質性考驗方法是**卡氏考驗法** (Cochran's test)，

他所提的計算公式是修正〈公式 10-7〉而來：

$$C = \frac{S_{max}^2}{\sum S_j^2}$$ 〈公式 10-13〉

不過這個公式必須使用特殊的查表值和等組設計。即使是使用等組設計，它也不會比巴氏考驗法為優，只是計算較為方便而已。但遇到違反常態性假設的情況下，卡氏考驗法亦不具有強韌性的特質。不過，在 SPSS 程式中，制式的報表亦提供此一考驗值供使用者參考，它的用法與哈氏、巴氏考驗法相同，都是作為變異數同質性的一種考驗方法。

巴氏考驗法在**違反常態性假設的情況下，也不具有強韌性的特質**，雖然它的**統計考驗力比哈氏考驗法還大**，但是為了避免因違反常態性假設而產生錯誤結論，也許使用比較具有強韌性特性的薛氏考驗法較適宜。薛氏考驗法將在後續章節裡討論，故不在此贅述。

三、違反變異數基本假設時的處理

經由上述考驗證實違反變異數同質性假設，或也違反其他兩種基本假設（即：常態性、獨立性）時，我們可酌情進行**資料轉換** (transformation)，目的在使各組變異數值趨於相近，以便進行變異數分析。不過，資料經過轉換後，資料的某些特質會被改變，但有些特質和資料間關係仍然會被保留下來。

常用的轉換方法至少有下列三種：

1.**平方根轉換：**當我們發現各組平均數和其變異數的比值都大約相近時，便可以採用平方根的轉換方法：

$$X' = \sqrt{X}$$ 〈公式 10-14〉

如果 $X < 10$ 時，則可以使用下列的校正方式進行轉換：

$$X' = \sqrt{X + .5}$$ 〈公式 10-15〉

由表 10.8 的資料顯示，各組平均數和其變異數的比值大約相近（如：第一組為 $3/2.29 = 1.31$、第二組為 1.40、第三組為 1.23、第四組為 1.31），且經由巴

氏和哈氏考驗法證實已違反變異數同質性假設，此時，我們可以選用〈公式
10–15〉的平方根轉換法，將表 10.8 的資料轉換成表 10.9 的資料。由表 10.9
的資料可知，經過轉換後，各組變異數已趨於相近，並且各組平均數的特性
仍然維持不變（即仍然是第三組平均數最大，而第一組平均數最小），故可以
利用表 10.9 的資料進行變異數分析。

表 10.9　表 10.8 四組資料的平方根轉換

學生	I	II	III	IV	Σ
A	2.12	2.12	5.52	4.95	
B	2.55	3.54	6.36	5.52	
C	1.58	2.92	6.36	5.15	
D	2.12	2.92	6.36	5.52	
E	1.58	2.55	6.36	5.70	
F	1.58	3.24	5.52	5.52	
G	1.58	2.92	5.52	5.34	
H	1.58	2.92	5.52	6.36	
$\sum X$	14.69	23.13	47.52	44.06	608
$\sum X^2$	27.97	68.13	283.68	243.89	18000
$\bar{x}_j$	1.84	2.89	5.94	5.51	
S_j^2	.14	.18	.20	.18	.70

2.**對數轉換**：當資料顯示各組平均數和其標準差的比值都大約相近時，便
可以採用對數的轉換方法：

$$X' = \log_{10} X \qquad \text{〈公式 10–16〉}$$

如果 X 為 0 或較小的分數時，則可以使用下列的校正方式進行轉換：

$$X' = \log_{10}(X + 1) \qquad \text{〈公式 10–17〉}$$

例如，當 $X = 0$ 時，可得 $X' = \log_{10}(0 + 1) = .0000$，而當 $X = 6$ 時，可得 $X' = \log_{10}(6 + 1) = .8451$。

3.**倒數轉換**：當資料顯示各組平均數的平方與其標準差的比值都大約成
某種比例時，便可以採用下列的倒數轉換方法：

$$X' = \frac{1}{X}$$

〈公式 10–18〉

如果有 0 的分數時，則可以使用下列的校正方式進行轉換：

$$X' = \frac{1}{X+1}$$

〈公式 10–19〉

例如，當 $X = 0$ 時，$X' = \frac{1}{0+1} = 1.00$，而當 $X = 10$ 時，$X' = \frac{1}{10+1} = .09$。這種倒數轉換方法最適合用於時間反應實驗所得的資料。

四、變異數分析的理論

㈠總離均差平方和的分割

在實驗設計中，根據實驗研究結果是否要推論到其他情境中，我們選用來考驗實驗處理效果的誤差項便會有所不同，一般而言，有三種不同的選擇模式：第一為「固定效果模式」(fixed effect model)；第二為「隨機效果模式」(random effect model)；第三為「混合效果模式」(mixed effect model)。

所謂固定效果模式，是指一個實驗研究設計包括它所有的實驗處理水準 (treatment levels)，並且，它將來的實驗研究結果也只限推論到這些實驗處理水準上，而不推論到實驗情境外的其他實驗處理水準中，像這種變異數分析的方式便稱作固定效果模式。通常，在心理與教育研究領域所採用的實驗設計方法，多半是屬於固定效果模式。本書所列舉的變異數分析例子，也都是屬於固定效果模式。至於其他模式，已超過本書的介紹範圍，有興趣的讀者可以逕行參閱專書（如：吳宗正，民 73；姚景星、劉睦雄，民 78；Edwards, 1985；Kirk, 1982)。

所謂隨機效果模式，是指研究者自許多實驗處理水準中隨機抽取數種進行研究，並希望將來的研究結果能推論到所有這些實驗處理水準上，這種希望研究結果能推論到實驗情境以外的變異數分析方式，便稱作隨機效果模式。隨機效果模式的計算方式和固定效果模式的計算方式都一樣，只是在分割總離均差平方和與選用適當的誤差項上，有所不同而已。有興趣的讀者可以逕行參閱有關實驗設計方面的專書（例如：吳宗正，民 73；姚景星、劉睦雄，民

78；Edwards, 1985; Kirk, 1982）。

　　所謂**混合效果模式**，是指研究者在各種研究變項的實驗處理水準中，有些研究結果只限推論到該變項的現有實驗處理水準而已，而有些研究結果則要推論到研究變項以外的實驗處理水準，這種揉合固定效果模式和隨機效果模式的變異數分析方式，便稱作混合效果模式。有興趣的讀者，也請自行參閱有關實驗設計方面的專書（例如：吳宗正，民 73；姚景星、劉睦雄，民 78；Edwards, 1985; Kirk, 1982）。本書僅將重點放在固定效果模式的分析和討論上。

　　其實，若以數學模式表示變異數分析的關係式，可以**直線模式** (linear model) 表示如下：

$$X_{ij} = \mu + \alpha_j + \varepsilon_{ij}$$ 〈公式 10–20〉

其中，X_{ij} 表示第 i 列和第 j 行的受試者分數，例如，在表 10.1 中的 $X_{23} = 100$，$X_{32} = 60$。它是由三部份所組成：第一部份是 μ，指的是全體樣本中每個受試者都具有的一個總效果，是一個常數值，並且常以**總平均數** (grand mean) $\bar{x}_{..}$ 作為 μ 的不偏估計值；例如，在表 10.1 裡，75.33 便是它的估計值。第二部份是 α_j，指的是第 j 組的所有 n_j 個受試者都具有的一個實驗處理效果，也是一個常數，可以 $\alpha_j = \mu_j - \mu$ 表示，並常以 $(\bar{x}_{.j} - \bar{x}_{..})$ 作為其不偏估計值。由於這 α_j 是代表各組實驗處理的效果，所以又稱作「**主要效果**」(main effect)，它是研究者最關心的項目。任何一位熱中實驗研究的學者，當然都不希望看到研究成果顯示 $\alpha_j = 0$；換句話說，他真正關心的是虛無假設 $H_0: \mu_1 = \mu_2 = \mu_3$ 是否可以獲得支持？例如，在表 10.1 中，這三個實驗組的實驗處理效果分別為：演講法為 -15.33（即為 $60 - 75.33$）、啟發法為 $-.33$（即 $75 - 75.33$）、電腦輔助法為 19.67（即 $95 - 75.33$）。主要效果還有個特性，那就是 $\sum \alpha_j = 0$，亦即，各組的主要效果之和等於零。第三部份是 ε_{ij}，指的是第 i 列和第 j 行受試者分數的**殘差** (residual)，它的來源是「**實驗或測量誤差**」或「**個別差異**」，它不是一個常數，而是每位受試者的 ε_{ij} 分數都不一樣，這一部份是研究者最想要去控制或設法減少的部份，但卻無法完全避免。它的不偏估計值為 $(X_{ij} - \bar{x}_{.j})$，並且與迴歸分析的殘差值同享一樣的基本假設：其分配呈現平均數為 0，標準差為 σ 的常態分配，並且各個 ε_{ij} 間互為獨立事件，常以數學符號簡單表示成

$\varepsilon_{ij} \sim NID(0, \sigma^2)$；例如，在表 10.1 中，$X_{23}$ 的殘差為 5（即為 $100-95$），X_{32} 的殘差為 -15（即為 $60-75$）。

經由上述的說明，〈公式 10–20〉可以分開寫成：

$$X_{ij} = \bar{x}_{..} + (\bar{x}_{.j} - \bar{x}_{..}) + (X_{ij} - \bar{x}_{.j})$$

移項之後，即得：

$$(X_{ij} - \bar{x}_{..}) = (\bar{x}_{.j} - \bar{x}_{..}) + (X_{ij} - \bar{x}_{.j})$$
$$= \hat{\alpha}_j + \hat{\varepsilon}_{ij}$$

亦即是：每一個分數與總平均數之差，等於組平均數與總平均數之差（即以 $\hat{\alpha}_j$ 表示）加上每一分數與組平均數之差（即以 $\hat{\varepsilon}_{ij}$ 表示）。例如，以表 10.1 中 X_{23} 的值為例：

$$(100 - 75.33) = (95 - 75.33) + (100 - 95)$$

若我們將第 j 組中的 n 個受試者分數的離均差平方加總起來，即得：

$$\sum_{i=1}^{n} (X_{ij} - \bar{x}_{..})^2 = \sum_{i=1}^{n} [(\bar{x}_{.j} - \bar{x}_{..}) + (X_{ij} - \bar{x}_{.j})]^2$$
$$= \sum_{i=1}^{n} [(\bar{x}_{.j} - \bar{x}_{..})^2 + 2(\bar{x}_{.j} - \bar{x}_{..}) \cdot (X_{ij} - \bar{x}_{.j}) + (X_{ij} - \bar{x}_{.j})^2]$$
$$= \sum_{i=1}^{n} (\bar{x}_{.j} - \bar{x}_{..})^2 + 2(\bar{x}_{.j} - \bar{x}_{..}) \cdot \sum_{i=1}^{n} (X_{ij} - \bar{x}_{.j}) + \sum_{i=1}^{n} (X_{ij} - \bar{x}_{.j})^2$$

由於 $\sum_{i=1}^{n} (X_{ij} - \bar{x}_{.j}) = 0$，所以中間項便完全消失，僅剩：

$$\sum_{i=1}^{n} (X_{ij} - \bar{x}_{..})^2 = \sum_{i=1}^{n} (\bar{x}_{.j} - \bar{x}_{..})^2 + \sum_{i=1}^{n} (X_{ij} - \bar{x}_{.j})^2$$
$$= n_j (\bar{x}_{.j} - \bar{x}_{..})^2 + \sum_{i=1}^{n} (X_{ij} - \bar{x}_{.j})^2$$

因為 $(\bar{x}_{.j} - \bar{x}_{..})^2$ 對同一組內的 n 個受試者皆相同，所以，可以合併成上述的：$n_j(\bar{x}_{.j} - \bar{x}_{..})^2$；如果再將 k 組的上述總和加總起來，即得：

$$\sum_{j=1}^{k} \sum_{i=1}^{n} (X_{ij} - \bar{x}_{..})^2 = \sum_{j=1}^{k} n_j (\bar{x}_{.j} - \bar{x}_{..})^2 + \sum_{j=1}^{k} \sum_{i=1}^{n} (X_{ij} - \bar{x}_{.j})^2 \qquad \langle 公式 10\text{-}21 \rangle$$

此即我們前面所說過的：

$$SS_t = SS_b + SS_w$$

亦即，「總離均差平方和」可以分割成「組間離均差平方和」和「組內離均差平方和」兩大部份。惟，雖然 $SS_t = SS_b + SS_w$，但 $MS_t \neq MS_b + MS_w$，這一點讀者必須特別小心。

㈡自由度

上述組間離均差平方和（即 SS_b）的定義公式可以表示如下：

$$SS_b = \sum_{j=1}^{k} n_j (\bar{x}_{.j} - \bar{x}_{..})^2$$

如果使用等組設計時，上述公式可以再簡化成：

$$SS_b = n \sum_{j=1}^{k} \hat{\alpha}_j^2$$

並且，各組平均數與總平均數間具有下列的關係式，亦即：

$$\frac{\sum_{j=1}^{k} \bar{x}_{.j}}{k} = \frac{\bar{x}_{.1} + \bar{x}_{.2} + \cdots + \bar{x}_{.k}}{k} = \bar{x}_{..}$$

也就是說，在總平均數的條件限制下，只要其中 $k-1$ 組的組平均數一經決定後，最後一組的組平均數也就隨之固定，它無法自由變動，如此才能滿足上述公式的條件限制；因此，組間離均差平方和的自由度便是組數減掉 1，亦即：$df_b = k-1$。

上述組內離均差平方和（即 SS_w）的定義公式可以表示如下：

$$SS_w = \sum_{j=1}^{k} \sum_{i=1}^{n} (X_{ij} - \bar{x}_{.j})^2$$

亦即，它是合併各組組內的離均差平方和而得；但是，各組組平均數與各組人數間具有下列的關係式：

$$\frac{\sum_{i=1}^{n} X_{ij}}{n} = \frac{X_{1j} + X_{2j} + \cdots + X_{nj}}{n} = \bar{x}_{.j}$$

也就是說，在組平均數的條件限制下，各組內只要其中 $(n-1)$ 個人的分數一經決定後，最後一個人的分數也就隨之固定，它無法自由變動，如此才能滿足上述公式的條件限制；所以，每一組的組內離均差平方和均喪失一個自由度（即 $df_j = n-1$），我們一共有 k 組，故組內離均差平方和的自由度共有 $df_w = k(n-1)$，或 $df_w = N-k$。

上述總離均差平方和（即 SS_t）的定義公式可以表示成：

$$SS_t = \sum_{j=1}^{k} \sum_{i=1}^{n} (X_{ij} - \bar{x}_{..})^2$$

並且，**每個人的分數與總平均數**間具有下列的關係式，亦即：

$$\frac{\sum_{j=1}^{k} \sum_{i=1}^{n} X_{ij}}{nk} = \frac{X_{11} + X_{21} + \cdots + X_{nk}}{nk} = \bar{x}_{..}$$

也就是說，在總平均數的條件限制下，總人數中只要其中 $nk-1$ 個人的分數一經決定後，最後一個人的分數也就隨之固定，它無法自由變動，如此才能滿足上述公式的條件限制；因此，總離均差平方和的自由度便是總人數減掉 1，亦即：$df_t = nk-1$ 或 $df_t = N-1$。

(三)均方：MS_b 和 MS_w 的期望值

離均差平方和（即 SS）除以自由度（即 df），便稱作均方（即 MS）。在單因子變異數分析裡，我們僅關心兩個均方：一為組間均方（以 $MS_b = SS_b/df_b$ 表示），和另一為組內均方（以 $MS_w = SS_w/df_w$ 表示）。

某個統計數的期望值是指該統計數的抽樣分配平均數而言。因此，均方的期望值便是指經過無數次實驗後，均方的長期平均數，記作 $E(MS)$。我們

比較關心的是組間和組內的均方期望值，分別記作 $E(MS_b)$ 和 $E(MS_w)$。

在等組設計的實驗情境下，MS_w 可以表示如下：

$$MS_w = \frac{SS_w}{df_w} = \frac{\sum_{j=1}^{k}\sum_{i=1}^{n}(X_{ij} - \bar{x}_{.j})^2}{k(n-1)}$$

$$= \frac{1}{k}[\frac{\sum_{i=1}^{n}(X_{i1} - \bar{x}_{.1})^2}{n-1} + \frac{\sum_{i=1}^{n}(X_{i2} - \bar{x}_{.2})^2}{n-1} + \cdots + \frac{\sum_{i=1}^{n}(X_{ik} - \bar{x}_{.k})^2}{n-1}]$$

其中 $\sum(X_{i1} - \bar{x}_{.1})^2/(n-1)$ 是第一組的樣本變異數，可以表示成 S_1^2；第二組的樣本變異數，可以表示成 S_2^2；依此類推。由於各組樣本變異數的期望值都是各組母群體變異數的不偏估計值，因此，當等組時，**組內均方的期望值**即為這 k 組樣本變異數之平均數，可以表示如下：

$$E(MS_w) = \frac{1}{k}E(S_1^2 + S_2^2 + \cdots + S_k^2)$$

$$= \frac{1}{k}[E(S_1^2) + \cdots + E(S_k^2)]$$

$$= \frac{1}{k}(\sigma^2 + \sigma^2 + \cdots + \sigma^2)$$

$$= \frac{1}{k}(k\sigma^2) = \sigma^2$$

〈公式 10–22〉

此即表示組內均方的期望值其實就是**母群體變異數**，它不受總平均數的影響，僅受各組組內變異數大小的影響。

在虛無假設 $H_0: \mu_1 = \mu_2 = \cdots = \mu_k$ 為真的情況下，則所有抽樣樣本背後的母群體平均數都會相等，此時，$E(MS_b) = \sigma^2$。如果，至少有兩組的母群體平均數不相等，則虛無假設便是假的，此時，**組間均方的期望值**將為：

$$E(MS_b) = \sigma^2 + \frac{n\sum_{j=1}^{k}\alpha_j^2}{k-1} = \sigma^2 + n\sigma_\alpha^2$$

〈公式 10–23〉

其中 $\sum \alpha_j^2 / (k-1) = \sigma_\alpha^2$，表示**實驗處理效果的變異數**。歸納來說：

1. 當 H_0 為真時，則：

$$E(MS_w) = \sigma^2 \quad 且 \quad E(MS_b) = \sigma^2$$

2. 當 H_0 為假時，則：

$$E(MS_w) = \sigma^2 \quad 且 \quad E(MS_b) = \sigma^2 + \frac{n \sum_{j=1}^{k} \alpha_j^2}{k-1}$$

在進行 F 考驗時，虛無假設需要這兩個變異數估計值互為獨立；而事實上，當母群體呈常態分配時，MS_b 和 MS_w 互為獨立，因此，可以滿足 F 考驗的需求。根據上述歸納的重點可知，**當虛無假設為假的時，研究者當然期望 MS_b 的值比 MS_w 的值還大**，如此，才比較容易達到顯著水準，以彰顯實驗處理的效果。

㈣ F **考驗及其特性**

由卡方分配可知，當 $X_1, \cdots, X_n$ 表示 n 個獨立觀察值，它們共同來自變異數為 σ^2 的常態分配母群體，則：

$$\frac{(X_1 - \bar{x})^2}{\sigma^2} + \frac{(X_2 - \bar{x})^2}{\sigma^2} + \cdots + \frac{(X_n - \bar{x})^2}{\sigma^2} \sim \chi_{n-1}^2$$

因此，$\quad \dfrac{SS_w / df_w}{\sigma^2} = \dfrac{MS_w}{\sigma^2} \sim \dfrac{\chi_{N-k}^2}{k(n-1)}$

同理，$\quad \dfrac{SS_b / df_b}{\sigma^2} = \dfrac{MS_b}{\sigma^2} \sim \dfrac{\chi_{k-1}^2}{(k-1)}$

所以，$\quad F = \dfrac{\dfrac{SS_b / df_b}{\sigma^2}}{\dfrac{SS_w / df_w}{\sigma^2}} = \dfrac{\dfrac{\chi_{k-1}^2}{k-1}}{\dfrac{\chi_{N-k}^2}{k(n-1)}} \sim F_{(df_b, \, df_w)}$

即是**兩個獨立的卡方分配之比值**，也就是 F 考驗的基本定義公式。

F 考驗與 t 考驗享有共同的基本假設，那就是：⑴**常態性**，⑵**獨立性**，和

(3)**變異數同質性**。通常，都表示成 $\varepsilon \sim NID(0, \sigma^2)$。一般而言，進行 F 考驗前，都必須先檢定上述這些假設是否已被滿足？變異數分析的**強韌性檢定** (robustness test) 研究發現 (Glass, Peckham, & Sanders, 1972)：

⑴除非母群體呈極度的偏態、使用小樣本、或採用單側考驗時，違反常態性假設對第一類型和第二類型錯誤機率的影響，幾乎可以忽略。

⑵當使用等組設計時，違反變異數同質性對第一類型錯誤機率和統計考驗力的影響，也幾乎可以忽略。當樣本人數較大的一組也具有較大的變異數時，變異數分析的結果會較「保守」(conservative)（亦即，實際上的 α < 名義上的 α）；而當樣本人數較大的一組卻具有較小的變異數時，則變異數分析的結果會較「寬大」(liberal)（亦即，實際上的 α > 名義上的 α）。

⑶當違反獨立性假設時，真正的第一類型錯誤機率比較容易大於名義上的 α；亦即，違反獨立性假設會增加宣稱實驗處理為無效的機率。

由上述分析可見，使用大樣本及等組設計的變異數分析，此時的 F 考驗比較具有強韌性，亦即對犯第一類型錯誤機率和統計考驗力的不良影響較小。

五、關聯強度

在變異數分析中，當 F 考驗結果達顯著水準時，其實也就是說自變項與依變項間存在有某種程度的關聯性，這種關聯性可用一種類似決定係數的概念指標來表示，這種指標稱作「關聯性強度係數」(coefficient of strength of association)，其計算公式可以表示如下 (Edwards, 1985; Kirk, 1982)：

$$\omega^2 = \frac{SS_b - (k-1)MS_w}{SS_t + MS_w}$$ 〈公式 10–24〉

以例 10.1 的結果來說，其 $F = 5.73$，達到 $\sigma = .05$ 的顯著水準，因此，可以進一步計算其關聯強度係數為：

$$\omega^2 = \frac{2723.33 - (3-1)(237.50)}{5573.33 + 237.50} = .39$$

可見，教學法與數學成績間確有關聯性存在，並且教學法可以解釋數學成績之變異數的 39%；換句話說，在數學成績變異數中，尚有 61% 的變異數是教學法所無法解釋到的。由上述例子可知，此關聯性強度係數的涵意與迴歸分析中的 r^2（即決定係數）的解釋意義一樣，都是用來說明**在依變項的總變異數中，有多少百分比的變異數可被實驗處理效果**（在迴歸分析中即為自變項的預測效果）**所解釋到**。至於解釋不到的部份，即為實驗誤差的部份。

通常，當 F 考驗達顯著水準時，才有必要進一步計算關聯性強度係數，此時的 ω^2 值多半為正數。但在某些情況下，ω^2 值有可能為負數，此時，習慣上都把 ω^2 的值設定為 0。

在變異數分析中，只知道 F 值是否達顯著水準的價值可能並不高，如果我們也能同時知道實驗處理的效果可以解釋依變項的總變異數多少百分比的話，則實驗研究的附加價值就提高許多。此即當 F 考驗結果達顯著水準時，有必要進一步計算關聯性強度係數的原因。但是，下列情況也必須要注意：當樣本人數很大，而 MS_w 變得很小，且容易使 F 值達顯著水準時，此時，若 ω^2 值也很小，則雖然 F 值在統計學上具有**顯著** (significant) 的意義，但它在實際應用上卻仍然沒有意義，因為自變項所能解釋依變項的總變異數百分比很小，**沒有實用價值** (meaningless and useless)。

第三節　事後比較

當變異數分析的 F 考驗值達顯著水準時，接著要進行事後比較。其實，在實驗設計中，研究者可在實驗之前（或之後）就選好哪幾對（或幾組）特定的平均數，以便比較其間是否有差異存在，這種比較幾對（或幾組）平均數間差異的分析工作，便稱作「**多重比較**」(multiple comparisons)。在本節裡，我們將討論幾個重要的多重比較概念，並將重點放在事後比較的實際應用上。

一、多重比較的幾個基本概念

㈠事前比較與事後比較

根據在變異數分析之前或之後即選定進行多重比較的方法不同，多重比較可以分成兩種：

第一，在變異數分析的 F 考驗值達顯著水準之後，才決定尋找哪幾對平均數間有差異的多重比較方法，稱作「**事後比較**」（a posteriori 或 unplanned comparisons），是屬於一種「**探索性資料分析**」（exploratory data analysis）(Tukey, 1977)。通常，在這種情況下，若變異數分析的 F 考驗值未達顯著水準，則研究者便不需要進行事後比較，因為考驗結果已顯示各組平均數間並沒有差異存在；若變異數分析的 F 考驗值已達顯著水準，則由於它拒絕虛無假設，其涵意是指：「**在這些組別中，至少有一對（或一對以上）平均數間存有顯著差異**」，但是它並沒有告訴研究者到底是哪一對或哪幾對平均數間有差異存在，所以研究者才需要進行事後比較，以確定哪幾對組別間有差異，因此，事後比較的主要任務便是在辨識哪幾對平均數間有顯著差異存在。

第二，在進行變異數分析之前，即已根據理論或研究目的，事先選定好或計畫好要進行哪幾對平均數間的差異比較，以便驗證或檢定「被選定的這幾對平均數間，是否真的有差異存在」的虛無假設，因此，這種事先計畫好的多重比較方法，便稱作「**事前比較**」（a priori 或 planned comparisons），是屬於一種「**驗證性資料分析**」(comfirmatory data analysis)(Tukey, 1977)。通常，在這種情況下，不論變異數分析的 F 考驗值是否達顯著水準，研究者都必須依計畫進行這種事前比較。因此，從理論或假設驗證的觀點來看，事前比較通常會比事後比較來得嚴謹。

由於多重比較是屬於實驗設計或高等統計學的範疇，本節僅針對心理與教育統計學中常用的事後比較方法進行討論，至於事前比較的方法，有興趣的讀者可以自行參閱專書（例如：吳宗正，民 73；姚景星、劉睦雄，民 78；Edwards, 1985; Kirk, 1982 等）。

㈡正交比較與非正交比較

通常，我們在談到**兩組平均數間**的比較時，所指的不外是在比較其數值的大小，因此，我們可用一個數學符號 (ψ) 代表這個**比值**。如果這個比值是正數，則顯示前一組平均數比後一組平均數還大；反之，若這個比值是負數，則顯示前一組平均數比後一組平均數還小。所以，我們可將四組平均數間的比較，以**兩兩互比**的方式表示如下：

$$\psi_1 = (1)\bar{x}_1 + (-1)\bar{x}_2 + (0)\bar{x}_3 + (0)\bar{x}_4$$

$$\psi_2 = (1)\bar{x}_1 + (0)\bar{x}_2 + (-1)\bar{x}_3 + (0)\bar{x}_4$$

$$\psi_3 = (0)\bar{x}_1 + (0)\bar{x}_2 + (1)\bar{x}_3 + (-1)\bar{x}_4$$

上述三種表示方法中，分別代表第一組和第二組（即 ψ_1）、第一組和第三組（即 ψ_2）、第三組和第四組（即 ψ_3）間的比較，而每一次比較中沒有被比較的組別則以 0 代表它。我們稱這些組別前面所附加的數值（如：1、0、或 –1）為「比較係數」(coefficient of comparisons)，通常以 c_j 表示。由此可知，所謂的比較，其實指的是由各個組別的比較係數和組平均數乘積所構成的一種**線性組合** (linear composite)。組合不同，所獲得的比較結果便不同；例如：

$$\psi_4 = (\frac{1}{2})\bar{x}_1 + (\frac{1}{2})\bar{x}_2 + (-\frac{1}{2})\bar{x}_3 + (-\frac{1}{2})\bar{x}_4$$

$$\psi_5 = (-\frac{1}{2})\bar{x}_1 + (\frac{1}{2})\bar{x}_2 + (-\frac{1}{2})\bar{x}_3 + (\frac{1}{2})\bar{x}_4$$

$$\psi_6 = (-1)\bar{x}_1 + (\frac{1}{3})\bar{x}_2 + (\frac{1}{3})\bar{x}_3 + (\frac{1}{3})\bar{x}_4$$

上述三種表示方法中，也都算是一種比較，只是各組間的比較係數不同而已，例如：ψ_4 和 ψ_5 分別代表四組間的比較，但各組間的比較係數不是整數；而 ψ_6 雖然也是代表四組間的比較，但其涵意是指一倍的 $\bar{x}_1$ 和各為負三分之一倍的 $\bar{x}_2$、$\bar{x}_3$、和 $\bar{x}_4$ 之和的比較。

所謂「**正交比較**」(orthogonal comparisons) 是指彼此之間互為獨立或不重疊 (nonredundant) 的比較，它必須能同時滿足下列兩種數學條件，才能成立：

$$\sum_{j=1}^{k} c_j = 0 \quad \text{且} \quad \sum_{j=1}^{k} c_{ij}c_{i'j} = 0$$

亦即，在每次比較中，各組的比較係數之和等於 0，並且相對應的比較係數之交乘積和也等於 0。例如：ψ_1、ψ_3、和 ψ_4 的比較係數分別如下所示：

$$
\begin{array}{cccccc}
 & \bar{x}_1 & \bar{x}_2 & \bar{x}_3 & \bar{x}_4 & \sum c_j \\
\psi_1: & 1 & -1 & 0 & 0 & 0 \\
\psi_3: & 0 & 0 & 1 & -1 & 0 \\
\psi_4: & \frac{1}{2} & \frac{1}{2} & -\frac{1}{2} & -\frac{1}{2} & 0
\end{array}
$$

並且它們之間的相對應比較係數之交乘積和也都等於 0，亦即：

$$\sum c_{1j}c_{3j}: \quad (1)(0) + (-1)(0) + (0)(1) + (0)(-1) = 0$$

$$\sum c_{1j}c_{4j}: \quad (1)(\frac{1}{2}) + (-1)(\frac{1}{2}) + (0)(-\frac{1}{2}) + (0)(-\frac{1}{2}) = 0$$

$$\sum c_{3j}c_{4j}: \quad (0)(\frac{1}{2}) + (0)(\frac{1}{2}) + (1)(-\frac{1}{2}) + (-1)(-\frac{1}{2}) = 0$$

由此可見，ψ_1、ψ_3 和 ψ_4 三個比較之間互為正交比較，其餘則不是。一般說來，如果實驗研究有 k 個處理水準時，則正交比較的數目便有 $k-1$ 個。事實上，在獨立樣本變異數分析中，MS_b 的自由度是 $k-1$，它正好是 k 個平均數時所能進行之正交比較數目 (Kirk, 1982)。

所謂「非正交比較」(nonorthogonal comparisons) 是指相對應比較係數之交乘積和不等於 0（即 $\sum c_{ij}c_{i'j} \neq 0$）的多重比較。在非正交比較裡，由於兩個比較間不是互為獨立事件，所以所傳達的訊息有互相重疊 (redundant) 的地方。例如：ψ_1 和 ψ_2 的比較係數為：

$$
\begin{array}{cccccc}
 & \bar{x}_1 & \bar{x}_2 & \bar{x}_3 & \bar{x}_4 & \sum c_j \\
\psi_1: & 1 & -1 & 0 & 0 & 0 \\
\psi_2: & 1 & 0 & -1 & 0 & 0
\end{array}
$$

$$\sum c_{1j}c_{2j}: \quad (1)(1) + (-1)(0) + (0)(-1) + (0)(0) = 1$$

雖然其係數和為 0，但相對應比較係數之交乘積和並不等於 0，所以它不算是正交比較。

一般而言，何時採用什麼比較較為適當？端視研究目的、有無理論文獻的支持、或提出待考驗的假設與否而定。當採用**事前比較**時，研究者多半已有相當有力的理論可資佐證，或已提出某種虛無假設等待他去考驗，因此，研究者不一定會對所有的 $k-1$ 個正交比較感到興趣；此時，可以使用 t 考驗進行檢定，以期明確回答所感興趣的哪幾對特定平均數間是否有顯著差異存在。但是，當採用**事後比較**時，研究者多半還在**嘗試摸索的階段**，往往無法事先知道到底是哪幾組平均數間有差異，因此，**各組平均數間的所有可能比較，都是研究者所感興趣的**；此時，宜改採 F 考驗進行檢定，以期能夠探索出到底是哪幾組平均數間有差異存在。

㈢錯誤率的概念單位

在行為科學研究裡，研究者認為犯第一類型錯誤比犯第二類型錯誤還嚴重，因此，都小心翼翼的避免犯第一類型錯誤（例如：將 α 值定在小於 .05 的數值）。這是大家都已熟悉的作法，但是，在談到多重比較後，這種作法就有必要進一步作說明。

一般而言，當 $k=2$ 時，在變異數分析的 F 考驗值達顯著水準後，只有兩個平均數可以進行一個比較，此時，對 α 所指的範圍不致產生不明確的解釋。但是當 $k \geq 3$ 時，對於 α 的解釋就有可能產生混淆的情況，因為此時所指的 α 可能是指每一個**比較** (comparison)、每一**實驗** (experiment)、或同一**家族** (family) 的一組 c 個比較在達到顯著水準時所犯的第一類型錯誤；換句話說，此時必須考慮到錯誤率的**概念單位** (conceptual units)。

舉例來說，在例 10.1 的單因子變異數分析裡，研究者僅處理一個自變項，且該自變項下分成三個水準或層次（即 $k=3$），因此，研究者進行整體 F 考驗的虛無假設可以表示如下：

$$H_0: \mu_1 = \mu_2 = \mu_3$$

並且設定 $\alpha = .05$，此時，錯誤率的概念單位便是「**整個實驗**」；亦即，如果 F 考驗結果拒絕虛無假設的話，則這一「**整個實驗**」犯第一類型錯誤的機率為 .05。如果在 F 考驗後達顯著水準，研究者可能會接著進行事後比較，在 k 個水準下，將會有 $k(k-1)/2$ 個事後比較等待進行，此時，若將每一次事後比

較的錯誤率定為 .05，則**至少有一個事後比較觸犯第一類型錯誤的機率**為 $P = 1 - (1 - \alpha)^m$, $m = k(k-1)/2$；並且 k 愈大，犯錯的機率便愈大。所以，此時的錯誤率概念單位不是整個實驗之下所屬的各個比較。習慣上，研究者多半將這些事後比較的錯誤率定在全部加起來不超過進行整體 F 考驗時所定的 α 值為原則，因此，事後比較的錯誤率一般比進行整體考驗的錯誤率還小，亦即 α 值定得較為嚴格，較不容易達顯著水準。

如果研究者在實驗研究之前就擬進行**事前正交比較**，則可以不必進行整體 F 考驗，而直接進行事前計畫好的 $(k-1)$ 個比較，此時，錯誤率的概念單位便是整個實驗之下所屬的每一個「比較」；例如：在 $\psi_1 = \bar{x}_1 - \bar{x}_2$ 的比較中，假設定 $\alpha = .05$，則這 .05 便是這個「比較」可能犯第一類型錯誤的機率。所以，在進行事前正交比較時，通常所使用的錯誤率概念單位是每一個「比較」，而不是較大單位的整個實驗。

至於以「家族」為錯誤率概念單位者，通常指的是**多因子變異數分析**時，**每一個自變項之下所進行的一組共 c 個比較**，亦即是同一家族內的比較。此時，「整個實驗」之下有由 c 個比較所構成的「家族」，並且「家族」之下有個別的「比較」，而錯誤率概念單位是「家族」，不是其上的「整個實驗」或其下的個別「比較」。由於**多因子變異數分析**遠超過本書範疇，所以，以「家族」為錯誤率概念單位的多重比較方法不擬在此討論，有興趣的讀者可自行參閱專書（例如：吳宗正，民 73；姚景星、劉睦雄，民 78；Edwards, 1985; Kirk, 1982 等）。本節僅將討論重點放在事後比較上。

二、事後比較

在**探索性資料分析**裡，研究者通常並不知道所處理的實驗水準中到底是哪一對（或幾對）平均數間有顯著差異存在，因此，**等到變異數分析的 F 考驗達顯著水準後**，才進行事後比較；如果 F 考驗結果未達顯著水準時，則便不需要進行事後比較。

本節將討論三種適用於事後比較的非正交比較法，如：Tukey 法、Newman-Kuels 法和 Scheffe 法。這些非正交比較法所使用的錯誤率概念單位都不是個別的「比較」，而是「整個實驗」。

㈠獨立樣本時

1. 杜氏法 (Tukey's method)

Tukey 提出「最實在的顯著差距」(honestly significant difference，簡寫成 *HSD*) 考驗方法，認為兩組平均數間之差只要大於下列的「差距考驗」(studentized range test) 值，便算達到顯著差異的程度：

$$q = \frac{\bar{x}_{max} - \bar{x}_{min}}{\sqrt{\dfrac{MS_w}{n}}}$$

〈公式 10–25〉

其中，$\bar{x}_{max}$ 代表 k 個平均數中最大的平均數，而 $\bar{x}_{min}$ 代表其中最小的平均數，$(\bar{x}_{max} - \bar{x}_{min})$ 即為最大與最小平均數之差距。q 值即表示此一差距值與其標準誤（即〈公式 10–25〉中的分母項）的比值，我們可以與查閱附錄三表 G 的臨界值作比較，亦即與 $q_{1-\alpha(k, N-k)}$ 的查表值比較，此時，查表的自由度分別為 k 及 $N-k$ 二者；若計算出的 q 值大於查表的 q 值時，則可以斷定這兩組平均數間的差值達顯著水準。當各組人數相等時，一般常用來**考驗兩個平均數間差異**的公式則為：

$$t = \frac{\bar{x}_j - \bar{x}_{j'}}{\sqrt{MS_w(\dfrac{1}{n_j} + \dfrac{1}{n_{j'}})}}$$

和〈公式 10–24〉之間存在有 $t = q / \sqrt{2}$ 的關係。

因此，所謂「最實在的顯著差距」便是指查表的 q 值與其標準誤之乘積，亦即：

$$\psi_{(HSD)} = q_{1-\alpha(k, N-k)} \sqrt{\frac{MS_w}{n}}$$

〈公式 10–26〉

所以，杜氏的事後比較法即指：**若兩個平均數間的差值大於 *HSD* 值時，便可以認為此差值達到顯著水準。**

茲舉表 10.4 的資料為例，說明 *HSD* 法的事後比較法如下：

首先，將三個平均數由小到大依序排列，由於 $k = 4$，所以有 $4(4-1)/2 = 6$ 對平均數的差值需要計算。茲將這些差值陳列在表 10.10 裡。

表 10.10　四種增強方法之事後比較結果（HSD 法）

增強方法	立即 $\bar{x}_1 = 12$	5 秒 $\bar{x}_2 = 13$	10 秒 $\bar{x}_3 = 15$	不予 $\bar{x}_4 = 27$
立即增強 ($\bar{x}_1 = 12$)	——	1	3	15*
5 秒後增強 ($\bar{x}_2 = 13$)		——	2	14
10 秒後增強 ($\bar{x}_3 = 15$)			——	12
不予增強 ($\bar{x}_4 = 27$)				——

$$\psi_{(HSD)} = q_{.95(4,12)} \sqrt{\frac{MS_w}{n}}$$
$$= 4.20 \sqrt{\frac{45}{4}}$$
$$= 14.09$$

由表 10.10 的計算可知，兩組平均數間的差值必需大於 HSD 值者，才算是達顯著水準。而由表 10.10 的資料可知，只有第四組和第一組間的差值 15 是大於 HSD 值 14.09（即以 * 號表示者），其餘各兩組間之差值均未大於 HSD 值，由此看來，只有立即增強的效果與不予增強的效果間達顯著差異；亦即，由表 10.10 的分析結果可知，立即增強的效果比不予增強的效果為優，其餘之間，則沒有顯著差異存在。

2. 紐曼─柯爾氏法 (Newman-Keuls' method)

這種方法又簡稱為 N-K 法，和杜氏法很相像，都是需要用到兩組間的差距考驗值，不過本法卻是依平均數之大小次序選用不同的臨界 q 值，這點與杜氏法不同。仍舉表 10.4 的資料為例，說明 N-K 法的事後比較法如下：

首先，仿照表 10.10，把各組平均數依大小次序自左往右排列，並且計算兩兩間的差值，如表 10.11 所示。

接著，求出每一比較中兩個平均數相差之等級數 (the number of steps)（自己本身也算成一級），並查出其相對應的不同臨界 q 值，並且計算出其應有的差距考驗值。例如：立即增強組與 5 秒後增強組間差二級，立即增強組與 10 秒後增強組間差三級，立即增強組與不予增強組間差四級，所以查閱附錄三表

表 10.11 四種增強方法之事後比較結果（N-K 法）

增強方法	立即 $\bar{x}_1 = 12$	5 秒 $\bar{x}_2 = 13$	10 秒 $\bar{x}_3 = 15$	不予 $\bar{x}_4 = 27$
立即增強（$\bar{x}_1 = 12$）	——	1	3	15*
5 秒後增強（$\bar{x}_2 = 13$）		——	2	14*
10 秒後增強（$\bar{x}_3 = 15$）			——	12*
不予增強（$\bar{x}_4 = 27$）				——
相差等級數（r）		$r = 2$	$r = 3$	$r = 4$
$q_{.95(r,12)}$		3.08	3.77	4.20
$q_{.95(r,12)}\sqrt{\dfrac{MS_\in}{n}}$		10.33	12.64	14.09

G，得 r 值分別為 2、3，或 4 時的臨界值，並且計算出其應有的差距考驗值，如表 10.11 所示。

　　然後，**找出等級相差 r 級者的差值與其查表的臨界值作比較**，凡計算出的差值大於查表的臨界值者，就算達到顯著水準。例如：立即增強組與不予增強組間相差四級，其差值 15 比其同等級的查表臨界值 14.09 還大，所以這個比較間的差值達顯著水準；另外，立即增強組與 5 秒後增強組與 10 秒後增強組間、10 秒後增強組與不予增強組間都是相差二級，所以，其差值要和等級同為 2 的臨界值 10.33 作比較，由表中得知，除了 10 秒後增強組與不予增強組間的差值達顯著水準外，其餘兩對比較間的差值都未達顯著水準；最後，立即增強組與 10 秒後增強組間、和 5 秒後增強組與不予增強組間都相差三級，所以，其差值要和等級同為 3 的臨界值 12.64 作比較，由表中得知，只有 5 秒後增強組與不予增強組間的差值達顯著水準，另一對差值則未達顯著水準。

　　由此可見，表 10.11 的**事後比較**結果顯示，四種不同增強方法所達的顯著差異效果，其實是由於不予增強效果與其他三種增強方法效果間存在有顯著差異的緣故所造成；至於其他三種增強方法效果間，則沒有顯著差異存在。

　　由上述表 10.10 和表 10.11 的事後比較結果可知，**杜氏的 *HSD* 法**在進行差距考驗時，是**不把各個平均數間相差等級的多寡考慮在內**，通通以最大的相差等級（即 $r = k$）的臨界 q 值作為差距考驗的比較值；而在 *N-K* 法中，它是

針對不同相差等級的數目而採取**較不嚴格的臨界** q **值**作為差距考驗的比較值，因此，使用 N-K 法會比使用 HSD 法更容易獲得兩個平均數有顯著差異存在的結果。就以例 10.2 來說，使用 HSD 法的事後比較，只得到一對比較間的差值達顯著水準；而使用 N-K 法的事後比較，卻得到三對比較間的差值達顯著水準。這項事實正可以說明這兩種事後比較方法在使用上和結果上的差異。

3. 薛氏法 (Scheffe's method)

上述 HSD 法和 N-K 法均使用差距考驗值，但是差距考驗值通常只適用在各組人數都相等和一次只比較兩個平均數間差值時，對於**各組人數不相等**或想**一次進行兩個以上平均數間差值**的比較時，就必需改用比較強韌的**薛氏事後比較法**（Scheffe's method，簡稱為 S 法）。

S 法使用的 F 考驗公式可以表示如下：

$$F = \frac{(c_1\bar{x}_1 + c_2\bar{x}_2 + \cdots + c_k\bar{x}_k)^2}{MS_w(\frac{c_1^2}{n_1} + \frac{c_2^2}{n_2} + \frac{c_k^2}{n_k})} \qquad \langle 公式\ 10\text{–}27 \rangle$$

其中，c_1、c_2、$\cdots$、c_k 是所謂的「比較係數」，而 n_1、n_2、$\cdots$、n_k 是各組人數。根據〈公式 10–20〉計算出的 F 值，如果大於下列查表的 F′ 值，即說該比較達顯著水準：

$$F' = (k-1)F_{1-\alpha(k-1,\ N-k)}$$

其中，$k-1$ 是組間變異數估計值 MS_b 的自由度，而 $N-k$ 是組內變異數估計值 MS_w 的自由度。S 法所使用的錯誤率概念是以「**整個實驗**」為單位，而不是以個別的「比較」為錯誤率概念單位。

兹以 S 法說明例 10.2 的六對平均數間的比較如下：

$$\psi_1 = \bar{x}_1 - \bar{x}_4 \ 時，\qquad F = \frac{[(1)(12) + (-1)(27)]^2}{45[\frac{(1)^2}{4} + \frac{(-1)^2}{4}]} = 10.00$$

$$\psi_2 = \bar{x}_1 - \bar{x}_3 \ \text{時,} \qquad F = \frac{[(1)(12) + (-1)(15)]^2}{45[\frac{(1)^2}{4} + \frac{(-1)^2}{4}]} = .40$$

$$\psi_3 = \bar{x}_1 - \bar{x}_2 \ \text{時,} \qquad F = \frac{(12 - 13)^2}{22.50} = .04$$

$$\psi_4 = \bar{x}_2 - \bar{x}_4 \ \text{時,} \qquad F = \frac{(13 - 27)^2}{22.50} = 8.71$$

$$\psi_5 = \bar{x}_2 - \bar{x}_3 \ \text{時,} \qquad F = \frac{(13 - 15)^2}{22.50} = .18$$

$$\psi_6 = \bar{x}_3 - \bar{x}_4 \ \text{時,} \qquad F = \frac{(15 - 27)^2}{22.50} = 6.40$$

查表得 $F_{.95(3,12)} = 3.49$，乘上 $k-1$，得臨界值 F' 為：

$$F' = (4 - 1)F_{.95(3,12)} = (3)(3.49) = 10.47$$

所以，上述六對比較中，沒有一對達顯著水準。此一結果與使用 *HSD* 法和 *N-K* 法的結果相去甚遠，相較之下，*S* 法比上述兩種方法都嚴格，使用 *S* 法的結果比較不容易達顯著水準。因此，有些學者建議在進行每次兩個平均數間的簡單比較時，還是以使用 *HSD* 法較適當 (Kirk, 1982, p. 121)。

雖然，每次兩個平均數間的簡單比較以使用 *HSD* 法比使用 *S* 法較為適當，但是，當需要進行各組人數不等或較為複雜的比較時，使用 *S* 法卻較為適當。以例 10.2 的資料來說，雖然進行 *S* 法的考驗結果顯示：沒有任何一個比較達顯著水準，但有時候，研究者會將不同的實驗處理效果加以合併，再來探討實驗組與控制組間的差異，例如，將表 10.3 中的前三組（代表實驗組）合併，然後與最後一組（代表控制組）作比較，因此，其比較的演算方式可以表示如下：

$$\psi_7 = (\frac{\bar{x}_1 + \bar{x}_2 + \bar{x}_3}{3} - \bar{x}_4) \ \text{時,}$$

$$F = \frac{[(\frac{1}{3})(12) + (\frac{1}{3})(13) + (\frac{1}{3})(15) + (-1)(27)]^2}{45[\frac{(\frac{1}{3})^2}{4} + \frac{(\frac{1}{3})^2}{4} + \frac{(\frac{1}{3})^2}{4} + \frac{(-1)^2}{4}]}$$

$$= 12.45 \quad (\therefore F > F' = 10.47)$$

由此可見，ψ_7 比較所計算出的 F 值已大於查表的 F' 值 10.47，所以要拒絕虛無假設，即表示前三組合併而成的實驗效果與最後一組控制組效果間的差值，達到顯著水準；由本資料分析所得結果來看，代表實驗組（有給予增強者：不論其增強方式是立即的，或延宕的，都算是有給予增強）的增強效果顯著的比代表控制組（不給予增強者）的不給予增強效果要好。

再以 S 法說明例 10.1 的三對平均數間的比較如下：

$$\psi_1 = \bar{x}_1 - \bar{x}_3 \text{ 時}, \qquad F = \frac{[(1)(60) + (-1)(95)]^2}{237.5[\frac{(1)^2}{5} + \frac{(-1)^2}{4}]} = 11.46$$

$$\psi_2 = \bar{x}_1 - \bar{x}_2 \text{ 時}, \qquad F = \frac{[(1)(60) + (-1)(75)]^2}{237.5[\frac{(1)^2}{5} + \frac{(-1)^2}{6}]} = 2.58$$

$$\psi_3 = \bar{x}_2 - \bar{x}_3 \text{ 時}, \qquad F = \frac{[(1)(75) + (-1)(95)]^2}{237.5[\frac{(1)^2}{6} + \frac{(-1)^2}{4}]} = 4.04$$

查表得 $F_{.95(2, 12)} = 3.89$，乘上 $k - 1$，得臨界值 F' 為：

$$F' = (3 - 1)F_{.95(2,12)} = (2)(3.89) = 7.78$$

由此可見，上述三對比較中，只有一對（即 ψ_1）F 值大於臨界的 F' 值，所以達顯著水準，此即表示使用電腦輔助教學法與使用演講法間的效果有顯著差異存在，經過 S 法的事後比較，得知前者的效果比後者為優（即 $\bar{x}_3 > \bar{x}_1$）。

㈡相依樣本時

上述 HSD 法、N-K 法和 S 法等事後比較方法，都是適用在獨立樣本的情況。當遇到相依樣本時，我們便需要以適用於相依樣本的方法進行事後比較，

此時，除了將 MS_w 改為 MS_{res} 外，並將 df_w 改為 $df_{res} = (k-1)(n-1) = N-k-n+1$，其餘部份都與獨立樣本時的事後比較法相同。茲以例 10.4 的資料說明在相依樣本情況下，HSD 法、N-K 法、和 S 法等事後比較方法的使用。

首先，將表 10.6 中各組平均數依大小次序排列，並算出每對比較間相差的等級數目及其差值，如表 10.12 所示。

表 10.12　相依樣本的各種事後比較方法

壓力情境	壓力 I $\bar{x}_1 = 3$	壓力 II $\bar{x}_2 = 3$	壓力 III $\bar{x}_3 = 4$	壓力 IV $\bar{x}_4 = 4.5$
壓力 I ($\bar{x}_1 = 3$)	——	0	1*	1.5*
壓力 II ($\bar{x}_2 = 3$)		——	1*	1.5*
壓力 III ($\bar{x}_3 = 4$)			——	0.5
壓力 IV ($\bar{x}_4 = 4.5$)				——
相差等級數 (r)		$r = 2$	$r = 3$	$r = 4$
$q_{.95(r,12)}$		2.95	3.58	3.96
$q_{.95(r,12)} \sqrt{\dfrac{MS_{res}}{n}}$		.867	1.051	1.163

根據杜氏的 HSD 法，不論表 10.12 中六對平均數間相差幾個等級，一律以**最高的等級差值**作為差距考驗的參考值，因此以 $r = 3$（因為有兩個平均數相同，因此，可以看成只有差距三個等級而已）作為參考值，並且**自由度為** $df_{res} = (k-1)(n-1) = (4-1)(8-1) = 21$ 的查表 q 值乘上 $\sqrt{\dfrac{MS_{res}}{n}} = \sqrt{\dfrac{.69}{8}} = .2937$，得到 1.051 為其考驗的臨界 q 值，因此，只要任何兩個平均數間的差值大於 1.051，即可認定這兩個平均數間的差值達顯著水準。從表 10.12 中的結果可以看出，共有壓力情境 IV 和壓力情境 I ($\bar{x}_4 - \bar{x}_1 = 1.5$) 及壓力情境 IV 和壓力情境 II ($\bar{x}_4 - \bar{x}_2 = 1.5$) 間的差值達顯著水準。

根據 N-K 法，表 10.12 中六對平均數間的相差等級各不相同，必需根據其**不同的差距等級**，選用不同的臨界 q 值作為其差距考驗的參考值，這些參考值分別陳列在表 10.12 裡。從表 10.12 中的資料顯示，共有壓力情境 IV 和壓力情境 I ($\bar{x}_4 - \bar{x}_1 = 1.5$)、壓力情境 IV 和壓力情境 II ($\bar{x}_4 - \bar{x}_2 = 1.5$)、壓力情

境 III 和壓力情境 I ($\bar{x}_3 - \bar{x}_1 = 1$) 及壓力情境 III 和壓力情境 II ($\bar{x}_3 - \bar{x}_2 = 1$) 間的差值達顯著水準。

如果使用 S 法的話，必需將〈公式 10–27〉中的 MS_w 改為 MS_{res}，並且在進行比較時，所計算出的 F 值必須大於下列的臨界 F' 值：

$$F' = (k-1)F_{1-\alpha(k-1, N-n-K+1)}$$

才能說是達到顯著水準。茲根據表 10.12 的資料，進行下列六個比較：

$$\psi_1 = \bar{x}_1 - \bar{x}_4 \text{ 時，} \qquad F = \frac{[(1)(3) + (-1)(4.5)]^2}{.69[\frac{(1)^2}{8} + \frac{(-1)^2}{8}]} = 13.04$$

$$\psi_2 = \bar{x}_1 - \bar{x}_3 \text{ 時，} \qquad F = \frac{[(1)(3) + (-1)(4)]^2}{.69[\frac{(1)^2}{8} + \frac{(-1)^2}{8}]} = 5.80$$

$$\psi_3 = \bar{x}_1 - \bar{x}_2 \text{ 時，} \qquad F = \frac{(3-3)^2}{.1725} = 0.0$$

$$\psi_4 = \bar{x}_2 - \bar{x}_4 \text{ 時，} \qquad F = \frac{(3-4.5)^2}{.1725} = 13.04$$

$$\psi_5 = \bar{x}_2 - \bar{x}_3 \text{ 時，} \qquad F = \frac{(3-4)^2}{.1725} = 5.80$$

$$\psi_6 = \bar{x}_3 - \bar{x}_4 \text{ 時，} \qquad F = \frac{(4-4.5)^2}{.1725} = 1.45$$

查表得 $F_{.95(3, 21)} = 3.58$，乘上 $k - 1$，得臨界值 F' 為：

$$F' = (4-1)F_{.95(3, 21)} = (3)(3.58) = 10.74$$

所以，上述六個比較中，除了第一個（即 ψ_1，$F = 13.04 > 10.74$）和第四個（即 ψ_4，$F = 13.04 > 10.74$）比較達到顯著差異外，其他比較則未達顯著水準。由此可見，即使在相依樣本的情況下，使用 S 法的結果還是比使用 N-K 法和 HSD 法的結果來得嚴格，亦即比較不容易達顯著水準。

第四節　趨勢分析

在教育與心理研究領域裡，有時候研究者所關心的是：是否隨著實驗操弄次數的增加，受試者的反應也隨著增加或增強。這些情況常見的有：「是否隨著增強次數的增加，白老鼠壓桿的反應次數也愈來愈多」、「是否隨著練習次數的增加，狗的唾液分泌也愈來愈多」、「是否隨著練習次數的增加，受試者能夠背誦的無意義音節也愈來愈多」、或「是否隨著智力的增高，受試者的學業成就也愈大」等，諸如此類，研究者的興趣是在瞭解隨著實驗次數的增加，受試者在行為表現方面所產生的改變形式 (type) 是如何。在這種情況下進行變異數分析，所收集到的資料有個特性，那就是**自變項（或實驗因子）本身的資料是屬於等距或比率變項**，如：距離、時間、操弄的強度、練習次數、或等級類別資料等，**而依變項本身的資料仍然是屬於等距或比率變項**。由於自變項是等距或比率變項，因此實驗處理各水準間的差異是屬於量的 (quantitative) 差異，而不是屬於**質的** (qualitative) 差異，各實驗處理水準的大小次序不僅可以依序排列，並且也可以指出其間的間隔大小。在這種情況下進行變異數分析時，研究者必會關心：各水準的**實驗處理結果**，對某一特質（即**依變項**）的影響是否有「**趨勢**」(trends) 存在？如果有的話，該趨勢是直線的還是非直線的？或是呈現什麼形狀？這些問題都是進行「**趨勢分析**」(trend analysis) 所要回答的問題。

一、趨勢分析的基本概念

簡單的分，趨勢可以分成四類：⑴**無趨勢** (no trend)，⑵**直線趨勢** (linear trend)，⑶**二次趨勢** (quadratic trend)，⑷**三次趨勢** (cubic trend)。其形狀各如圖 10.2 所示。

圖 10.2 所示為隨著練習次數的增加，其學習效果的改變趨勢形狀。其中，圖⑴所示為隨著練習次數的增加，各實驗處理水準平均數都完全一樣，所以畫出來的線呈現水平狀態，是表示「**無趨勢**」的情況。而圖⑵、⑶和⑷所示，則表示有趨勢存在的情況，所畫出來的趨勢線不會呈水平狀，而是隨著各實驗處理水準平均數的不同而不同。

在進行趨勢分析時，有三個問題是研究者所關心的：

(1)「我們所收集到的資料**有無趨勢**存在?」通常，當變異數分析的 F 考驗結果達顯著水準時，便表示可能有趨勢存在。

(2)「如果有趨勢存在，則我們所收集到的資料是呈現**直線或非直線**的趨勢?」通常，形狀如圖(2)所示者，即為「**直線趨勢**」；而如圖(3)和圖(4)所示者，即為非直線趨勢。在直線趨勢中，隨著練習次數的增加，我們可以預期各水準之平均數（即學習效果）亦隨之增加，其增加的趨勢相當穩定。但在非直線趨勢裡，便沒有這種隨之增加的必然現象。

(3)「如果有趨勢存在，則我們所收集到的資料比較適合**幾次的趨勢?**」通常，如果趨勢是呈直線的，則說是呈一次趨勢；如果趨勢是呈非直線的，如圖(3)所示曲線是先降低後再升高，呈 U 型的形狀，便稱作「**二次趨勢**」；如圖(4)所示曲線是呈先升高再降低又升高的形狀，便稱作「**三次趨勢**」。一般而言，

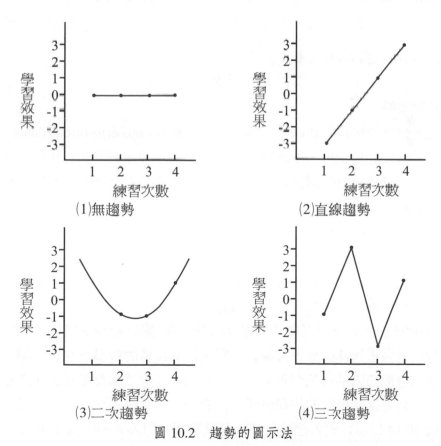

圖 10.2　趨勢的圖示法

趨勢次數的高低與研究者所使用的實驗處理水準數有關，如果共有 k 個實驗處理水準，則非直線趨勢最高為 $(k-1)$ 次趨勢。

在進行趨勢分析中，我們必須使用到如表 10.13 所示的趨勢係數，這些趨勢係數稱作「正交多項式係數」(orthogonal polynomial coefficients)，亦即是每一列係數之和為 0，且每兩列相對應的係數之交乘積和也等於 0。例如，以三個實驗處理水準 $(k=3)$ 時為例說明： $-1+0+1=0$, $1-2+1=0$，且 $(-1)(1)+(0)(-2)+(1)(1)=0$。由於高階的趨勢沒有實際的應用價值(即很少使用超過五次以上的趨勢)，所以，表 10.13 僅陳列出一次（直線）、二次、三次、和四次的趨勢係數。

當各組平均數或各組總分數顯示有某種趨勢，而必須進行趨勢分析時，只要選定適當的實驗水準數目，並計算各種趨勢的係數與相對應之各組總分之乘積和，亦即 $\sum_{j=1}^{k}(c_{ij}T_j)$，如果該乘積和大於查表的臨界值，便可以說是某種趨勢的影響力是顯著存在的。

二、單因子的趨勢分析

㈠獨立樣本時

趨勢分析也可以分成兩種：「事後趨勢分析」(a posteriori trend analysis) 和「事前趨勢分析」(a priori trend analysis)。所謂事後趨勢分析，是指研究者事前沒有提出某種特定的假設，僅在變異數分析達顯著水準後才想作的一種趨勢搜尋 (trend snooping)，因此，其每一種事後趨勢分析考驗的錯誤率均定為 $\alpha/(k-1)$，使得 $(k-1)$ 個趨勢比較中，至少有一個觸犯第一類型錯誤之機率不超過進行整個變異數分析時的 α 值。而所謂事前趨勢分析，則指研究者在進行實驗研究之前就已提出有關某種特定的趨勢假設，然後再收集資料進行考驗，以判定事前的趨勢假設能否成立。

已知例 10.2 的資料經過考驗後達顯著水準，顯示出增強時間的間隔長短會影響白老鼠走迷津的學習效果，亦即表示有趨勢的效果存在，各組平均數隨著增強時間間隔的增長而不相等。並且由於自變項本身是屬於等距變項，我們更有必要進行事後的趨勢分析，以看出本實驗結果成什麼趨勢發展。

表 10.14 所示，即為趨勢分析的整個過程。因為 $k=4$，所以最高可能的

表 10.13　正交多項式係數

組數		趨勢係數								$\sum c^2$
$k=3$	直線 c_1	−1	0	1						2
	二次 c_2	1	−2	1						6
$k=4$	直線 c_1	−3	−1	1	3					20
	二次 c_2	1	−1	−1	1					4
	三次 c_3	−1	3	−3	1					20
$k=5$	直線 c_1	−2	−1	0	1	2				10
	二次 c_2	2	−1	−2	−1	2				14
	三次 c_3	−1	2	0	−2	1				10
	四次 c_4	1	−4	6	−4	1				70
$k=6$	直線 c_1	−5	−3	−1	1	3	5			70
	二次 c_2	5	−1	−4	−4	−4	5			84
	三次 c_3	−5	7	4	−4	−7	5			180
	四次 c_4	1	−3	2	2	−3	1			28
$k=7$	直線 c_1	−3	−2	−1	0	1	2	3		28
	二次 c_2	5	0	−3	−4	−3	0	5		84
	三次 c_3	−1	1	1	0	−1	−1	1		6
	四次 c_4	3	−7	1	6	1	−7	3		154
$k=8$	直線 c_1	−7	−5	−3	−1	1	3	5	7	168
	二次 c_2	7	1	−3	−5	−5	−3	1	7	168
	三次 c_3	−7	5	7	3	−3	−7	−5	7	264
	四次 c_4	7	−13	−3	9	9	−3	−13	7	616

（資料來源：Kirk, 1982, p. 830）

表 10.14　例 10.2 資料的趨勢分析（事後考驗）

T_j	$\bar{x}_1$ 12	$\bar{x}_2$ 13	$\bar{x}_3$ 15	$\bar{x}_4$ 27	$\sum c^2$	$C=\sum cT$	$D=n\sum c^2$	$SS=C^2/D$
直線	−3	−1	1	3	20	188	80	441.8
二次	1	−1	−1	1	4	44	16	121
三次	−1	3	−3	1	20	36	80	16.2
								579.0

趨勢只有三次趨勢。我們將表 10.13 中各趨勢的趨勢係數及其平方和查出，

並計算各組總分與其相對應之趨勢係數的乘積和（即 C 值）如下：

$$C_{lin} = -3(48) - 1(52) + 1(60) + 3(108) = 188$$
$$C_{quad} = 1(48) - 1(52) - 1(60) + 1(108) = 44$$
$$C_{cub} = -1(48) + 3(52) - 3(60) + 1(108) = 36$$

其次，求出各種趨勢的 $D = n\Sigma c^2$ 值如下：

$$D_{lin} = 4(20) = 80$$
$$D_{quad} = 4(4) = 16$$
$$D_{cub} = 4(20) = 80$$

最後計算 $SS_{trend} = C / D$，得：

$$SS_{lin} = \frac{(188)^2}{80} = 441.8$$

$$SS_{quad} = \frac{(44)^2}{16} = 121$$

$$SS_{cub} = \frac{(36)^2}{80} = 16.2$$

由表 10.4 的變異數分析摘要表中得知 $SS_b = 579$。而事實上，它正好是：$SS_b = SS_{lin} + SS_{quad} + SS_{cub} = 441.8 + 121 + 16.2 = 579$；換句話說，**趨勢分析是把原來的組間變異再分割成 $(k-1)$ 個趨勢的變異**，以本例來說，它們正好是三個互為正交的部份。因此，各趨勢變異來源的自由度也需由 $df_b = 3$ 再分割成三部份，亦即每部份的自由度各為 1。表 10.15 所示，正是當整體變異數分析達顯著水準後，所進行的各種趨勢分析及其考驗結果的摘要表。由表 10.15 可知，只有直線趨勢達顯著水準，顯示白老鼠走迷津的學習效果隨著增強時間間隔的增長而遞減（亦即所花費的時間愈多），學習效果與增強時間間隔的長短二者間呈現直線的趨勢關係。

　　假設研究者在還未進行變異數分析之前，光是比較各組平均數值的大小，已直覺到這筆資料可能存在有直線的趨勢，因此提出「學習效果與增強時間

表 10.15 例 10.2 的事後趨勢分析摘要表

變異來源 SV	離均差平方和 SS	自由度 df	均方 MS	F
組間（增強方式）	579	3	193	4.29*
直線趨勢（lin）	441.8	1	441.8	9.82**
二次趨勢（quad）	121	1	121	2.69
三次趨勢（cub）	16.2	1	16.2	0.36
組內（誤差）	540	12	45	
全體	1119	15		

$F_{.95(3,12)} = 3.49$ 　　　$*p < .05$
$F_{.99(1,12)} = 9.33$ 　　　$**p < .0167$

間隔的長短二者間呈現直線的趨勢關係」，則他不必進行變異數分析，便可以直接進行直線趨勢的考驗。此時，整個分析過程如表 10.16 所示，其計算過程與表 10.14 所示者完全相同，差別只在觸犯第一類型錯誤的機率是定在 $\alpha = .05$ 之處（因為只有比較一次而已），而非前者（事後趨勢考驗）的 $\alpha/(k-1)$（因為共比較 $k-1$ 次）。由表 10.16 可知，直線趨勢考驗的 F 值達顯著水準，所以研究者事前所持的假設「學習效果與增強時間間隔的長短二者間呈現直線的趨勢關係」可以獲得支持。

表 10.16 例 10.2 資料的趨勢分析（事前考驗）

T_j	$\bar{x}_1$ 12	$\bar{x}_2$ 13	$\bar{x}_3$ 15	$\bar{x}_4$ 27	$\sum c^2$	$C = \sum cT$	$D = n\sum c^2$	$SS = C^2/D$
直線	-3	-1	1	3	20	188	80	441.8

直線趨勢考驗：

$$F = \frac{SS_{lin}/df_{lin}}{SS_w/df_w} = \frac{441.8/1}{540/12} = 9.82*$$

$F_{.95(1,12)} = 4.75$ 　　　$*p < .05$

㈡相依樣本時

在遇到重覆量數（即相依樣本）時，所進行的趨勢分析過程都與上述獨立樣本的過程相同，所不同之處只在於以 MS_{res} 取代 MS_w 作為誤差項而已。例 10.5 和表 10.17 的說明，可以幫助讀者瞭解相依樣本時的趨勢分析方法。

10.5

某心理學家認為人類的記憶力是隨著時間的消逝而下降,下降到某種程度後,逐漸呈穩定的狀態,也就是說在沒有練習的情況下,人類的記憶保留量會與時遞減,並逐漸呈穩定的狀態。因此,該心理學家認為,在沒有練習的情況下,記憶保留量與時間消逝的長短有直線趨勢及三次趨勢的關係存在。表10.17 的資料,是七位受試者在學習無意義音節達精熟後,在 72 小時內的記憶保留量。試問是否可以支持該心理學家的說法?

表 10.17　七位受試者在 72 小時內的記憶保留量

		時間長短						
		12 小時	24 小時	36 小時	48 小時	60 小時	72 小時	Σ
受	A	7	6	6	3	3	2	27
	B	4	5	4	2	1	2	18
試	C	9	8	8	3	4	4	36
	D	5	4	6	2	2	3	22
	E	5	6	4	2	1	1	19
者	F	9	6	6	4	4	2	31
	G	6	7	5	4	2	2	26
		45	42	39	20	17	16	179

$$SS_t = 959 - \frac{(179)^2}{42} = 196.12$$

$$SS_{b\cdot subj} = \frac{(27)^2 + (18)^2 + \cdots + (26)^2}{6} - \frac{(179)^2}{42} = 42.29$$

$$SS_{w\cdot subj} = 196.12 - 42.29 = 153.83$$

$$SS_A = \frac{(45)^2 + (42)^2 + \cdots + (16)^2}{6} - \frac{(179)^2}{42} = 130.69$$

$$SS_{res} = 153.83 - 130.69 = 23.14$$

　　由於該心理學家所使用的測量時數是一種**連續變項**,且他又**事前提出假設說明**,故不管整體的 *F* 考驗是否達顯著水準,均須考驗與他所提假設有關的趨勢,亦即直線趨勢和三次趨勢。

首先，根據相依樣本的變異數分析方法，進行各種變異來源的離均差平方和的計算，如表 10.17 中所示。

再從表 10.13 中，抄錄下 $k = 6$ 時的前三個趨勢比較係數值，並計算其趨勢的離均差平方和，如表 10.18 所示。

表 10.18　例 10.5 資料的趨勢分析（事前考驗）

T_j	$\bar{x}_1$ 45	$\bar{x}_2$ 42	$\bar{x}_3$ 39	$\bar{x}_4$ 20	$\bar{x}_5$ 17	$\bar{x}_6$ 16	$\sum c^2$	$C = \sum cT$	$D = n\sum c^2$	$SS = C^2/D$
直線	-5	-3	-1	1	3	5	70	-239	490	116.57
二次	5	-1	-4	-4	-1	5	84	10	588	0.17
三次	-5	7	4	-4	-7	5	180	106	1260	8.92
										125.66

接著，考驗各趨勢，得 F 值如下：

$$F = \frac{SS_{lin}/1}{SS_{res}/(k-1)(n-1)} = \frac{MS_{lin}}{MS_{res}} = \frac{116.57/1}{23.14/30}$$
$$= 151.39*$$

$$F = \frac{SS_{cub}/1}{SS_{res}/(k-1)(n-1)} = \frac{MS_{cub}}{MS_{res}} = \frac{8.92}{0.77}$$
$$= 11.58*$$

此二者均大於查表的臨界值 $F_{.95(1,30)} = 4.17$，所以，趨勢分析的結果可以支持該心理學家事前提出的假設；換句話說，人類的記憶保留量與時間消逝的長短有直線趨勢和三次趨勢的關係存在。

第五節　電腦習作

一、SPSS/PC 4.0 版操作範例說明

茲以表 10.3 的資料作為本電腦習作的範例資料，試圖回答例 10.2 的問題、進行事後比較、及趨勢分析，並且解釋其電腦報表的內涵。

首先，建立下列的程式檔，並取名為 **CH10**。

```
TITLE 'THE SPSS/PC PROGRAM FOR CHAPTER TEN'.

DATA LIST/ID 1-2 CLASS 4 RESULTS 6-7.

SET LIST='A:CH10.LIS'.

VARIABLES LABELS ID     'SUBJECT NUMBERS'

                 CLASS      'LEVELS OF TREATMENTS'

               RESULTS     'OUTCOMES OF TREATMENTS'.

VALUE LABELS CLASS 1 'SIMULTANEOUS REINFORCEMENT'

                   2 '5-SEC. DELAYED REINFORCEMENT'

                   3 '10-SEC. DELAYED REINFORCEMENT'

                   4 'NO REINFORCEMENT'.

BEGIN DATA.

   1  1   8
   2  1  12
   3  1  14
   4  1  14
   5  2   8
   6  2  12
   7  2  16
   8  2  16
   9  3  12
  10  3  14
  11  3  14
  12  3  20
  13  4  16
  14  4  22
  15  4  26
  16  4  44

END DATA.

ONEWAY RESULTS BY CLASS(1,4)

  /POLYNOMIAL=3
```

```
  /RANGES=TUKEY

  /RANGES=SNK

  /RANGES=SCHEFFE

  /STATISITCS=3.

FINISH.
```

執行後，獲得下列的輸出結果：

```
                    ****    ONEWAY    ****
Variable RESULTS           OUTCOMES OF TREATMENTS
By Variable CLASS          LEVELS OF TREATMENTS
                      Analysis of Variance
                       Sum of      Mean       F       F
Source               D.F.   Squares   Squares   Ratio   Prob.
Between Groups ①      3    579.0000  193.0000  4.2889  .0283
   Linear Term ②      1    441.8000  441.8000  9.8178  .0086
Dev. from Linear      2    137.2000  68.6000   1.5244  .2571
      Quad. Term ③    1    121.0000  121.0000  2.6889  .1270
Dev. from Quad. ④     1    16.2000   16.2000   .3600   .5597
Within Groups ⑤      12    540.0000  45.0000
Total ⑥              15   1119.0000
```

```
Multiple Range Test
Tukey-HSD Procedure ⑦
Ranges for the .050 level-
        4.20   4.20   4.20
The ranges above are table ranges.
The value actually compared with Mean(J)-Mean(I) is..
        4.7434*Range*Sqrt(1/N(I)+1/N(J))
```

```
(*)Denotes pairs of groups significantly different at the
      .050 level

                                  G   G   G   G

                                  r   r   r   r

                                  p   p   p   p

      Mean            Group   1   2   3   4

      12.0000         Grp 1

      13.0000         Grp 2

      15.0000         Grp 3

      27.0000         Grp 4   *
```

Homogeneous Subsets (Subsets of groups, whose highest and lowest means do not differ by more than the shortest significant range for a subset of that size)

```
      SUBSET 1

      Group       Grp 1     Grp 2     Grp 3

      Mean        12.0000   13.0000   15.0000

      SUBSET 2

      Group       Grp 2     Grp 3     Grp 4

      Mean        13.0000   15.0000   27.0000
```

Multiple Range Test

Student-Newman-Keuls Procedure ⑧

Ranges for the .050 level-

```
      3.08    3.77    4.20
```

The ranges above are table ranges.

The value actually compared with Mean(J)-Mean(I)is..

$$4.7434*Range*Sqrt(1/N(I)+1/N(J))$$

(*)Denotes pairs of groups significantly different at the
.050 level

		G	G	G	G
		r	r	r	r
		p	p	p	p
Mean	Group	1	2	3	4
12.0000	Grp 1				
13.0000	Grp 2				
15.0000	Grp 3				
27.0000	Grp 4	*	*	*	

Homogeneous Subsets (Subsets of groups, whose highest and
lowest means do not differ by more than the shortest
significant range for a subset of that size)

SUBSET 1

Group	Grp 1	Grp 2	Grp 3
Mean	12.0000	13.0000	15.0000

SUBSET 2

Group	Grp 4
Mean	27.0000

Multiple Range Test

Scheffe Procedure ⑨

Ranges for the .050 level-

4.58   4.58   4.58

The ranges above are table ranges.

The value actually compared with Mean(J)-Mean(I) is..

4.7434*Range*Sqrt(1/N(I)+1/N(J))

No two groups are significantly different at the .050 level

```
Homogeneous  Subsets  (Subsets  of  groups,  whose  highest  and
      lowest  means  do  not  differ  by  more  than  the  shortest
      significant  range  for  a  subset  of  that  size)

          SUBSET 1
          Group         Grp 1     Grp 2     Grp 3     Grp 4
          Mean        12.0000   13.0000   15.0000   27.0000


Tests for Homogeneity of Variances
Cochrans C=Max. Variance/Sum(Variances)= ⑩ .8074, P=.006
Bartlett-Box F=⑴2.685, P=.047
Maximum Variance/Minimum Variance⑵18.167
```

解釋:

①表示**組間**的自由度、離均差平方和、均方、F 值和 F 的機率值，經考驗結果達顯著水準，顯示有實驗處理的效果。

②表示**直線趨勢分析**的自由度、離均差平方和、均方、F 值和 F 的機率值，經考驗結果達顯著水準，顯示有直線的趨勢存在。

③表示**二次趨勢分析**的自由度、離均差平方和、均方、F 值和 F 的機率值，經考驗結果未達顯著水準，顯示二次趨勢是不存在的。

④表示**三次趨勢分析**的自由度、離均差平方和、均方、F 值和 F 的機率值，經考驗結果未達顯著水準，顯示三次趨勢是不存在的。

⑤表示**組內**的自由度、離均差平方和和均方，是 F 考驗的分母項。

⑥表示總的自由度和離均差平方和。

⑦表示 Tukey 的 *HSD* 法事後比較過程，考驗結果顯示只有 1 和 4 組間有顯著差異存在。

⑧表示 Newman-Keuls 的 *N-K* 法事後比較過程，考驗結果顯示只有 1 和 4、2 和 4 及 3 和 4 組間有顯著差異存在。

⑨表示 Scheffe 的 *S* 法事後比較過程，考驗結果顯示沒有任何一對組間有顯著差異存在。

⑩表示**變異數同質性假設**的卡氏考驗值 .8074，達 $\alpha = .05$ 顯著水準。

⑴表示**變異數同質性假設的巴氏考驗值** 2.69，達 $\alpha = .05$ 顯著水準。

⑵表示**變異數同質性假設的哈氏考驗值** 18.17，達 $\alpha = .05$ 顯著水準。

二、SPSS for Windows 操作範例說明

茲以表 10.3 的資料作為本電腦習作的範例資料，試圖回答例 10.2 的問題、進行事後比較及趨勢分析，並且解釋其電腦報表的內涵如下。

首先，讀者可參考本書第九章第七節之「二、SPSS for Windows 操作範例說明」，將表 10.3 白老鼠正確學習所需反應時間資料表建立一個新的 PASW 資料檔。以本範例而言，四種增強方法（即圖 10.3 之「levels」變項）：立即增強、隔五秒鐘後再增強、隔十秒鐘後再增強、不予增強，可以分別定義為「1、2、3、4」四種類別代碼；就表 10.3 而言，其中接受「立即增強」者有四隻白老鼠，其反應時間（即圖 10.3 之「outcomes」變項）分別為 8、12、14、14；因此，讀者可以分別在「levels」變項和「outcomes」變項欄位內，依序輸入「1、8」、「1、12」、「1、14」、「1、14」，其餘類別資料的輸入，可以依此類推，如圖 10.3 所示。在建檔完畢後，將其存檔成 ch10.sav。本節擬示範分析的主要項目有二，即趨勢分析與變異數同質性檢定、事後比較，茲分別說明如下。

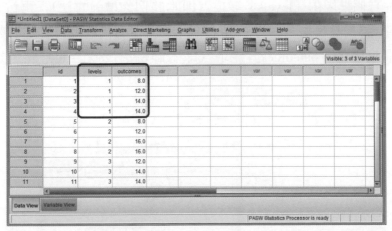

圖 10.3　表 10.3 白老鼠正確學習所需反應時間的 PASW 資料檔

㈠趨勢分析與變異數同質性檢定

建檔完畢後，讀者可以選擇功能表中的 Analyze/Compare Means/One-Way ANOVA...，以便開始進行**單因子變異數分析**的統計分析，其操作方式如圖 10.4 所示。

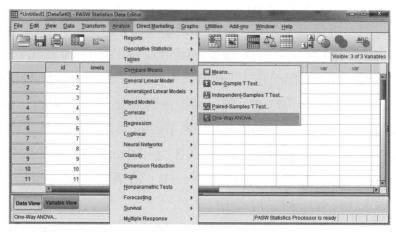

圖 10.4　點選 Analyze/Compare Means/One-Way ANOVA...

點選後，如圖 10.5 所示，會出現「One-Way ANOVA」對話窗。之後，請點選左方欄框內的「levels」變項（即本範例之增強方法），再按一下中間的方向鍵，將其點選送至右方 Factor（代表**因子**）的欄框中；再以同樣的方式，將左方欄框內的「outcomes」變項（即本範例之反應時間）點選送至右方

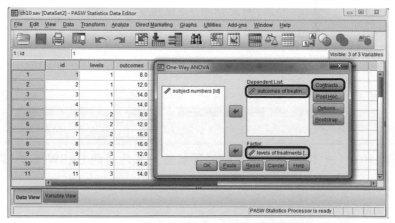

圖 10.5　「One-Way ANOVA」對話窗

Dependent List（代表**依變項**）的欄框裡，然後，再點選右方之「Contrasts...」
功能按鈕，進行趨勢分析。

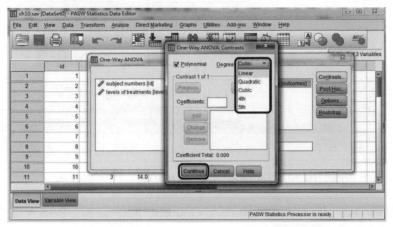

圖 10.6　「One-Way ANOVA: Contrasts」對話窗

　　打開圖 10.6「One-Way ANOVA: Contrasts」對話窗後，欲進行趨勢分析
時，乃需勾選**多項式** (Polynomial) 按鈕，並於右方選項選擇欲分析的趨勢程
度 (Degree)，PASW 於此提供五類可供挑選：**直線趨勢** (Linear)、**二次趨勢**
(Quadratic)、**三次趨勢** (Cubic)、**四次趨勢** (4th) 與**五次趨勢** (5th)。在本範例中，
我們只需選擇三次趨勢即可。同時，於下方「Coefficients」的功能界定，主
要是用於「**事前趨勢分析**」(a priori trend analysis) 的設定，也就是研究者在進
行實驗研究之前，就必須先提出有關某種特定趨勢之假設，然後即可於此事
先設定比較趨勢係數值；然而，本範例乃屬事後趨勢分析 (a posterior trend
analysis)，我們無須事先設定任何比較係數，因此，只需保留原先預設狀態即
可。之後，再按「Continue」按鈕回到原來的對話窗，如圖 10.7 所示，再點
選右方之「Options...」功能按鈕，以進行變異數同質性考驗。

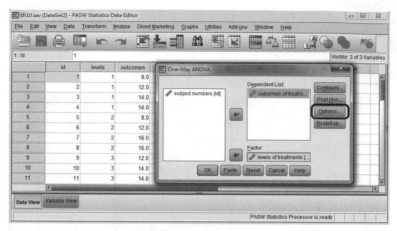

圖 10.7　再點選右方之「Options...」功能按鈕

　　打開圖 10.8「One-Way ANOVA: Options」對話窗後，PASW 提供了統計值 (Statistics) 計算與平均數圖 (Means plot) 的繪製功能。其中，可供我們勾選的統計值包含有：描述統計數 (Descriptive)、固定與隨機效果統計量 (Fixed and random effects)、變異數同質性檢定 (Homogeneity of variance test)、Brown-Forsythe 統計值 (Brown-Forsythe)、Welch 統計值 (Welch) 等。根據本範例的需求，我們只需勾選描述統計數與變異數同質性檢定的功能即可，之後，再按「Continue」按鈕回到原來的對話窗，再按「OK」，即可執行統計分析。

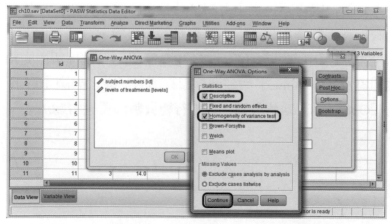

圖 10.8　「One-Way ANOVA: Options」對話窗

㈡**事後比較**

　　欲執行事後比較，乃需事先**檢定**資料是否符合**變異數同質性的假設**，才
能進一步選擇進行事後比較的方式。因此，在上一小節示範的變異數同質性
檢定完畢後，讀者必須先回到（或重新打開）圖 10.3 的資料視窗，然後，再
依圖 10.4 選擇功能表中的 Analyze/Compare Means/One-Way ANOVA...，回
到原先的「One-Way ANOVA」對話窗，如圖 10.9 所示。再點選右方之「Post
Hoc...」功能按鈕，以進行事後比較。

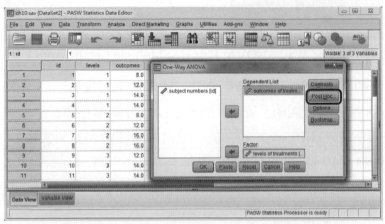

圖 10.9　再點選右方之「Post Hoc...」功能按鈕

　　打開圖 10.10「One-Way ANOVA: Post Hoc Multiple Comparisons」的對話
窗，PASW 主要提供二類執行事後比較的選擇：即符合**變異數同質性假設**
(Equal Variances Assumed) 下的選擇、和不符合**變異數同質性假設** (Equal
Variances Not Assumed) 下的選擇。在本範例中，根據前一小節報表分析結果，
乃顯示「**符合變異數同質性假設**」的此一情況，因此，參考本章節曾提到三
種較常用之事後比較方法，我們只需勾選 Student-Newman-Kuels 法 (S-N-K)、
Tukey 法 (Tukey) 與 Scheffe 法 (Scheffe) 即可，其他如**最小平方法** (LSD) 等方
法，有興趣的讀者亦可逐一嘗試。之後，再按「Continue」按鈕回到原來的對
話窗，再按「OK」，即可執行統計分析。

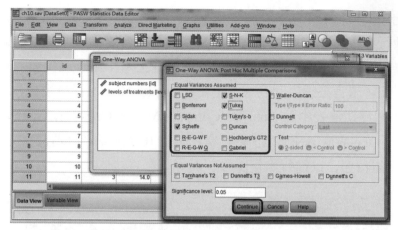

圖 10.10 「One-Way ANOVA: Post Hoc Multiple Comparisons」對話窗

執行後的結果檔與語法檔產生方法，如本書第二章第四節之「二、SPSS for Windows 操作範例說明」所示，讀者可以自行轉換存檔。在本範例中，可將其結果檔存檔成 ch10.spo，並存放於適當的磁碟機和資料夾裡。

底下即為 ch10.spo 結果檔內容，其涵義與 SPSS/PC 4.0 版報表大致相同。

Oneway

Test of Homogeneity of Variances

outcomes of treatments

Levene Statistic (1)	df1	df2	Sig.
2.529	3	12	.107

ANOVA

outcomes of treatments

			Sum of Squares	df	Mean Square	F	Sig.
Between Groups	(2) (Combined)		579.000	3	193.000	4.289	.028
	(3) Linear Term	Contrast	441.800	1	441.800	9.818	.009
		Deviation	137.200	2	68.600	1.524	.257
	(4) Quadratic Term	Contrast	121.000	1	121.000	2.689	.127
		Deviation	16.200	1	16.200	.360	.560
	(5) Cubic Term	Contrast	16.200	1	16.200	.360	.560
Within Groups (6)			540.000	12	45.000		
Total (7)			1119.000	15			

Post Hoc Tests

Multiple Comparisons

Dependent Variable: outcomes of treatments

(I) levels of treatment	(J) levels of treatments	Mean Difference (I-J)	Std. Error	Sig.	95% Confidence Interval	
					Lower Bound	Upper Bound
Tukey HSD (8) 1	2	-1.000	4.7434	.997	-15.083	13.083
	3	-3.000	4.7434	.920	-17.083	11.083
	4	-15.000*	4.7434	.036	-29.083	-.917
2	1	1.000	4.7434	.997	-13.083	15.083
	3	-2.000	4.7434	.974	-16.083	12.083
	4	-14.000	4.7434	.052	-28.083	.083
3	1	3.000	4.7434	.920	-11.083	17.083
	2	2.000	4.7434	.974	-12.083	16.083
	4	-12.000	4.7434	.105	-26.083	2.083
4	1	15.000*	4.7434	.036	.917	29.083
	2	14.000	4.7434	.052	-.083	28.083
	3	12.000	4.7434	.105	-2.083	26.083
Scheffe (9) 1	2	-1.000	4.7434	.997	-16.349	14.349
	3	-3.000	4.7434	.938	-18.349	12.349
	4	-15.000	4.7434	.056	-30.349	.349
2	1	1.000	4.7434	.997	-14.349	16.349
	3	-2.000	4.7434	.980	-17.349	13.349
	4	-14.000	4.7434	.079	-29.349	1.349
3	1	3.000	4.7434	.938	-12.349	18.349
	2	2.000	4.7434	.980	-13.349	17.349
	4	-12.000	4.7434	.149	-27.349	3.349
4	1	15.000	4.7434	.056	-.349	30.349
	2	14.000	4.7434	.079	-1.349	29.349
	3	12.000	4.7434	.149	-3.349	27.349

*. The mean difference is significant at the .05 level.

Homogeneous Subsets

outcomes of treatments

	levels of treatments	N	Subset for alpha = .05	
			1	2
Student-Newman-Keuls (10)[a]	1	4	12.000	
	2	4	13.000	
	3	4	15.000	
	4	4		27.000
	Sig.		.805	1.000
Tukey HSD[a]	1	4	12.000	
	2	4	13.000	13.000
	3	4	15.000	15.000
	4	4		27.000
	Sig.		.920	.052
Scheffe[a]	1	4	12.000	
	2	4	13.000	
	3	4	15.000	
	4	4	27.000	
	Sig.		.056	

Means for groups in homogeneous subsets are displayed.

a. Uses Harmonic Mean Sample Size = 4.000.

解釋:

　(1)表示**變異數同質性假設**的 Levene 考驗值 2.529（$p = .107$），未達 $\alpha = .05$ 的顯著水

準，即表示本項資料是「符合變異數同質性假設」的。

⑵表示**組間** (Between Groups) 的離均差平方和、自由度、均方、F 值和 F 的機率值，經考驗結果達顯著水準 ($p = .028 < .05$)，顯示有實驗處理的效果。

⑶表示**直線趨勢分析**的離均差平方和、自由度、均方、F 值和 F 的機率值，經考驗結果達顯著水準 ($p = .009 < .05$)，顯示有直線的趨勢存在。

⑷表示**二次趨勢分析**的離均差平方和、自由度、均方、F 值和 F 的機率值，經考驗結果未達顯著水準 ($p = .127 > .05$)，顯示二次趨勢是不存在的。

⑸表示**三次趨勢分析**的離均差平方和、自由度、均方、F 值和 F 的機率值，經考驗結果未達顯著水準 ($p = .560 > .05$)，顯示三次趨勢是不存在的。

⑹表示**組內** (Within Groups) 的離均差平方和、自由度、和均方，是 F 考驗的分母項。

⑺表示**總的** (Total) 離均差平方和和自由度。

⑻表示 Tukey 的 HSD 法事後比較過程，考驗結果顯示只有第 1 和第 4 組之間有顯著差異 ($p = .036 < .05$) 存在。

⑼表示 Scheffe 的事後比較過程，考驗結果顯示沒有任何一對之間有顯著差異存在。

⑽表示 Student-Newman-Keuls 的 S-N-K 法事後比較過程，其檢定概念為：若屬於同一子集內的各組，表示彼此間並無顯著差異存在。以 S-N-K 法為例，在第一子集內的有 1、2、3 組，表示這三組彼此並無顯著差異存在；第二子集內，只有單獨第 4 組，表示其餘三組皆與第 4 組有差異存在。綜合兩個子集的結果，整體看來，即顯示第 1 和第 4、第 2 和第 4、及第 3 和第 4 組之間有顯著差異存在。其他如 Tukey 與 Scheffe 的事後比較，亦可採此方式檢定。

本 章 摘 要

1. 變異數分析是用來比較數個平均數間差異顯著性的一種統計分析方法。

2. 簡單的分，變異數分析根據其自變項數目的多寡分成：單因子變異數分析和多因子變異數分析。

3. 簡單的分，實驗設計的方法分成：受試者間設計（又稱完全隨機化設計）和受試者內設計（又稱隨機化區隔設計）。

4. 變異數分析主要是使用 F 統計分配進行差異顯著性考驗。

5. 變異數分析摘要表內涵包括：變異來源、離均差平方和、自由度、均方、和 F 考驗值。

6. 總離均差平方和可以分割成組間離均差平方和與組內離均差平方和。

7. 當分子的自由度為 1 時，F 考驗值相當於 t 平方考驗值。

8. 當變異數分析的 F 考驗達顯著水準時，即表示虛無假設應該被拒絕，對立假設獲得支持。

9. 當變異數分析的 F 考驗達顯著水準後，可以進行關聯強度的計算、事後比較的分析、或趨勢分析。

10. 在單因子變異數分析中，獨立樣本與相依樣本下的分析過程大部份雷同，惟一的差別在於前者使用 MS_w 當作 F 考驗的分母項，而後者則使用 MS_{res} 作為 F 考驗的分母項。

11. 變異數分析有三大基本假設：(1)常態性，(2)獨立性，(3)變異數同質性。

12. 當違反變異數同質性時，可以資料轉換的方式進行補救，常用的資料轉換方法為：(1)取平方根，(2)取對數，(3)取倒數。

13. 多重比較可以分成：(1)事前比較與事後比較，或(2)正交比較與非正交比較兩類。

14. 比較係數之和為 0，且其相對應比較係數之交乘積和也為 0 的多重比較方法，稱作正交比較方法。

15. 錯誤率的概念單位可以分成三種：(1)整個實驗，(2)整個比較，(3)整個家族。

16. 常用的多重比較方法有：HSD 法、$N\text{-}K$ 法和 S 法。

17. 常見的趨勢分析可以分成：事前趨勢分析與事後趨勢分析。

18. 當有 k 個實驗處理水準時，最高有 $k-1$ 次趨勢存在。

19. 趨勢分析亦使用 F 統計分配作為其趨勢考驗的依據，當考驗結果達顯著水準時，即表示有某種趨勢存在。

20. 趨勢分析是將代表實驗處理效果的組間離均差平方和再予以分割成：直線、二次、三次、……、或多次趨勢的離均差平方和，然後分別進行顯著性考驗。

自我測驗

1. 假設 $n_1 = n_2$，且當變異數估計值為獨立時，則考驗 $H_0: \sigma_1^2 = \sigma_2^2$ 需使用什麼統計分配？

   (1) z　　(2) t　　(3) χ^2　　(4) F

2. 假設 $n_1 = n_2$，且當變異數估計值為相依時，則考驗 $H_0: \sigma_1^2 = \sigma_2^2$ 需使用什麼統計分配？

   (1) z　　(2) t　　(3) χ^2　　(4) F

3. 如果使用巴氏考驗法來考驗 $H_0: \sigma_1^2 = \sigma_2^2 = \cdots = \sigma_j^2$ 則需使用什麼統計分配？

   (1) z　　(2) t　　(3) χ^2　　(4) F

4. 一般常用的變異數同質性考驗法（如：巴氏與哈氏法），在違反常態性假設下具有強韌性嗎？

   (1) 具有　　(2) 不具有

5. 下列何者是離均差平方和（即 SS）的同義字？

   (1) $\bar{x}$　　(2) $\sum \chi_i^2$　　(3) $\sum X_i^2$　　(4) $(\sum X_i)^2$

6. SS_b 的自由度為下列何者？

   (1) 1　　(2) $k-1$　　(3) $N-k$　　(4) $k(n-1)$

7. SS_w 的自由度不為下列何者？

   (1) $\sum V_k$　　(2) $k-1$　　(3) $N-k$　　(4) $k(n-1)$

8. 在相依樣本的情況下，變異數分析的 F 考驗以下列何者當分母？

   (1) MS_b　　(2) MS_w　　(3) MS_{res}　　(4) MS_t

下列第 9～23 題，請依據下表資料回答：（假設有 4 個實驗處理水準）

Source	SS	df	MS	F
between	30	——	——	——
within	——	60	2.00	——

9. 組間自由度是多少?

10. MS_b 是多少?

11. F 值是多少?

12. 如果 $\alpha = .05$，則 F 的臨界值是多少?

13. 假設 $\alpha = .05$，是否可以拒絕 $H_0 : \mu_1 = \mu_2 = \mu_3 = \mu_4$?

14. 假設 $\alpha = .01$，是否可以拒絕 $H_0 : \mu_1 = \mu_2 = \mu_3 = \mu_4$?

15. 在本例中，總人數是多少?

16. SS_w 的值是多少?

17. SS_t 的值是多少?

18. 當使用等組設計時，我們需要擔心變異數同質性假設是否被滿足嗎?

19. 當使用等組設計時，這四個實驗處理組內的平均變異數為何?

20. 當使用變異數分析時，違反常態性假設常會導致錯誤結論嗎?

21. 當變異數分析的 F 考驗結果達顯著水準後，接著，不適宜進行下列何者活動或分析?

    (1)多重比較　　(2)關聯強度分析　　(3)趨勢分析　　(4)迴歸分析

22. 當變異數分析的 F 考驗結果達顯著水準後，若研究者決定繼續進行事後比較，則下列方法何者較為嚴格?

    (1) S 法　　(2) $N\text{-}K$ 法　　(3) HSD 法　　(4) T 法

23. 當變異數分析的 F 考驗結果達顯著水準後，若研究者認為可能有趨勢存在而想進行分析時，則最高有幾次趨勢存在?

    (1) 1 次　　(2) 2 次　　(3) 3 次　　(4) 4 次

練習作業

某研究者想瞭解學生家庭的社經地位是否與其大學聯考總分有關。於是以隨機方式抽得 21 名大學生，測得其家庭的社經地位與其聯考總分如下表所示：

社經地位		
高	中	低
420	350	320
430	390	360
450	410	350
430	360	220
410	330	280
440	380	250
420	370	340

一、進行變異數分析的結果如何？

二、是否需要進行事後比較？哪兩組間有顯著差異存在？

三、是否需要進行趨勢分析？有何種趨勢存在？

四、社經地位與聯考總分間的關聯性為何？

第十一章　共變數分析

本章學習重點

1. 何謂共變數分析？共變數分析有何用途？
2. 排除或控制干擾變項的方法有幾種？
3. 共變數分析的過程為何？
4. 變異數分析與共變數分析之間有何異同點？
5. 共變數分析有何基本假設？
6. 共變數分析後的結果該如何解釋？
7. 如何撰寫一個 SPSS 程式？並閱讀輸出或印出的報表？

第一節　共變數分析的意義和基本假設

　　由前章變異數分析的討論可知，要使實驗處理效果充份顯示出來（亦即達到顯著水準），除了使用隨機抽樣方法和大樣本來降低抽樣誤差外，也可以使用「實驗控制」(experimental control) 的方法——如：採取隨機分派受試者接受不同實驗處理方式、採用重覆實驗設計、多因子變異數分析、其他實驗設計方法和改進測量或資料收集技術等——來減少實驗誤差。但有些時候，由於受到樣本本身的特性、實際研究情境，或實驗設計方法本身的基本假設等限制，即使使用實驗控制方法，也無法排除某些可能影響實驗結果的因素，此時，為了避免受到這些與實驗研究**無關因素**（即干擾變項）的影響，研究者只有訴諸本章所欲討論的**統計控制** (statistical control) 實驗誤差方法：「**共變數分析**」(analysis of covariance，簡寫成 ANCOVA)。簡單的說，共變數分析的目的在⑴**增進統計考驗力** (statistical power)，與⑵**降低實驗誤差**。

在共變數分析裡，習慣上稱**研究變項** (Y) 為**依變項**或「**效標**」(criterion 或 variate)，而稱呼**可能影響實驗結果但不是研究者感興趣的變項** (X) 或因素為「**共變項**」(covariate)，而稱呼**實驗操弄的變項為自變項**。因此，共變數分析和變異數分析之間有許多異同點：

⑴在變異數分析中，依變項是屬於連續變項，自變項是屬於間斷變項或類別變項；而在共變數分析中，依變項仍然是屬於連續變項，自變項仍然是屬於間斷變項或類別變項，但**共變項卻屬於連續變項**。

⑵變異數分析是借**實驗控制方式**降低實驗誤差，以達研究目的；而共變數分析是借**統計控制方式**控制共變項的干擾效果，以降低實驗誤差，增進實驗研究的成效。

⑶變異數分析是比較講求**事前妥善的設計和規劃**，以及實驗過程中嚴密的控制實驗情境；而共變數分析卻可以**事後補救方式**進行，但在實驗進行之前必須先收集共變項的資料。

總之，共變數分析即在探討**共變項之影響力被排除後**，k **個實驗處理組的效標間是否有顯著差異存在**的一種統計學分析方法。

在教育研究情境裡，當使用學生作為受試者時，常由於行政措施的配合較為困難或有其先天的限制，往往無法以個別受試者作隨機抽樣或隨機分派的單位來進行實驗操弄，而必須是以整個班級或整個學校為一完整的實驗單位，此時，有些可能會影響依變項結果的干擾變項便**無法以實驗控制方法加以排除**，因此，只有訴諸統計控制的共變數分析方法。例如：某研究者想實驗三種不同教學法對學業成績的影響，但是某校願意提供整個班級學生作為實驗樣本，卻不願由研究者自該校學生中以隨機抽樣和隨機分派方式處理受試者，以保持該校學校行政的正常運作和降低學校行政的困擾。又假設「智力」因素也是影響學業成績的一個主要變項，但卻不是本研究感興趣的變項，該研究者想瞭解的是：「在不受智力因素影響的情況下，三種不同教學法（如：演講法、啟發法和電腦輔助法）對學業成績的影響是否也有顯著差異存在？」此時，該研究者所面臨的問題不僅是以實驗控制方法就能降低實驗誤差的問題，而是智力因素對學業成績所產生的干擾效果根本就無法經由實驗控制來加以排除，因為**受試者本身同時具有依變項和共變項兩種分數**，在實驗情境

的限制下，無法以隨機抽樣和隨機分派方式來控制實驗誤差。因此，當這種實驗控制不可能時，只好求諸於統計控制的方法，排除干擾變項的影響力，以降低其可能造成的實驗誤差或干擾效果。

前章所述固定效果變異數分析的直線模式可以表示如下：

$$Y_{ij} = \mu + \alpha_j + \varepsilon_{ij}$$

此即表示受試者 i 在實驗處理水準 j 下的依變項分數，是由三個部份分數所構成，第一為**整體的平均效果**（以 μ 表示），第二為**各實驗處理效果**（以 α_j 表示），第三為**實驗誤差**（以 ε_{ij} 表示）；並且，這個直線模式的誤差項 ε_{ij} 具有獨立性、變異數同質性的常態分配等基本假設，通常表示成 $\varepsilon_{ij} \sim NID\,(0,\,\sigma^2)$。而在共變數分析中，其目的是在排除共變項（即 X）的影響，也就是要從實驗誤差中控制干擾效果，使得實驗效果能夠更加凸顯出來，因此，誤差項可以再分割成下列兩個部份：

$$\varepsilon_{ij} = \beta(X_{ij} - \mu_x) + \varepsilon'_{ij} \qquad \text{〈公式 11–1〉}$$

其中，$X_{ij} - \mu_x$ 表示在第 j 個實驗處理水準下的第 i 個共變項分數的離均差，μ_x 表示共變項的平均數，β 表示 X 與 Y 之間的迴歸係數，ε'_{ij} 則表示在排除 X 的影響後所剩下的殘差，它的基本假設仍然為 $\varepsilon'_{ij} \sim NID(0,\,\sigma^2)$。合併起來，**一個固定效果共變數分析**可以使用下列的**直線模式**來表示：

$$Y_{ij} = \mu + \alpha_j + \beta_w(X_{ij} - \mu_x) + \varepsilon'_{ij}$$

或表示成下列公式：

$$Y_{ij} - \beta_w(X_{ij} - \mu_x) = \mu + \alpha_j + \varepsilon'_{ij} \qquad \text{〈公式 11–2〉}$$

因此，嚴格說來，共變數分析是迴歸分析和變異數分析的綜合體。簡言之，它是先利用迴歸分析方法將共變項的影響力排除後，再利用變異數分析去考驗各組平均數間有無顯著差異存在的一種統計分析方法。因此，共變數分析的步驟可以分成三大部份：

⑴**組內迴歸係數同質性**（homogeneity of within-class regression coefficient）

考驗: 共變數分析除了假設變異數同質性外, 還有一個重要的基本假設, 那就是「組內迴歸係數同質性」假設。該假設是說: 以各實驗處理組的共變項預測依變項所得的各條迴歸線的迴歸係數要相同; 換句話說, 這 k 條迴歸線要互相平行。如果經過考驗的結果顯示, 這 k 個迴歸係數並不相同, 即表示研究者不宜進行共變數分析, 較宜將各個實驗組分開個別討論。

(2)**共變數分析:** 如果上述的同質性假設可以成立的話, 則可以將這 k 條迴歸線合併成一條具有代表性的迴歸線來代表它們, 這條具有代表性的迴歸線就叫做「**組內迴歸線**」, 其迴歸係數即是組內迴歸係數。然後, 在這種假設下進行共變數分析, 看看在排除共變數 X 的解釋量後, 各組平均數間是否仍有顯著差異存在。

(3)**求調整後的平均數:** 沿著共同的組內迴歸線方向, 將各組平均數 $\bar{x}_j$ 調整成 $\bar{x}$, 再看看各組依變項平均數 $\bar{y}_j$ 變化多少 (此時的 $\bar{y}_j$ 便稱作「**調整後平均數**」(adjusted means)), 以便進行事後比較, 找出哪一對平均數間有顯著差異存在。

綜合上述, 除了直線模式必備的基本假設外, 共變數分析仍具有迴歸分析的相關假設。茲將這些共變數分析的基本假設歸納如下 (Huitema, 1980):

> (1)每一實驗組內的**迴歸線**被假設是平行的, 亦即組內迴歸係數 $(\beta_1 = \beta_2 = \cdots = \beta_j = \beta_w)$ 是相同的。
>
> (2)假設所使用的**迴歸線**形狀是直線的, 並且獲得驗證。若 X 與 Y 之間呈非直線的關係時, 則可能產生錯誤結論, 此時, 可能需要進行資料轉換或其他複雜的處理, 方能滿足線性迴歸的假設。
>
> (3)共變項為固定效果, 且不含測量誤差 (no measurement error)。同時, 它亦不應該受到實驗處理的影響; 因此, 為了避免受到實驗處理的影響, 通常都是在進行實驗之前便先行收集共變項資料。
>
> (4)直線模式的**誤差項** ε_{ij} 具有獨立性、**變異數同質性**的常態分配等基本假設, 簡寫成 $\varepsilon'_{ij} \sim NID(0, \sigma^2)$。
>
> (5)**隨機分派**, 且實驗處理必須為固定效果。

共變數分析一如變異數分析一樣, 也有所謂的**獨立樣本**和**相依樣本**、單因子和多因子、固定效果和隨機效果之分。囿於篇幅所限, 本章僅將討論重

點集中在單因子固定效果的設計上，茲分成獨立樣本和相依樣本情況說明共變數分析的步驟。至於多因子和隨機效果的設計，有興趣的讀者可以參閱進階的高等統計學專書（如：Huitema, 1980; Kepple, 1982; Kirk, 1982）。

第二節　獨立樣本的共變數分析

為了先瞭解上述共變數分析的步驟，本節先以例 11.1 和表 11.1 的過程說明共變數分析的要點如下，再回頭討論其基本假設「組內迴歸係數同質性」的考驗。

一、計算過程和事後考驗

11.1

某教育學者想研究三種記憶術對學童國語文成績的影響。由於已知「智力」也會影響學童的國語文成績，因此，該教育學者決定以統計控制方法來排除智力的干擾。他以隨機方式分派三個班級分別接受這三種不同的記憶術訓練，並於開始實驗前先對該批學生實施智力測驗，所收集到的資料如表 11.1 所示。試問在排除智力因素的干擾後，這三種記憶術的訓練效果對學童國語文成績的影響是否存有顯著差異？

表 11.1　例 11.1 的資料及其共變數分析的過程

	記憶術 I		記憶術 II		記憶術 III		總	和
	X	Y	X	Y	X	Y	X	Y
	3	5	4	8	3	6		
	1	4	4	10	2	7		
	3	4	4	7	2	7		
	1	3	3	10	3	7		
	2	4	3	9	5	9		
	1	3	1	5	1	5		
	3	5	2	7	5	8		
和	14	28	21	56	21	49	56	133
平均數	2	4	3	8	3	7	2.67	6.33
平方和	34	116	71	468	77	353	182	937
交乘和	60		176		157		393	

〔計算方法一〕：

(1)求 X 的 SS_t、SS_w 和 SS_b：

$$SS_{t(x)} = 182 - \frac{(56)^2}{21} = 32.67$$

$$SS_{w(x)} = 182 - \frac{(14)^2 + (21)^2 + (21)^2}{7} = 28$$

$$SS_{b(x)} = 32.67 - 28 = 4.67$$

(2)求 Y 的 SS_t、SS_w 和 SS_b：

$$SS_{t(y)} = 937 - \frac{(133)^2}{21} = 94.67$$

$$SS_{w(y)} = 937 - \frac{(28)^2 + (56)^2 + (49)^2}{7} = 34$$

$$SS_{b(y)} = 94.67 - 34 = 60.67$$

(3)求 XY 的 SS_t、SS_w 和 SS_b：

$$SS_{t(xy)} = 393 - \frac{(56)(133)}{21} = 38.33$$

$$SS_{w(xy)} = 393 - \frac{(14)(28) + (21)(56) + (21)(49)}{7} = 22$$

$$SS_{b(xy)} = 38.33 - 22 = 16.33$$

(4)求 $SS'_{t(y)}$、$SS'_{w(y)}$ 和 $SS'_{b(y)}$：

$$SS'_{t(y)} = SS_{t(y)} - \frac{SS^2_{t(xy)}}{SS_{t(x)}} = 94.67 - \frac{(38.33)^2}{32.67} = 49.7$$

$$SS'_{w(y)} = SS_{t(y)} - \frac{SS^2_{w(xy)}}{SS_{w(x)}} = 34 - \frac{(22)^2}{28} = 16.71$$

$$SS'_{b(y)} = SS'_{t(y)} - SS'_{w(y)} = 49.7 - 16.71 = 32.99$$

〔計算方法二〕：

(5)求**整體的相關係數** r_t：

$$r_t = \frac{SS_{t(xy)}}{\sqrt{SS_{t(x)}}\sqrt{SS_{t(y)}}} = \frac{\sum XY - \dfrac{\sum X \sum Y}{N}}{\sqrt{\sum X^2 - \dfrac{(\sum X)^2}{N}}\sqrt{\sum Y^2 - \dfrac{(\sum Y)^2}{N}}}$$

$$= \frac{393 - \dfrac{(56)(133)}{21}}{\sqrt{182 - \dfrac{(56)^2}{21}}\sqrt{937 - \dfrac{(133)^2}{21}}} = .6892$$

(6)求**合併的組內相關係數** r_w：

$$r_w = \frac{SS_{w(xy)}}{\sqrt{SS_{w(x)}}\sqrt{SS_{w(y)}}} = \frac{22}{\sqrt{28}\sqrt{34}} = .7130$$

(7)求 $SS'_{t(y)}$、$SS'_{w(y)}$ 和 $SS'_{b(y)}$：

$$SS'_{t(y)} = SS_{t(y)}(1 - r_t^2) = 94.67(1 - (.6892)^2) = 49.7021$$

$$SS'_{w(y)} = SS_{w(y)}(1 - r_w^2) = 34(1 - (.7130)^2) = 16.7154$$

$$SS'_{b(y)} = SS'_{t(y)} - SS'_{w(y)} = 49.7021 - 16.7154 = 32.9867$$

表 11.2　表 11.1 的共變數分析摘要表

變異來源	SS'	df	MS'	F
組間（記憶術）	32.99	$k - 1 = 2$	16.495	16.78*
組內（誤差）	16.71	$N - k - 1 = 17$	.983	
全　體	49.70	$N - 2 = 19$		

$$F_{.95(2,17)} = 3.59$$

茲根據前節所述的**共變數分析步驟**，逐一說明如下：

1.假設只有**共變項** (X) **分數**（即智力）存在，而沒有依變項 (Y) 分數（即國語文成績分數）存在，並求出此共變數的總離均差平方和、組內離均差平方和、與組間離均差平方和（亦即 $SS_{t(x)}$、$SS_{w(x)}$ 和 $SS_{b(x)}$）等數值，其算法與變異數分析的算法相同。結果如表 11.1 中的第(1)部份所示。

2.同理，算出**依變項分數**的總離均差平方和、組內離均差平方和，與組間離均差平方和（亦即 $SS_{t(y)}$、$SS_{w(y)}$、和 $SS_{b(y)}$）等數值，其算法與變異數分析的算法相同。結果如表 11.1 中的第(2)部份所示。

3.接著，計算共變項與依變項間的共變數分子部份之總離均差交叉乘積和、組內離均差交叉乘積和、與組間離均差交叉乘積和（亦即 $SS_{t(xy)}$、$SS_{w(xy)}$ 和 $SS_{b(xy)}$）等數值，其算法與一般計算共變數的分子部份（即交叉乘積項 SS_{xy}）的算法相同。換句話說，共變項與依變項間的「離均差交叉乘積和」，也可以仿同變異數分析中「離均差平方和的分割」方式分成三部份：「總的」、「組間」和「組內」等，其間的關係可以表示如下：

$$\sum\sum(X_{ij} - \bar{x}_{..})(Y_{ij} - \bar{Y}_{..})$$
$$= n\sum(\bar{x}_{.j} - \bar{x}_{..})(\bar{y}_{.j} - \bar{y}_{..}) + \sum\sum(X_{ij} - \bar{x}_{.j})(Y_{ij} - \bar{y}_{.j})$$

或　　$SS_{t(xy)} = SS_{b(xy)} + SS_{w(xy)}$

這三部份的計算如表 11.1 中的第(3)部份所示。

4.接著計算**調整後的 (adjusted) 依變項分數**的各種變異量，分別以 $SS'_{t(y)}$、$SS'_{w(y)}$ 和 $SS'_{b(y)}$ 表示，這些變異量即表示依變項在排除共變項干擾後所剩下的部份，亦即代表純粹由實驗操弄且沒有被其他干擾變項所影響的實驗效果部份。共變數分析即針對這個調整後的依變項分數，再進行變異數分析後所得的結果。有關這個部份的計算，如表 11.1 中的第(4)部份所示。

除了上述步驟的計算方法外，表 11.1 中亦陳列第二種算法（如：第(5)至第(7)部份所示），這種算法其實和第一種算法一樣，只是表達的方式不同而已，讀者只要仔細察看其計算過程便可以明瞭。

5.最後，列出**共變數分析摘要表**，其寫法與變異數分析摘要表的寫法一樣。不過，由於調整後的 $SS'_{t(y)}$ 是利用迴歸分析作調整，所以要**失去兩個自由度**（即截距和迴歸係數二者），故自由度應為 $N-2$，而不是 $N-1$。由於 $SS'_{t(y)}$ 的自由度是 $N-2$，且只有三個實驗組（即 $k=3$），故 $SS'_{b(y)}$ 的自由度仍為 $k-1$，因此，$SS'_{w(y)}$ 的自由度便剩下 $N-k-1$。本摘要表如表 11.2 所示。

根據表 11.2 的考驗結果顯示，即使把智力因素排除後，三種記憶術的訓

練效果間仍存有顯著差異。接著，我們仍應仿同變異數分析達顯著水準後的作法，進行**事後比較**，以便進一步確認三個平均數間的差異顯著性。

由於事後比較是在比較各個平均數兩兩之間的差異，因此，在共變數分析的基本假設「組內迴歸係數同質性」已獲得滿足的前提下，我們可以使用整個母群體迴歸係數值來代替各組組內迴歸線的迴歸係數值;亦即,在共變數分析時，必須先滿足下列的虛無假設:

$$H_0: \beta_{w_1} = \beta_{w_2} = \beta_{w_3} = \beta_w$$

並以 b_w 作為**各組組內迴歸係數的估計值**。b_w 的計算公式可以表示如下:

$$b_w = \frac{SS_{w(xy)}}{SS_{w(x)}}$$ 〈公式 11–3〉

其截距可以表示如下:

$$a_w = \bar{y} - b_w\bar{x}$$

並且被用來計算下列的**調整後平均數** (adjusted means):

$$\bar{y}'_j = \bar{y}_j - b_w(\bar{x}_j - \bar{x}.)$$ 〈公式 11–4〉

我們便是利用這些調整後平均數，來進行事後比較。

茲將有關資料代入上述公式，分別得:

$$b_w = \frac{SS_{w(xy)}}{SS_{w(x)}} = \frac{22}{28} = .79$$

$$a_w = 6.33 - .79(2.67) = 4.22$$

和下列的調整後平均數:

記憶術 I: $\bar{y}'_1 = 4.0 - (.79)(2 - 2.67) = 4.53$

記憶術 II: $\bar{y}'_2 = 8.0 - (.79)(3 - 2.67) = 7.74$

記憶術 III: $\bar{y}'_3 = 7.0 - (.79)(3 - 2.67) = 6.74$

此即表示，在尚未針對共變數干擾效果作調整前的三組國語文成績分別為：4、8 和 7 分，而針對共變項的總平均數 ($\bar{x}. = 2.67$) 作調整後的三組國語文成績則分別為：4.53、7.74 和 6.74 分，顯示這三組間仍有顯著差異存在（$F = 16.78$, $p < .05$，見表 11.2 所示），可以 N-K 法進行事後比較如下：

$$q = \frac{c_j(\bar{y}'_j) + c'_j(\bar{y}'_{j'})}{\sqrt{\dfrac{MS_{error}}{n}}} \qquad \langle \text{公式 11–5} \rangle$$

其中，

$$MS_{error} = MS'_{w(y)}[1 + \frac{SS_{b(x)}/(k-1)}{SS_{w(x)}}] \qquad \langle \text{公式 11–6} \rangle$$

再將有關資料代入〈公式 11–6〉和〈公式 11–5〉中，得：

$$MS_{error} = .983[1 + \frac{4.67/(3-1)}{28}] = 1.06$$

及各組調整後平均數間之**差異考驗**：

$$\psi_1 = \text{II} - \text{I} \qquad q = \frac{7.74 - 4.53}{\sqrt{\dfrac{1.06}{7}}} = 8.25\star \quad (p < .05)$$

$$\psi_2 = \text{III} - \text{I} \qquad q = \frac{6.74 - 4.53}{\sqrt{\dfrac{1.06}{7}}} = 5.67\star \quad (p < .05)$$

$$\psi_3 = \text{III} - \text{II} \qquad q = \frac{7.74 - 6.74}{\sqrt{\dfrac{1.06}{7}}} = 2.57$$

查表的臨界值 $q_{1-\alpha(k, N-k-1)} = q_{.95(3,17)} = 3.65$，可見，在排除智力的影響後，顯示記憶術 II 和記憶術 III 的調整後平均數均顯著地優於記憶術 I 的調整後平均數，而記憶術 II 和記憶術 III 的調整後平均數之間則沒有顯著差異存在。

二、組內迴歸係數同質性考驗

前節曾說過，在進行共變數分析之前，必須先滿足組內迴歸係數同質性的基本假設，也就是說：「以各組的共變項對依變項進行迴歸分析，所求得各組迴歸係數必須是一致的；亦即，$H_0: \beta_{w_1} = \beta_{w_2} = \beta_{w_3} = \beta_w$ 的虛無假設必須能獲得支持」。在這種情況下，由於三組迴歸係數可以被視為相同，因此可以用 b_w 來代替，作為這三組的共同迴歸係數，以進行後續的共變數分析。表 11.3 所示，即為這三組組內迴歸係數的算法及其同質性考驗的步驟。

表 11.3　例 11.1 資料的組內迴歸係數同質性考驗

	記憶術 I		記憶術 II		記憶術 III		總	和
	X	Y	X	Y	X	Y	X	Y
	3	5	4	8	3	6		
	1	4	4	10	2	7		
	3	4	4	7	2	7		
	1	3	3	10	3	7		
	2	4	3	9	5	9		
	1	3	1	5	1	5		
	3	5	2	7	5	8		
和	14	28	21	56	21	49	56	133
平均數	2	4	3	8	3	7	2.67	6.33
平方和	34	116	71	468	77	353	182	937
交乘和	60		176		157			393

〔計算過程〕：

⑴求各組組內離均差平方和與交叉乘積：

$$記憶術 \text{ I}: \quad SS_x = 34 - \frac{(14)^2}{7} = 6.0$$

$$SS_y = 116 - \frac{(28)^2}{7} = 4.0$$

$$SS_{xy} = 60 - \frac{(14)(28)}{7} = 4.0$$

記憶術 II：$SS_x = 71 - \dfrac{(21)^2}{7} = 8.0$

$\qquad SS_y = 468 - \dfrac{(56)^2}{7} = 20.0$

$\qquad SS_{xy} = 176 - \dfrac{(21)(56)}{7} = 8.0$

記憶術 III：$SS_x = 77 - \dfrac{(21)^2}{7} = 14.0$

$\qquad SS_y = 353 - \dfrac{(49)^2}{7} = 10.0$

$\qquad SS_{xy} = 157 - \dfrac{(21)(49)}{7} = 10.0$

(2)求合併的組內離均差平方和與交叉乘積：

$SS_{w(x)} = 6.0 + 8.0 + 14.0 = 28.0$

$SS_{w(y)} = 4.0 + 20.0 + 10.0 = 34.0$

$SS_{w(xy)} = 4.0 + 8.0 + 10.0 = 22.0$

(3)進行組內迴歸係數同質性考驗：

記憶術 I 之組內迴歸係數：$b_{w_1} = \dfrac{SS_{xy}}{SS_x}\dfrac{4.0}{6.0} = .67$

記憶術 II 之組內迴歸係數：$b_{w_2} = \dfrac{8.0}{8.0} = 1.0$

記憶術 III 之組內迴歸係數：$b_{w_3} = \dfrac{10.0}{14.0} = .71$

$SS_1 = [4.0 - \dfrac{(4.0)^2}{6.0}] + [20.0 - \dfrac{(8.0)^2}{8.0}] + [10.0 - \dfrac{(10.0)^2}{14.0}]$

$\qquad = 34.0 - [\dfrac{(4.0)^2}{6.0} + \dfrac{(8.0)^2}{8.0} + \dfrac{(10.0)^2}{14.0}] = 16.19$

$SS_2 = [\dfrac{(4.0)^2}{6.0} + \dfrac{(8.0)^2}{8.0} + \dfrac{(10.0)^2}{14.0}] - \dfrac{(22.0)^2}{28.0} = .52$

（驗算：$SS_1 + SS_2 = 16.19 + .52 = 16.71 = SS'_w$）

$$F = \frac{SS_2/(k-1)}{SS_1/k(n-2)} = \frac{.52/(3-1)}{16.19/3(7-2)} = .24$$

$$F_{.95(2,15)} = 3.68$$

接著，計算**各組組內迴歸係數**，如表 11.3 所示，並以下列公式進行同質性考驗：

$$F = \frac{SS_2/(k-1)}{SS_1/k(n-2)}$$
〈公式 11–7〉

其中，

$$SS_1 = SS_{w(y)} - \sum[\frac{SS^2_{w(xy)j}}{SS_{w(xj)}}]$$
〈公式 11–8〉

$$SS_2 = \sum[\frac{SS^2_{w(xy)j}}{SS_{w(xj)}}] - \frac{SS^2_{w(xy)}}{SS_{w(x)}}$$
〈公式 11–9〉

其中，SS_1 表示由這三組合併而成的殘差值變異量；$\sum(Y - \hat{y}_j)^2$，亦即各組 Y 值與該組迴歸預測值之差距的平方和，相當於 F 考驗的組內變異量（即分母部份）。SS_2 則表示是調整後的組內變異量減去 SS_1 所剩下的部份，亦即是 $SS_2 = SS'_w - SS_1$。因此，$SS'_w = SS_1 + SS_2 = 16.19 + .52 = 16.71$，由此可見，調整後的組內變異量尚可分成兩個獨立的部份：一為由各組組內迴歸線解釋到的部份所構成的變異量；另一為無法由各組組內迴歸線解釋到的部份所構成的變異量。前者在各組組內迴歸係數均屬同質時，會變得很小，表示毫無差異或差異未達到顯著程度；反之，若同質性假設無法成立時，這個部份將會變得很大，表示差異已達到很明顯的程度。因此，將 SS'_w 分割成兩部份的作法，就好像是把**依變項**的總變異（即 SS_t）分割成組間變異（即 SS_b）和組內變異（即 SS_w）一樣；所以，在進行 F 考驗時，是以 SS_2 當分子，而以 SS_1 當分母來進行考驗。至於在自由度方面，由於只有三組，故分子的自由度為 $k-1$；而分母部份，因為**每組均使用組內迴歸線進行調整**，所以各喪失兩個自由度，故總共為

$k(n-2)$ 個自由度。而 $k-1$ 與 $k(n-2)$ 之和，也剛好與 SS'_w 的自由度值 $N-k-1$ 相符合。由此可見，不僅 SS'_w 能被分割成兩部份，連其自由度也可以被分割成兩部份。

由表 11.3 的計算可知，F 考驗的計算值比查表的臨界值小，所以無法拒絕虛無假設 $H_0: \beta_{w_1} = \beta_{w_2} = \beta_{w_3} = \beta_w$，顯示各組組內迴歸係數之間的差異未達顯著水準，因此，我們可以結論說組內迴歸係數同質性假設獲得支持，可以進行後續的共變數分析。

三、 共變數分析的概念圖解

簡單的說，共變數分析是**迴歸分析**和**變異數分析**的綜合體。我們茲以圖 11.1 說明表 11.3 資料的共變數分析過程。

⑴圖 11.1 中的三條短線，分別代表這三個記憶術組別中，以 X 變項預測 Y 變項的迴歸線，其迴歸係數值已如表 11.3 中所示，分別為 .67、1.0、和 .71。由於這三條迴歸線的斜率值差異不大（即組內迴歸係數同質性假設考驗結果未達顯著差異），我們可以使用一條共同的組內迴歸線（即整體的**母群體迴歸線**）及其迴歸係數來取代，即圖 11.1 中較長的實線所示，其斜率為 .79。

⑵接著，根據共變數分析後的結果顯示，在排除智力的干擾後，這三種記憶術對國文成績的影響仍達顯著水準，表示這三種記憶術的效果有所不同。其實，若根據共同的組內迴歸線來作預測，該預測線為 $\hat{Y} = 4.22 + .79X$，則代入各組的共變項平均數（即 2、3、3），可得各組共變項所能預測到的依變項預測值為：

$$\hat{Y}_1 = 4.22 + .79(2) = 5.80$$

$$\hat{Y}_2 = 4.22 + .79(3) = 6.59$$

$$\hat{Y}_3 = 4.22 + .79(3) = 6.59$$

由此可見，若各組的智力愈高（即各組的共變項平均數愈大），則其國文成績亦愈高（即依變項預測值亦愈大）。但是各組的依變項平均數分別為 4、8 和 7，前者比其相對應的預測值小，而後二者比其相對應的預測值大，造成這種不一致現象的原因就是來自**共變項的干擾**。因此，使用調整後依變項平均數，

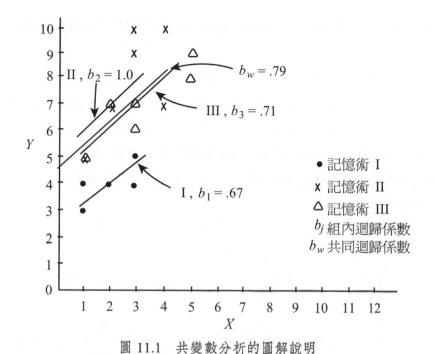

圖 11.1　共變數分析的圖解說明

即是為了讓各組依變項預測值都能建立在一個共同的基礎上，以作進一步比較。而調整後依變項平均數便是利用共同的組內迴歸線來作預測，分別得到各組調整後平均數為 4.53、7.74、和 6.74。若以圖 11.1 來看，則是將各組的組平均數 ($\bar{y}_j$) 轉換到共同的預測線上，再根據這些已建立在一個共同基礎上的調整後平均數，來進行變異數分析，便可得到我們所要的結果。

⑶最後，根據這些調整後平均數進行變異數分析，若研究結果經考驗後達顯著水準，則需進行事後比較。本研究結果即顯示，即使利用迴歸分析將智力因素所造成的影響排除在外，結果亦顯示記憶術 II 和 III 都比記憶術 I 的效果好。

四、違反組內迴歸係數同質性假設下的共變數分析

上述共變數分析有個基本假設必須先滿足，那就是組內迴歸係數同質性假設，亦即 $\beta_{w_1} = \beta_{w_2} = \cdots = \beta_w$；當這個假設被違反時，即表示至少有二條或二條以上的組內迴歸線並不是平行的。若不平行的情況不太嚴重的話，則仍然可以使用共變數分析；若太嚴重時，則使用共變數分析的結果，將會導致錯誤

的結論。此時，我們宜採用 Johnson-Neyman 的校正方法進行補救。茲以例 11.2 說明該法的使用。

 11.2

假設某教育學者想瞭解初級增強作用與次級增強作用對學童的機械式記憶學習效果的影響，他為了避免實驗研究受到記憶力的干擾，於是以記憶力作為本研究的共變項，將它排除在外，以考驗這兩種增強方法的好壞。表 11.4 為本研究所得的資料。試問在排除記憶力的干擾後，這兩種增強方法的效果間是否仍有差異存在？

表 11.4　例 11.2 的資料及其共變數分析的過程

初級增強		次級增強		
X	Y	X	Y	
3	5	4	10	$\sum\sum X = 50$
1	4	4	13	
3	4	4	10	$\sum\sum Y = 120$
1	3	3	8	
2	4	3	7	$\sum\sum X^2 = 144$
1	3	1	5	
3	5	2	6	$\sum\sum Y^2 = 856$
2	4	3	8	
2	4	3	7	$\sum\sum XY = 341$
2	4	3	6	
和	20	40	30	80
平均數	2	4	3	8
平方和	46	164	98	692
交乘和		84		257

1.迴歸係數同質性考驗：

$$\text{〔初級增強法〕} \qquad\qquad \text{〔次級增強法〕}$$

$$SS_{w(x_1)} = 46 - \frac{(20)^2}{10} = 6.0 \qquad\qquad SS_{w(x_2)} = 98 - \frac{(30)^2}{10} = 8.0$$

$$SS_{w(y_1)} = 164 - \frac{(40)^2}{10} = 4.0 \qquad\qquad SS_{w(y_2)} = 692 - \frac{(80)^2}{10} = 52.0$$

$$SS_{w(xy)_1} = 84 - \frac{(20)(40)}{10} = 4.0 \qquad\qquad SS_{w(xy)_2} = 257 - \frac{(30)(80)}{10} = 17.0$$

$$b_{w_1} = \frac{4.0}{6.0} = .67 \qquad\qquad b_{w_2} = \frac{17.0}{8.0} = 2.13$$

$$a_{w_1} = 4 - (.67)(2) = 2.66 \qquad\qquad a_{w_2} = 8 - (2.13)(3) = 1.61$$

$$SS''_{w(y_1)} = 4.0 - \frac{(4.0)^2}{6.0} = 1.33 \qquad\qquad SS''_{w(y_2)} = 52.0 - \frac{(17)^2}{8.0} = 15.88$$

$$SS_1 = 56.0 - [\frac{(4.0)^2}{6.0} + \frac{(17)^2}{8.0}] = 17.21$$

$$SS_2 = [\frac{(4.0)^2}{6.0} + \frac{(17)^2}{8.0}] - \frac{(21.0)^2}{14.0} = 7.29$$

$$F = \frac{7.29/(2-1)}{17.21/2(10-2)} = 6.78* \qquad (p < .05)$$

2.共變數分析：

$$SS_{t(x)} = 144 - \frac{(50)^2}{20} = 19$$

$$SS_{w(x)} = 144 - \frac{(20)^2 + (30)^2}{10} = 14$$

$$SS_{b(x)} = 19 - 14 = 5.0$$

$$SS_{t(y)} = 856 - \frac{(120)^2}{20} = 136.0$$

$$SS_{w(y)} = 856 - \frac{(40)^2 + (80)^2}{10} = 56.0$$

$$SS_{b(y)} = 136.0 - 56.0 = 80.0$$

$$SS_{t(xy)} = 341 - \frac{(50)(120)}{20} = 41.0$$

$$SS_{w(xy)} = 341 - \frac{(20)(40) + (30)(80)}{10} = 21.0$$

$$SS_{b(xy)} = 41.0 - 21.0 = 20.0$$

$$SS'_{t(y)} = 136 - \frac{(41)^2}{19} = 47.53$$

$$SS'_{w(y)} = 56 - \frac{(21)^2}{14} = 24.50$$

$$SS'_{b(y)} = 47.53 - 24.50 = 23.03$$

$$F = \frac{23.03/(2-1)}{24.50/(20-2-1)} = 15.98\star \qquad (p < .05)$$

3. Johnson-Neyman 的校正方法：

$$X_C = \frac{1.61 - 2.66}{.67 - 2.13} = .72$$

$$A = \frac{-(2.12)^2}{10 + 10 - 4}(1.33 + 15.88)(\frac{1}{6} + \frac{1}{8}) + (.67 - 2.13)^2 = .72$$

$$B = \frac{(2.12)^2}{10 + 10 - 4}(1.33 + 15.88)(\frac{2}{6} + \frac{3}{8}) + (2.66 - 1.61)(.67 - 2.13)$$
$$= 1.89$$

$$C = \frac{-(2.12)^2}{10 + 10 - 4}(1.33 + 15.88)(\frac{10 + 10}{10 \times 10} + \frac{2^2}{6} + \frac{3^2}{8}) + (2.66 - 1.61)^2$$
$$= -8.53$$

$$X_D = \frac{-(1.89) \pm \sqrt{(1.89)^2 - (.72)(-8.53)}}{.72} = 1.71 \text{ 或 } -6.96$$

首先，先進行組內迴歸係數同質性考驗，得知 F 考驗值如下：

$$F = \frac{7.29/(2-1)}{17.21/2(10-2)} = 6.78$$

大於查表的臨界值 $F_{.95(1,16)} = 4.49$，所以考驗結果已達顯著水準，表示虛無假設 $H_0: \beta_{w_1} = \beta_{w_2} = \cdots = \beta_w$ 應予以拒絕。由此可見，這兩種增強方法的組內迴

歸係數有顯著差異存在，也就是說，$b_{w_1} = .67$ 和 $b_{w_2} = 2.13$ 之間真的有所不同（參見圖 11.2 所示）。

　　由於組內迴歸係數同質性假設已違反，此時，若直接進行下列的共變數分析，則所獲得的結果有可能會產生錯誤的結論。例如，進行共變數分析的結果，其 F 考驗值為：

$$F = \frac{23.03/(2-1)}{24.50/(20-2-1)} = 15.98$$

大於臨界值 $F_{.95(1,17)} = 4.45$，所以達顯著水準；也就是說，在排除記憶力的影響後，初級增強法與次級增強法對機械式記憶學習的效果間有顯著差異存在。這項結論是否正確，很值得懷疑。由於組內迴歸係數同質性假設已違反，因此，需要使用校正方法來補救，方不至於產生錯誤的結論。

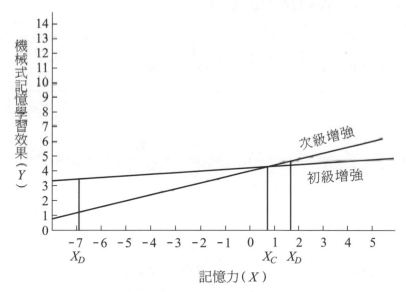

圖 11.2　組內迴歸線的交叉點和差異臨界點

　　由圖 11.2 所示可知，這兩條組內迴歸線並不是平行的，所以它們一定會有交叉點（以 X_C 表示），該點的求法如下：

$$X_C = \frac{a_{w_2} - a_{w_1}}{b_{w_1} - b_{w_2}}$$

〈公式 11–10〉

其中，a 與 b 的值分別代表截距和斜率。代入有關資料後，得 $X_C = .72$（如表 11.4 的第三部份所示），此點表示：當 X 為 .72 分時，這兩種增強方法的效果間並無差異存在，亦即，$D = 0$，在此點附近，我們無法區別何種方法較優；但是，當 X 遠離此一交叉點時，則 D 值就有可能愈來愈大，顯示在某個 X_D 值以上或以下時，其中一種方法必會優於另一種方法。這個判別的臨界點 X_D 的計算方法可以表示如下：

$$X_D = \frac{-B \pm \sqrt{(B^2 - AC)}}{A}$$

〈公式 11–11〉

其中的 A、B 和 C 值的算法可以表示如下：

$$A = \frac{-t^2_{(1-\alpha)}}{n_1 + n_2 - 4}(SS'_{w(y_1)} + SS'_{w(y_2)})(\frac{1}{SS_{w(x_1)}} + \frac{1}{SS_{w(x_2)}}) + (b_{w_1} - b_{w_2})^2$$

〈公式 11–12〉

$$B = \frac{t^2_{1-\alpha}}{n_1 + n_2 - 4}(SS'_{w(y_1)} + SS'_{w(y_2)})(\frac{\bar{x}_1}{SS_{w(x_1)}} + \frac{\bar{x}_2}{SS_{w(x_2)}}) + (a_{w_1} - a_{w_2})(b_{w_1} - b_{w_2})$$

〈公式 11–13〉

$$C = \frac{-t^2_{(1-\alpha)}}{n_1 + n_2 - 4}(SS'_{w(y_1)} + SS'_{w(y_2)})(\frac{n_1 + n_2}{n_1 n_2} + \frac{\bar{x}_1^2}{SS_{w(x_1)}} + \frac{\bar{x}_2^2}{SS_{w(x_2)}}) + (a_{w_1} - a_{w_2})^2$$

〈公式 11–14〉

茲將有關資料代入上述公式，分別得：

$$A = .72 \qquad B = 1.89 \qquad C = -8.53$$

並且代入〈公式 11–11〉，得 $X_D = 1.71$ 或 -6.96。此即表示：記憶力得分在 1.71

分以上者，次級增強法顯著優於初級增強法；記憶力得分在 -6.96 以下者，則為初級增強法顯著優於次級增強法；而在這兩個臨界點 X_D 之間者，則為沒有顯著差異。故從例 11.2 資料分析結果可知，對於記憶力得分在 1.71 分以上的學生，宜採用次級增強法來輔助教學；而對於記憶力得分在 -6.96 分以下的學生，則宜採用初級增強法來輔助教學。如此的措施，才能適應學生的個別差異，增進學習的成效。

第三節　相依樣本的共變數分析

　　單因子共變數分析也可以在受試者內設計的情境裡使用，在這種實驗設計中，每位受試者均接受多次的測量，所以是**重覆量數**，屬於相依樣本的資料。此時，根據實驗目的和問題假設的不同，每位受試者可以具有相同或不相同的共變項，但不論所使用的共變項為何，都可以應用共變數分析到這種相依樣本的情境裡。

　　在相依樣本的情境下使用共變數分析，一如在相依樣本情境下使用變異數分析一樣的複雜，都必須從受試者內變異量中，先分離出實驗處理的效果和殘差的效果兩部份，再進行調整後平均數的變異數分析和事後比較。例 11.3 便是這種情況下的計算例子。

一、計算過程

例 11.3

某教育學者想研究三種教學法對學童國語文成績的影響。他找來七名學生當受試者，各接受這三種教學法的實驗處理；由於他擔心受試者本身的基本語文程度會影響其國語文成績，於是使用三種複本國語文標準測驗分數作為實驗的依變項，並且在進行實驗處理前，即先實施自編的國語文隨堂測驗，以作為實驗前受試者已具有的基本語文程度（即共變項 X）。接著，開始進行三種不同的教學法。表 11.5 的資料即為本實驗收集到的資料，試問這三種教學法對學童的國語文成績之影響有無差異存在？

表 11.5 　例 11.3 的資料及其共變數分析

受試者	教學法 I		教學法 II		教學法 III		$\sum P_x$	$\sum P_y$
	X	Y	X	Y	X	Y		
A	3	5	4	8	3	6	10	19
B	1	4	4	10	2	7	7	21
C	3	4	4	7	2	7	9	18
D	1	3	3	10	3	7	7	20
E	2	4	3	9	5	9	10	22
F	1	3	1	5	1	5	3	13
G	3	5	2	7	5	8	10	20
$\sum T$	14	28	21	56	21	49	56	133
平均數	2	4	3	8	3	7	2.67	6.33
平方和	34	116	71	468	77	353	182	937
交乘和	60		176		157		393	

〔計算過程〕：

(1)求 X 的 SS_{total}、$SS_{b \cdot sub}$、$SS_{w \cdot sub}$、SS_{treat} 和 SS_{res}：

$$SS_{total(x)} = \sum\sum X^2 - \frac{(G_x)^2}{nk} = (3^2 + \cdots + 5^2) - \frac{(56)^2}{7(3)}$$

$$= 182 - 149.33 = 32.67$$

$$SS_{b \cdot sub(x)} = \frac{\sum P_x^2}{k} - \frac{(G_x)^2}{nk} = \frac{(10)^2 + \cdots + (10)^2}{3} - \frac{(56)^2}{7(3)}$$

$$= 162.67 - 149.33 = 13.34$$

$$SS_{w \cdot sub(x)} = SS_{total(x)} - SS_{b \cdot sub(x)} = 19.33$$

$$SS_{treat(x)} = \frac{\sum T_x^2}{n} - \frac{(G_x)^2}{nk}$$

$$= \frac{(14)^2 + (21)^2 + (21)^2}{7} - 149.33 = 4.67$$

$$SS_{res(x)} = SS_{w \cdot sub(x)} - SS_{treat(x)}$$

$$= 14.33 - 4.67 = 14.66$$

(2)求 Y 的 SS_{total}、$SS_{b \cdot sub}$、$SS_{w \cdot sub}$、SS_{treat} 和 SS_{res}：

$$SS_{total(y)} = \sum\sum Y^2 - \frac{(G_y)^2}{nk} = (5^2 + \cdots + 8^2) - \frac{(133)^2}{7(3)}$$

$$= 937 - 842.33 = 94.67$$

$$SS_{b\cdot sub(y)} = \frac{\sum P_y^2}{k} - \frac{(G_y)^2}{nk} = \frac{(19)^2 + \cdots + (20)^2}{3} - \frac{(133)^2}{7(3)}$$

$$= 859.67 - 842.33 = 17.34$$

$$SS_{w\cdot sub(y)} = SS_{total(y)} - SS_{b\cdot sub(y)} = 77.33$$

$$SS_{treat(y)} = \frac{\sum T_y^2}{n} - \frac{(G_y)^2}{nk}$$

$$= \frac{(28)^2 + (56)^2 + (49)^2}{7} - 842.33 = 60.67$$

$$SS_{res(y)} = SS_{w\cdot sub(y)} - SS_{treat(y)}$$

$$= 77.33 - 60.67 = 16.66$$

(3)求 XY 的 SS_{total}、$SS_{b\cdot sub}$、$SS_{w\cdot sub}$、SS_{treat} 和 SS_{res}：

$$SS_{total(xy)} = \sum\sum XY - \frac{G_x G_y}{nk} = (3)(5) + \cdots + (5)(8) - \frac{(56)(133)}{7(3)}$$

$$= 393 - 354.67 = 38.33$$

$$SS_{b\cdot sub(xy)} = \frac{\sum P_x P_y}{k} - \frac{G_x G_y}{nk}$$

$$= \frac{(10)(19) + \cdots + (10)(20)}{3} - \frac{(56)(133)}{7(3)}$$

$$= 373 - 354.67 = 18.33$$

$$SS_{w\cdot sub(xy)} = SS_{total(xy)} - SS_{b\cdot sub(xy)} = 38.33 - 18.33 = 20$$

$$SS_{treat(xy)} = \frac{\sum T_x T_y}{n} - \frac{G_x G_y}{nk}$$

$$= \frac{(14)(28) + (21)(56) + (21)(49)}{7} - 357.67$$

$$= 371 - 357.67 = 13.33$$

$$SS_{res(xy)} = SS_{w\cdot sub(xy)} - SS_{treat(xy)}$$

$$= 20 - 13.33 = 6.67$$

⑷求調整後的 $SS'_{total(y)}$、$SS'_{treat(y)}$ 和 $SS'_{res(y)}$：

$$SS'_{total(y)} = SS_{total(y)} - \frac{SS^2_{total(xy)}}{SS_{total(x)}} = 94.67 - \frac{(38.33)^2}{32.67} = 49.70$$

$$SS'_{res(y)} = SS_{res(y)} - \frac{SS^2_{res(xy)}}{SS_{res(x)}} = 16.66 - \frac{(6.67)^2}{14.66} = 13.63$$

$$SS'_{treat(y)} = SS'_{total(y)} - SS'_{res(y)} = 49.70 - 13.63 = 36.07$$

表 11.6　表 11.5 的共變數分析摘要表

變異來源	SS'	df	MS'	F
實驗處理 (treat)	36.07	$k-1=2$	18.04	14.55*
殘差 (res)	13.63	$(k-1)(n-1)-1=11$	1.24	

$$F_{.95(2,11)} = 3.98$$

根據前述共變數分析的步驟，逐一說明計算過程如下：

1. 首先，以 *total* 代表某個變項之整體變異量、以 *b·sub* 代表某個變項之受試者間變異量、以 *w·sub* 代表某個變項之受試者內變異量、以 *treat* 代表某個變項之實驗處理效果的變異量、而以 *res* 代表某個變項之殘差變異量。接著，分別計算共變項、依變項、和這兩個變項間的共變數之分子部份的總離均差平方和、受試者間、受試者內、實驗處理效果、和殘差等離均差平方和與交叉乘積和，各如表 11.5 中之⑴、⑵和⑶部份的計算說明。

2. 接著，**計算調整後的依變項分數的各種變異量來源**，分別以 $SS'_{total(y)}$ 代表排除共變項干擾後剩下的依變項總變異量部份、$SS'_{treat(y)}$ 代表排除共變項干擾後所剩下純由實驗操弄造成的實驗處理效果的變異量部份、和 $SS'_{res(y)}$ 代表排除共變項干擾後所剩下的殘差變異量部份。相依樣本下的共變數分析一如獨立樣本下的共變數分析一樣，係針對這些調整後的依變項分數，再進行變異數分析後的結果。有關這個部份的計算，已呈現在表 11.5 的第⑷部份，分別是：

$$SS'_{total(y)} = SS_{total(y)} - \frac{SS^2_{total(xy)}}{SS_{total(x)}}$$ 　　　　〈公式 11–15〉

$$SS'_{res(y)} = SS_{w \cdot sub(y)} - \frac{SS^2_{w \cdot sub(xy)}}{SS_{w \cdot sub(x)}}$$

〈公式 11–16〉

$$SS'_{treat(y)} = SS'_{total(y)} - SS'_{res(y)}$$

〈公式 11–17〉

3.最後，列出**共變數分析摘要表**，其寫法與變異數分析摘要表的寫法一樣。不過，由於調整後的 $SS'_{total(y)}$ 是利用迴歸分析作調整，所以應該**多失去一個自由度**，其自由度變成 $n(k-1)-1$。由於我們有三個實驗組（即 $k=3$），故 $SS'_{treat(y)}$ 的自由度為 $k-1$，而 $SS'_{res(y)}$ 的自由度則剩 $(k-1)(n-1)-1$。本摘要表如表 11.6 所示。

根據表 11.6 的考驗結果顯示，即使把基本語文程度控制後，三種教學法效果間仍然有顯著差異存在。我們約略可以從表 11.5 中看出，第二種教學法的成效較好，第一種教學法的成效較差。為了證實這一點，我們可以仿同變異數分析達顯著後的作法，進行事後比較，以便確認這三個平均數間是否有差異存在。

二、事後比較

相依樣本下共變數分析達顯著後的事後比較方法，與前一節討論過的方法相同，惟誤差項應以 $MS'_{res(y)}$ 及其自由度來取代。茲將事後比較方法簡述於下。

共變數分析的前提假設是「組內迴歸係數同質性」已獲得證實，所以我們可以用整個母群體迴歸係數值來代替各組組內迴歸線的迴歸係數值如下：

$$b_w = \frac{SS_{w \cdot sub(xy)}}{SS_{w \cdot sub(x)}}$$

〈公式 11–18〉

並且用它來計算下列的**調整後平均數** (adjusted means)：

$$\bar{y}'_j = \bar{y}_j - b_w(\bar{x}_j - \bar{x}.)$$

我們便利用這些調整後平均數，進行事後比較。

茲將表 11.5 中有關資料代入上述公式，分別得：

$$b_w = \frac{SS_{w \cdot sub(xy)}}{SS_{w \cdot sub(x)}} = \frac{20}{19.33} = 1.03$$

以及下列的**調整後平均數**：

教學法 I:　$\bar{y}_1' = 4.0 - (1.03)(2 - 2.67) = 4.69$

教學法 II:　$\bar{y}_2' = 8.0 - (1.03)(3 - 2.67) = 7.66$

教學法 III:　$\bar{y}_3' = 7.0 - (1.03)(3 - 2.67) = 6.66$

接著，我們可以 *N-K* 法進行事後比較如下：

$$q = \frac{c_j(\bar{y}_j') + c_j'(\bar{y}_j')}{\sqrt{\dfrac{MS_{error}}{n}}}$$

其中，　　$$MS_{error} = MS_{res(y)}'[1 + \frac{SS_{b \cdot sub(x)}/(k-1)}{SS_{w \cdot sub(x)}}]$$　　〈公式 11–19〉

茲將有關資料代入上述兩種公式，分別得：

$$MS_{error} = 1.24[1 + \frac{13.34/(3-1)}{19.33}] = 1.67$$

以及各組調整後平均數間之差異考驗：

$\psi_1 : \text{II} - \text{I}$　　$q = \dfrac{7.66 - 4.69}{\sqrt{\dfrac{1.67}{7}}} = 6.08\star$　　$(p < .05)$

$\psi_2 : \text{III} - \text{I}$　　$q = \dfrac{6.66 - 4.69}{\sqrt{\dfrac{1.67}{7}}} = 4.03\star$　　$(p < .05)$

$\psi_3 : \text{III} - \text{II}$　　$q = \dfrac{7.66 - 6.66}{\sqrt{\dfrac{1.67}{7}}} = 2.05$

查表的臨界值 $q_{1-\alpha(r,(N-1)(k-1)-1)} = q_{.95(3,11)} = 3.82$。其中 r 表示兩個平均數間相差之等級數，在本例中，最大值為 3，所以查表的最大臨界值為 3.82。任何一對比較所計算出的 q 值，若大於查表的臨界 q 值 3.82，便達 $\alpha = .05$ 的顯著水準。根據上述分析可知，在排除基本語文程度的影響後，顯示前兩個事後比較達顯著差異，即表示教學法 II 和 III 的效果顯著優於教學法 I 的效果；而後一個比較未達顯著差異，表示教學法 II 和 III 的效果間沒有顯著差異存在。

第四節　電腦習作

一、SPSS/PC 4.0 版操作範例說明

茲以表 11.1 的資料作為本電腦習作的範例資料，進行共變數分析，並解釋其電腦報表的內涵。

首先，建立下列的程式檔，並取名為 CH11。

```
TITLE 'THE SPSS/PC PROGRAM FOR CHAPTER ELEVEN'.

DATA LIST/ID 1-2 CLASS 4 X 6 Y 8-9.

SET LIST='A:CH11.LIS'.

VARIABLES LABELS ID      'SEAT NUMBERS'

                 CLASS 'INDEPENDENT VARIABLE'

                 X       'COVARIATE'

                 Y       'DEPENDENT VARIABLE'.

VALUE LABELS CLASS 1    'GROUP ONE'

                  2    'GROUP TWO'

                  3    'GROUP THREE'.

BEGIN DATA.

1  1 3 5

2  1 1 4

3  1 3 4

4  1 1 3

5  1 2 4
```

```
 6  1 1 3

 7  1 3 5

 8  2 4 8

 9  2 4 10

10  2 4 7

11  2 3 10

12  2 3 9

13  2 1 5

14  2 2 7

15  3 3 6

16  3 2 7

17  3 2 7

18  3 3 7

19  3 5 9

20  3 1 5

21  3 5 8

END DATA.

ANOVA VARIABLES=Y BY CLASS(1,3) WITH X.

FINISH.
```

執行後，獲得下列的輸出結果：

```
               ***   C E L L   M E A N S   ***

     Y                  DEPENDENT VARIABLE

BY CLASS               INDEPENDENT VARIABLE

TOTAL POPULATION

6.33 ①

( 21)

CLASS
```

```
         1        2        3
      4.00     8.00     7.00 ②
     （ 7）   （ 7）   （ 7）
            ***A N A L Y S I S   O F   V A R I A N C E***
    Y                    DEPENDENT VARIABLE
    BY CLASS             INDEPENDENT VARIABLE
    WITH X               COVARIATE
    Source of        Sum of              Mean               Signif
    Variation        Squares    DF     Square          F    of F
    Covariates        44.983     1     44.983     45.752    .000
     X ⑥              44.983     1     44.983     45.752    .000
    Main Effects      32.969     2     16.485     16.766    .000
     CLASS ③          32.969     2     16.485     16.766    .000
    Explained ⑦       77.952     3     25.984     26.428    .000
    Residual ④        16.714    17      .983
    Total ⑤           94.667    20     4.733
```

解釋：

①表示**依變項**的整個平均數及人數。

②表示各組組內平均數及其人數。

③表示**在排除智力因素影響後，實驗操弄效果**（即組間變異）的離均差平方和、自由度、均方、F 考驗值及達顯著水準的程度。

④表示**殘差效果**（即組內變異）的離均差平方和、自由度、均方、F 考驗值及達顯著水準的程度。

⑤表示**整體變異**的離均差平方和、自由度及均方。

⑥表示**智力因素本身**（即共變項）所造成效果的離均差平方和、自由度、均方、F 考驗值及達顯著水準的程度。

⑦表示**解釋得到的部份**之離均差平方和、自由度、均方、F 考驗值及達顯著水準的程度，它是③和⑥的合併結果。

（本電腦習作所計算出自由度和離均差平方和的數值與表 11.2 的摘要表所列者有些出入，這是由於表 11.2 的摘要僅列出實驗操弄和殘差的效果而已，而沒有列出共

變項的效果，因此，整體自由度比本電腦習作的結果少 1，所少掉的部份即是⑥的
共變項效果；至於，數值計算有些出入的問題，是由於表 11.2 的數值受進位誤差造
成影響較大的緣故。）

二、SPSS for Windows 操作範例說明

茲以表 11.1 的資料作為本電腦習作的範例資料，進行共變數分析，並解
釋其電腦報表的內涵如下。

首先，讀者可參考本書第九章第七節之「二、SPSS for Windows 操作範
例說明」，將表 11.1 三種記憶術對學童國語文成績影響資料表，建立成一個
新的 PASW 資料檔。以本範例而言，記憶術（即圖 11.3 之「class」變項）包
含三個水準 (levels)：即記憶術 I、記憶術 II 與記憶術 III，讀者可分別定義類
別為「1、2、3」。以表 11.1 而言，按記憶術 I 類別的學童，其智力（即圖 11.3
之「X」變項，當成本範例中的共變數）分別為「3、1、3、1、2、1、3」，國
語文成績（即圖 11.3 之「Y」變項）分別為「5、4、4、3、4、3、5」，依序
將其輸入為「1、3、5」、「1、1、4」、「1、3、4」、「1、1、3」……，如圖 11.3
所示。其餘類別資料，亦可依此類推輸入。於建檔完畢後，將其存檔成
ch11.sav。本節所欲示範分析的項目，主要分為二個：迴歸係數同質性檢定、
共變數分析與事後比較，茲分別說明如下。

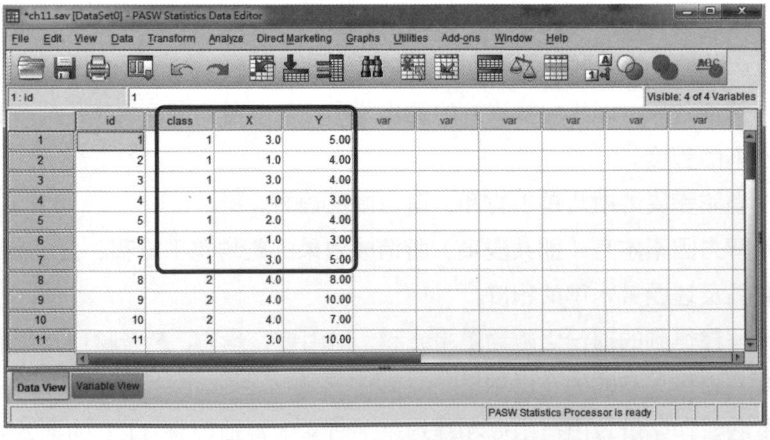

圖 11.3　表 11.1 三種記憶術對學童國語文成績影響的 PASW
　　　　資料檔

㈠迴歸係數同質性檢定

建檔完畢後，讀者可以選擇功能表中的 Analyze／General Linear Model／Univariate...，以開始進行一般線性模式的統計分析，其操作方式如圖 11.4 所示。

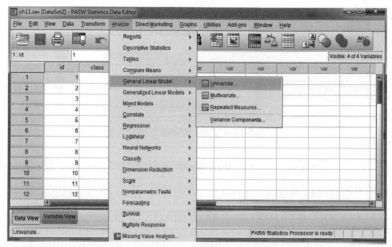

圖 11.4　點選 Analyze/General Linear Model/Univariate...

點選後，如圖 11.5 所示，會出現「Univariate」對話窗，需於此界定自變項、依變項與共變項三者。因此，讀者可點選左方欄框內的「class」變項，再按一下中間的方向鍵，將其點選送至右方 Fixed Factor(s)（代表因子變項或自變項）的欄框中；再以同樣的方式，將左方欄框內的「X」變項，點選送至右方 Covariate(s)（代表共變項或干擾變項）的欄框裡；最後，再將左方欄框內的「Y」變項，點選送至右方 Dependent Variable（代表依變項）的欄框裡。之後，再點選右方之「Model...」功能按鈕，以進行迴歸係數同質性檢定。

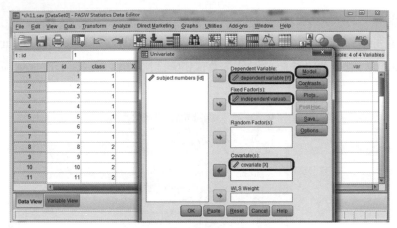

圖 11.5 「Univariate」對話窗

　　打開圖 11.6「Univariate: Model」對話窗後，於「Specify Model」欄框中，PASW 預設的選項為「Full factorial」，此功能只能計算出**自變項與共變項之主要效果、自變項間交互作用效果**，並無法列出自變項與共變項之交互作用效果（即迴歸係數同質性檢定值），因此，我們需點選「Custom」按鈕，以手動方式設立檢定的模式。

　　點選後，請選擇左方「Factors & Covariates」欄框內的「class」變項，按一下中間的方向鍵，將其點選送至右方 Model（代表**檢定模式**）的欄框中；再以同樣的方式，將左方欄框內的「X」變項，點選送至右方「Model」欄框

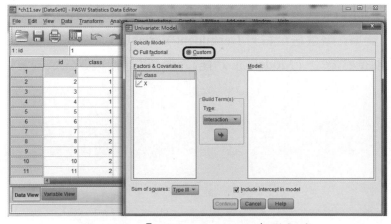

圖 11.6 「Univariate: Model」對話窗

裡；最後，按住滑鼠左鍵拖拉，同時點選左方欄框內的「class」與「X」變項，將其送至右方欄框內，如圖 11.7 所示。至此，即設定完成**迴歸係數同質性檢定的模式**。之後，再按「Continue」按鈕回到原來的對話窗，再按「OK」，即可執行統計分析。

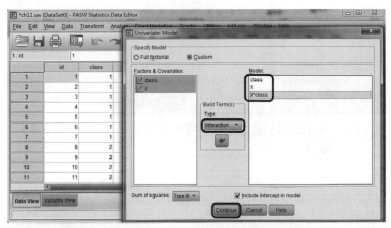

圖 11.7　以手動方式設立迴歸係數同質性檢定

㈡共變數分析與事後比較

欲進行共變數分析時，讀者必須先回到（或重新打開）圖 11.3 的資料視窗，然後，如圖 11.4 所示，選擇功能表中的 Analyze/General Linear Model/Univariate...，在完成**界定自變項、依變項、共變項**的選擇後，再點選右方之「Model...」功能按鈕，回到如圖 11.6 所示的「Univariate : Model」對話窗，再點選位於「Specify Model」欄框中的「Custom」按鈕。至此，其操作程序與檢定迴歸係數同質性的步驟完全一致，而於設定檢定模式上，則稍有差異：本例只需將左方「Factors & Covariates」欄框內的「class」與「X」變項，分別點選送至右方「Model」欄框中即可，不需要界定「class」與「X」變項的交互作用模式，如圖 11.8 所示。之後，再按「Continue」按鈕回到原來的對話窗，如圖 11.9 所示，再選擇「Contrasts...」按鈕，以進行**事後比較**。

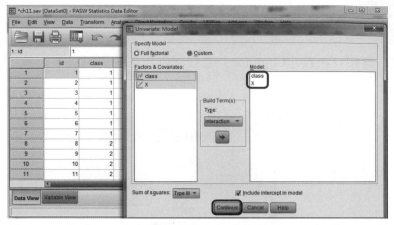

圖 11.8　將「class」與「X」變項分別點選送至右方「Model」
　　　　　欄框裡

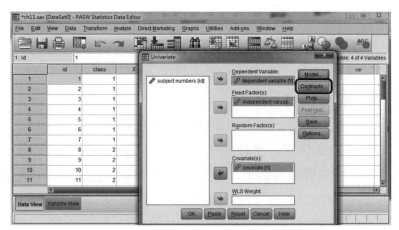

圖 11.9　再點選右方「Contrasts...」按鈕

　　在圖 11.10「Univariate: Contrasts」對話窗中，PASW 主要提供六類執行
事後比較的選擇：即離均差法 (Deviation)、簡單法 (Simple)、差異法
(Difference)、Helmert 法 (Helmert)、重覆法 (Repeated) 與多項式法
(Polynomial)。這幾類方法，除多項式法乃用以檢定線性趨勢、二次趨勢與三
次趨勢效果外，其餘皆用以檢定變項內各水準 (或稱各組) 間之平均數差異，
差別僅在於兩兩比較的水準不同而已。以本範例所採重覆法為例，此法乃用
以比較每一水準與接下來水準 (subsequent level) 間之平均數差異；以表 11.1

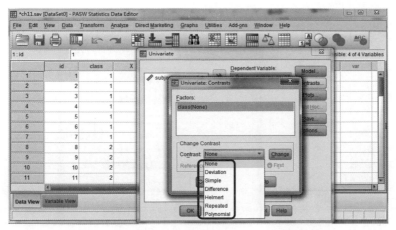

圖 11.10　「Univariate: Contrasts」對話窗

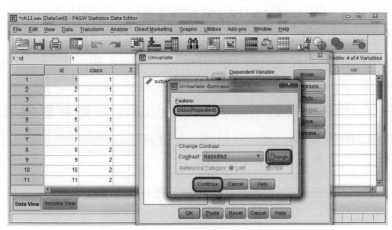

圖 11.11　按一下右方的「Change」按鈕

而言，記憶術變項有三個水準，即檢定第 1 與第 2 水準之平均數差異、第 2 與第 3 水準之平均數差異。其餘各方法，有興趣的讀者亦可逐一嘗試。因此，於下方「Contrast」選項中，選擇「Repeated」，如圖 11.11 所示，按一下右方「Change」按鈕，即可發現上方「Factors」欄框內的「class」變項內由原先預設「None」（不進行事後比較），改變成採行「Repeated」法。之後，再按「Continue」按鈕回到原來的對話窗，如圖 11.12 所示，點選右方之「Options...」功能按鈕，進行**變異數同質性檢定**。

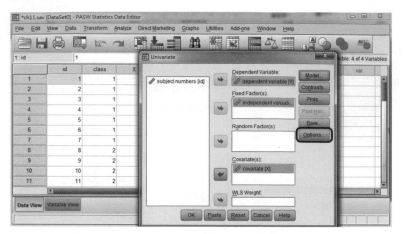

圖 11.12　點選右方之「Options...」功能按鈕

　　打開圖 11.13「Univariate: Options」對話窗後，它的功能主要是在執行幾項統計值的分析。首先，點選左方「Factor(s) and Factor Interactions」欄框內的「class」變項，將其送至右方「Display Means for」欄框內，以進行「class」變項調整後的平均數計算。而於下方的「Display」欄框中，依照本範例的需求，只要勾選**描述統計** (Descriptive statistics) 與**變異數同質性檢定** (Homogeneity tests) 即可。之後，再按「Continue」按鈕回到原來的對話窗，再按「OK」，即可執行統計分析。

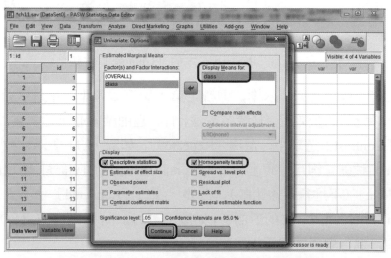

圖 11.13　「Univariate: Options」對話窗

　　執行後的結果檔與語法檔產生方法，如本書第二章第四節之「二、SPSS for Windows 操作範例說明」所示，讀者可以自行轉換存檔。在本範例中，可將其結果檔存檔成 ch11.spo，並存放於適當的磁碟機和資料夾裡。

　　底下即為 ch11.spo 結果檔內容，其涵義與 SPSS/PC 4.0 版報表大致相同。

Univariate Analysis of Variance

Between-Subjects Factors

		N
independent variable (1)	1	7
	2	7
	3	7

Tests of Between-Subjects Effects

Dependent Variable: dependent variable

Source	Type III Sum of Squares	df	Mean Square	F	Sig.
Corrected Model	78.476[a]	5	15.695	14.541	.000
Intercept	54.782	1	54.782	50.754	.000
CLASS	3.903	2	1.952	1.808	.198
X	15.613	1	15.613	14.465	.002
CLASS * X (2)	.524	2	.262	.243	.788
Error	16.190	15	1.079		
Total	937.000	21			
Corrected Total	94.667	20			

a. R Squared = .829 (Adjusted R Squared = .772)

Univariate Analysis of Variance

Between-Subjects Factors

		N
independent variable	1	7
	2	7
	3	7

Descriptive Statistics (3)

Dependent Variable: dependent variable

independent variable	Mean	Std. Deviation	N
1	4.000	.8165	7
2	8.000	1.8257	7
3	7.000	1.2910	7
Total	6.333	2.1756	21

Levene's Test of Equality of Error Variances (4)[a]

Dependent Variable: dependent variable

F	df1	df2	Sig.
7.242	2	18	.005

Tests the null hypothesis that the error variance of the dependent variable is equal across groups.

a. Design: Intercept+CLASS+X

Tests of Between-Subjects Effects

Dependent Variable: dependent variable

Source	Type III Sum of Squares	df	Mean Square	F	Sig.
Corrected Model (9)	77.952ᵃ	3	25.984	26.428	.000
Intercept	59.556	1	59.556	60.574	.000
CLASS (5)	32.969	2	16.485	16.766	.000
X (8)	17.286	1	17.286	17.581	.001
Error (6)	16.714	17	.983		
Total	937.000	21			
Corrected Total (7)	94.667	20			

a. R Squared = .823 (Adjusted R Squared = .792)

Custom Hypothesis Tests

Contrast Results (K Matrix)

		Dependent Variable
independent variable Repeated Contrast		dependent variable
Level 1 vs. Level 2 (12)	Contrast Estimate	-3.214
	Hypothesized Value	0
	Difference (Estimate - Hypothesized)	-3.214
	Std. Error	.562
	Sig.	.000
	95% Confidence Interval for Difference — Lower Bound	-4.400
	Upper Bound	-2.028
Level 2 vs. Level 3 (13)	Contrast Estimate	1.000
	Hypothesized Value	0
	Difference (Estimate - Hypothesized)	1.000
	Std. Error	.530
	Sig.	.076
	95% Confidence Interval for Difference — Lower Bound	-.118
	Upper Bound	2.118

Test Results

Dependent Variable: dependent variable

Source	Sum of Squares	df	Mean Square	F	Sig.
Contrast(11)	32.969	2	16.485	16.766	.000
Error	16.714	17	.983		

Estimated Marginal Means

independent variable (10)

Dependent Variable: dependent variable

independent variable	Mean	Std. Error	95% Confidence Interval Lower Bound	Upper Bound
1	4.524ᵃ	.395	3.690	5.357
2	7.738ᵃ	.380	6.936	8.540
3	6.738ᵃ	.380	5.936	7.540

a. Covariates appearing in the model are evaluated at the following values: covariate = 2.667.

解釋：

(1)表示自變項的三個水準及其人數，乃屬等組設計。

⑵表示**迴歸係數同質性檢定**的離均差平方和、自由度、均方、F 考驗值，由於未達 $\alpha = .05$ 顯著水準（即 $p = .788$），因此，符合組內迴歸係數同質的假定。

⑶表示**自變項各水準在依變項上未調整前**（原始）之平均數、標準差及人數。

⑷表示**變異數同質性假設**的 Levene 考驗值 7.242，達 $\alpha = .05$ 顯著水準（即 $p = .005$），乃需拒絕變異數同質的假定。

對此，我們曾於第十章第二節「變異數分析的基本假設和特性」中談到，當使用**等組設計**時（即每組人數相同時），對於違反常態性和變異數同質性等基本假設，**變異數分析乃具有其強韌性** (robustness)，而不太會影響第一與第二類型錯誤機率，仍可繼續執行分析。

⑸表示在**排除智力因素影響後，實驗操弄效果**（即組間變異）的離均差平方和、自由度、均方、F 考驗值、及達顯著水準的程度（即 $p = .000$）。

⑹表示**殘差效果**（即組內變異）的離均差平方和、自由度、及均方。

⑺表示**整體變異**的離均差平方和、自由度。

⑻表示智力因素本身（即**共變項**）所造成效果的離均差平方和、自由度、均方、F 考驗值、及達顯著水準的程度（即 $p = .001$）。

⑼表示**整個模式可以解釋到的部份**之離均差平方和、自由度、均方、F 考驗值、及達顯著水準的程度（即 $p = .000$）。

⑽表示**自變項各水準的調整後平均數值**、標準誤、及 95% 信賴區間。

⑾表示**自變項的組間**離均差平方和、自由度、均方、F 值、和 F 的機率值，經考驗結果達顯著水準（即 $p = .000$），顯示有**實驗處理的效果**存在，須進一步執行如下 ⑿與⒀之**事後比較**。

⑿表示**自變項中第 1 與第 2 水準調整後**平均數差異值、標準誤、達顯著水準的程度（即 $p = .000$）、及差異值的 95% 信賴區間。

⒀表示**自變項中第 2 與第 3 水準調整後**平均數差異值、標準誤、未達顯著水準的程度（即 $p = .076$）、及差異值的 95% 信賴區間。

（本電腦習作所計算出自由度和離均差平方和的數值與表 11.2 的摘要表所列者有些出入，這是由於表 11.2 的摘要僅列出實驗操弄和殘差的效果而已，而沒有列出共變項的效果，因此，整體自由度比本電腦習作的結果少 1，所少掉的部份即是⑻的**共變項效果**；至於，數值計算有些出入的問題，是由於表 11.2 的數值係受**進位誤差**所造成影響的緣故。）

1. 「共變數分析」一般簡寫成 ANCOVA。

2. 排除或控制干擾變項的影響,使得實驗處理效果更容易顯現的方法有兩種: 一為「實驗控制」,另一為「統計控制」。前者所使用的方法,如第十章討論的變異數分析,是以實驗設計方式控制實驗誤差;後者所使用的方法,便是本章討論的共變數分析,是以統計學方法控制實驗誤差。

3. 在實驗研究中,除了實驗變項可以影響依變項外,尚有一種變項也會影響依變項,使得實驗結果的因果關係無法確認,這個變項算是一種干擾變項;在共變數分析裡,該變項稱作「共變項」。

4. 共變數分析是迴歸分析與變異數分析的綜合體。它的算法是以先計算出一條共同的迴歸線作為起點,根據此一迴歸線來調整每一個人在依變項上的分數,再根據調整過的依變項分數進行變異數分析,這整個分析過程便是共變數分析。

5. 共變數分析有個很重要的基本假設:那就是「組內迴歸係數同質性」。因此,必須在組內迴歸係數同質性經過考驗,合乎假設後,才能繼續進行共變數分析。

6. 經過共變數分析的結果,若 F 值考驗達顯著水準,此即表示在排除共變數的影響後,各組平均數(即調整後平均數)之間仍然有顯著差異存在。

1. 當共變項與依變項間具有 .50 的正相關時,則調整後的組內均方 MS'_w 值會比變異數分析時的均方 MS_w 值還小嗎?

2. 如第 1 題,此時,MS'_w / MS_w 的比值約為多少?

3. ANCOVA 的 MS'_b 值可能比 ANOVA 的 MS_b 值小嗎?

4. 當使用 ANCOVA 而不是使用 ANOVA 時，實驗處理效果的 F 考驗值總是會比較大嗎?

下列第 5 ～ 8 題是共變數分析的假設嗎?

5. $\beta_1 = \beta_2 = \cdots = \beta_j$。

6. $\varepsilon'_{ij} \sim NID(0, \sigma^2)$。

7. 共變項為固定效果且不含測量誤差的變項。

8. 依變項不含測量誤差。

利用下列(A)、(B)、(C)三種圖回答第 9 ～ 18 題:

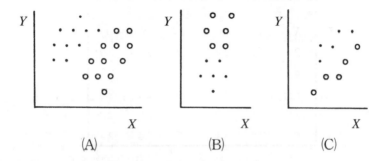

　　　　　　　·代表實驗組 E　　　　　　　。代表控制組 C

9. 哪一種圖最不可能是隨機分派下實驗的結果?

10. 哪一種圖是表示 ANOVA 與 ANCOVA 的結果最相似?

11. (B)圖中的組內相關係數大約是多少?

12. 哪一種圖是表示 MS'_w / MS_w 的比值最小?

13. 哪一種圖是表示調整後平均數比未調整平均數之差異更大?

14. (B)圖中的 n 值是多少?

15. 哪一種圖是表示 $\bar{y}_C > \bar{y}_E$?

16. 哪幾種圖的組內 X 與 Y 的關係是直線的?

17. 若以目視來判斷，上述三種圖的組內迴歸係數均屬同質嗎?

18. 在上述三種圖中，殘差值 C'_{ij} 呈現異質的情況嗎?

19. 下列何者不是共變數分析的用途?

　(1)增進統計考驗力　　　(2)降低實驗誤差　　　(3)增進預測功能

某教育學者想瞭解三種學習策略對學習障礙學生的矯正效果，為了避免受到這些學生智力因素的干擾，擬將智力因素視為共變項，並進行為期一個學期的實驗，看看是否這三種學習策略有助於他們在學業成績上的表現。下表是所收集到的資料（其中，X 表示智力，Y 表示學業成績），請回答下列問題。

實驗處理

A		B		C	
X	Y	X	Y	X	Y
2	5	14	7	20	20
4	8	16	8	18	22
5	7	15	10	23	26
8	9	19	13	25	28
6	11	11	12	24	24

一、請列出共變數分析的摘要表。

二、這三個實驗組的調整後平均數為何？

三、組內迴歸係數同質性假設獲得支持嗎？

四、事後比較結果如何？並解釋本研究結果。

第十二章 其他相關統計法

本章學習重點

1. 相關的意義為何?除了積差相關外,還有哪些常用的相關統計法?相關的類型可以分成幾種?
2. 適用於名義二分變項資料的相關有哪些?適用對象和使用時機各是什麼?
3. 適用於次序變項資料的相關有哪些?適用對象和使用時機各是什麼?
4. 可以作為評分者信度指標的相關有哪些?適用對象和使用時機各是什麼?
5. 適用於兩個不呈直線關係的變項資料相關有哪些?適用對象和使用時機各是什麼?
6. 曲線相關的涵義是什麼?
7. 如何撰寫一個 SPSS 程式?並閱讀輸出或印出的報表?

　　我們曾在第六章討論過兩個變項間相關的計算方法和概念,其中最常用、也是最有名的一種相關統計法,便是由 K. Pearson 所創的「積差相關」。一般而言,積差相關僅適用於**兩個變項都屬於連續性變項**特質的資料,對於不屬於連續性變項特性的資料,積差相關往往無法適用。因此,我們有必要學習其他相關統計法。

　　本章的討論重點是其他相關統計法,這些相關統計法都具有與積差相關相似的涵意和概念,皆用來表達**兩個變項間相互關聯或相互變動強度的一種指標**。一般來分,相關係數依據其值域的不同,可以區分成兩大類:(1) A 型相關:這類相關係數的值域介於 0 與 1 之間,其值愈接近 1 者,代表兩個變項

間的關聯程度愈強；反之，其值愈接近 0 者，代表兩個變項間的關聯程度愈弱。屬於這類型相關者，計有：ϕ 相關、列聯相關、等級相關、Kendall 和諧係數、Kappa 一致性係數、曲線相關等。(2) B 型相關：這類相關係數的值域介於 ±1 之間，其絕對值愈接近 1 者，代表兩個變項間的關聯程度愈強；反之，其絕對值接近 0 者，代表兩個變項間的關聯程度愈弱。屬於這類型相關者，計有：積差相關、二系列相關、點二系列相關、四分相關等 (Ott, Larson, Rexroat, & Mendenhall, 1992, pp. 375–376)。雖然，**積差相關統計法可以看成是其他相關統計法的通式**，但在使用不同測量屬性資料時，本書作者建議還是以使用其他適當的相關統計法為宜。另一方面，就如同在進行實驗設計一樣，研究者除了精心策劃如何進行實驗與收集資料外，還必需將採用何種統計方法進行分析也一起考慮在內，以免將來找不到適用的統計方法，而增加研究的成本。基於上述觀點，本章有必要討論幾種常用的其他相關統計法。

第一節 　ϕ 相關與列聯相關

　　ϕ（讀作 [fai]）相關 (phi coefficient) 是一種適用於**兩個變項都是名義二分變項** (nominal-dichotomous variable) 的資料，也就是說，在名義變項中屬於二分類型的資料都可以適用，如：性別分成男與女、婚姻狀況分成已婚與未婚、就學狀況分成在學與退學、就業狀況分成就業與失業、宗教信仰分成有宗教信仰與無宗教信仰等，都是屬於這類型的資料。不過，在某些研究情境下，某些連續性變項被以人為方式分成兩類者，如：依據智力的高低，將受試者分成「正常人」與「智能不足」二類，或依據社經地位指標將學生家庭分成「高社經地位家庭」與「低社經地位家庭」等，雖然也可以使用 ϕ 相關，但在解釋時須將該連續變項看成是二分類變項來處理。由於 ϕ 相關適用於二分類的兩個變項資料，因此與 2×2 的卡方統計法有極密切的關聯存在，間接的，也與列聯相關有所關聯。

一、ϕ 相關的計算

例 12.1

某心理學家想瞭解學生處理同儕間糾紛的方式，是否與其家庭的管教方式有關。表 12.1 的資料是他所收集到的資料。試問學生處理糾紛的方式和其家庭的管教方式間有無關聯存在？

表 12.1　20 名學生處理糾紛和家庭管教方式的資料及 ϕ 相關的算法

學　生	A	B	C	D	E	F	G	H	I	J	K	L	M	N	O	P	Q	R	S	T
處理糾紛 (X)	1	1	1	1	1	0	1	1	0	1	1	1	0	1	1	0	1	1	1	0
管教方式 (Y)	1	0	1	1	1	0	0	1	0	1	1	1	0	1	0	0	1	1	1	0

$$p_x = \frac{15}{20} = .75 \qquad p_y = \frac{12}{20} = .60 \qquad p_{xy} = \frac{12}{20} = .60$$

$$q_x = 1 - .75 = .25 \quad q_y = 1 - .60 = .40$$

$$\phi = \frac{.60 - (.75)(.60)}{\sqrt{(.75)(.25)}\sqrt{(.60)(.40)}} = .71$$

在例 12.1 中，X 變項代表處理糾紛的方式，其中 1 表示使用「暴力」方式，0 表示使用「講理」方式；Y 變項代表家庭管教的方式，其中 1 表示採用「權威管教」方式，0 表示採用「民主管教」方式。由於這**兩個變項皆是屬於名義二分變項**，故適合使用 ϕ 相關來分析。

ϕ **相關的計算公式**可以表示如下：

$$\phi = \frac{p_{xy} - p_x p_y}{\sqrt{p_x q_x}\sqrt{p_y q_y}} \qquad \text{〈公式 12–1〉}$$

其中，p_x 代表使用暴力方式處理糾紛的學生百分比，q_x 代表使用講理方式處理糾紛的學生百分比，並且是 $q_x = 1 - p_x$。同樣的，p_y 代表家庭使用權威管教方式的學生百分比，q_y 代表家庭使用民主管教方式的學生百分比，並且是 $q_y = 1 - p_y$。實際上，〈公式 12–1〉是積差相關統計法的一種變形，p_{xy} 代表 X 與 Y 兩個變項的共變數，$\sqrt{p_x q_x}$ 是 X 變項的標準差，$\sqrt{p_y q_y}$ 則是 Y 變項的標準差，$p_x p_y$ 則為校正項。因此，將表 12.1 中的有關資料代入，得：

$$\phi = \frac{.60 - (.75)(.60)}{\sqrt{(.75)(.25)}\sqrt{(.60)(.40)}} = .71$$

亦即表示學生處理糾紛的方式和其家庭的管教方式之間，具有 .71 的關聯性存在。

　　若將表 12.1 的資料歸類成下列的 2×2 列聯表，並代入〈公式 12–2〉，也可以求得相同的結果：

處理糾紛 (X)

	講理（0）	暴力（1）	
權威（1）	A 0	B 12	12
民主（0）	C 5	D 3	8
	5	15	20

管教方式 (Y)

$$\phi = \frac{BC - AD}{\sqrt{(A+B)(C+D)(A+C)(B+D)}}$$　　　〈公式 12–2〉

$$= \frac{12 \times 5 - 0 \times 3}{\sqrt{12 \times 8 \times 5 \times 15}} = .71$$

二、ϕ 相關的顯著性考驗

　　由於 ϕ 相關與卡方考驗之間有很密切的關係存在，且在考驗 ϕ 相關是否達顯著時，其標準差的計算很繁瑣，因此，學者多半以**卡方考驗法**代替。其實，ϕ 相關與卡方考驗之間的關聯為：

$$\chi^2 = N\phi^2$$　　　〈公式 12–3〉

因此，我們可以將例 12.1 的計算結果代入〈公式 12–3〉，得：

$$\chi^2 = 20(.71)^2 = 10.08$$

經查 $df = 1$ 的附錄三表 **B**，得知臨界值為 $\chi^2_{.95(1)} = 3.841$。若計算出的卡方值大於查表的臨界值，即表示 ϕ 達顯著水準；反之，則未達顯著水準。以本例而

言，我們所計算出的卡方值已大於查表的臨界值，此即表示學生處理糾紛方式與其家庭管教方式間有**顯著的相關**存在；亦即，$\phi = .71$ 是有意義的存在，它**絕非抽樣誤差所造成的**。若依據上述 2×2 列聯表資料來看，研究結果顯示：家庭使用權威管教方式的學童，較傾向於使用暴力方式處理同儕間的糾紛；而家庭使用民主管教方式的學童，則較傾向於使用講理方式處理同儕間的糾紛。

ϕ 相關多半被應用在**心理測驗**上，作為**計算兩個試題間關聯強度**的指標。在實際應用時，統計學家多半透過 2×2 列聯表，先計算出卡方值，再代入〈公式 12–3〉反算回去，如：

$$\chi^2 = \frac{20(0 \times 3 - 12 \times 5)^2}{12 \times 8 \times 15 \times 5} = 10.00$$

$$\phi = \sqrt{\frac{10.00}{20}} = .71$$

其結果依然顯示 $\phi = .71$，達 $\alpha = .05$ 的顯著水準。

由於 ϕ 相關是積差相關的一種變形，因此，若將表 12.1 中的資料代入積差相關的計算公式，亦會得到相同的答案。有關這點的驗證工作，留給讀者們作練習。

三、列聯相關的計算

另一種可以處理類似 2×2 列聯表資料的相關統計方法，是在卡方考驗達顯著後再進行的**列聯相關係數** (contingency coefficient) 統計法。一般說來，列聯相關是適用在**兩個變項均為可分類的名義變項**，這兩個變項的類別間不一定要有某種次序關係存在，也不必要假定具有連續性，只要是可以分類成 $I \times J$ 等各種形式的**列聯表**者都可以適用，但較常使用在大於 2×2 形式的列聯表中。

列聯相關的計算公式可以表示如下：

$$C = \sqrt{\frac{x^2}{N + x^2}} \qquad \text{〈公式 12–4〉}$$

因為 2×2 列聯表是 $I \times J$ 列聯表的一種特例，因此，例 12.1 的資料仍可適用。

茲將有關資料代入上述公式，得：

$$C = \sqrt{\frac{10}{20 + 10}} = .58$$

即表示學生處理糾紛方式與其家庭管教方式之間，具有的 .58 的列聯相關存在。

列聯相關係數的最大值並不等於 1.00，而需視類別數目的多寡而定。在方形列聯表（即 $I = J$）中，**最大的列聯相關係數值**僅能為：

$$C_{\max} = \sqrt{\frac{I - 1}{I}}$$

〈公式 12–5〉

故在本例 2×2 列聯表情況下，$C_{\max}$ 為 $\sqrt{(2 - 1)/2} = .707$，而在 3×3 列聯表情況下，$C_{\max}$ 為 $\sqrt{(3 - 1)/3} = .816$，其餘，依此類推。因此，在方形列聯表中，我們必須使用下列的**校正公式**，方不至於低估列聯相關係數：

$$C_{adj} = \frac{C}{C_{\max}}$$

〈公式 12–6〉

茲將例 12.1 的資料及列聯相關代入，得校正後的列聯相關係數為：

$$C_{adj} = \frac{.58}{.707} = .82$$

當兩個變項間完全相關時，這個係數最大值為 1；所以，這個校正後的列聯相關係數值，便用來代替 $I \times I$ 列聯表下的列聯相關。

但是，當遇到 $I \times J$ **列聯表資料** $(I > 2, J > 2)$ 時，C_{adj} 係數很難用來表示列聯表的相關，此時，只能改用 Cramer's V_c 係數，該係數公式可以表示如下：

$$V_c = \sqrt{\frac{x^2}{Nm}}$$

〈公式 12–7〉

其中，$m = \min(I - 1, J - 1)$，即行或列數減 1 二者中較小的一者，N 表示總人數。茲以第九章「練習作業」第一題來說，將有關計算資料代入上述公式，

可得:

$$V_c = \sqrt{\frac{61.4}{400(1)}} = .39$$

即「社經地位」與「作弊」之間具有 .39 的列聯相關存在。

四、列聯相關的顯著性考驗

在進行顯著性考驗時,通常仍須看卡方考驗結果是否達顯著水準而定。若卡方值達到顯著水準,則可認為列聯相關 C(及其他延伸係數)亦達顯著水準;反之,則否。以本例來說,我們所計算出的卡方值為 10,已大於查表的臨界值 3.841,所以說 $C = .58$ 亦達顯著水準,表示學生處理糾紛方式與其家庭管教方式之間是有關聯存在的,其解釋方式與上述 ϕ 相關相同。

當我們所遇到的資料是 $I \times J$ 列聯表時,我們就必須先計算出卡方值,再代入〈公式 12-4〉,求出列聯相關係數值 C,並與自由度為 $(I-1)(J-1)$ 的查表臨界卡方值作比較,看看誰的卡方值較大,再判斷此列聯相關係數值是否達顯著水準。

第二節　二系列相關、點二系列相關與四分相關

一、二系列相關的計算

二系列相關 (biserial correlation) 是一種適用於兩個變項均為常態的連續變項,但其中一個變項因為某種理由而被以人為方式劃分成兩個類別的情況;也就是說,當有一個變項是常態分配的連續變項,而另外一個變項是常態的名義二分變項時,便適合使用二系列相關。例如,某科學業成績原本是連續變項,但老師為了方便區別起見,將學生得分大於等於 60 分者列為「及格」,而得分小於 60 分者列為「不及格」,如此一來,該科學業成績便變成一種名義二分變項,不過,不論是及格或不及格者的分數,其離開區別標準 60 分的遠近卻各不相同。因此,此類變項可以與另一類連續變項合起來求二系列相關。

12.2

假設某個心理學家宣稱他自編的某種成就測驗 (X) 極具有區別力（即能夠很明確區分出高或低心理特質的能力），因此，凡是能在他的自編測驗上得及格分數者，一定能夠在數學科標準成就測驗 (Y) 上得高分；反之，凡是在他的自編測驗上得分不及格者，一定會在數學科標準成就測驗上得低分。表 12.2 的資料是他收集到的測驗資料，試問依據表 12.2 資料的計算結果，我們能否支持該心理學家的說法？

表 12.2　20 名學生的測驗資料及二系列相關的算法

學生	自編測驗 (X)	成就測驗 (Y)
A	0	80
B	1	85
C	1	80
D	0	45
E	1	75
F	0	40
G	1	60
H	1	65
I	0	35
J	1	50
K	1	40
L	1	60
M	0	20
N	1	90
O	1	85
P	0	65
Q	1	80
R	0	75
S	1	70
T	0	85
總和	12	1285
1	12	840
0	8	445

$$p = \frac{12}{20} = .60 \qquad y = .3863$$

$$\bar{x}_p = \frac{840}{12} = 70 \qquad \bar{x}_t = \frac{1285}{20} = 64.25$$

$$S_t = \sqrt{\frac{90125 - \frac{(1285)^2}{20}}{20}} = 19.45$$

$$r_{bi} = \frac{70 - 64.25}{19.45} \times \frac{.60}{.3863} = .50$$

$$z = \frac{.50}{\frac{1}{.3863}\sqrt{(.6)(.4)/20}} = 1.76$$

　　表 12.2 資料中，由於 X 變項資料原本是連續變項，但被研究者把它區分

成及格與不及格兩種: 即 1 代表及格者, 0 代表不及格者。而 Y 變項仍然是連續變項, 所以本例可以使用二系列相關。

二系列相關的計算公式可以表示如下:

$$r_{bi} = \frac{\bar{x}_p - \bar{x}_t}{S_t} \times \frac{p}{y}$$ 〈公式 12–8〉

其中, p 代表在 X 測驗中及格者的百分比, $\bar{x}_p$ 代表及格者在 Y 測驗上的總分平均數, $\bar{x}_t$ 代表全部受試者 (即不管他是及格者或不及格者) 在 Y 測驗上的總分平均數, S_t 代表全部受試者在 Y 測驗上的總分標準差 (即 SD, 但不是 σ 的不偏估計值), 而 y 則是在常態分配下, 面積為 p 時的常態分配曲線的高度, 在本例中, $y = .3863$。茲將有關資料代入〈公式 12–8〉, 得:

$$r_{bi} = \frac{70 - 64.25}{19.45} \times \frac{.60}{.3863} = .50$$

此即表示該心理學家自編的成就測驗與數學科標準化成就測驗間的二系列相關為 .50。

二、二系列相關的顯著性考驗

為了確切考驗該二系列相關係數是否顯著的不等於 0, 我們必須使用下列的考驗公式:

$$z = \frac{r_{bi}}{\frac{1}{y} \sqrt{pq/N}}$$ 〈公式 12–9〉

茲將有關資料代入〈公式 12–9〉, 得:

$$z = \frac{.50}{\frac{1}{.3863} \sqrt{(.6)(.4)/20}} = 1.76$$

由於查閱附錄三表 A 的臨界 z 值為 1.96, 而我們所計算出的 z 值卻小於查表的臨界值, 所以, 本二系列相關係數未達顯著水準。因此, 根據表 12.2 資料的計算結果顯示, 我們無法支持該心理學家的說法。

除了使用〈公式 12–8〉之外，**二系列相關係數**也可以使用下列公式來計算：

$$r_{bi} = \frac{\bar{x}_p - \bar{x}_q}{S_t} \times \frac{pq}{y}$$

〈公式 12–10〉

其中，$\bar{x}_q$ 代表不及格者在 Y 測驗上的總分平均數，其餘符號的意義與上述相同。茲將表 12.2 的資料代入〈公式 12–10〉，得：

$$q = .40 \qquad \bar{x}_q = \frac{445}{8} = 55.625$$

$$r_{bi} = \frac{70 - 55.625}{19.45} \times \frac{(.6)(.4)}{.3863} = .50$$

結果與使用〈公式 12–8〉者相同。

三、點二系列相關的計算

點二系列相關與二系列相關很雷同，惟一的差別在於：點二系列相關是適用在**一個變項為等距或比率變項，而另一個變項卻是真正的名義二分變項的資料**。如果有某個變項呈**雙峰（即雙眾數）分配**時，儘管它並不是真正的名義二分變項，也可以使用點二系列相關。

點二系列相關係數通常被用來作為心理測驗中的**鑑別度指標** (discrimination index)，亦即作為**某個特定試題之得分與其測驗總分間的相關**；其中，該特定試題之計分類別通常只有兩種（即：答對或答錯、答是或答否、有反應或沒反應等），而該測驗總分即為考生在該測驗中的每個試題上答對（或答是、或有反應）之得分的總和。在心理測驗學領域裡，鑑別度指標是用來代表**某個特定試題能夠區別某種心理特質之高低的依據**。通常，測驗學家在修訂一份測驗時，莫不希望獲得一個較大的試題鑑別度指標，該指標表示：答對該特定試題的考生，他在該測驗總分上也會較高；而答錯該特定試題的考生，他在該測驗總分上便會較低。換句話說，高的試題鑑別度代表某個試題能夠區別高能力（或高特質）與低能力（或低特質）的功能愈強，反之，則愈弱。茲舉例 12.3 說明如下。

12.3

假設某個心理學家想證實：是否性別與數學成就之間具有相關存在?他收集到表 12.3 的資料，其中的數字：1 代表男生，0 代表女生。試問性別與數學成就間真的具有相關嗎?

表 12.3　15 名男女學生的數學成就及點二系列相關的算法

學生	男女 (X)	數學成就 (Y)	
A	0	80	$p = \dfrac{10}{15} = .67 \qquad q = 1 - p = .33$
B	1	80	$\bar{x}_p = \dfrac{670}{10} = 67 \qquad \bar{x}_q = \dfrac{210}{5} = 42$
C	1	80	
D	0	40	
E	1	70	$S_t = \sqrt{\dfrac{58000 - \dfrac{(880)^2}{15}}{15}} = 20.61$
F	0	40	
G	1	60	$r_{pb} = \dfrac{67 - 42}{20.61} \times \sqrt{(.67)(.33)} = .57$
H	1	60	
I	0	30	
J	1	50	
K	1	40	
L	1	60	
M	0	20	
N	1	90	
O	1	80	
總和	10	880	
1	10	670	
0	5	210	

　　由於數學成就是一種連續變項，而男女生是一種真正的名義二分變項，所以，例 12.3 的資料可以使用點二系列相關。

　　點二系列相關的公式可以表示如下：

$$r_{pb} = \frac{\bar{x}_p - \bar{x}_q}{S_t} \sqrt{pq}$$ 〈公式 12–11〉

其中，p 代表男生人數所佔的百分比，q 則代表女生人數所佔的百分比，$\bar{x}_p$ 代

表男生數學成就的平均數，x_q 代表女生數學成就的平均數，而 S_t 則代表全部男女生數學成就的標準差（但不是 σ 的不偏估計值）。茲將有關資料代入〈公式 12–11〉中，得：

$$r_{pb} = \frac{67 - 42}{20.61} \sqrt{(.67)(.33)} = .57$$

此即表示**性別與數學成就**之間具有 .57 的點二系列相關存在。

　　二系列相關和點二系列相關計算公式可以互換，其間的關係可以表示如下：

$$r_{pb} = r_{bi} \frac{y}{\sqrt{pq}} \qquad \qquad 〈公式 12–12〉$$

因此，當我們只有二系列相關係數值時，也可以透過上述公式轉換成點二系列相關係數。

四、點二系列相關的顯著性考驗

　　為了驗證點二系列相關是否顯著的不等於 0，我們可以採用 t 考驗公式來進行：

$$t = \frac{r_{pb} - \rho}{\sqrt{\dfrac{1 - \rho^2}{N - 2}}} = \frac{.57 - 0}{\sqrt{\dfrac{1 - (.57)^2}{15 - 2}}} = 2.50$$

已大於 $t_{.975(13)} = 2.160$，所以要拒絕該點二系列相關等於 0 的虛無假設；換句話說，性別與數學成就之間真的具有點二系列相關存在，其數值為 .57。

五、四分相關的計算

　　四分相關 (tetrachoric correlation) 是一種適用於兩個皆屬於常態分配的連續變項資料，但都被以人為方式分成兩個類別。因此，這兩個常態二分變項共可分成四個類別，有點像 2×2 列聯表分配情形。

　　圖 12.1 所示，即為四分相關的圖解說明。從圖中可知，不論在 X 變項或 Y 變項上十分肯定與十分否定的人數都不多，但介於其間者（即不十分肯定與不十分否定者）的人數卻很多，因此，這兩個變項可以說是從極度肯定到

極度否定的一種常態性連續變項。但是，這兩個變項被以人為方式劃分成兩個類別（如：及格與不及格、答對與答錯、是與否、存在與不存在等），本身卻不是真正的名義二分變項，因為它們的分配並不是雙峰分配，而是**單峰分配**。所以，類似這種情況的資料，便是適合使用四分相關的時機。

　　四分相關在**心理計量學**(psychometrics) 上應用甚廣，尤其以當代的測驗理論「**試題反應理論**」(item response theory，簡寫成 IRT) 為然。在試題反應理論中，對所使用的測驗常假設其具有**單向度** (unidimensionality) 的基本特性，且由於所使用的試題都是以二分法計分的變項（即分成答對與答錯二者）為主，但變項本身原本卻是常態的連續變項，因此，在檢定某份測驗是否具有單向度時，學者們多半傾向使用四分相關來作為進行因素分析的基本元素，而不用 ϕ 相關，因為 ϕ 相關的假設比較是**適用在真正的名義二分變項**，而不是適用在人為的名義二分變項。有關此點的進一步說明，讀者可以參閱相關

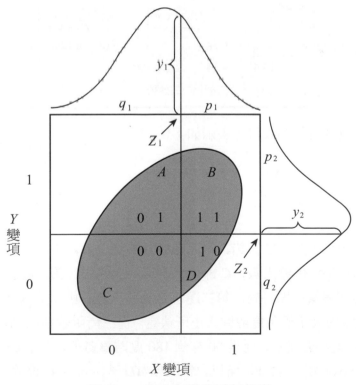

圖 12.1　四分相關的圖解說明

的專文或專書的介紹（余民寧，民 81a, b；Hambleton & Swaminathan, 1985; Hambleton, Swaminathan & Rogers, 1991; Lord, 1980）。

　　四分相關的計算十分繁瑣，除非有特殊的表可查，否則，僅能使用〈公式 12–13〉進行估計，並且只適用在大樣本（即 $N \geq 200$）的情況下。茲舉例 12.4 說明四分相關的計算如下。

例 12.4

假設某個心理學家想利用試題反應理論作為檢定其自編成就測驗是否符合單向度假設的工具。表 12.4 的資料是他收集到的受試者在兩個試題上的作答情形，其中的數字：1 代表答對，0 代表答錯。試問這兩個試題間具有相關存在嗎？

表 12.4　1000 名受試者在兩個試題上的作答資料與四分相關的算法

		試題一			
		0	1		$r_{tet} = \cos\left(\dfrac{180°}{1 + \sqrt{\dfrac{(372)(300)}{(204)(124)}}}\right)$
試題二	1	204	372	576	
	0	300	124	424	$\doteq \cos 58°$
		504	496	1000	$= .530$

四分相關的計算公式可以表示如下：

$$r_{tet} = \cos\left(\frac{180°}{1 + \sqrt{\dfrac{BC}{AD}}}\right)$$

〈公式 12–13〉

其中，A 部份代表第一題答錯、第二題答對的總人數，B 部份代表第一題答對、第二題也答對的總人數，C 部份代表第一題答錯、第二題也答錯的總人數，D 部份代表第一題答對、第二題答錯的總人數。由〈公式 12–13〉中可知，四分相關的大小受角度餘弦大小所決定。從三角函數中已知，cos 的角度從 0 度到 90 度時為正值，而從 90 度到 180 度時為負值，但是 $\cos 0° = +1.00$, $\cos 90° = 0$, $\cos 180° = -1.00$。所以，當 $BC > AD$ 時，cos 的角度為正的，因此，

四分相關的值也是正的；當 $BC < AD$ 時，cos 的角度為負的，因此，四分相關的值也是負的；當 $AD = 0$ 時，cos 的角度設定為 0，因此，四分相關的值等於 $+1.00$；而當 $BC = 0$ 時，cos 的角度為 180，因此，四分相關的值等於 -1.00。

茲將有關資料代入〈公式 12–13〉，得：

$$r_{tet} = \cos\left(\frac{180°}{1 + \sqrt{\dfrac{(372)(300)}{(204)(124)}}}\right) = \cos 58° = .530$$

讀者可按計算機的鍵，算出 $\cos 58°$ 的值約為 .530，即本例的四分相關為 .530，可見這兩個試題間具有相關存在。

六、四分相關的顯著性考驗

考驗四分相關是否顯著的不等於 0，可以使用下列公式：

$$z = \frac{r_{tet}}{\dfrac{1}{y_1 y_2}\sqrt{\dfrac{p_1 q_1 p_2 q_2}{N}}} \qquad \text{〈公式 12–14〉}$$

其中，p_1 代表第一試題中答對者的百分比，q_1 代表第一試題中答錯者的百分比，p_2 代表第二試題中答對者的百分比，q_2 代表第二試題中答錯者的百分比；y_1 代表常態分配下面積為 p_1 時的常態分配曲線的高度，y_2 代表常態分配下面積為 p_2 時的常態分配曲線的高度，這些高度值可由附錄三表 A 中查得；N 代表受試者的總人數。

以本例的資料來說，我們可以分別計算得知下列數值：

$$p_1 = \frac{496}{1000} = .496 \qquad 查表得 \ y_1 = .3989$$

$$p_2 = \frac{576}{1000} = .576 \qquad 查表得 \ y_2 = .3916$$

$$q_1 = 1 - .496 = .504 \qquad q_2 = 1 - .576 = .424$$

$$z = \frac{.530}{\dfrac{1}{(.3989)(.3916)}\sqrt{\dfrac{(.496)(.504)(.576)(.424)}{1000}}} = 10.60$$

已大於查表的臨界值 1.96，所以四分相關 .530 已達顯著水準，顯示它並非是零相關，亦即這兩個試題間具有顯著的相關存在。

由於四分相關所用到的分類資料表與 2×2 列聯表很相似，因此，在考驗四分相關是否顯著的不等於 0 時，也可以使用**卡方考驗法**，如果卡方值達顯著水準，則表示四分相關亦達顯著水準。

四分相關在心理計量學中的應用，通常是應用在**大樣本**的情況下，並且**兩個 p 值亦應愈接近愈好**；若遇到小樣本（如 N 小於 200），或兩個 p 值間差距太大時，最好還是避免使用四分相關；如果分類的四個細格中，有一個細格的次數為 0 時，則更不可以使用四分相關，讀者只要仔細體會〈公式 12-13〉的涵意，便可以瞭解原因。由於近代的試題反應理論都是使用大樣本，並且排除全部答對或全部答錯者的反應資料，因此，四分相關正好可以適用。

第三節　等級相關

在心理計量學裡，研究者常會使用到**評分者信度** (scorer's reliability coefficient)（參見郭生玉，民 79，65～66 頁），即單獨由兩位（或多位）評分者評定 N 件作品（或 N 個試題），然後根據所評的分數來求相關，並以這相關係數作為評分者信度。評分者信度愈高，即表示評分者間的評分結果愈一致；反之，評分者信度愈低，即表示評分者間的評分結果愈不一致。

在統計學上，學者們多半以**等級相關** (rank order correlation) 一詞代替評分者信度，用來表示一些作品被單獨一人評定兩次（或多次）或被兩人（或多人）評定一次之評分結果間的一致（或相似）性程度，並以相關係數的概念表示這種評分結果的一致性。根據評分者人數或評分次數的不同，等級相關可以分成兩類情況來討論。

一、評分人數或評分次數為兩個時

當評分者為兩人時，有兩種較常用的等級相關可以用來表示評分者間評分結果的一致性。

㈠ **Spearman 等級相關**

這種等級相關適用於所收集到的資料是**屬於次序變項，或可以轉換成次序變項的連續變項**資料；例如：對於某件美術作品的評分,教師的評分只有甲、

乙、丙、丁及戊等五種等第,而沒有其他方式的分數出現;或是,該教師原先
打個分數(如 90 分、80 分、70 分、60 分及 50 分),但因為學校要求必須以
五等第計分起見,於是再把原先這五種分數轉換成五種等級分數,以作為最
後的學期成績。像這種屬於等級分數的資料,便適合使用 Spearman 等級相關
的計算。

12.5

臺北市舉辦國小學生書法比賽,並聘請兩位書法專家針對十名進入總決賽的
小學生書法作品,進行客觀的評審。表 12.5 所示即為這兩位專家所評定的結
果,試問這兩次評分間有無關聯性或一致性存在?

表 12.5　10 名學生書法作品之評分結果與等級相關的算法

作品	評 分		等 第			
	第一次	第二次	X	Y	d	d^2
A	90	75	2	5	-3	9
B	60	80	8	4	4	16
C	75	95	5	1	4	16
D	65	60	7	8	-1	1
E	80	85	4	3	1	1
F	70	65	6	7	-1	1
G	95	70	1	6	-5	25
H	55	50	9	10	-1	1
I	85	90	3	2	1	1
J	50	55	10	9	1	1
Σ						72

在本例子中,我們所收集到的資料可以是同一位專家評定兩次相同的一
批作品,或是不同的兩位專家單獨評定相同的一批作品一次,然後求出這兩
次評分間的一致性或關聯性。被評定的資料屬性可以是**連續變項**,如:作品 A
為 90 分、作品 B 為 60 分等;也可以直接是**等級分數**,如:作品 A 被評為第
二等、作品 B 被評為第八等等。不過,在使用 Spearman 等級相關時,計算的
過程是依據等級分數來進行的。

Spearman **等級相關**的計算公式可以表示如下：

$$\rho = 1 - \frac{6\sum d^2}{N(N^2 - 1)}$$ 〈公式 12-15〉

其中，d 值為前後兩次評定等級分數的差值，N 為被評定的作品個數。茲將有關資料代入〈公式 12-15〉，得：

$$\rho = 1 - \frac{6(72)}{10(10^2 - 1)} = .56$$

亦即，這兩位專家評定結果的關聯性（或一致性）為 .56。

至於在考驗等級相關的顯著性方面，我們可以使用適用於小樣本的 t 考驗。此時，我們的虛無假設是 $H_0: \rho = 0$，且自由度為 $df = N - 2$。

$$t = \frac{\rho}{\sqrt{\dfrac{1 - \rho^2}{N - 2}}}$$

再將本例所得之等級相關 .56 及 $N = 10$ 代入上述公式，得：

$$t = \frac{.56}{\sqrt{\dfrac{1 - (.56)^2}{10 - 2}}} = 1.91$$

比查閱附錄三表 D 的臨界值 $t_{.975(8)} = 2.306$ 還小，所以計算出的等級相關未達顯著水準；亦即，等級相關 .56 是由機運所造成的，或者說，這兩位專家的評分間甚為不一致，或這兩位專家的評定結果間並沒有任何關聯性存在。

當評分結果出現**同分或同等級**時，等級相關也仍然可以適用，不過在使用時需經過**校正**才行。校正的方法是將 X 變項和（或）Y 變項的評分依大小排出等第次序來，如果有出現同分或同等級時，先核算出它們應該佔有的等第總和，再除以其同分或同等級的個數，並以它們的**平均等第**來代表；其餘未佔相同分數或等級者，則以其應該佔的等第來表示。其餘的計算過程，則與上述方法相同。

當出現相同的分數或等級太多時，這種經過校正的計算方法會有很大的誤差出現，此時，還是將這些等第資料代入積差相關的公式來計算，所獲得的相關係數值才會比較正確。

㈡ Kendall 等級相關

另一種用來表示評分者間評分結果是否為一致的等級相關指標，稱作 Kendall 等級相關或 τ（讀作 [tau]）相關（τ correlation），僅適用於受評分者個數很少的資料。它的計算公式可以表示如下：

$$\tau = 1 - \frac{2S}{\frac{1}{2}N(N-1)} \qquad \text{〈公式 12-16〉}$$

其中，S 表示**等第逆序的量數** (measures of inversions)，它是指與自然次序的排列相比較後呈逆序之個數的和，N 表示受評者的個數。這些逆序個數的算法，可以參見例 12.6 所示。

例 12.6

某場演講比賽中，兩位評審委員分別針對五位學生代表的成績作出以下的評判：

評審	A	B	C	D	E	評審	A	B	C	D	E
甲	80	60	50	70	90	甲	2	4	5	3	1
乙	75	55	65	85	95	乙	3	5	4	2	1

試問這兩位評審評分結果的關聯性如何？

首先，將甲評審的評分結果視作標準，重新將評分資料排序，得到下列受評者的新等第次序如下：

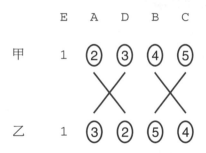

此時，甲評審的等第是 1、2、3、4、5，稱為自然次序；而乙評審的等第依序為 1、3、2、5、4，稱作等第逆序。S 值的最簡單算法，即將乙評審的等第逆序與自然次序作比較，看看有多少交叉線出現，這些交叉線出現的個數即為逆序數。因為每次只有兩個次序作比較，所以總共必須比較 $C_2^N = \dfrac{N(N-1)}{2}$ 次，這些逆序數共二個，故得 $S = 2$。將這 S 值代入〈公式 12–16〉，得：

$$\tau = 1 - \frac{2(2)}{\frac{1}{2}5(5-1)} = .60$$

再代入下列公式，考驗等級相關的顯著性：

$$z = \frac{\tau}{\sqrt{\dfrac{2(2N+5)}{9N(N-1)}}} \qquad \text{〈公式 12–17〉}$$

$$= \frac{.60}{\sqrt{2(10+5)/[9(5)(5-1)]}} = 1.47$$

將相關資料代入〈公式 12–17〉後，得 $z = 1.47$，小於查表的 z 值 1.96，所以未達顯著水準，即甲、乙兩位評審的評分結果沒有任何關聯存在。

二、評分人數或評分次數為三個以上時

上述等級相關只適用在某些作品被單獨一人評定兩次或被兩人單獨評定一次之評分資料。當評分者大於兩人或評分次數多於兩次時，上述這種等級相關便不適用。此時，必須使用可以適用於 k 個評分者間評分資料的 Kendall

和諧係數 (Kendall's coefficient of concordance)。由於 Kendall 和諧係數是適用於三個評分者以上的評分資料，因此，Spearman 等級相關可以被視為是 Kendall 和諧係數的一種特例。Kendall 和諧係數在心理計量學中，常被用來作為三個評分者以上的評分者信度指標。

例 12.7

臺北藝術季舉辦國小學生花燈設計比賽，並聘請五位民俗藝人作為評審，分別單獨評選十名入圍總決賽的作品，評審結果的名次如表 12.6 所示。試問這五位評審評選結果的一致性為何？

表 12.6　10 份作品之評分結果與 Kendall 和諧係數的算法

(k = 5) 評分者	作　品 (N = 10)									
	一	二	三	四	五	六	七	八	九	十
A	3	9	8	1	6	2	10	4	5	7
B	7	9	6	2	4	3	10	1	8	5
C	3	10	7	1	6	4	9	2	5	8
D	4	9	10	3	5	1	7	2	6	8
E	5	9	7	3	4	2	6	1	8	10
R_i	22	46	38	10	25	12	42	10	32	38

$$\sum R_i = 22 + 46 + \cdots + 38 = 275$$

$$\sum R_i^2 = (22)^2 + (46)^2 + \cdots + (38)^2 = 9245$$

$$SS_R = 9245 - \frac{(275)^2}{10} = 1682.5$$

$$W = \frac{1682.5}{\frac{1}{12}(5)^2(10^3 - 10)} = .82$$

Kendall 和諧係數的計算公式可以表示如下：

$$W = \frac{\sum R_i^2 - \frac{(\sum R_i)^2}{N}}{\frac{1}{12}(k)^2(N^3 - N)}$$

〈公式 12–18〉

其中，k 表示評分者人數，N 為被評分的作品數，R_i 為每件作品被評的等第之總和。在〈公式 12–18〉中，分子部份其實為**實際求得之 R_i 的離均差平方和**，即 $\sum(R_i - \bar{R})^2$，而分母部份為評分者在**評分完全一致時的最大可能** $\sum(R_i - \bar{R})^2$，這兩個部份的比值，即被用來表示評分者間評分結果是否為一致的指標。當每位評分者的評分意見完全一致時，每件作品被評的等第之變異數最大，此時，〈公式 12–18〉的分子部份將會變大；而當每位評分者的評分意見完全不一致時，每件作品被評的等第之變異數最小，此時，〈公式 12–18〉的分子部份將會變小。Kendall 和諧係數即表示這個**實際求得的變異數和其最大可能變異數之比值**；該比值愈大，則表示諸多評分者間的評分結果愈為一致，反之，則表示評分者間的評分結果愈不一致。

　　茲將有關資料代入〈公式 12–18〉，求得 Kendall 和諧係數值為 .82，表示評分者間的評分結果頗為一致。

　　若要考驗 Kendall 和諧係數是否達顯著水準，則可以採用**卡方考驗**如下：

$$x^2 = k(N - 1)W \qquad\qquad \text{〈公式 12–19〉}$$

並與自由度為 $df = N - 1$ 的查表臨界值（查閱附錄三表 B）作比較。若計算出的卡方值大於查表的臨界值，則要拒絕虛無假設 $H_0 : \rho = 0$，表示該和諧係數值達顯著水準，反之，則否。茲將有關資料代入〈公式 12–19〉中，得：

$$x^2 = 5(10 - 1)(.82) = 36.9$$

而查表的臨界值為 $\chi^2_{.95(9)} = 16.919$，所以，計算出的卡方值大於查表的臨界值，要拒絕虛無假設，顯示這五位評審的評分間具有**顯著的相關**存在，亦即，他們的**評分結果頗為一致**。

　　當遇到相同等級出現時，〈公式 12–18〉必須加以校正後才能使用。校正的方法與上述只有兩位評審時的情況一樣，以擁有相同等級者之平均等第作為代表，再代入下列公式進行**校正**：

$$W = \dfrac{\sum R_i^2 - \dfrac{(\sum R_i)^2}{N}}{\dfrac{1}{12}(k)^2(N^3 - N) - k\sum T}$$

〈公式 12–20〉

其中，$T = \sum(t^3 - t)/12$，t 為每位評審評定為相同等級的個數。茲以表 12.7 的例子說明如下：

表 12.7　相同等級時之 Kendall 和諧係數的算法

(k = 5) 評分者	作　品 (N = 10)									
	一	二	三	四	五	六	七	八	九	十
A	3	9	9	1	6	2	9	4	5	7
B	7	9	6	4	2.5	1	10	2.5	8	5
C	3	10	7	1	6	4	9	2	5	8
D	4	9	10	3	5.5	1	7	2	5.5	8
E	5	9	7.5	3	4	1.5	6	1.5	7.5	10
R_i	22	46	39.5	12	24	10.5	41	12	31	38

$$\sum R_i = 22 + 46 + \cdots + 38 = 276$$

$$\sum R_i^2 = (22)^2 + (46)^2 + \cdots + (38)^2 = 9220.5$$

$$SS_R = 9220.5 - \dfrac{(276)^2}{10} = 1602.9$$

$$T_A = \dfrac{(3^3 - 3)}{12} = 2 \quad T_B = \dfrac{(2^3 - 2)}{12} = 0.5 \quad T_D = \dfrac{(2^3 - 2)}{12} = 0.5$$

$$T_E = \dfrac{(2^3 - 2)}{12} + \dfrac{(2^3 - 2)}{12} = 1$$

$$\sum T = 2 + 0.5 + 0.5 + 1 = 4$$

$$W = \dfrac{1602.9}{\dfrac{1}{12}(5)^2(10^3 - 10) - 5(4)} = .78$$

$$\chi^2 = 5(10 - 1)(.78) = 35.1$$

經過校正後，求得 $W = .78$，代入〈公式 12–19〉中求得卡方值為 35.1，仍大於查表的臨界值，所以，表 12.7 中的 Kendall 和諧係數值達顯著水準，亦即，這五位評審間的評分結果頗為一致。

第四節　一致性係數

上述等級相關常被用作評分者信度指標，用來表示評分結果間的一致性或關聯性。這類型指標有個基本假設，即資料是屬於可以評定等第或者可以排出次序者。但是在許多情況下，**評分者所評定的資料，有時候是不能排出次序或等級，充其量只能將它們歸類而已。**例如，某個班級級任及科任教師共 k 名，根據其共同任教班級學生的各科成績及智力分數，將該班 N 名學生進行歸類到四（即 m）種學習類型中：「高智力，高成就」、「高智力，低成就」、「低智力，高成就」、「低智力，低成就」，像這類型資料便是。研究者在遇到這種屬性資料時，便無法再使用上述的等級相關，此時，只能改採適合於類別或名義變項資料的方法，這種方法稱作「Kappa 一致性係數」(Kappa coefficient of agreement)。Kappa 一致性係數常被用來表示**評分者間評分結果的一致性**，它適用在類別或名義變項資料需要作歸類或評定時評分者間歸類或評定為一致的一種指標。它同時也被視為另一種評分者信度指標。

Kappa 一致性係數常以希臘字母 κ 表示，它的計算例子可以參見例 12.8 中所示。

例 **12.8**

四名教師根據其共同任教之十名學生的智力和成績分數，進行四種學習類型的分類：「高智力，高成就」、「高智力，低成就」、「低智力，高成就」、「低智力，低成就」，表 12.8 的資料是將某位學生歸類到某一種學習類型的教師人數。試問這四位教師間的歸類或評分一致性為何？

顧名思義，一致性係數一詞是指各評分者評分結果的一致性指標。以表 12.8 的資料為例，對 A 學生而言，有兩位教師評定其為「低智力、低成就」，而有另兩位教師卻評定為「高智力、低成就」；對 B 學生而言，全部四名教師均評定為「高智力、高成就」；對 C 學生而言，則有一位教師評為「低智力、低成就」，一位評為「低智力、高成就」，而有另兩位評為「高智力、低成就」，可見對 C 學生的評定，四位教師的結論甚為分歧，亦即相當不一致。由此可

見，類似這種評分或歸類結果，我們幾乎可以獲得兩種極端結果：完全一致和完全不一致，而大多數的評分結果皆介於這兩極端之間。

表 12.8　四名教師歸類十名學生的資料及 Kappa 一致性係數的算法

學習類型 ($m = 4$)				($k = 4$)
	低低智成力就	低高智成力就	高低智成力就	高高智成力就	$P_1 = \dfrac{15}{10(4)} = .375$

		低低智成力就	低高智成力就	高低智成力就	高高智成力就	
評分者（$N=10$）	A	2	–	2	–	$P_1 = \dfrac{15}{10(4)} = .375$
	B	–	–	–	4	$P_2 = \dfrac{1}{10(4)} = .025$
	C	1	1	2	–	$P_3 = \dfrac{14}{10(4)} = .350$
	D	1	–	3	–	$P_4 = \dfrac{10}{90(4)} = .250$
	E	3	–	1	–	
	F	2	–	2	–	
	G	–	–	–	4	
	H	3	–	1	–	
	I	–	–	2	2	
	J	3	–	1	–	
C_j		15	1	14	10	
P_j		.375	.025	.350	.250	

$P(E) = (.375)^2 + (.025)^2 + (.350)^2 + (.250)^2 = .326$

$P(X) = \dfrac{1}{10(4)(3)}[2^2 + 2^2 + \cdots + 3^2 + 1^2] - \dfrac{1}{4-1} = .517$

$\varkappa = \dfrac{.517 - .326}{1 - .326} = .283$

$\sum P_j^3 = (.375)^3 + (.025)^3 + (.350)^3 + (.250)^3 = .111$

$\sigma_\varkappa^2 = \dfrac{2}{10(4)(3)}[\dfrac{.326 - (2 \times 4 - 3)(.326)^2 + 2(4-2)(.111)}{(1 - .326)^2}] = .00875$

$z = \dfrac{.283}{\sqrt{.00875}} = 3.025 \quad (p < .05)$

精確地說，所謂 Kappa **一致性係數**是指評分者實際評定為一致的次數百分比與評分者理論上評定為一致的最大可能次數百分比（經校正誤差後）的比率，它的計算公式可以表示如下：

$$\kappa = \frac{P(X) - P(E)}{1 - P(E)}$$

〈公式 12–21〉

其中，$P(X)$ 是指 k 個評分者評定為一致的百分比，而 $P(E)$ 是指該 k 名評分者在理論上可能評定一致的百分比。其中，$P(E)$ 的計算公式可以表示如下：

$$P(E) = \sum_{j=1}^{m} p_j^2$$

〈公式 12–22〉

而 p_j 是指被評定或歸類為同一類別的次數佔總評定次數的百分比，c_j 是指被評定或歸類為同一類別的評分者人數（即 n_{ij}）之和，其公式可以表示如下：

$$c_j = \sum_{i=1}^{N} n_{ij}$$

〈公式 12–23〉

$$p_j = \frac{c_j}{Nk}$$

〈公式 12–24〉

而 $P(X)$ 的計算公式可以表示如下：

$$P(X) = [\frac{1}{Nk(k-1)}\sum_{i=1}^{N}\sum_{j=1}^{m} n_{ij}^2] - \frac{1}{k-1}$$

〈公式 12–25〉

茲將有關資料代入〈公式 12–25〉，得 $P(X) = .517$, $P(E) = .326$，故得 $\kappa = .283$；此即表示這四位教師評定這十名學生的學習類型為一致的指標是 .283，亦即，評定結果仍然具有某種程度的一致性。至於該一致性指標是否達顯著水準，則需進一步考驗方能得知。

考驗 Kappa 一致性係數是否達顯著水準，可以採用近似的**常態分配**（參見 Siegel & Castellan, 1988），此時的常態分配是呈**平均數**為 0，**變異數**為下列公式所示的一種近似分配：

$$\sigma_\kappa^2 \doteqdot \frac{2}{NK(k-1)} \cdot \frac{P(E) - (2K-3)P(E)^2 + 2(K-2)\sum P_j^2}{[1 - P(E)]^2}$$

〈公式 12–26〉

因此，我們可以沿用 z 考驗的公式如下：

$$z = \frac{\kappa}{\sigma_k}$$

〈公式 12–27〉

最後，將計算出的 κ 值代入上述公式，得 $z = 3.025$，已大於查表的臨界 z 值 1.96，達 $\alpha = .05$ 的顯著水準，所以要拒絕虛無假設 $H_0: \kappa = 0$；亦即，這四位教師的評定結果尚屬一致，其評分結果的一致性係數為 .283。

第五節　相關比

在心理與教育研究領域裡，研究者常以積差相關表示資料間的直線關係，但遇到非直線的情況，則積差相關便不適合使用，此時，研究者必須改用其他適當的相關方法。

我們在第十章中曾討論過，當自變項屬於連續性變項時，我們除了進行變異數分析之外，還得要附帶進行趨勢分析，以探討自變項對依變項的影響是否存有直線、二次、或三次的趨勢，並且可以同時求得自變項對依變項影響的相關係數大小。此時，若分析結果證明有二次以上的趨勢（即非直線趨勢）存在時，直線相關係數（如積差相關）便不適合使用，此時，必需使用適合非直線情況的相關係數；最常用的非直線相關係數是「相關比」(correlation ratio) 或稱作「曲線相關」，它是指兩個變項間不是呈直線關係的相關係數。

例 12.9

心理學家發現適度的焦慮有助於表現水準。為了證明這點發現，某心理學家收集到表 12.9 的學生成績和其焦慮程度資料。試問焦慮和成績表現間是否具有相關存在？

表 12.9　30 名學生的成績和焦慮程度資料與相關比的算法

	焦慮程度 (X)			
	高	中	低	
成績表現（Y）	20	50	30	
	30	60	30	
	30	70	40	
	30	70	50	
	30	80	50	
	30	80	50	
	40	80	50	
	40	80	60	
	50	90	60	
	60	100	70	
$N =$	10	10	10	30
$\sum Y =$	360	760	490	1610
$\sum\sum Y^2 =$	14200	59600	25500	99300

$$SS_t = 99300 - \frac{(1610)^2}{30} = 12896.67$$

$$SS_w = 99300 - [\frac{(360)^2}{10} + \frac{(760)^2}{10} + \frac{(490)^2}{10}] = 4570$$

$$SS_b = \frac{(360)^2}{10} + \frac{(760)^2}{10} + \frac{(490)^2}{10} - \frac{(1610)^2}{30} = 8326.67$$

$$\eta_{Y \cdot X}^2 = \frac{8326.67}{12896.67} = .646 \qquad \eta_{Y \cdot X} = .804$$

　　若從表 12.9 中的資料來看，這三組學生的成績表現似乎有隨著焦慮程度的降低，而**先升高後再降低**的趨勢。也就是說，X 與 Y 變項間的關係不是呈直線的，可能是呈曲線的。因此，我們必需使用**曲線相關**。

　　相關比的計算方法與獨立樣本下的單因子變異數分析過程十分雷同，首先，必需算出成績表現分數的總離均差平方和（即 SS_t）和組間離均差平方和（即 SS_b），然後，再代入下列計算**曲線相關係數**（即 η，讀作 [eta]）平方公式：

$$\eta^2_{Y \cdot X} = \frac{SS_b}{SS_t}$$ 〈公式 12–28〉

由此可見，曲線相關（或**相關比**）的平方其實就是組間離均差平方和對總離均差平方和的一種比值，相當於迴歸分析中的「**決定係數**」的涵義，但它的平方根才是我們所要的曲線相關（或相關比）。

茲將有關資料代入〈公式 12–28〉，得 $\eta^2_{Y \cdot X} = .646$，開根號後得 $\eta_{Y \cdot X} = .804$；亦即，焦慮和成績表現間具有曲線相關 .804。至於，該相關係數是否達顯著水準，則必須進一步考驗才能得知。

考驗曲線相關係數是否顯著的不等於 0，我們可以採用下列的公式：

$$F = \frac{\dfrac{\eta}{k - 1}}{\dfrac{1 - \eta^2}{N - k}}$$ 〈公式 12–29〉

其中，k 代表自變項的組數，N 代表總人數，自由度為 $df = (k - 1, N - k)$。若將上述所得的 η 值代入，即得：

$$F = \frac{\dfrac{(.804)^2}{3 - 1}}{\dfrac{1 - (.804)^2}{30 - 3}} = 6.39$$

此計算出的 F 值已大於查表的臨界 $F_{.95(2, 27)} = 3.35$，所以說，曲線相關係數 .804 已達 $\alpha = .05$ 的顯著水準；亦即，焦慮和成績表現間真的具有曲線相關存在。

曲線相關除了可以使用〈公式 12–28〉表示外，也可以使用下列相通的公式：

$$\eta^2_{Y \cdot X} = 1 - \frac{SS_w}{SS_t}$$ 〈公式 12–30〉

茲將表 12.9 中的有關資料代入，即得：

$$\eta^2_{Y \cdot X} = 1 - \frac{4570}{12896.67} = .646$$

所得的結果與使用〈公式 12–28〉者相同。

第六節　電腦習作

一、SPSS/PC 4.0 版操作範例說明

　　茲以表 12.6 的資料作為本電腦習作的範例資料，試圖求出該表中的 Kendall 和諧係數，並解釋其電腦報表的內涵。

　　首先，建立下列的程式檔，並取名為 CH12。

```
TITLE 'THE SPSS/PC PROGRAM FOR CHAPTER TWELVE'.

DATA LIST/S1 TO S10 1-30.

SET LIST='A:CH12.LIS'.

VARIABLES LABELS S# 'SUBJECT NUMBERS'.

BEGIN DATA.

3    9    8    1    6    2   10    4    5    7

7    9    6    2    4    3   10    1    8    5

3   10    7    1    6    4    9    2    5    8

4    9   10    3    5    1    7    2    6    8

5    9    7    3    4    2    6    1    8   10

END DATA.

NPAR TESTS KENDALL=ALL.

FINISH.
```

　　執行後，獲得下列的輸出結果：

```
-----Kendall Coefficient of Concordance
①                      ②
Mean Rank              Variable
4.40                   S1
9.20                   S2
7.60                   S3
2.00                   S4
5.00                   S5
2.40                   S6
8.40                   S7
2.00                   S8
6.40                   S9
7.60                   S10
Cases ③  W ④    Chi-Square ⑤    D.F.⑥   Significance ⑦
5        .8158    36.7091          9       .0000
```

解釋：

　　①表示被評定的平均等第。

　　②表示受評者名稱。

　　③表示評分者的總人數。

　　④表示 Kendall 和諧係數值 .8158。

　　⑤表示計算出的卡方值 36.7091。

　　⑥表示查表的自由度。

　　⑦表示達 $\alpha = .05$ 的顯著水準。

二、SPSS for Windows 操作範例說明

　　茲以表 12.6 的資料作為本電腦習作的範例資料，試圖求出該表中的 Kendall 和諧係數，並解釋其電腦報表的內涵如下。

　　首先，請讀者參考本書第一章第四節之「三、SPSS for Windows 操作範例說明」，將表 12.6 評審結果的名次資料表，建立一個新的 PASW 資料檔。在本範例中，乃需將十名入圍作品分別定義為「s1, s2, s3, …, s10」。以表 12.6 而言，五位評審對於第 1 件作品的評分分別為「3, 7, 3, 4, 5」，其建檔方式則

如圖 12.2 所示，於建檔完畢後，將其存檔成 ch12.sav。在本範例中，是將作品當成是「行」（即**變項** P）看待，而將**評審**當成是「列」（即**受試者** N）看待，因此，構成一個 $N \times P$ 的矩陣資料。這一點處理方式，與過去幾章裡對人（當成受試者）與測量事件（當成變項）的處理方式大不相同，請讀者務必注意其差異。

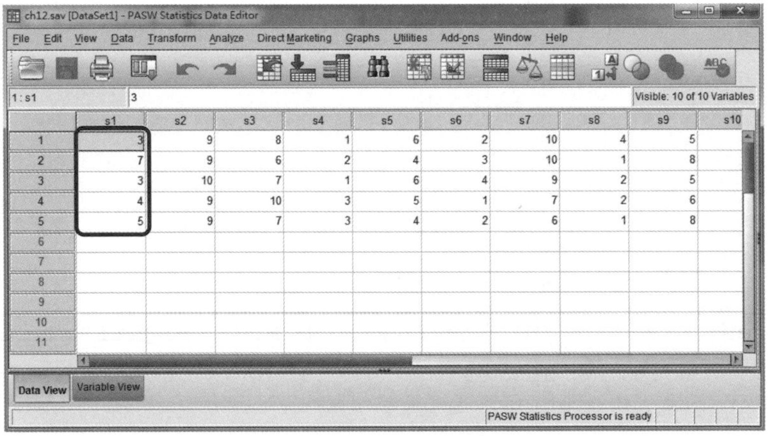

圖 12.2　表 12.6 評審結果的名次資料表之 PASW 資料檔

圖 12.3　點選 Analyze/Nonparametric Tests/Legacy Dialogs/
　　　　　K-Related Samples...

建檔完畢後，讀者可以選擇功能表中的 Analyze/Nonparametric Tests/ Legacy Dialogs/K-Related Samples...，開始進行無母數的統計分析，其操作方

式如圖 12.3 所示。

　　點選後，會出現「Tests for Several Related Samples」的對話窗。之後，請點選左方欄框內的「s1」至「s10」變項，按一下中間的方向鍵，逐一將其點選送至右方「Test Variables」欄框內，如圖 12.4 所示。而在下方「Test Type」選項中，PASW 提供三項無母數統計法的選擇：即 Friedman **雙因子等級變異數分析** (Friedman)（亦為 PASW 預設選項）、Kendall 和諧係數 (Kendall's W)、和 Cochran 的 Q 檢定 (Cochran's Q)。依照本範例的需求，只需勾選「Kendall's W」即可，同時，再一次勾選「Friedman」選項，即可取消 PASW 的預設選項。選擇完畢，再按「OK」按鈕，即可執行統計分析。

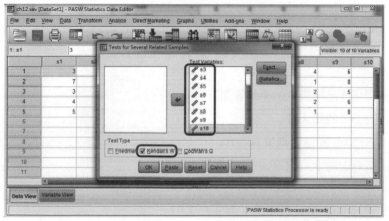

圖 12.4　「Tests for Several Related Samples」對話窗

　　執行後的結果檔與語法檔產生方法，如本書第二章第四節之「二、SPSS for Windows 操作範例說明」所示，讀者可以自行轉換存檔。在本範例中，可將其結果檔存檔成 ch12.spo，並存放於適當的磁碟機和資料夾裡。

　　底下即為 ch12.spo 結果檔內容，其涵義與 SPSS/PC 4.0 版報表大致相同。

NPar Tests

Kendall's W Test

Ranks (1)

	Mean Rank
subject1	4.40
subject2	9.20
subject3	7.60
subject4	2.00
subject5	5.00
subject6	2.40
subject7	8.40
subject8	2.00
subject9	6.40
subject10	7.60

Test Statistics

N (2)	5
Kendall's W (3)ª	.816
Chi-Square (4)	36.709
df (5)	9
Asymp. Sig. (6)	.000

a. Kendall's Coefficient of Concordance

解釋：

　　⑴表示每項作品被評定的平均等第。

　　⑵表示評分者的總人數。

　　⑶表示 Kendall 和諧係數值為 .816。

　　⑷表示計算出的卡方值為 36.709。

　　⑸表示本項卡方值的自由度。

　　⑹表示達 $\alpha = .05$ 的顯著水準（即 $p = .000$）。

本 章 摘 要

1. 相關係數有兩類：⑴A 型相關：係數值域介於 0 與 1 之間，⑵B 型相關：係數值域介於 ±1 之間。

2. 適用於名義二分變項的相關係數有：ϕ 相關、列聯相關、V_c 相關等。

3. 適用於兩個連續變項間，但其中一個被人為方式分成二類的變項之相關係數有：二系列相關。

4. 適用於一個連續變項與另一個是真的名義二分變項間之相關係數有：點二

系列相關。

5. 適用於兩個皆是人為名義二分變項間之相關係數有：四分相關。

6. 適用於次序性或等級類別資料之相關係數：等級相關。當評分人數或評定次數為兩個時，該係數有 Spearman 等級相關和 Kendall 等級相關；當評分人數或評定次數為三個以上時，該係數有 Kendall 和諧係數。

7. 等級相關常在心理計量學中被用來作為「評分者信度指標」。

8. 用作歸類或評定資料是否為一致的指標有：Kappa 一致性係數，它也常被用作「評分者信度指標」之一。

9. 適用在兩個變項間不是呈直線關係的相關係數有：曲線相關。

10. 曲線相關的涵義類似迴歸分析中「決定係數」的概念。

11. 其他相關係數都可以看成是 Pearson 積差相關係數的一種特例。

1. ϕ 相關的值域介於什麼之間？

(1) ± 1 　(2) 0 與 1 　(3) 0 與 -1 　(4) 0 與 ∞

2. 列聯相關 C 的值域介於什麼之間？

(1) ± 1 　(2) 0 與 1 　(3) 0 與 -1 　(4) 0 與 ∞

3. 在一個 2×2 列聯表中，最大的列聯相關係數為何？

(1) 1 　(2) 0 　(3) .707 　(4) .816

4. 考驗列聯相關的顯著性，該使用哪一種統計分配較適宜？

(1) χ^2 　(2) F 　(3) z 　(4) t

5. 下列哪一種相關係數的計算必須使用大樣本才比較適宜？

(1)積差相關 　(2)列聯相關 　(3)二系列相關 　(4)四分相關

6. 當一個變項是連續變項，另一個是真正的名義二分變項時，可以使用哪一種相關係數進行分析？

(1)點二系列相關 　(2)列聯相關 　(3)二系列相關 　(4)四分相關

7. 當遇到次序變項時，可以使用哪一種相關係數進行分析？

(1)點二系列相關　　(2)列聯相關　　(3)等級相關　　(4)四分相關

8. Kendall 和諧係數的值域介於什麼之間？

(1)±1　　(2)0 與 1　　(3)0 與 −1　　(4)0 與 ∞

9. 點二系列相關係數的值域介於什麼之間？

(1)±1　　(2)0 與 1　　(3)0 與 −1　　(4)0 與 ∞

10. 下列何種相關係數不常被用作「評分者信度」指標？

(1) Spearman 等級相關　　(2) Kappa 一致性係數　　(3) Kendall 和諧係數
(4)曲線相關

11. 何種相關係數是最基本的相關係數？

(1)積差相關　　(2)列聯相關　　(3)等級相關　　(4)曲線相關

12. 曲線相關的顯著性考驗，比較適合使用哪一種統計分配來進行？

(1) χ^2　　(2) F　　(3) z　　(4) t

13. 當兩個常態分配的連續變項被人為方式分成兩個類別時，可以適用哪一種
相關係數來進行分析？

(1)積差相關　　(2)列聯相關　　(3)四分相關　　(4)二系列相關

14. 考驗 Kappa 一致性係數的顯著性時，可以使用何種統計分配來進行？

(1) χ^2　　(2) F　　(3) z　　(4) t

15. 曲線相關平方的涵義與迴歸分析中的什麼係數相同？

(1)自我相關係數　　(2)共線性係數　　(3)多元相關係數　　(4)決定係數

第 16 ～ 21 題，請判斷下列研究變項間所適用的相關係數，並從下列符號中
挑選之：

① r　　② r_{pb}　　③ r_{bi}　　④ ϕ　　⑤ r_{tet}　　⑥ ρ

16. X: 左或右撇子　　　　　　　　Y: 智力 (IQ)

17. X: 性別　　　　　　　　　　　Y: 及格或不及格

18. X: 身高（以公分算）　　　　　Y: 體重（以公斤算）

19. X: 身高（以等級算）　　　　　Y: 體重（以等級算）

20. X: 智力　　　　　　　　　　　Y: 學業成績（分成及格或不及格）

21. X: 智力（分成高或低）　　　　Y: 學業成績（分成及格或不及格）

已知二位教師批改八名學生的作文成績如下所示:

學生作文		A	B	C	D	E	F	G	H
等第	資深教師	1	2	3	4	5	6	7	8
	新任教師	7	3	1	5	8	4	6	2

一、試求這兩位教師間評分結果的等級相關為何?

二、上題中的等級相關達顯著水準嗎?

已知 400 名考生在某二題試題上的作答資料如下表所示:

		試題一		
		答錯	答對	
試題二	答對	90	110	200
	答錯	190	10	200
		280	120	400

三、試求這二試題間的四分相關為何?

四、上題中的四分相關達顯著水準嗎?

第十三章 結 論

在當今大學和研究所課程中，統計學成為一門必修的方法學課程，已有明顯的趨勢；即使在心理與教育研究領域裡，心理與教育統計學也已列為教育學院的必修科目之一。統計學之於科學研究方法的重要性，不言而喻。

在結束本書之前，讀者也許會有兩個疑問產生：第一，學了這麼多的統計方法，當實際面臨研究問題時，到底應該採用哪一種方法？第二，未來，統計學還有哪些學習方向？

針對第一個問題，讀者可以利用下表來協助思考。

一個參數之考驗
- 已知 σ 或大樣本：適用 z 考驗
  - 平均數
  - 次數、百分比
- 未知 σ 或小樣本：適用 t 考驗
  - 平均數

二個參數之考驗
- 獨立樣本
  - 平均數（適用 z 考驗）
  - 次數、百分比（適用卡方考驗）
  - 變異數、共變數（適用 F 考驗）
  - 相關係數（適用 t 考驗）
  - 迴歸係數（適用 t 考驗）
- 相依樣本
  - 平均數（適用 t 考驗）
  - 次數、百分比（適用卡方、t 考驗）
  - 變異數、共變數（適用 F 考驗）
  - 相關係數（適用 t 考驗）

相關係數	名義變項：ϕ 相關、列聯相關、Vc 相關、κ 係數
	次序變項：等級相關（Spearman、Kendall、和諧係數）
	等距變項：積差相關
	比率變項：積差相關、曲線相關
	其他：點二系列相關、二系列相關、四分相關

針對第二個問題，統計學尚有本書未討論的學習內涵，這些內涵值得有興趣的讀者繼續探索及深入研習：

1. **高等心理與教育統計學：**

(1)多元迴歸分析（含直線與非直線模式分析）

(2)多因子變異數分析

(3)多因子共變數分析 （包含於實驗設計）

(4)複雜的多重比較

(5)非參數統計

(6)類別資料分析（含對數線性模式）

2. **多變量統計學：**

(1)主成份分析

(2)因素分析

(3)區別分析

(4)集群分析

(5)典型相關分析

(6)多變量變異數分析

(7)多變量共變數分析

(8)多元度量法

(9)線性結構關係模式

3. **數理統計學：**

(1)機率理論

(2)統計分配理論

(3)統計分配的產生函數（含動差與特徵函數）

⑷估計法（含最大概似法、動差法、貝氏法）

⑸隨機過程

⑹順序統計

4. **其他應用領域:**

⑴社會計量學

⑵心理計量學

⑶經濟計量學

⑷生物計量學

　　學習心理與教育統計學並沒有其他捷徑，只有**多看、多練習、多思考**而已。接下來，讀者需要做的便是嘗試閱讀心理與教育研究領域裡的各種學術刊物，試圖去瞭解學術論文的統計術語及其統計分析結果的**表達方式**，並且透過統計電腦套裝軟體程式的運用，**解讀電腦報表**的意義，如此，才能學用配合，習得統計學的精髓。

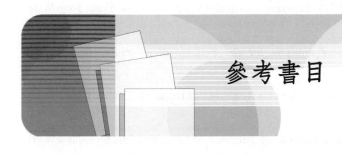

參考書目

一、中文部份

朱經明（民 79）。《教育統計學》（修訂再版）。臺北：五南。

余民寧（民 81）。〈垃圾進、垃圾出——談計量方法的正用與誤用〉。《教育研究》，31 期，22～29 頁。

余民寧（民 81a）。〈試題反應理論的介紹㈠——測驗理論的發展趨勢〉。《研習資訊》，8 卷（6 期），13～18 頁。

余民寧（民 81b）。〈試題反應理論的介紹㈡——基本概念和假設〉。《研習資訊》，9 卷（1 期），5～9 頁。

吳宗正（民 73）。《變異數分析》。臺北：華泰。

林邦傑（民 75）。《統計方法的選擇與統計電腦套裝程式的使用：SPSSX、SAS、BMDP 應用指引》。臺北：正昇。

林清山（民 81）。《心理與教育統計學》。臺北：東華。

姚景星、劉睦雄（民 78）。《實驗設計》。臺北：華泰。

郭生玉（民 79）。《心理與教育測驗》（五版）。臺北：精華。

二、英文部份

American Psychological Association (1983). *Publication manual of the American Psychological Association* (3rd ed.). Washington, DC: American Psychological Association.

Bishop, Y. M. M., Fienberg, S. E., & Holland, P. W. (1975). *Discrete multivariate analysis: Theory and practice.* Cambridge, MA: The MIT Press.

Brown, S. R., & Melamed, L. E. (1990). *Experimental design and analysis.* Newbury Park, CA: SAGE.

Cochran, W. G. (1957). "Analysis of covariance: Its nature and uses." *Biometrics, 13*, 261–281.

Cochran, W. G., & Cox, G. M. (1957). *Experimental design* (2nd ed.). New York: John Wiley & Sons.

Cohen, J. (1988). *Statistical power analysis for the behavioral sciences.* Hillsdale, NJ: Lawrence Erlbaum Associates.

Edwards, A. L. (1985). *Experimental design in psychological research* (5th ed.). New York: Harper & Row.

Edwards, L. K. (ed.) (1993). *Applied analysis of variance in behavioral science.* New York: Marcel Dekker.

Ferguson, G. A., & Takane, Y. (1989). *Statistical analysis in psychology and education* (6th ed.). New York: McGraw-Hill.

Foreman, E. K. (1991). *Survey sampling principles.* New York: Marcel Dekker.

Girden, E. R. (1992). *ANOVA: Repeated measures.* Newbury Park, CA: SAGE.

Glass, G. V., & Hopkins, K. D. (1984). *Statistical methods in education and psychology* (2nd ed.). Englewood Cliffs, NJ: Prentice-Hall.

Glass, G. V., Peckham, P. D., & Sanders, J. R. (1972). "Consequences of failure to meet assumptions underlying the fixed effects analysis of variance and covariance." *Review of Educational Research, 42,* 237–288.

Goodman, L. A. (1978). *Analyzing qualitative/categorical data: Log-linear models and latent structure analysis.* Lanham, MD: University Press of America.

Hagenaars, J. A. (1990). *Categorical longitudunal data: Log-linear panel, trend, and cohort analysis.* Newbury Park, CA: SAGE.

Hambleton, R. K., & Swaminathan, H. (1985). *Item response theory: Principles and applications.* Boston, MA: Kluwer.

Hambleton, R. K., Swaminathan, H., & Rogers, H. J. (1991). *Fundamentals of item response theory.* Newbury Park, CA: SAGE.

Hartley, H. O. (1950). "The maximum F-ratio as a short-cut test for heterogeneity of variance." *Biometrika, 37,* 308–312.

Hartwig, F., & Dearing, B. E. (1979). *Exploratory data analysis.* Beverly Hills, CA: SAGE.

Hays, W. L. (1988). *Statistics for psychologists* (3rd ed.). New York: Holt, Rinehart & Winston.

Henkel, R. E. (1976). *Tests of significance.* Beverly Hills, CA: SAGE.

Hoaglin, D., Mosteller, F., & Tukey, J. W. (eds.). *Understanding robust and exploratory data analysis.* New York: John Wiley & Sons.

Hogg, R. V., & Craig, A. T. (1978). *Introduction to mathematical statistics* (4th ed.). New York: Macmillan.

Hogg, R. V., & Tanis, E. A. (1988). *Probability and statistical inference* (3rd ed.). New York: Macmillan.

Howell, D. C. (1987). *Statistical methods for psychology* (2nd ed.). Boston: PWS-KENT.

Huitema, B. E. (1980). *The analysis of covariance and alternatives.* New York: John Wiley & Sons.

Iversen, G. R., & Norpoth, H. (1976). *Analysis of variance.* Beverly Hills, CA: SAGE.

Keppel, G. (1982). *Design and analysis: A researcher's handbook* (2nd ed.). Englewood Cliffs, NJ: Prentice-Hall.

Kirk, R. E. (1982). *Experimental design: Procedures for the behavioral sciences* (2nd ed.). Belmont, CA: Brooks/Cole.

Klockars, A. J., & Sax, G. (1986). *Multiple comparisons.* Newbury Park, CA: SAGE.

Knoke, D., & Burke, P. J. (1980). *Log-linear models.* Beverly Hills, CA: SAGE.

Kraemer, H. C., & Thiemann, S. (1987). *How many subjects? Statistical power analysis in research.* Newbury Park, CA: SAGE.

Lewis-Beck, M. S. (1980). *Applied regression: An introduction.* Beverly Hills, CA: SAGE.

Lipsey, M. W. (1990). *Design sensitivity: Statistical power for experimental research.* Newbury Park, CA: SAGE.

Lord, F. M. (1980). *Applications of item response theory to practical testing problems.* Hillsdale, NJ: Lawrence Erlbaum Associates.

Marascuilo, L. A., & Serlin, R. C. (1988). *Statistical methods for the social and behavioral sciences.* New York: W. H. Freeman.

McNemar, Q. (1969). *Psychological statistics* (4th ed.). New York: McGraw-Hill.

Novick, M. R., & Jackson, P. H. (1974). *Statistical methods for educational and psychological research.* New York: McGraw-Hill.

Ott, R. L., Larson, R., Rexroat, C., & Mendenhall, W. (1992). *Statistics: A tool for the social sciences* (5th ed.). Boston: PWS-KENT.

Pedhazur, E. J. (1982). *Multiple regression in behavioral research: Explanation and prediction* (2nd ed.). New York: Holt, Rinehart & Winston.

Rosenberger, J., & Gasko, M. (1983). "Comparing location estimators: Trimmed means, medians, and trimean." In D. Hoaglin, F. Mosteller, & J. W. Tukey (eds.), *Understanding robust and exploratory data analysis* (297–338). New York: John Wiley

& Sons.

Scheffe, H. A. (1959). *The analysis of variance.* New York: John Wiley & Sons.

Siegel, S. (1956). *Nonparametric statistics.* New York: McGraw-Hill.

Spector, P. E. (1981). *Research designs.* Beverly Hills, CA: SAGE.

Stevens, S. S. (1946). "On the theory of scales of measurement." *Science, 103*, 677–680.

Stevens, S. S. (1951). *Handbook of experimental psychology.* New York: John Wiley & Sons.

Thompson, S. K. (1992). *Sampling.* New York: John Wiley & Sons.

Tukey, J. W. (1977). *Exploratory data analysis.* Reading, MA: Addison-Wesley.

Velleman, P. F. (1989). *Learning data analysis with DATA DESK.* San Francisco, CA: Freeman.

Velleman, P. F., & Hoaglin, D. (1981). *Applications, basics, and computing of exploratory data analysis.* Boston, MA: Duxbury.

Weisberg, H. F. (1992). *Central tendency and variablity.* Newbury Park, CA: SAGE.

Wickens, T. D. (1989). *Multiway contingency tables analysis for the social sciences.* Hillsdale, NJ: Lawrence Erlbaum Associates.

Wilcox, R. (1987). *New statistical procedures for the social sciences: Modern solutions to basic problems.* Hillsdale, NJ: Lawrence Erlbaum Associates.

Wildt, A. R., & Ahtola, O. T. (1978). *Analysis of covariance.* Beverly Hills, CA: SAGE.

Winer, B. J. (1971). *Statistical principles in experimental design* (2nd ed.). New York: McGraw-Hill.

附錄一　計算過程的證明

第一章　導　論

〈公式 1-2〉

$\sum\limits_{i=1}^{N} c X_i$

$= c X_1 + c X_2 + \cdots + c X_N$

$= c(X_1 + X_2 + \cdots + X_N)$

$= c \sum\limits_{i=1}^{N} X_i$

〈公式 1-3〉

$\sum\limits_{i=1}^{N} c = c + c + \cdots + c = N_c$

〈公式 1-4〉

$\sum\limits_{i=1}^{N} (X_i + Y_i + Z_i)$

$= (X_1 + Y_1 + Z_1) + (X_2 + Y_2 + Z_2) + \cdots + (X_N + Y_N + Z_N)$

$= (X_1 + X_2 + \cdots + X_N) + (Y_1 + Y_2 + \cdots + Y_N) + (Z_1 + Z_2 + \cdots + Z_N)$

$= \sum\limits_{i=1}^{N} X_i + \sum\limits_{i=1}^{N} Y_i + \sum\limits_{i=1}^{N} Z_i$

〈公式 1-5〉

$\sum\limits_{i=1}^{N} (X_i \pm c)$

$= (X_1 \pm c) + \cdots + (X_N \pm c)$

$= (X_1 + \cdots + X_N) \pm (c + \cdots + c)$

$= \sum\limits_{i=1}^{N} X_i \pm N_c$

〈公式 1-6〉

$\sum\limits_{i=1}^{N} (X_i \pm c)^2$

$= (X_1 \pm c)^2 + \cdots + (X_N \pm c)^2$

$= (X_1^2 \pm 2c X_1 + c^2) + \cdots + (X_N^2 \pm 2c X_N + c^2)$

$= \sum\limits_{i=1}^{N} X_i^2 \pm 2c \sum\limits_{i=1}^{N} X_i + N c^2$

〈公式 1-7〉

$\sum\limits_{i=1}^{N} (X_i \pm Y_i)^2$

$= (X_1 \pm Y_1)^2 + \cdots + (X_N \pm Y_N)^2$

$= (X_1^2 \pm 2 X_1 Y_1 + Y_1^2) + \cdots + (X_N^2 \pm 2 X_N Y_N + Y_N^2)$

$= \sum\limits_{i=1}^{N} X_i^2 \pm 2 \sum\limits_{i=1}^{N} X_i Y_i + \sum\limits_{i=1}^{N} Y_i^2$

第三章　集中量數

〈公式 3-4〉

$\sum (X - \bar{x})$

$= (X_1 - \bar{x}) + (X_2 - \bar{x}) + \cdots + (X_N - \bar{x})$

$= \sum X - N \bar{x}$

$= \sum X - N(\sum X / N)$

$= \sum X - \sum X = 0$

〈公式 3–5〉

$$\frac{\Sigma(X \pm C)}{N}$$

$$= \frac{(X_1 \pm C) + (X_2 \pm C) + \cdots + (X_N \pm C)}{N}$$

$$= \frac{\Sigma X \pm \Sigma C}{N}$$

$$= \frac{\Sigma X \pm NC}{N}$$

$$= \bar{x} \pm C$$

〈公式 3–6〉

$$\frac{\Sigma CX}{N} = \frac{CX_1 + CX_2 + \cdots + CX_N}{N}$$

$$= \frac{C[X_1 + X_2 + \cdots + X_N]}{N}$$

$$= \frac{C\Sigma X}{N}$$

$$= C\bar{x}$$

〈公式 3–7〉

$$\frac{\Sigma(X/C)}{N} = \frac{X_1/C + X_2/C + \cdots + X_N/C}{N}$$

$$= \frac{(1/c)[X_1 + X_2 + \cdots + X_N]}{N}$$

$$= \frac{(1/c)\Sigma X}{N}$$

$$= (1/c)\bar{x}$$

$$= \frac{\bar{x}}{c}$$

〈公式 3–8〉

$$\bar{x}_{1+2+\cdots+k}$$

$$= \frac{(X_{11} + \cdots + X_{1k}) + \cdots + (X_{N1} + \cdots + X_{Nk})}{kN}$$

$$= \frac{(X_{11} + \cdots + X_{N1})}{N} + \cdots + \frac{(X_{1k} + \cdots + X_{Nk})}{N}$$

$$= \bar{x}_1 + \bar{x}_2 + \cdots + \bar{x}_k$$

$$= \sum_{i=1}^{k} \bar{x}_i$$

〈公式 3–9〉

$$\frac{(X_1 - Y_1) + (X_2 - Y_2) + \cdots + (X_N - Y_N)}{N}$$

$$= \frac{[X_1 + X_2 + \cdots + X_N]}{N} - \frac{[Y_1 + Y_2 + \cdots + Y_N]}{N}$$

$$= \bar{x} - \bar{y}$$

第四章　變異量數

〈公式 4–11〉

$$\because S_x^2 = \frac{\Sigma(X - \bar{x})^2}{N} = \frac{\Sigma(X - \frac{\Sigma X}{N})^2}{N}$$

$$\therefore S_{(x+c)}^2 = \frac{\Sigma[(X + c) - \frac{\Sigma(X + c)}{N}]^2}{N}$$

$$= \frac{\Sigma[(X + c) - \frac{\Sigma X + Nc}{N}]^2}{N}$$

$$= \frac{\Sigma[(X + c) - \bar{x} - c]^2}{N}$$

$$= \frac{\Sigma(X - \bar{x})^2}{N} = S_x^2$$

〈公式 4–12〉

$$S^2_{(Xc)} = \frac{\sum[cX - \frac{\sum cX}{N}]^2}{N} = \frac{\sum[cX - \frac{c\sum X}{N}]^2}{N}$$

$$= \frac{\sum c^2[X - \frac{\sum X}{N}]^2}{N}$$

$$= \frac{c^2\sum(X - x)^2}{N} = c^2 S^2_x$$

$$= \frac{\sum\left[\frac{X}{c} - \frac{(\frac{1}{c})\sum X}{N}\right]^2}{N}$$

$$= \frac{\sum(\frac{1}{c})^2[X - \frac{\sum X}{N}]^2}{N}$$

$$= (\frac{1}{c})^2\frac{\sum(X - \bar{x})^2}{N} = \frac{S^2_x}{c^2}$$

〈公式 4–13〉

$$S^2_{(X/c)} = \frac{\sum\left[\frac{X}{c} - \frac{\sum(\frac{X}{c})}{N}\right]^2}{N}$$

第五章 標準分數與常態分配

〈公式 5–4〉

$$\bar{z} = \frac{\sum z}{N} = \frac{1}{N}\frac{\sum(X - \bar{x})}{S_x} = \frac{1}{N}\frac{0}{S_x} = 0$$

〈公式 5–5〉

$$S^2_z = \frac{\sum(Z - \bar{z})^2}{N} = \frac{\sum(Z - 0)^2}{N} = \frac{\sum Z^2}{N}$$

$$= \frac{1}{N}\frac{\sum(X - \bar{x})^2}{S^2_x} = \frac{\sum(X - \bar{x})^2}{N}\frac{1}{S^2_x}$$

$$= \frac{S^2_x}{S^2_x} = 1$$

〈公式 5–16〉

$$r_1 = \frac{m_3}{m_2\sqrt{m_2}} = \frac{\frac{\sum(X - \bar{x})^3}{N}}{(S^2_x)(S_x)}$$

$$= \frac{\sum(X - \bar{x})^3}{NS^3_x}$$

$$= \frac{\sum z^3}{N}$$

〈公式 5–20〉

$$r_2 + 3 = \frac{m_4}{m^2_2} = \frac{\frac{\sum(X - \bar{x})^4}{N}}{(S^2_x)^2}$$

$$= \frac{\sum(X - \bar{x})^4}{NS^4_x}$$

$$= \frac{\sum z^4}{N}$$

$$\therefore r_2 = \frac{\sum z^4}{N} - 3$$

第六章　簡單相關與迴歸分析

〈公式 6–6〉

$$r_{xy} = \frac{\sum xy}{NS_xS_y} = \frac{\sum xy}{N\sqrt{\frac{\sum x^2}{N}}\sqrt{\frac{\sum y^2}{N}}}$$

$$= \frac{\sum xy}{\sqrt{\sum x^2}\sqrt{\sum y^2}}$$

$$= \frac{\sum(X-\bar{x})(Y-\bar{y})}{\sqrt{\sum(X-\bar{x})^2}\sqrt{\sum(Y-\bar{y})^2}}$$

$$= \frac{SS_{xy}}{\sqrt{SS_x}\sqrt{SS_y}}$$

〈公式 6–7〉

$$SS_{xy} = \sum(X-\bar{x})(Y-\bar{y})$$

$$= \sum(XY - \bar{x}Y - \bar{y}X + \overline{xy})$$

$$= \sum XY - \bar{x}\sum Y - \bar{y}\sum X + N\bar{x}\bar{y}$$

$$= \sum XY - \frac{\sum X}{N}\sum Y - \frac{\sum Y}{N}\sum X + N\frac{\sum X}{N}\frac{\sum Y}{N}$$

$$= \sum XY - 2\frac{\sum X\sum Y}{N} + \frac{\sum X\sum Y}{N}$$

$$= \sum XY - \frac{\sum X\sum Y}{N}$$

〈公式 6–9〉

$$r_{xy} = \frac{\sum xy}{NS_xS_y}$$

$$= \frac{\sum XY - \frac{\sum X\sum Y}{N}}{N\sqrt{\frac{\sum X^2 - \frac{(\sum X)^2}{N}}{N}}\sqrt{\frac{\sum Y^2 - \frac{(\sum Y)^2}{N}}{N}}}$$

$$= \frac{\sum XY - \frac{\sum X\sum Y}{N}}{\sqrt{\sum X^2 - \frac{(\sum X)^2}{N}}\sqrt{\sum Y^2 - \frac{(\sum Y)^2}{N}}}$$

〈公式 6–12〉

$$S^2_{(x+y)} = \frac{\sum[(X+Y)-(\bar{x}+\bar{y})^2]}{N}$$

$$= \frac{\sum[(X-\bar{x})+(Y-\bar{y})]^2}{N}$$

$$= \frac{\sum(x+y)^2}{N}$$

$$= \frac{\sum(x^2+2xy+y^2)}{N}$$

$$= \frac{\sum x^2}{N} + \frac{2\sum xy}{N} + \frac{\sum y^2}{N}$$

$$= S^2_x + S^2_y + 2r_{xy}S_xS_y$$

$$= S^2_x + S^2_y + 2S_{xy}$$

〈公式 6–13〉

$$S^2_{(x-y)} = \frac{\sum[(X-\bar{Y})-(x-\bar{y})]^2}{N}$$

$$= \frac{\sum[(X-\bar{x})-(Y-\bar{y})]^2}{N}$$

$$= \frac{\sum(x-y)^2}{N}$$

$$= \frac{\sum(x^2-2xy+y^2)}{N}$$

$$= \frac{\sum x^2}{N} - \frac{2\sum xy}{N} + \frac{\sum y^2}{N}$$

$$= S^2_x + S^2_y - 2r_{xy}S_xS_y = S^2_x + S^2_y - 2S_{xy}$$

〈公式 6–18〉和〈公式 6–19〉

找出適當的 b 與 a 值，使得

$\sum(Y-\hat{Y})^2 =$ 最小。

首先，將 $\hat{Y} = bX + a$ 代入，得：

$$\sum(Y-\hat{Y})^2 = \sum[Y-(bX+a)]^2$$

$$= \sum[Y^2 - 2bXY - 2aY + b^2X^2 + 2abX + a^2]$$

$$= \sum Y^2 - 2b\sum XY - 2a\sum Y + b^2\sum X^2 +$$

$$2ab\sum X + \sum a^2$$

設 $F = \sum(Y - \hat{Y})^2$，並針對 b 求 F 的導函數，並設定其函數值為 0 時有極值，得：

$$\frac{\partial F}{\partial b} = 2\sum X^2 b + (2a\sum Y - 2\sum XY) = 0$$

結果得：$\sum XY = b\sum X^2 + a\sum X$ ………… ①

接著，針對 a 求 F 的導函數，並設定其函數值為 0 時有極值，得：

$$\frac{\partial F}{\partial a} = 2Na + (2b\sum X - 2\sum Y) = 0$$

結果得：$\sum Y = b\sum X + Na$ ……………… ②

再解①與②式的聯立方程式，經簡化後，得：

$$\hat{a} = \bar{y} - b\bar{x}$$

$$\hat{b} = \frac{\sum XY - \dfrac{\sum X\sum Y}{N}}{\sum X^2 - \dfrac{(\sum X)^2}{N}}$$

〈公式 6–20〉

$$Y = bX + a$$
$$= bX + (\bar{y} - b\bar{x})$$
$$= \bar{y} + b(X - \bar{x})$$
$$= \bar{y} + bx \quad (\text{其中，} x = X - \bar{x})$$

移項後，得：

$$Y - \bar{y} = bx$$
$$y = bx \quad (\text{其中，} y = Y - \bar{y})$$

若將等號兩端各除以 S_y，再加以通分，則得：

$$\frac{y}{S_y} = b\frac{x}{S_y}$$

$$z_y = b\frac{x}{S_y} \cdot \frac{S_x}{S_x} \quad (\text{其中，} z_y = \frac{y}{S_y})$$

$$z_y = b(\frac{S_x}{S_y})(\frac{x}{S_x})$$

$$z_y = (b\frac{S_x}{S_y})z_x \quad (\text{其中，} z_x = \frac{x}{S_x})$$

$$z_y = \beta z_x \quad (\text{即標準分數迴歸方程式})$$

其中，

$$\beta = (b\frac{S_x}{S_y})$$

便稱作「標準分數迴歸係數」。

〈公式 6–24〉

$$SS_t = \sum y^2$$
$$= \sum(Y - \bar{y})^2$$
$$= \sum Y^2 - \frac{(\sum Y)^2}{N}$$

〈公式 6–25〉

$$SS_{reg} = \sum(\hat{Y} - \bar{y})^2$$
$$= \sum[(bX + a) - \bar{y}]^2$$
$$= \sum[bX + (\bar{y} - b\bar{x}) - \bar{y}]^2$$
$$= \sum(bX - b\bar{x})^2$$
$$= b^2\sum(X - \bar{x})^2$$
$$= [\frac{\sum(X - \bar{x})(Y - \bar{y})}{\sum(X - \bar{x})^2}]^2 \sum(X - \bar{x})^2$$
$$= \frac{[\sum(X - \bar{x})(Y - \bar{y})]^2}{\sum(X - \bar{x})^2}$$
$$= \frac{(\sum xy)^2}{\sum x^2} \quad (\text{或 } b\sum xy)$$
$$= \frac{[\sum XY - \dfrac{\sum X\sum Y}{N}]^2}{\sum X^2 - \dfrac{(\sum X)^2}{N}}$$

〈公式 6–26〉

$$SS_{res} = \sum(Y - \hat{Y})^2$$
$$= \sum(Y - \hat{Y} - \bar{y} + \bar{y})^2$$
$$= \sum[(Y - \bar{y}) - (\hat{Y} - \bar{y})]^2$$
$$= \sum(y - \tilde{y})^2$$
$$= \sum(y - bx)^2$$
$$= \sum(y^2 - 2bxy + b^2x^2)$$

$$= \sum y^2 - 2b\sum xy + b^2\sum x^2$$

$$= \sum y^2 - 2(\frac{\sum xy}{\sum x^2})\sum xy + (\frac{\sum xy}{\sum x^2})^2\sum x^2$$

$$= \sum y^2 - 2\frac{(\sum xy)^2}{\sum x^2} + \frac{(\sum xy)^2}{\sum x^2}$$

$$= \sum y^2 - \frac{(\sum xy)^2}{\sum x^2}$$

$$= SS_y - \frac{(SS_{xy})^2}{SS_x}$$

$$= [\sum Y^2 - \frac{(\sum Y)^2}{N}] - \left[\frac{(\sum XY - \frac{\sum X\sum Y}{N})^2}{\sum X^2 - \frac{(\sum X)^2}{N}}\right]$$

$$= \sum(Y - \bar{y})^2 - \sum(\hat{Y} - \bar{y})^2$$

$$= SS_t - SS_{reg}$$

附錄二 自我測驗及練習作業的解答

第一章 導 論

〈自我測驗的解答〉

1. N	2. R	3. I	4. R	5. O
6. O	7. N	8. I	9. R	10. N
11. D	12. I	13. E	14.是	15.非
16.是	17.是	18.是	29.非	20.非

〈練習作業的解答〉

一、14	二、54	三、2	四、6	五、24
六、28	七、108	八、16		

第二章 次數分配表與統計圖

〈自我測驗的解答〉

1. 28	2.(2)	3.(4)	4.直方圖	5. 50%
6. e	7. d	8. c	9. a	10. b、d、e

〈練習作業的解答〉

一、60	二、12	三、85～89	四、145～149	五、正偏態

第三章 集中量數

〈自我測驗的解答〉

1. 10	2. $n = 9, Md = 9$	3. $\sum X = 66, M = 7.33$	4.負偏態分配	5.眾數
6.中位數	7.中位數	8.平均數	9.平均數和中位數	10.是的
11.平均數	12.眾數	13.中位數	14.平均數	15.平均數
16.中位數	17.眾數	18.中位數	19.平均數	20. 66.0
21. $M = 29600$（元）	22. 90	23. 10	24. 55	25. 80

〈練習作業的解答〉

一、平均數 = 2.56，中位數 = 2.8，眾數 = 3.0

二、平均數 = 3.06，中位數 = 3.3

三、平均數 = 7.68，中位數 = 8.4

四、德育：平均數 = 89.67，中位數 = 91.00，眾數 = 92.00

　　群育：平均數 = 90.82，中位數 = 91.00，眾數 = 93.00

　　體育：平均數 = 87.69，中位數 = 88.00，眾數 = 90.00

　　美育：平均數 = 86.74，中位數 = 88.00，眾數 = 87.00, 89.00

—————— 第四章　變異量數 ——————

〈自我測驗的解答〉

1. 10	2. 45	3. 50	4. 2	5. 25
6. 5	7. 25, 5	8. 2500, 50	9. 6125，否	10.統計數，母群體
11.變異數	12.全距	13.標準差	14.全距	15.變異數
16.是的	17.變異數	18.是的	19. $N-1$	20. σ
21. N	22. μ	23. 15	24.中位數	25. 100, 130
26.四分差	27.四分差	28.當次數分配呈現完全對稱時	29. 7.0　　30.(3)	

〈練習作業的解答〉

一、德育：全距 = 23.00，變異數 = 22.44，標準差 = 4.74，四分差 = 2.50

　　體育：全距 = 13.00，變異數 = 6.75，標準差 = 2.60，四分差 = 2.00

　　群育：全距 = 14.00，變異數 = 8.99，標準差 = 3.00，四分差 = 2.00

　　美育：全距 = 26.00，變異數 = 22.46，標準差 = 4.74，四分差 = 3.00

二、$S = 4.98$

三、CV（身高）= 4.12，CV（體重）= 9.68；所以，體重的變異較為嚴重，亦即，該班學生的體重個別差異較大。

—————— 第五章　標準分數與常態分配 ——————

〈自我測驗的解答〉

1. 16%	2. 6.4	3. 6.1	4. 85	5. 16%
6.六分之一	7. 16%	8.是的	9. 16%、50%、84%、98%	10. 5.9

11. $z = .5$, $T = 55$, $PR = 69$ 12. $z = (175 - 100)/15 = 5.0$ $(.0000003) \times (20000000) = 6$ 人

13.(1) $.7486 - .2514 = .4972$ 或 50%   (2) $.9082 - .0918 = .8164$ 或 82%

　(3) $.9525 - .0475 = .9050$ 或 91%   14. 1 或 2 人，$\because z = (78 - 68.5)/2.6 = 3.65$ 15.(3)

16.(3)　　　　　17.不會　　　　18. 1.0 增加到 10　19.(1) 1　(2) 100　20.較大；較小

21.眾數約為 134，中位數約為 138

〈練習作業的解答〉

一、德育：峰度係數值 = 1.723，偏態係數值 = −1.132，呈負偏態且是高狹峰的分配。

　　體育：峰度係數值 = 1.063，偏態係數值 = −0.783，呈負偏態且是高狹峰的分配。

　　群育：峰度係數值 = 1.970，偏態係數值 = −1.206，呈負偏態且是高狹峰的分配。

　　美育：峰度係數值 = 4.141，偏態係數值 = −1.545，呈負偏態且是高狹峰的分配。

二、$Q = 10$

三、優等：7%，甲等：24%，乙等：38%，丙等：24%，丁等：7%；將會有 7% 左右的
　　學生需要重修。

第六章　簡單相關與迴歸分析

〈自我測驗的解答〉

1.(3)　　　　2.(3)　　　　3.(4)　　　　4.(5)　　　　5.(1)

6.(2)　　　7. Y 增大，Z 減小　8. .50　　9. −.5　　10. −.8

11. 45　　12. 5　　13.(4)　　14.(1)　　15. 1.0

16. −2.5　　17.會　　18.不會　　19.是的　　20.會

21.不會　　22. 12　　23. 25%　　24. 25

〈練習作業的解答〉

一、變異數－共變數矩陣

	德育	智育	體育	群育	美育
德育	22.4382	25.1579	11.1053	10.0439	19.6228
智育	25.1579	38.9226	12.6356	10.9453	21.2227
體育	11.1053	12.6356	6.7449	5.7591	10.4453
群育	10.0439	10.9453	5.7591	8.9934	10.3212
美育	19.6228	21.2227	10.4453	10.3212	22.4591

相關係數矩陣

	德育	智育	體育	群育	美育
德育	1.0000	.8513	.9027	.7070	.8741
智育	.8513	1.0000	.7798	.5850	.7178
體育	.9027	.7998	1.0000	.7394	.8487
群育	.7070	.5850	.7394	1.0000	.7262
美育	.8741	.7178	.8487	.7262	1.0000

二、原始分數迴歸方程式為：

德育分數 = 31.5947 + .6463（智育分數）

該生的預測德育分數約為 83.30 分。

三、由預測線的決定係數為 .7246，此即表示「德育分數的變異數可被智力分數預測到或解釋到的百分比為 72.46%」。

四、估計標準誤為 2.52，因此，德育分數的預測值可能落於 80.78～85.82 之間的機率為 68.26%，而落於 78.26～88.34 之間的機率為 95.44%，而落於 75.74～90.86 之間的機率為 99.74%。

第七章　推論統計學導論

〈自我測驗的解答〉

1. 1/6	2. 6	3. 是的	4. 5/6	5. 1/36
6. 1/6	7. 1/5	8. 1/125	9. 相依	10. 獨立
11. (3)	12. (1)	13. 5	14. 16%	15. 68%
16. 會	17. 25	18. 1	19. 68%	20. 中央極限定理
21. $N-1$	22. 單側	23. .05	24. $1-\beta$	25. 區間估計
26. 是的	27. (3)	28. (2)	29. (2)	30. (1)

〈練習作業的解答〉

一、2 分

二、置回：0.64

　　不置回：0.62

三、抽樣分配 (sampling distribution) 是指某一統計量數所構成的次數分配；而樣本分配 (sample distribution) 是指由母群體抽出的樣本所構成的次數分配。

四、母群體分配、樣本大小、及樣本統計數

五、標準誤 (standard error) 是指抽樣分配的標準差；而標準差 (standard deviation) 是指母群體分配或樣本分配的變異數之開平方（即標準差）。

第八章　區間估計與假設考驗

〈自我測驗的解答〉

1.(4)	2.(1)	3.(3)	4.(1)	5.(1)
6.不知道	7.(2)	8.(3)	9.(3)	10.(1)
11.(2)	12.(4)	13.會	14.會	15.不會
16.會	17. $N_1 = N_2$	18.(1)	19.(2)	20.(4)

21. $N - 3$

〈練習作業的解答〉

一、$100 \pm (1.96)(15/\sqrt{100}) = (97.06, 102.94)$

二、$F = \dfrac{(8.25)^2}{(10.35)^2} = .64 > F_{1-\alpha/2(12,\,9)} = .26$

∴保留 $H_0 : \sigma_1^2 = \sigma_2^2$

亦即表示它們是來自變異數相同之母群體。

三、$t = 3.31 > t_{.975(9)} = 2.262$

故語文與推理二個平均成績間具有顯著差異存在。

四、先轉化成 z_r，得 $r = .75 \rightarrow z_r = .973$

$$r = .71 \rightarrow z_r = .887$$

$z = \dfrac{.973 - .887}{.116} = .741 < 1.96$

∴保留 $H_0 : \rho_1 = \rho_2$

五、該研究者已確定 $E = .02$，所以求樣本大小的公式可以表示成：

$$N = \frac{(1.96)^2 pq}{E^2}$$

由於支持候選人 A 的百分比 p 未知，我們必須由樣本百分比來估計它，而最保守的估計值為 $p = .50$（亦即是半數），其變異數在此時亦達到最大。故將相關數值代入，得：

$$N = \frac{(1.96)^2(.50)(.50)}{(.02)^2} = 2401$$

所以，至少需要 2401 人投票支持候選人 A，才能使未知的估計值 p 之估計誤差落在 ±.02 的範圍內。

—————— 第九章　卡方考驗 ——————

〈自我測驗的解答〉

1. (3)	2. (2)	3. (3)	4. (3)	5. (2)
6. (2)	7. (3)	8. (1)	9. (1)	10. (2)
11. (2)	12. (2)	13. (3)	14. (1)	15. (3)

〈練習作業的解答〉

一、$x^2 = 60.4 > \chi^2_{.95(2)} = 5.991$

　　$\therefore$拒絕 $H_0 : P_{ij} = P_{i.}P_{.j}$

二、$\phi = \sqrt{\dfrac{60.4}{400}} = .39$

三、$\chi^2 = 32.89 > \chi^2_{.95(1)} = 3.841$

　　$\therefore$拒絕 H_0，即有明顯改變。

四、(1)適合度考驗

　　(2)百分比同質性考驗

　　(3)獨立性考驗

　　(4)改變的顯著性考驗

—————— 第十章　變異數分析 ——————

〈自我測驗的解答〉

1. (4)	2. (2)	3. (3)	4. (2)	5. (2)
6. (2)	7. (2)	8. (3)	9. 3	10. 10
11. 5	12. 2.76	13. 可以	14. 可以	15. 64
16. 120	17. 150	18. 不需要	19. 2.00	20. 不會
21. (4)	22. (1)	23. (3)		

〈練習作業的解答〉

一、Summary Table of Analysis of Variance

Source	SS	df	MS	F
between	55400.00	2	27700.00	22.0341**
linear	55314.29	1	55314.29	44.0000**
quadratic	85.71	1	85.71	.0682
within	22628.57	18	1257.14	
total	78028.57	20		

二、達 $\alpha = .01$ 的顯著水準，需要進行事後比較，比較結果顯示這三對（即兩組一對）的聯考總分均達顯著差異。

三、根據上述摘要表可知，具有直線的趨勢存在。

四、.71，表示社經地位可以解釋到聯考總分的變異數約 71% 之多。

第十一章　共變數分析

〈自我測驗的解答〉

1. 會　　　　2. .75　　　　3. 可能　　　　4. 不會　　　　5. 是的

6. 是的　　　7. 是的　　　8. 不是　　　9. (A)　　　　10. (B)

11. 0　　　　12. (C)　　　　13. (A)　　　　14. 5　　　　15. (B)

16. 全部　　　17. 是的　　　18. 否　　　　19. (3)

〈練習作業的解答〉

一、Summary Table of Analysis of Covariance

Source	SS'	df	MS'	F
between	190.02	2	95.01	18.13 **
within	57.62	11	5.24	
total	247.64	13		

$$F_{.95(2,11)} = 9.65$$

二、$\bar{y}'_A = 13.112$　　　$\bar{y}'_B = 9.432$　　　$\bar{y}'_C = 19.456$

三、$F = \dfrac{10.05/(3-1)}{47.54/3(5-2)} = .95 < F_{.95(2,9)} = 4.26$

∴組內迴歸係數同質性假設獲得支持。

四、 $\psi_1 : A - B$ $q = \dfrac{13.112 - 9.432}{2.32} = 1.59$

     $\psi_2 : C - A$ $q = \dfrac{19.456 - 13.112}{2.32} = 2.73$

     $\psi_3 : C - B$ $q = \dfrac{19.456 - 9.432}{2.32} = 4.32$

查表臨界值 $q_{.95(3,11)} = 3.82$，因此，只有 ψ_3 達顯著水準。亦即，在排除智力因素的干擾後，三種學習策略對學業成績仍然有顯著的效果；其中，以 C 種學習策略的效果優於 B 種學習策略的效果，其餘，A 與 B、C 與 A 等學習策略的效果間則無顯著的差異存在。

———— **第十二章　其他相關統計法** ————

〈自我測驗的解答〉

1.(2)	2.(2)	3.(3)	4.(1)	5.(4)
6.(1)	7.(3)	8.(2)	9.(1)	10.(4)
11.(1)	12.(2)	13.(3)	14.(3)	15.(4)
16.(2)	17.(4)	18.(1)	19.(6)	20.(3)
21.(5)				

〈練習作業的解答〉

一、 $\rho = -.095$

二、 $p > .05$，所以，未達 $\alpha = .05$ 的顯著水準

三、 $r_{tet} = .857$

四、 $p < .05$，所以，達 $\alpha = .05$ 的顯著水準

附錄三 統計機率分配表

表 A： z 分配表

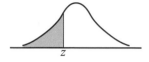

z	0	1	2	3	4	5	6	7	8	9
−3.	.0013	.0010	.0007	.0005	.0003	.0002	.0002	.0001	.0001	.0000
−2.9	.0019	.0018	.0017	.0017	.0016	.0016	.0015	.0015	.0014	.0014
−2.8	.0026	.0025	.0024	.0023	.0023	.0022	.0021	.0021	.0020	.0019
−2.7	.0035	.0034	.0033	.0032	.0031	.0030	.0029	.0028	.0027	.0026
−2.6	.0047	.0045	.0044	.0043	.0041	.0040	.0039	.0038	.0037	.0036
−2.5	.0062	.0060	.0059	.0057	.0055	.0054	.0052	.0051	.0049	.0048
−2.4	.0082	.0080	.0078	.0075	.0073	.0071	.0069	.0068	.0066	.0064
−2.3	.0107	.0104	.0102	.0099	.0096	.0094	.0091	.0089	.0087	.0084
−2.2	.0139	.0136	.0132	.0129	.0126	.0122	.0119	.0116	.0113	.0110
−2.1	.0179	.0174	.0170	.0166	.0162	.0158	.0154	.0150	.0146	.0143
−2.0	.0228	.0222	.0217	.0212	.0207	.0202	.0197	.0192	.0188	.0183
−1.9	.0287	.0281	.0274	.0268	.0262	.0256	.0250	.0244	.0238	.0233
−1.8	.0359	.0352	.0344	.0336	.0329	.0322	.0314	.0307	.0300	.0294
−1.7	.0446	.0436	.0427	.0418	.0409	.0401	.0392	.0384	.0375	.0367
−1.6	.0548	.0537	.0526	.0516	.0505	.0495	.0485	.0475	.0465	.0455
−1.5	.0668	.0655	.0643	.0630	.0618	.0606	.0594	.0582	.0570	.0559
−1.4	.0808	.0793	.0778	.0764	.0749	.0735	.0722	.0708	.0694	.0681
−1.3	.0968	.0951	.0934	.0918	.0901	.0885	.0869	.0853	.0838	.0823
−1.2	.1151	.1131	.1112	.1093	.1075	.1056	.1038	.1020	.1003	.0985
−1.1	.1357	.1335	.1314	.1292	.1271	.1251	.1230	.1210	.1190	.1170
−1.0	.1587	.1562	.1539	.1515	.1492	.1469	.1446	.1423	.1401	.1379
− .9	.1841	.1814	.1788	.1762	.1736	.1711	.1685	.1660	.1635	.1611
− .8	.2119	.2090	.2061	.2033	.2005	.1977	.1949	.1922	.1894	.1867
− .7	.2420	.2389	.2358	.2327	.2297	.2266	.2236	.2206	.2177	.2148
− .6	.2743	.2709	.2676	.2643	.2611	.2578	.2546	.2514	.2483	.2451
− .5	.3085	.3050	.3015	.2981	.2946	.2912	.2877	.2843	.2810	.2776
− .4	.3446	.3409	.3372	.3336	.3300	.3264	.3228	.3192	.3156	.3121
− .3	.3821	.3783	.3745	.3707	.3669	.3632	.3594	.3557	.3520	.3483
− .2	.4207	.4168	.4129	.4090	.4052	.4013	.3974	.3936	.3897	.3859
− .1	.4602	.4562	.4522	.4483	.4443	.4404	.4364	.4325	.4286	.4247
− .0	.5000	.4960	.4920	.4880	.4840	.4801	.4761	.4721	.4681	.4641

表 A：z 分配表（續）

z	0	1	2	3	4	5	6	7	8	9
.0	.5000	.5040	.5080	.5120	.5160	.5199	.5239	.5279	.5319	.5359
.1	.5398	.5438	.5478	.5517	.5557	.5596	.5636	.5675	.5714	.5753
.2	.5793	.5832	.5871	.5910	.5948	.5987	.6026	.6064	.6103	.6141
.3	.6179	.6217	.6255	.6293	.6331	.6368	.6406	.6443	.6480	.6517
.4	.6554	.6591	.6628	.6664	.6700	.6736	.6772	.6808	.6844	.6879
.5	.6915	.6950	.6985	.7019	.7054	.7088	.7123	.7157	.7190	.7224
.6	.7257	.7291	.7324	.7357	.7389	.7422	.7454	.7486	.7517	.7549
.7	.7580	.7611	.7642	.7673	.7703	.7734	.7764	.7794	.7823	.7852
.8	.7881	.7910	.7939	.7967	.7995	.8023	.8051	.8078	.8106	.8133
.9	.8159	.8186	.8212	.8238	.8264	.8289	.8315	.8340	.8365	.8389
1.0	.8413	.8438	.8461	.8485	.8508	.8531	.8554	.8577	.8599	.8621
1.1	.8643	.8665	.8686	.8708	.8729	.8749	.8770	.8790	.8810	.8830
1.2	.8849	.8869	.8888	.8907	.8925	.8944	.8962	.8980	.8997	.9015
1.3	.9032	.9049	.9066	.9082	.9099	.9115	.9131	.9147	.9162	.9177
1.4	.9192	.9207	.9222	.9236	.9251	.9265	.9278	.9292	.9306	.9319
1.5	.9332	.9345	.9357	.9370	.9382	.9394	.9406	.9418	.9430	.9441
1.6	.9452	.9463	.9474	.9484	.9495	.9505	.9515	.9525	.9535	.9545
1.7	.9554	.9564	.9573	.9582	.9591	.9599	.9608	.9616	.9625	.9633
1.8	.9641	.9648	.9656	.9664	.9671	.9678	.9686	.9693	.9700	.9706
1.9	.9713	.9719	.9726	.9732	.9738	.9744	.9750	.9756	.9762	.9767
2.0	.9772	.9778	.9783	.9788	.9793	.9798	.9803	.9808	.9812	.9817
2.1	.9821	.9826	.9830	.9834	.9838	.9842	.9846	.9850	.9854	.9857
2.2	.9861	.9864	.9868	.9871	.9874	.9878	.9881	.9884	.9887	.9890
2.3	.9893	.9896	.9898	.9901	.9904	.9906	.9909	.9911	.9913	.9916
2.4	.9918	.9920	.9922	.9925	.9927	.9929	.9931	.9932	.9934	.9936
2.5	.9938	.9940	.9941	.9943	.9945	.9946	.9948	.9949	.9951	.9952
2.6	.9953	.9955	.9956	.9957	.9959	.9960	.9961	.9962	.9963	.9964
2.7	.9965	.9966	.9967	.9968	.9969	.9970	.9971	.9972	.9973	.9974
2.8	.9974	.9975	.9976	.9977	.9977	.9978	.9979	.9979	.9980	.9981
2.9	.9981	.9982	.9982	.9983	.9984	.9984	.9985	.9985	.9986	.9986
3.	.9987	.9990	.9993	.9995	.9997	.9998	.9998	.9999	.9999	1.0000

表 B: χ^2 分配表

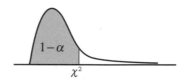

自由度	機 率 $1-\alpha$							
	.005	.010	.025	.050	.950	.975	.990	.995
1	…	…	…	.004	3.84	5.02	6.63	7.88
2	.01	.02	.05	.10	5.99	7.38	9.21	10.60
3	.07	.11	.22	.35	7.81	9.35	11.34	12.84
4	.21	.30	.48	.71	9.49	11.14	13.28	14.86
5	.41	.55	.83	1.15	11.07	12.83	15.09	16.75
6	.68	.87	1.24	1.64	12.59	14.45	16.81	18.55
7	.99	1.24	1.69	2.17	14.07	16.01	18.48	20.28
8	1.34	1.65	2.18	2.73	15.51	17.53	20.09	21.96
9	1.73	2.09	2.70	3.33	16.92	19.02	21.67	23.59
10	2.16	2.56	3.25	3.94	18.31	20.48	23.21	25.19
11	2.60	3.05	3.82	4.57	19.68	21.92	24.72	26.76
12	3.07	3.57	4.40	5.23	21.03	23.34	26.22	28.30
13	3.57	4.11	5.01	5.89	22.36	24.74	27.69	29.82
14	4.07	4.66	5.63	6.57	23.68	26.12	29.14	31.32
15	4.60	5.23	6.26	7.26	25.00	27.49	30.58	32.80
16	5.14	5.81	6.91	7.96	26.30	28.85	32.00	34.27
17	5.70	6.41	7.56	8.67	27.59	30.19	33.41	35.72
18	6.26	7.01	8.23	9.39	28.87	31.53	34.81	37.16
19	6.84	7.63	8.91	10.12	30.14	32.85	36.19	38.58
20	7.43	8.26	9.59	10.85	31.41	34.17	37.57	40.00
21	8.03	8.90	10.28	11.59	32.67	35.48	38.93	41.40
22	8.64	9.54	10.98	12.34	33.92	36.78	40.29	42.80
23	9.26	10.20	11.69	13.09	35.17	38.08	41.64	44.18
24	9.89	10.86	12.40	13.85	36.42	39.36	42.98	45.56
25	10.52	11.52	13.12	14.61	37.65	40.65	44.31	46.93
26	11.16	12.20	13.84	15.38	38.89	41.92	45.64	48.29
27	11.81	12.88	14.57	16.15	40.11	43.19	46.96	49.64
28	12.46	13.56	15.31	16.93	41.34	44.46	48.28	50.99
29	13.12	14.26	16.05	17.71	42.56	45.72	49.59	52.34
30	13.79	14.95	16.79	18.49	43.77	46.98	50.89	53.67
40	20.71	22.16	24.43	26.51	55.76	59.34	63.69	66.77
50	27.99	29.71	32.36	34.76	67.50	71.42	76.15	79.49
60	35.53	37.48	40.48	43.19	79.08	83.30	88.38	91.95
70	43.28	45.44	48.76	51.74	90.53	95.02	100.43	104.22
80	51.17	53.54	57.15	60.39	101.88	106.63	112.33	116.32
90	59.20	61.75	65.65	69.13	113.14	118.14	124.12	128.30
100	67.33	70.06	74.22	77.93	124.34	129.56	135.81	140.17

表 C：F 分配表

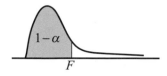

$$1 - \alpha = 0.95$$

v_2 \ v_1	1	2	3	4	5	6	7	8	9
1	161.45	199.50	215.71	224.58	230.16	233.99	236.77	238.88	240.54
2	18.513	19.000	19.164	19.247	19.296	19.330	19.353	19.371	19.385
3	10.128	9.5521	9.2766	9.1172	9.0135	8.9406	8.8868	8.8452	8.8123
4	7.7086	6.9443	6.5914	6.3883	6.2560	6.1631	6.0942	6.0410	5.9988
5	6.6079	5.7861	5.4095	5.1922	5.0503	4.9503	4.8759	4.8183	4.7725
6	5.9874	5.1433	4.7571	4.5337	4.3874	4.2839	4.2066	4.1468	4.0990
7	5.5914	4.7374	4.3468	4.1203	3.9715	3.8660	3.7870	3.7257	3.6767
8	5.3177	4.4590	4.0662	3.8378	3.6875	3.5806	3.5005	3.4381	3.3881
9	5.1174	4.2565	3.8626	3.6331	3.4817	3.3738	3.2927	3.2296	3.1789
10	4.9646	4.1028	3.7083	3.4780	3.3258	3.2172	3.1355	3.0717	3.0204
11	4.8443	3.9823	3.5874	3.3567	3.2039	3.0946	3.0123	2.9480	2.8962
12	4.7472	3.8853	3.4903	3.2592	3.1059	2.9961	2.9134	2.8486	2.7964
13	4.6672	3.8056	3.4105	3.1791	3.0254	2.9153	2.8321	2.7669	2.7144
14	4.6001	3.7389	3.3439	3.1122	2.9582	2.8477	2.7642	2.6987	2.6458
15	4.5431	3.6823	3.2874	3.0556	2.9013	2.7905	2.7066	2.6408	2.5876
16	4.4940	3.6337	3.2389	3.0069	2.8524	2.7413	2.6572	2.5911	2.5377
17	4.4513	3.5915	3.1968	2.9647	2.8100	2.6987	2.6143	2.5480	2.4943
18	4.4139	3.5546	3.1599	2.9277	2.7729	2.6613	2.5767	2.5102	2.4563
19	4.3808	3.5219	3.1274	2.8951	2.7401	2.6283	2.5435	2.4768	2.4227
20	4.3513	3.4928	3.0984	2.8661	2.7109	2.5990	2.5140	2.4471	2.3928
21	4.3248	3.4668	3.0725	2.8401	2.6848	2.5757	2.4876	2.4205	2.3661
22	4.3009	3.4434	3.0491	2.8167	2.6613	2.5491	2.4638	2.3965	2.3419
23	4.2793	3.4221	3.0280	2.7955	2.6400	2.5277	2.4422	2.3748	2.3201
24	4.2597	3.4028	3.0088	2.7763	2.6207	2.5082	2.4226	2.3551	2.3002
25	4.2417	3.3852	2.9912	2.7587	2.6030	2.4904	2.4047	2.3371	2.2821
26	4.2252	3.3690	2.9751	2.7426	2.5868	2.4741	2.3883	2.3205	2.2655
27	4.2100	3.3541	2.9604	2.7278	2.5719	2.4591	2.3732	2.3053	2.2501
28	4.1960	3.3404	2.9467	2.7141	2.5581	2.4453	2.3593	2.2913	2.2360
29	4.1830	3.3277	2.9340	2.7014	2.5454	2.4324	2.3463	2.2782	2.2229
30	4.1709	3.3158	2.9223	2.6896	2.5336	2.4205	2.3343	2.2662	2.2107
40	4.0848	3.2317	2.8387	2.6060	2.4495	2.3359	2.2490	2.1802	2.1240
60	4.0012	3.1504	2.7581	2.5252	2.3683	2.2540	2.1665	2.0970	2.0401
120	3.9201	3.0718	2.6802	2.4472	2.2900	2.1750	2.0867	2.0164	1.9588
∞	3.8415	2.9957	2.6049	2.3719	2.2141	2.0986	2.0096	1.9384	1.8799

表 C： F 分配表（續）

$1 - \alpha = 0.95$

v_1 / v_2	10	12	15	20	24	30	40	60	120	∞
1	241.88	243.91	245.95	248.01	249.05	250.09	251.14	252.20	253.25	254.32
2	19.396	19.413	19.429	19.446	19.454	19.462	19.471	19.479	19.487	19.496
3	8.7855	8.7446	8.7029	8.6602	8.6385	8.6166	8.5944	8.5720	8.5494	8.5265
4	5.9644	5.9117	5.8578	5.8025	5.7744	5.7459	5.7170	5.6878	5.6581	5.6281
5	4.7351	4.6777	4.6188	4.5581	4.5272	4.4957	4.4638	4.4314	4.3984	4.3650
6	4.0600	3.9999	3.9381	3.8742	3.8415	3.8082	3.7743	3.7398	3.7047	3.6688
7	3.6365	3.5747	3.5108	3.4445	3.4105	3.3758	3.3404	3.3043	3.2674	3.2298
8	3.3472	3.2840	3.2184	3.1503	3.1152	3.0794	3.0428	3.0053	2.9669	2.9276
9	3.1373	3.0729	3.0061	2.9365	2.9005	2.8637	3.8259	2.7872	2.7475	2.7067
10	2.9782	2.9130	2.8450	2.7740	2.7372	2.6996	2.6609	2.6211	2.5801	2.5379
11	2.8536	2.7876	2.7186	2.6464	2.6090	2.5705	2.5309	2.4901	2.4480	2.4045
12	2.7534	2.6866	2.6169	2.5436	2.5055	2.4663	2.4259	2.3842	2.3410	2.2962
13	2.6710	2.6037	2.5331	2.4589	2.4202	2.3803	2.3392	2.2966	2.2524	2.2064
14	2.6021	2.5342	2.4630	2.3879	2.3487	2.3082	2.2664	2.2230	2.1778	2.1307
15	2.5437	2.4753	2.4035	2.3275	2.2878	2.2468	2.2043	2.1601	2.1141	2.0658
16	2.4935	2.4247	2.3522	2.2756	2.2354	2.1938	2.1507	2.1058	2.0589	2.0096
17	2.4499	2.3807	2.3077	2.2304	2.1898	2.1477	2.1040	2.0584	2.0107	1.9604
18	2.4117	2.3421	2.2686	2.1906	2.1497	2.1071	2.0629	2.0166	1.9681	1.9168
19	2.3779	2.3080	2.2341	2.1555	2.1141	2.0712	2.0264	1.9796	1.9302	1.8780
20	2.3479	2.2776	2.2033	2.1242	2.0825	2.0391	1.9938	1.9464	1.8963	1.8432
21	2.3210	2.2504	2.1757	2.0960	2.0540	2.0102	1.9645	1.9165	1.8657	1.8117
22	2.2967	2.2258	2.1508	2.0707	2.0283	1.9842	1.9380	1.8895	1.8380	1.7831
23	2.2747	2.2036	2.1282	2.0476	2.0050	1.9605	1.9139	1.8649	1.8128	1.7570
24	2.2547	2.1834	2.1077	2.0267	1.9838	1.9390	1.8920	1.8424	1.7897	1.7331
25	2.2365	2.1649	2.0889	2.0075	1.9643	1.9192	1.8718	1.8217	1.7684	1.7110
26	2.2197	2.1479	2.0716	1.9898	1.9464	1.9010	1.8533	1.8027	1.7488	1.6906
27	2.2043	2.1323	2.0558	1.9736	1.9299	1.8842	1.8361	1.7851	1.7307	1.6717
28	2.1900	2.1179	2.0411	1.9586	1.9147	1.8687	1.8203	1.7689	1.7138	1.6541
29	2.1768	2.1045	2.0275	1.9446	1.9005	1.8543	1.8055	1.7537	1.6981	1.6377
30	2.1646	2.0921	2.0148	1.9317	1.8874	1.8409	1.7918	1.7396	1.6835	1.6223
40	2.0772	2.0035	1.9245	1.8389	1.7929	1.7444	1.6928	1.6373	1.5766	1.5089
60	1.9926	1.9174	1.8364	1.7480	1.7001	1.6491	1.5943	1.5343	1.4673	1.3893
120	1.9105	1.8337	1.7505	1.6587	1.6084	1.5543	1.4952	1.4290	1.3519	1.2539
∞	1.8307	1.7522	1.6664	1.5705	1.5173	1.4591	1.3940	1.3180	1.2214	1.0000

表 C: F 分配表（續）

$1 - \alpha = 0.975$

v_1 / v_2	1	2	3	4	5	6	7	8	9
1	647.79	799.50	864.16	899.58	921.85	937.11	948.22	956.66	963.28
2	38.506	39.000	39.165	39.248	29.298	39.331	39.355	39.373	39.387
3	17.443	16.044	15.439	15.101	14.885	14.735	14.624	14.540	14.473
4	12.218	10.649	9.9792	9.6045	9.3645	9.1973	9.0741	8.9796	8.9047
5	10.007	8.4336	7.7636	7.3879	7.1464	6.9777	6.8531	6.7572	6.6810
6	8.8131	7.2598	6.5988	6.2272	5.9876	5.8197	5.6955	5.5996	5.5234
7	8.0727	6.5415	5.8898	5.5226	5.2852	5.1186	4.9949	4.8994	4.8232
8	7.5709	6.0595	5.4160	5.0526	4.8173	4.6517	4.5286	4.4332	4.3572
9	7.2093	5.7147	5.0781	4.7181	4.4844	4.3197	4.1971	4.1020	4.0260
10	6.9367	5.4564	4.8256	4.4683	4.2361	4.0721	3.9498	3.8549	3.7790
11	6.7241	5.2559	4.6300	4.2751	4.0440	3.8807	3.7586	3.6638	3.5879
12	6.5538	5.0959	4.4742	4.1212	3.8911	3.7283	3.6065	3.5118	3.4358
13	6.4143	4.9653	4.3472	3.9959	3.7667	3.6043	3.4827	3.3880	3.3120
14	6.2979	4.8567	4.2417	3.8919	3.6634	3.5014	3.3799	3.2853	3.2093
15	6.1995	4.7650	4.1528	3.8043	3.5764	3.4147	3.2934	3.1987	3.1227
16	6.1151	4.6867	4.0768	3.7294	3.5021	3.3406	3.2194	3.1248	3.0488
17	6.0420	4.6189	4.0112	3.6648	3.4379	3.2767	3.1556	3.0610	2.9849
18	5.9781	4.5597	3.9539	3.6083	3.3820	3.2209	3.0999	3.0053	2.9291
19	5.9216	4.5075	3.9034	3.5587	3.3327	3.1718	3.0509	2.9563	2.8800
20	5.8715	4.4613	3.8587	3.5147	3.2891	3.1283	3.0074	2.9128	2.8365
21	5.8266	4.4199	3.8188	3.4754	3.2501	3.0895	2.9686	2.8740	2.7977
22	5.7863	4.3828	3.7829	3.4401	3.2151	3.0546	2.9338	2.8392	2.7628
23	5.7498	4.3492	3.7505	3.4083	3.1835	3.0232	2.9024	2.8077	2.7313
24	5.7167	4.3187	3.7211	3.3794	3.1548	2.9946	2.8738	2.7791	2.7027
25	5.6864	4.2909	3.6943	3.3530	3.1287	2.9685	2.8478	2.7531	2.6766
26	5.6586	4.2655	3.6697	3.3289	3.1048	2.9447	2.8240	2.7293	2.6528
27	5.6331	4.2421	3.6472	3.3067	3.0828	2.9228	2.8021	2.7074	2.6309
28	5.6096	4.2205	3.6264	3.2863	3.0625	2.9027	2.7820	2.6872	2.6106
29	5.5878	4.2006	3.6072	3.2674	3.0438	2.8840	2.7633	2.6686	2.5919
30	5.5675	4.1821	3.5894	3.2499	3.0265	2.8667	2.7460	2.6513	2.5746
40	5.4239	4.0510	3.4633	3.1261	2.9037	2.7444	2.6238	2.5289	2.4519
60	5.2857	3.9253	3.3425	3.0077	2.7863	2.6274	2.5068	2.4117	2.3344
120	5.1524	3.8046	3.2270	2.8943	2.6740	2.5154	2.3948	2.2994	2.2217
∞	5.0239	3.6889	3.1161	2.7858	2.5665	2.4082	2.2875	2.1918	2.1136

表 C： F 分配表（續）

$1 - \alpha = 0.975$

v_2 \ v_1	10	12	15	20	24	30	40	60	120	∞
1	968.63	976.71	984.87	993.10	997.25	1001.4	1005.6	1009.8	1014.0	1018.3
2	39.398	39.415	39.431	39.448	39.456	39.465	39.473	39.481	39.490	39.498
3	14.419	14.337	14.253	14.167	14.124	14.081	14.037	13.992	13.947	13.902
4	8.8439	8.7512	8.6565	8.5599	8.5109	8.4613	8.4111	8.3604	8.3092	8.2573
5	6.6192	6.5246	6.4277	6.3285	6.2780	6.2269	6.1751	6.1255	6.0693	6.0153
6	5.4613	5.3662	5.2687	5.1684	5.1172	5.0652	5.0125	4.9589	4.9045	4.8491
7	4.7611	4.6658	4.5678	4.4667	4.4150	4.3624	4.3089	4.2544	4.1989	4.1423
8	4.2951	4.1997	4.1012	3.9995	3.9472	3.8940	3.8398	3.7844	3.7279	3.6702
9	3.9639	3.8682	3.7694	3.6669	3.6142	3.5604	3.5055	3.4493	3.3918	3.3329
10	3.7168	3.6209	3.5217	3.4186	3.3654	3.3110	3.2554	3.1984	3.1399	3.0798
11	3.5257	3.4296	3.3299	3.2261	3.1725	3.1176	3.0613	3.0035	2.9441	2.8828
12	3.3736	3.2773	3.1772	3.0728	3.0187	2.9633	2.9063	2.8478	2.7874	2.7249
13	3.2497	3.1532	3.0527	2.9477	2.8932	2.8373	2.7797	2.7204	2.6590	2.5955
14	3.1469	3.0501	2.9493	2.8437	2.7888	2.7324	2.6742	2.6142	2.5519	2.4872
15	3.0602	2.9633	2.8621	2.7559	2.7006	2.6437	2.5850	2.5242	2.4611	2.3953
16	2.9862	2.8890	2.7875	2.6808	2.6252	2.5678	2.5085	2.4471	2.3831	2.3163
17	2.9222	2.8249	2.7230	2.6158	2.5598	2.5021	2.4422	2.3801	2.3153	3.2474
18	2.8664	2.7689	2.6667	2.5590	2.5027	2.4445	2.3842	2.3214	2.2558	2.1869
19	2.8173	2.7196	2.6171	2.5089	2.4523	2.3937	2.3329	2.2695	2.2032	2.1333
20	2.7737	2.6758	2.5731	2.4645	2.4076	2.3486	2.2873	2.2234	2.1562	2.0853
21	2.7348	2.6368	2.5338	2.4247	2.3675	2.3082	2.2465	2.1819	2.1141	2.0422
22	2.6998	2.6017	2.4984	2.3890	2.3315	2.2718	2.2097	2.1446	2.0760	2.0032
23	2.6682	2.5699	2.4665	2.3567	2.2989	2.2389	2.1763	2.1107	2.0415	1.9677
24	2.6396	2.5412	2.4374	2.3273	2.2693	2.2090	2.1460	2.0799	2.0099	1.9353
25	2.6135	2.5149	2.4110	2.3005	2.2422	2.1816	2.1183	2.0517	1.9811	1.9055
26	2.5895	2.4909	2.3867	2.2759	2.2174	2.1565	2.0928	2.0257	1.9545	1.8781
27	2.5676	2.4688	2.3644	2.2533	2.1946	2.1334	2.0693	2.0018	1.9299	1.8527
28	2.5473	2.4484	2.3438	2.2324	2.1735	2.1121	2.0477	1.9796	1.9072	1.8291
29	2.5286	2.4295	2.3248	2.2131	2.1540	2.0923	2.0276	1.9591	1.8861	1.8072
30	2.5112	2.4120	2.3072	2.1952	2.1359	2.0739	2.0089	1.9400	1.8664	1.7867
40	2.3882	2.2882	2.1819	2.0677	2.0069	1.9429	1.8752	1.8028	1.7242	1.6371
60	2.2702	2.1692	2.0613	1.9445	1.8817	1.8152	1.7440	1.6668	1.5810	1.4822
120	2.1570	2.0548	1.9450	1.8249	1.7597	1.6899	1.6141	1.5299	1.4327	1.3104
∞	2.0483	1.9447	1.8326	1.7085	1.6402	1.5660	1.4835	1.3883	1.2684	1.0000

表 C: F 分配表（續）

$1 - \alpha = 0.99$

v_1 / v_2	1	2	3	4	5	6	7	8	9
1	4052.2	4999.5	5403.3	5624.6	5763.7	5859.0	5928.3	5981.6	6022.5
2	98.503	99.000	99.166	99.249	99.299	99.332	99.356	99.374	99.388
3	34.116	30.817	29.457	28.710	28.237	27.911	27.672	27.489	27.345
4	21.198	18.000	16.694	15.977	15.522	15.207	14.976	14.799	14.659
5	16.258	13.274	12.060	11.392	10.967	10.672	10.456	10.289	10.158
6	13.745	10.925	9.7795	9.1483	8.7459	8.4661	8.2600	8.1016	7.9761
7	12.246	9.5466	8.4513	7.8467	7.4604	7.1914	6.9928	6.8401	6.7188
8	11.250	8.6491	7.5910	7.0060	6.6318	6.3707	6.1776	6.0289	5.9106
9	10.561	8.0215	6.9919	6.4221	6.0569	5.8018	5.6129	5.4671	5.3511
10	10.044	7.5594	6.5523	5.9943	5.6363	5.3858	5.2001	5.0567	4.9424
11	9.6460	7.2057	6.2167	5.6686	5.3160	5.0692	4.8861	4.7445	4.6315
12	9.3302	6.9266	5.9526	5.4119	5.0643	4.8206	4.6395	4.4994	4.3875
13	9.0738	6.7010	5.7394	5.2053	4.8616	4.6204	4.4410	4.3021	4.1911
14	8.8616	6.5149	5.5639	5.0354	4.6950	4.4558	4.2779	4.1399	4.0297
15	8.6831	6.3589	5.4170	4.8932	4.5556	4.3183	4.1415	4.0045	3.8948
16	8.5310	6.2262	5.2922	4.7726	4.4373	4.2016	4.0259	3.8896	3.7804
17	8.3997	6.1121	5.1850	4.6690	4.3359	4.1015	3.9267	3.7910	3.6822
18	8.2854	6.0129	5.0919	4.5790	4.2479	4.0146	3.8406	3.7054	3.5971
19	8.1850	5.9259	5.0103	4.5003	4.1708	3.9386	3.7653	3.6305	3.5225
20	8.0960	5.8489	4.9382	4.4307	4.1027	3.8714	3.6987	3.5644	3.4567
21	8.0166	5.7804	4.8740	4.3688	4.0421	3.8117	3.6396	3.5056	3.3981
22	7.9454	5.7190	4.8166	4.3134	3.9880	3.7583	3.5867	3.4530	3.3458
23	7.8811	5.6637	4.7649	4.2635	3.9392	3.7102	3.5390	3.4057	3.2986
24	7.8229	5.6136	4.7181	4.2184	3.8951	3.6667	3.4959	3.3629	3.2560
25	7.7698	5.5680	4.6755	4.1774	3.8550	3.6272	3.4568	3.3239	3.2172
26	7.7213	5.5263	4.6366	4.1400	3.8183	3.5911	3.4210	3.2884	3.1818
27	7.6767	5.4881	4.6009	4.1056	3.7848	3.5580	3.3882	3.2558	3.1494
28	7.6356	5.4529	4.5681	4.0740	3.7539	3.5276	3.3581	3.2259	3.1195
29	7.5976	5.4205	4.5378	4.0449	3.7254	3.4995	3.3302	3.1982	3.0920
30	7.5625	5.3904	4.5097	4.0179	3.6990	3.4735	3.3045	3.1726	3.0665
40	7.3141	5.1785	4.3126	3.8283	3.5138	3.2910	3.1238	2.9930	2.8876
60	7.0771	4.9774	4.1259	3.6491	3.3389	3.1187	2.9530	2.8233	2.7185
120	6.8510	4.7865	3.9493	3.4796	3.1735	2.9559	2.7918	2.6629	2.5586
∞	6.6349	4.6052	3.7816	3.3192	3.0173	2.8020	2.6393	2.5113	2.4073

表 C： F 分配表（續）

$1 - \alpha = 0.99$

v_1 / v_2	10	12	15	20	24	30	40	60	120	∞
1	6055.8	6106.3	6157.3	6208.7	6234.6	6260.7	6286.8	6313.0	6339.4	6366.0
2	99.399	99.416	99.432	99.449	99.458	99.466	99.474	99.483	99.491	99.501
3	27.229	27.052	26.872	26.690	26.598	26.505	26.411	26.316	26.221	26.125
4	14.546	14.374	14.198	14.020	13.929	13.838	13.745	13.652	13.558	13.463
5	10.051	9.8883	9.7222	9.5527	9.4665	9.3793	9.2912	9.2020	9.1118	9.0204
6	7.8741	7.7183	7.5590	7.3958	7.3127	7.2285	7.1432	7.0568	6.9690	6.8801
7	6.6201	6.4691	6.3143	6.1554	6.0743	5.9921	5.9084	5.8236	5.7372	5.6495
8	5.8143	5.6668	5.5151	5.3591	5.2793	5.1981	5.1156	5.0316	4.9460	4.8588
9	5.2565	5.1114	4.9621	4.8080	4.7290	4.6486	4.5667	4.4831	4.3978	4.3105
10	4.8492	4.7059	4.5582	4.4054	4.3269	4.2469	4.1653	4.0819	3.9965	3.9090
11	4.5393	4.3974	4.2509	4.0990	4.0209	3.9411	3.8596	3.7761	3.6904	3.6025
12	4.2961	4.1553	4.0096	3.8584	3.7805	3.7008	3.6192	3.5355	3.4494	3.3608
13	4.1003	3.9603	3.8154	3.6646	3.5868	3.5070	3.4253	3.3413	3.2548	3.1654
14	3.9394	3.8001	3.6557	3.5052	3.4274	3.3476	3.2656	3.1813	3.0942	3.0040
15	3.8049	3.6662	3.5222	3.3719	3.2940	3.2141	3.1319	3.0471	2.9595	2.8684
16	3.6909	3.5527	3.4089	3.2588	3.1808	3.1007	3.0182	2.9330	3.8447	2.7528
17	3.5931	3.4552	3.3117	3.1615	3.0835	3.0032	2.9205	2.8348	2.7459	2.6530
18	3.5082	3.3706	3.2273	3.0771	2.9990	2.9185	2.8354	2.7493	2.6597	2.5660
19	3.4338	3.2965	3.1533	3.0031	2.9249	2.8422	2.7608	2.6742	2.5839	2.4893
20	3.3682	3.2311	3.0880	2.9377	2.8594	2.7785	2.6947	2.6077	2.5168	2.4212
21	3.3098	3.1729	3.0299	2.8796	2.8011	2.7200	2.6359	2.5484	2.4568	2.3603
22	3.2576	3.1209	2.9780	2.8274	2.7488	2.6675	2.5831	2.4951	2.4029	2.3055
23	3.2106	3.0740	2.9311	2.7805	2.7017	2.6202	2.5355	2.4471	2.3542	2.2559
24	3.1681	3.0316	2.8887	2.7380	2.6591	2.5773	2.4923	2.4035	2.3099	2.2107
25	3.1294	2.9931	2.8502	2.6993	2.6203	2.5383	2.4530	2.3637	2.2695	2.1694
26	3.0941	2.9579	2.8150	2.6640	2.5848	2.5026	2.4170	2.3273	2.2325	2.1315
27	3.0618	2.9256	2.7827	2.6316	2.5522	2.4699	2.3840	2.2938	2.1984	2.0965
28	3.0320	2.8959	2.7530	2.6017	2.5223	2.4397	2.3535	2.2629	2.1670	2.0642
29	3.0045	2.8685	2.7256	2.5742	2.4946	2.4118	2.3253	2.2344	2.1378	2.0342
30	2.9791	2.8431	2.7002	2.5487	2.4689	2.3860	2.2992	2.2079	2.1107	2.0062
40	2.8005	2.6648	2.5216	2.3689	2.2880	2.2034	2.1142	2.0194	1.9172	1.8047
60	2.6318	2.4961	2.3523	2.1978	2.1154	2.0285	1.9360	1.8363	1.7263	1.6006
120	2.4721	2.3363	2.1915	2.0346	1.9500	1.8600	1.7628	1.6557	1.5330	1.3805
∞	2.3209	2.1848	2.0385	1.8783	1.7908	1.6964	1.5923	1.4730	1.3246	1.0000

表 C: F 分配表（續）

$1 - \alpha = 0.995$

v_1 / v_2	1	2	3	4	5	6	7	8	9
1	16211	20000	21615	22500	23056	23437	23715	23925	24091
2	198.50	199.00	199.17	199.25	199.30	199.33	199.36	199.37	199.39
3	55.552	49.799	47.467	46.195	45.392	44.838	44.434	44.126	43.882
4	31.333	26.284	24.259	23.155	22.456	21.975	21.622	21.352	21.139
5	22.785	18.314	16.530	15.556	14.940	14.513	14.200	13.961	13.772
6	18.635	14.544	12.917	12.028	11.464	11.073	10.786	10.566	10.391
7	16.236	12.404	10.882	10.050	9.5221	9.1554	8.8854	8.6781	8.5138
8	14.688	11.042	9.5965	8.8051	8.3018	7.9520	7.6942	7.4960	7.3386
9	13.614	10.107	8.7171	7.9559	7.4711	7.1338	6.8849	6.6933	6.5411
10	12.826	9.4270	8.0807	7.3428	6.8723	6.5446	6.3025	6.1159	5.9676
11	12.226	8.9122	7.6004	6.8809	6.4217	6.1015	5.8648	5.6821	5.5368
12	11.754	8.5096	7.2258	6.5211	6.0711	5.7570	5.5245	5.3451	5.2021
13	11.374	8.1865	6.9257	6.2335	5.7910	5.4819	5.2529	5.0761	4.9351
14	11.060	7.9217	6.6803	5.9984	5.5623	5.2574	5.0313	4.8566	4.7173
15	10.798	7.7008	6.4760	5.8029	5.3721	5.0708	4.8473	4.6743	4.5364
16	10.575	7.5138	6.3034	5.6378	5.2117	4.9134	4.6920	4.5207	4.3838
17	10.384	7.3536	6.1556	5.4967	5.0746	4.7789	4.5594	4.3893	4.2535
18	10.218	7.2148	6.0277	5.3746	4.9560	4.6627	4.4448	4.2759	4.1410
19	10.073	7.0935	5.9161	5.2681	4.8526	4.5614	4.3448	4.1770	4.0428
20	9.9439	6.9865	5.8177	5.1743	4.7616	4.4721	4.2569	4.0900	3.9564
21	9.8295	6.8914	5.7304	5.0911	4.6808	4.3931	4.1789	4.0128	3.8799
22	9.7271	6.8064	5.6524	5.0168	4.6088	4.3225	4.1094	3.9440	3.8116
23	9.6348	6.7300	5.5823	4.9500	4.5441	4.2591	4.0469	3.8822	3.7502
24	9.5513	6.6610	5.5190	4.8898	4.4857	4.2019	3.9905	3.8264	3.6949
25	9.4753	6.5982	5.4615	4.8351	4.4372	4.1500	3.9394	3.7758	3.6447
26	9.4059	6.5409	5.4091	4.7852	4.3844	4.1027	3.8928	3.7292	3.5989
27	9.3423	6.4885	5.3611	4.7396	4.3402	4.0594	3.8501	3.6875	3.5571
28	9.2838	6.4403	5.3170	4.6977	4.2996	4.0197	3.8110	3.6487	3.5186
29	9.2297	6.3958	5.2764	4.6591	4.2622	3.9830	3.7749	3.6130	3.4832
30	9.1797	6.3547	5.2388	4.6233	4.2276	3.9492	3.7416	3.5801	3.4505
40	8.8278	6.0664	4.9759	4.3738	3.9860	3.7129	3.5088	3.3498	3.2220
60	8.4946	5.7950	4.7490	4.1399	3.7600	3.4918	3.2911	3.1344	3.0083
120	8.1790	5.5393	4.4973	3.9207	3.5482	3.2849	3.0874	2.9330	2.8083
∞	7.8794	5.2983	4.2794	3.7151	3.3499	3.0913	2.8968	2.7414	2.6210

表 C：F 分配表（續）

$1 - \alpha = 0.995$

v_1 / v_2	10	12	15	20	24	30	40	60	120	∞
1	24224	24426	24630	24836	24940	25044	25148	25253	25359	25465
2	199.40	199.42	199.43	199.45	199.46	199.47	199.47	199.48	199.49	199.51
3	43.686	43.387	43.085	42.778	42.622	42.466	42.308	42.149	41.989	41.829
4	20.967	20.705	20.438	20.167	20.030	19.892	19.752	19.611	19.468	19.325
5	13.618	13.384	13.146	12.903	12.780	12.656	12.530	12.402	12.274	12.144
6	10.250	10.034	9.8140	9.5888	9.4741	9.3583	9.2408	9.1219	9.0015	8.8793
7	8.3803	8.1764	7.9678	7.7540	7.6450	7.5345	7.4225	7.3088	7.1933	7.0760
8	7.2107	7.0149	6.8143	6.6082	6.5029	6.3961	6.2875	6.1772	6.0649	5.9505
9	6.4171	6.2274	6.0325	5.8318	5.7292	5.6248	5.5186	5.4104	5.3001	5.1875
10	5.8467	5.6613	5.4707	5.2740	5.1732	5.0705	4.9659	4.8592	4.7501	4.6385
11	5.4182	5.2363	5.0489	4.8552	4.7557	4.6543	4.5508	4.4450	4.3367	4.2256
12	5.0855	4.9063	4.7214	4.5299	4.4315	4.3309	4.2282	4.1229	4.0149	3.9039
13	4.8199	4.6429	4.4600	4.2703	4.1726	4.0727	3.9704	3.8655	3.7577	3.6465
14	4.6034	4.4281	4.2468	4.0585	3.9614	3.8619	3.7600	3.6553	3.5473	3.4359
15	4.4236	4.2498	4.0698	3.8826	3.7859	3.6867	3.5850	3.4803	3.3722	3.2602
16	4.2719	4.0994	3.9205	3.7342	3.6378	3.5388	3.4372	3.3324	3.2240	3.1115
17	4.1423	3.9709	3.7929	3.6073	3.5112	3.4124	3.3107	3.2058	3.0971	2.9839
18	4.0305	3.8599	3.6827	3.4977	3.4017	3.3030	3.2014	3.0962	2.9871	2.8732
19	3.9329	3.7631	3.5866	3.4020	3.3062	3.2075	3.1058	3.0004	2.8908	2.7762
20	3.8470	3.6779	3.5020	3.3178	3.2220	3.1234	3.0215	2.9159	2.8058	2.6904
21	3.7709	3.6024	3.4270	3.2431	3.1474	3.0488	2.9467	2.8408	2.7302	2.6140
22	3.7030	3.5350	3.3600	3.1764	3.0807	2.9821	2.8799	2.7736	2.6625	2.5455
23	3.6420	3.4745	3.2999	3.1165	3.0208	2.9221	2.8198	2.7132	2.6016	2.4837
24	3.5870	3.4199	3.2456	3.0624	2.9667	2.8679	2.7654	2.6585	2.5463	2.4276
25	3.5370	3.3704	3.1963	3.0133	2.9176	2.8187	2.7160	2.6088	2.4960	2.3765
26	3.4916	3.3252	3.1515	2.9685	2.8728	2.7738	2.6709	2.5633	2.4501	2.3297
27	3.4499	3.2839	3.1104	2.9275	2.8318	2.7327	2.6296	2.5217	2.4078	2.2867
28	3.4117	3.2460	3.0727	2.8899	2.7941	2.6949	2.5916	2.4834	2.3689	2.2469
29	3.3765	3.2111	3.0379	2.8551	2.7594	2.6601	2.5565	2.4479	2.3330	2.2102
30	3.3440	3.1787	3.0057	2.8230	2.7272	2.6278	2.5241	2.4151	2.2997	2.1760
40	3.1167	2.9531	2.7811	2.5984	2.5020	2.4015	2.2958	2.1838	2.0635	1.9318
60	2.9042	2.7419	2.5705	2.3872	2.2898	2.1874	2.0789	1.9622	1.8341	1.6885
120	2.7052	2.5439	2.3727	2.1881	2.0890	1.9839	1.8709	1.7469	1.6055	1.4311
∞	2.5188	2.3583	2.1868	1.9998	1.8983	1.7891	1.6691	1.5325	1.3637	1.0000

表 D： t 分配表

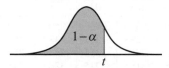

自由度	機 率 $1-\alpha$				
	.90	.95	.975	.99	.995
1	3.078	6.314	12.706	31.821	63.657
2	1.886	2.920	4.303	6.965	9.925
3	1.638	2.353	3.182	4.541	5.841
4	1.533	2.132	2.776	3.747	4.604
5	1.476	2.015	2.571	3.365	4.032
6	1.440	1.943	2.447	3.143	3.707
7	1.415	1.895	2.365	2.998	3.499
8	1.397	1.860	2.306	2.896	3.355
9	1.383	1.833	2.262	2.821	3.250
10	1.372	1.812	2.228	2.764	3.169
11	1.363	1.796	2.201	2.718	3.106
12	1.356	1.782	2.179	2.681	3.055
13	1.350	1.771	2.160	2.650	3.012
14	1.345	1.761	2.145	2.624	2.977
15	1.341	1.753	2.131	2.602	2.947
16	1.337	1.746	2.120	2.583	2.921
17	1.333	1.740	2.110	2.567	2.898
18	1.330	1.734	2.101	2.552	2.878
19	1.328	1.729	2.093	2.539	2.861
20	1.325	1.725	2.086	2.528	2.845
21	1.323	1.721	2.080	2.518	2.831
22	1.321	1.717	2.074	2.508	2.819
23	1.319	1.714	2.069	2.500	2.807
24	1.318	1.711	2.064	2.492	2.797
25	1.316	1.708	2.060	2.485	2.787
26	1.315	1.706	2.056	2.479	2.779
27	1.314	1.703	2.052	2.473	2.771
28	1.313	1.701	2.048	2.467	2.763
29	1.311	1.699	2.045	2.462	2.756
30	1.310	1.697	2.042	2.457	2.750
40	1.303	1.684	2.021	2.423	2.704
60	1.296	1.671	2.000	2.390	2.660
120	1.290	1.661	1.984	2.358	2.626
∞	1.282	1.645	1.960	2.326	2.576

表 E： 轉化的 Fisher's z 分配表

z	.00	.01	.02	.03	.04	.05	.06	.07	.08	.09
.0	.0000	.0100	.0200	.0300	.0400	.0500	.0599	.0699	.0798	.0898
.1	.0997	.1096	.1194	.1293	.1391	.1489	.1587	.1684	.1781	.1878
.2	.1974	.2070	.2165	.2260	.2355	.2449	.2543	.2636	.2729	.2821
.3	.2913	.3004	.3095	.3185	.3275	.3364	.3452	.3540	.3627	.3714
.4	.3800	.3885	.3969	.4053	.4136	.4219	.4301	.4382	.4462	.4542
.5	.4621	.4700	.4777	.4854	.4930	.5005	.5080	.5154	.5227	.5299
.6	.5370	.5441	.5511	.5581	.5649	.5717	.5784	.5850	.5915	.5980
.7	.6044	.6107	.6169	.6231	.6291	.6352	.6411	.6469	.6527	.6584
.8	.6640	.6696	.6751	.6805	.6858	.6911	.6963	.7014	.7064	.7114
.9	.7163	.7211	.7259	.7306	.7352	.7398	.7443	.7487	.7531	.7574
1.0	.7616	.7658	.7699	.7739	.7779	.7818	.7857	.7895	.7932	.7969
1.1	.8005	.8041	.8076	.8110	.8144	.8178	.8210	.8243	.8275	.8306
1.2	.8337	.8367	.8397	.8426	.8455	.8483	.8511	.8538	.8565	.8591
1.3	.8617	.8643	.8668	.8693	.8717	.8741	.8764	.8787	.8810	.8832
1.4	.8854	.8875	.8896	.8917	.8937	.8957	.8977	.8996	.9015	.9033
1.5	.9052	.9069	.9087	.9104	.9121	.9138	.9154	.9170	.9186	.9202
1.6	.9217	.9232	.9246	.9261	.9275	.9289	.9302	.9316	.9329	.9342
1.7	.9354	.9367	.9379	.9391	.9402	.9414	.9425	.9436	.9447	.9458
1.8	.9468	.9478	.9498	.9488	.9508	.9518	.9527	.9536	.9545	.9554
1.9	.9562	.9571	.9579	.9587	.9595	.9603	.9611	.9619	.9626	.9633
2.0	.9640	.9647	.9654	.9661	.9668	.9674	.9680	.9687	.9693	.9699
2.1	.9705	.9710	.9716	.9722	.9727	.9732	.9738	.9743	.9748	.9753
2.2	.9757	.9762	.9767	.9771	.9776	.9780	.9785	.9789	.9793	.9797
2.3	.9801	.9805	.9809	.9812	.9816	.9820	.9823	.9827	.9830	.9834
2.4	.9837	.9840	.9843	.9846	.9849	.9852	.9855	.9858	.9861	.9863
2.5	.9866	.9869	.9871	.9874	.9876	.9879	.9881	.9884	.9886	.9888
2.6	.9890	.9892	.9895	.9897	.9899	.9901	.9903	.9905	.9906	.9908
2.7	.9910	.9912	.9914	.9915	.9917	.9919	.9920	.9922	.9923	.9925
2.8	.9926	.9928	.9929	.9931	.9932	.9933	.9935	.9936	.9937	.9938
2.9	.9940	.9941	.9942	.9943	.9944	.9945	.9946	.9947	.9949	.9950
3.0	.9951									
4.0	.9993									
5.0	.9999									

表 F：F_{max} 分配表

$n-1$	α	$k=$ 組數										
		2	3	4	5	6	7	8	9	10	11	12
4	.05	9.60	15.5	20.6	25.2	29.5	33.6	37.5	41.4	44.6	48.0	51.4
	.01	23.2	37.	49.	59.	69.	79.	89.	97.	106.	113.	120.
5	.05	7.15	10.8	13.7	16.3	18.7	20.8	22.9	24.7	26.5	28.2	29.9
	.01	14.9	22.	28.	33.	38.	42.	46.	50.	54.	57.	60.
6	.05	5.82	8.38	10.4	12.1	13.7	15.0	16.3	17.5	18.6	19.7	20.7
	.01	11.1	15.5	19.1	22.	25.	27.	30.	32.	34.	36.	37.
7	.05	4.99	6.94	8.44	9.70	10.8	11.8	12.7	13.5	14.3	15.1	15.8
	.01	8.89	12.1	14.5	16.5	18.4	20.	22.	23.	24.	26.	27.
8	.05	4.43	6.00	7.18	8.12	9.03	9.78	10.5	11.1	11.7	12.2	12.7
	.01	7.50	9.9	11.7	13.2	14.5	15.8	16.9	17.9	18.9	19.8	21.
9	.05	4.03	5.34	6.31	7.11	7.80	8.41	8.95	9.45	9.91	10.3	10.7
	.01	6.54	8.5	9.9	11.1	12.1	13.1	13.9	14.7	15.3	16.0	16.6
10	.05	3.72	4.85	5.67	6.34	6.92	7.42	7.87	8.28	8.66	19.01	9.34
	.01	5.85	7.4	8.6	9.6	10.4	11.1	11.8	12.4	12.9	13.4	13.9
12	.05	3.28	4.16	4.79	5.30	5.72	6.09	6.42	6.72	7.00	7.25	7.48
	.01	4.91	6.1	6.9	7.6	8.2	8.7	9.1	9.5	9.9	10.2	10.6
15	.05	2.86	3.54	4.01	4.37	4.68	4.95	5.19	5.40	5.59	5.77	5.93
	.01	4.07	4.9	5.5	6.0	6.4	6.7	7.1	7.3	7.5	7.8	8.0
20	.05	2.46	2.95	3.29	3.54	3.76	3.94	4.10	4.24	4.37	4.49	4.59
	.01	3.32	3.8	4.3	4.6	4.9	5.1	5.3	5.5	5.6	5.8	5.9
30	.05	2.07	2.40	2.61	2.78	2.91	3.02	3.12	3.21	3.29	3.36	3.39
	.01	2.63	3.0	3.3	3.4	3.6	3.7	3.8	3.9	4.0	4.1	4.2
60	.05	1.67	1.85	1.96	2.04	2.11	2.17	2.22	2.26	2.30	2.33	2.36
	.01	1.96	2.2	2.3	2.4	2.4	2.5	2.5	2.6	2.6	2.7	2.7

表 G： q 分配表

df	α	2	3	4	5	6	7	8	9	10
1	.05	18.0	27.0	32.8	37.1	40.4	43.1	45.4	47.4	49.1
	.01	90.0	13.5	164	18.6	202	216	227	237	246
2	.05	6.09	8.3	9.8	10.9	11.7	12.4	13.0	13.5	14.0
	.01	14.0	19.0	22.3	24.7	26.6	28.2	29.5	30.7	31.7
3	.05	4.50	5.91	6.82	7.50	8.04	8.48	8.85	9.18	9.46
	.01	8.26	10.6	12.2	13.3	14.2	15.0	15.6	16.2	16.7
4	.05	3.93	5.04	5.76	6.29	6.71	7.05	7.35	7.60	7.83
	.01	6.51	8.12	9.17	9.96	10.6	11.1	11.5	11.9	12.3
5	.05	3.64	4.60	5.22	5.67	6.03	6.33	6.58	6.80	6.99
	.01	5.70	6.97	7.80	8.42	8.91	9.32	9.67	9.97	10.2
6	.05	3.46	4.34	4.90	5.31	5.63	5.89	6.12	6.32	6.49
	.01	5.24	6.33	7.03	7.56	7.97	8.32	8.61	8.87	9.10
7	.05	3.34	4.16	4.69	5.06	5.36	5.61	5.82	6.00	6.16
	.01	4.95	5.92	6.54	7.01	7.37	7.68	7.94	8.17	8.37
8	.05	3.26	4.04	4.53	4.89	5.17	5.40	5.60	5.77	5.92
	.01	4.74	5.63	6.20	6.63	6.96	7.24	7.47	7.68	7.78
9	.05	3.20	3.95	4.42	4.76	5.02	5.24	5.43	5.60	5.74
	.01	4.60	5.43	5.96	6.35	6.66	6.91	7.13	7.32	7.49
10	.05	3.15	3.88	4.33	4.65	4.91	5.12	5.30	5.46	5.60
	.01	4.48	5.27	5.77	6.14	6.43	6.67	6.87	7.05	7.21
11	.05	3.11	3.82	4.26	4.57	4.82	5.03	5.20	5.35	5.49
	.01	4.39	5.14	5.62	5.97	6.25	6.48	6.67	6.84	6.99
12	.05	3.08	3.77	4.20	4.51	4.75	4.95	5.12	5.27	5.40
	.01	4.32	5.04	5.50	5.84	6.10	6.32	6.51	6.67	6.81
13	.05	3.06	3.73	4.15	4.45	4.69	4.88	5.05	5.19	5.32
	.01	4.26	4.96	5.40	5.73	5.98	6.19	6.37	6.53	6.67
14	.05	3.03	3.70	4.11	4.41	4.64	4.83	4.99	5.13	5.25
	.01	4.21	4.89	5.32	5.63	5.88	6.08	6.26	6.41	6.54
16	.05	3.00	3.65	4.05	4.33	4.56	4.74	4.90	5.03	5.15
	.01	4.13	4.78	5.19	5.49	5.72	5.92	6.08	6.22	6.35
18	.05	2.97	3.61	4.00	4.28	4.49	4.67	4.82	4.96	5.07
	.01	4.07	4.70	5.09	5.38	5.60	5.79	5.94	6.08	6.20
20	.05	2.95	3.58	3.96	4.23	4.45	4.62	4.77	4.90	5.01
	.01	4.02	4.64	5.02	5.29	5.51	5.69	5.84	5.97	6.09
24	.05	2.92	3.53	3.90	4.17	4.37	4.54	4.68	4.81	4.92
	.01	3.96	4.54	4.91	5.17	5.37	5.54	5.69	5.81	5.92
30	.05	2.89	3.49	3.84	4.10	4.30	4.46	4.60	4.72	4.83
	.01	3.89	4.45	4.80	5.05	5.24	5.40	5.54	5.56	5.76
40	.05	2.86	3.44	3.79	4.04	4.23	4.39	4.52	4.63	4.74
	.01	3.82	4.37	4.70	4.93	5.11	5.27	5.39	5.50	5.60
60	.05	2.83	3.40	3.74	3.98	4.16	4.31	4.44	4.55	4.65
	.01	3.76	4.28	4.60	4.82	4.99	5.13	5.25	5.36	5.45
120	.05	2.80	3.36	3.69	3.92	4.10	4.24	4.36	4.48	4.56
	.01	3.70	4.20	4.50	4.71	4.87	5.01	5.12	5.21	5.30
∞	.05	2.77	3.31	3.63	3.86	4.03	4.17	4.29	4.39	4.47
	.01	3.64	4.12	4.40	4.60	4.76	4.88	4.99	5.08	5.16

表頭： k = 組數

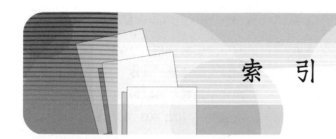

索　引

十三劃

十四劃

統計學可以很簡單　　陳瑜芬、陳階陞／著

　　本書深入淺出地描述統計學相關理論，並結合 SPSS 統計軟體的示範操作，以理論配合軟體的應用，使讀者可以更明瞭統計圖表的表達方式。本書特色包括：(1)以實務和應用為主軸，避免艱深的公式推導；(2)引導讀者在解題過程，建構統計概念；(3)內容難度循序漸進，強調階段性的學習效果。

　　透過本書，讀者將能減低學習統計學的恐懼，進而提高信心與成功率。你會發現：原來統計學可以很簡單！

初級統計學：解開生活中的數字密碼

呂岡玶、楊佑傑／著

　　本書以生活案例切入，避開艱澀難懂的公式和符號，利用簡單的運算推導統計概念，最適合對數學不甚拿手的讀者。更以直覺且淺顯的文字介紹統計觀念，再佐以實際例子說明，初學者也能輕鬆理解，讓統計不再是通通忘記！

　　另外，本書以應用的觀點出發，讓讀者瞭解統計其實是生活上最實用的工具，可以幫助我們解決很多周遭的問題。統計在社會科學、生物、醫學、農業等自然科學，還有工程科學及經濟、財務等商業上都有廣泛的應用。

調查研究方法　　瞿海源／主編

　　調查研究在國內已經成為探測政治事務和社會現象不可或缺的重要方法和工具。調查之所以如此廣泛地被運用，主要還是在於調查研究本身的公信力。

　　本書主旨即在根據學理對調查研究的每個過程做完整的說明，從擬訂調查主題、抽取受訪樣本、進行焦點討論和認知訪談、資料檔建立、資料分析等，都盡可能詳細地加以敘介。此外，由於利用調查資料庫進行研究日趨重要，本書也特別針對調查資料庫及資料分析闢了專章來引介。

心理學導論（增訂四版）　　溫世頌／著

　　法國思想家巴斯卡說：「人是會思考的蘆葦。」人類最可貴之處，即在於對自身或他人的心理與行為有尋求瞭解的好奇心。「為什麼一樣米養百樣人？」「為什麼背得滾瓜爛熟的課文，隔天卻忘了一大半？」……

　　心理學是研究人類行為與心理歷程的一門科學，學習心理學有助於瞭解、預測與同理人們的心理與行為。本書透過言簡意賅、生動活潑的文字，帶領讀者認識重要的心理學議題，並提供新近的研究資料與生活實例，是學習心理學的最佳入門書。

教育心理學（修訂四版）　　溫世頌／著

　　教育心理學是一種應用心理學，目的在研究「教與學」的行為本身以及影響教學的主要因素，協助教學者與學習者作最有效的教導與學習。本書探討架構包括：(1)學生身心發展的特徵；(2)學習與記憶的歷程；(3)教學策略與教學效果的增進、評鑑與溝通。

　　透過作者對教育的全人關懷與真知灼見，本書將帶領所有關心教育者，重新審視與反思自身的教育觀點與做法。